ARKANA

Buch

Gewöhnliche Menschen erzählen ungewöhnliche Geschichten. Ärzte, Lehrer, Architekten, Schauspieler, Menschen aller Religionen und Kulturen berichten von einzigartigen Erlebnissen und wundersamen Begegnungen. Sie schreiben über phantastische Zufälle, göttliche Eingriffe und himmlische Erscheinungen. 101 wahre Geschichten von Engeln, Wundern und Heilungen hat Arielle Ford zu einem inspirierenden Buch komponiert. Diese Sammlung ist eine unterhaltsame Lektüre für behagliche Stunden und eine Quelle der Erleuchtung für dunkle Abende. Am Ende entläßt sie den Leser in dem zuversichtlichen Bewußtsein, daß eine liebende Macht über uns wacht.

Autorin

Arielle Ford lebt in Kalifornien und ist Präsidentin ihrer eigenen PR-Firma The Ford Group.

ARIELLE FORD

Hilfe von oben

101 wahre Geschichten
von Engeln, Wundern
und Heilungen

Aus dem Amerikanischen
von Gisela Kretzschmar

ARKANA
GOLDMANN

Die amerikanische Originalausgabe erschien 1998 unter dem Titel
»Hot Chocolate for the Mystical Soul« bei Dutton Plume,
a division of Penguin Putnam Inc., New York

Deutsche Erstausgabe

Umwelthinweis:
Alle bedruckten Materialien dieses Taschenbuches
sind chlorfrei und umweltschonend.
Das Papier enthält Recycling-Anteile.

Deutsche Erstausgabe Februar 2000

Published by arrangement with Dutton Plume,
a division of Penguin Putnam Inc.
Umschlaggestaltung: Design Team München
Umschlagabbildung: Agentur Holl, Klaus Holitzka
Satz: Uhl + Massopust, Aalen
Druck: Elsnerdruck, Berlin
Verlagsnummer: 15036
Redaktion: Irina Mamula
WL · Herstellung: Stefan Hansen
Made in Germany
ISBN 3-442-15036-1

1. Auflage

Für meine Großmutter,
Ada Posner,
weil sie mich an ihrer Zigeunerseele
teilhaben ließ.

Inhalt

Vorwort

Das Leben ist mystisch. Das Leben ist metaphysisch – jenseits des Physischen. Jenseits der »Normalität« unserer fünf Sinne ist unser Universum die mystische, metaphysisch-magische Reise der Seele. Arielle Ford ist eine Mystikerin. Sie hat mystische Geschichten gesammelt, die unser Herz und unsere Seele singen lassen. Die Gedanken in diesen unterhaltsamen und lehrreichen Geschichten werden Sie inspirieren. Sie werden Ihr Gewahrsein, Ihre Wahrnehmung und Ihre Fähigkeiten erweitern. Sie werden auf eine neue, aufregende und andere Weise denken. Die in diesem Buch enthaltenen Ideen, Techniken und Strategien werden Ihnen ein Gefühl der Erneuerung vermitteln. Die reine Strahlkraft dieser Geschichten wird Sie immer wieder anziehen und Sie stets aufs neue zum Lesen verführen.

Geschichten sind lebendige Wesen. Beim Schreiben und Zusammenstellen unserer Buchserie *»Hühnersuppe für die Seele«* haben wir gelernt, daß sie das Leben und die Zukunft der Menschen nachhaltig beeinflussen können. Arielle Fords Buch wird dasselbe auf eine andere Weise vollbringen. Ihre Leser werden in andere Welten versetzt – auf vielfältige Weise und an zahllose Orte ihres Bewußtseins, die immer schon existiert haben, aber durch hauchdünne Trennwände abgeschirmt waren. Ihr Buch gibt den Anstoß, den wir brauchen, um zu erwachen und unser weitgefächertes neues Potential mit seinen grenzenlosen Möglichkeiten zu erkennen.

Wir alle haben ein überreichliches geistiges Potential, um die mystischen, magischen und phantastischen Möglichkeiten unserer eigenen Seele und der Seelen anderer auszuloten.

Während wir der Jahrtausendwende entgegeneilen, erleben wir eine Zeit höchster spiritueller Blüte in der Geschichte der Menschheit, in der jeder von uns die tiefverborgenen Schätze der eigenen Seele erforscht. Jeder will seine spirituellen Begabungen und Kräfte zum Leben erwecken. Dazu brauchen wir Anleitungen, Geschichten oder Parabeln sowie Informationen und Landkarten, die uns in einem bisher unerforschten Gebiet die Richtung weisen. Arielle Fords Buch leistet das und noch mehr: Es führt Sie an Orte, von deren Existenz Sie nichts wußten, und bringt Sie auf Gedanken, die Sie nicht für möglich gehalten hätten.

Möge Ihre mystische Seele mit dem mystischen, magischen Weg vereint werden, nach dem Sie sich immer gesehnt und auf den Sie lange gewartet haben!

Mark Victor Hansen

Einführung

Dieses Buch ist eine Sammlung höchst ungewöhnlicher, inspirierender und kraftspendender Geschichten von gewöhnlichen Menschen, die außergewöhnliche oder sogar mystische Erfahrungen gemacht haben. Dazu gehören Geschichten von Wundern und Segnungen, von Engeln und wunderbaren Begebenheiten, Nahtodeserfahrungen, göttlichen Interventionen, von Heilungen, persönlichen Transformationen, Begegnungen mit heiligen Männern und Frauen und phantastische Zufälle. Die Menschen, die diese Erfahrungen gemacht haben, stammen aus allen Lebensbereichen. Es sind Schriftsteller, Ärzte, Tänzer, Musiker, Lehrer, Bäcker, Schauspielerinnen, Rechtsanwälte, Architekten, Studenten, Regierungsangestellte, Rundfunk-Discjockeys, Verleger und sogar Prominente!

Die Geschichten in *Hilfe von oben* sind für Menschen, die Magie und Mystik lieben und davon überzeugt sind, daß ein unsichtbares liebendes Wesen über uns wacht. Ich betrachte sie gerne als Märchen für Erwachsene (große Kinder!), wobei die meisten ein Happy-End haben. Wie Märchen enthalten viele dieser Geschichten verborgene Weisheiten, die unser Leben reicher und befriedigender machen. Sie werden feststellen, daß das Universum einen Sinn und Zweck erfüllt, und daß die Ereignisse in unserem Leben kein Zufall sind.

Hilfe von oben soll Sie sowohl emotional als auch spirituell nähren – und wenn Sie beim Lesen tatsächlich eine Tasse heißen Kakao trinken, wird gleichzeitig Ihr Bedürfnis nach Süßigkeiten erfüllt!* Mit seinen 101 Geschichten sollte dieses Buch für viele kuschelige Leseabende reichen. (Sie können sie alle in einem Zug durchlesen, aber ich empfehle Ihnen, immer nur ein paar hintereinander zu genießen.)

Es gibt viele Möglichkeiten, dieses Buch zu lesen, aber mir persönlich gefällt folgende am besten: Machen Sie sich einen Becher heißen Kakao, kuscheln Sie sich in einen bequemen Sessel und lesen Sie ein paar Geschichten. Rufen Sie anschließend einen Freund oder eine Freundin an und sprechen Sie mit ihm/ihr über die Geschichten.

Die Schriftstellerin Joan Borysenko hat gesagt: »Amerika ist eine Nation von heimlichen Mystikern.« Ich denke, sie hat recht, und dieses Buch ist der Beweis, daß viele von uns mit zunehmender Regelmäßigkeit mystische Erfahrungen machen. Es ist Zeit, daß wir uns diese Erfahrungen gegenseitig mitteilen, während wir mit hoher Geschwindigkeit auf das neue Jahrtausend und unsere persönliche spirituelle Evolution zusteuern. Es könnte sein, daß bestimmte Geschichten in diesem Buch Sie an Erlebnisse erinnern, die Sie selbst in der Vergangenheit hatten. Wenn Sie eine mystische Erfahrung gemacht haben, die Sie gerne in einer zukünftigen Ausgabe von *Hilfe von oben* veröffentlicht sehen würden, senden Sie Ihre Geschichte bitte an die Adresse auf Seite 473.

Während ich diese Geschichten in den vergangenen zwei Jahren zusammengestellt habe, hatte ich das Glück, spirituelle Praktiken und Organisationen kennenzulernen, von denen ich vorher noch nie etwas gehört hatte. Die Arbeit an

* Das Buch hat im amerikanischen Original den Titel *Hot Chocolate for the Mystical Soul* – »Heißer Kakao für die mystische Seele« (Anm. d. Ü.).

diesem Buch hat meine Augen für neue Wege geöffnet und meine Verbindung zum Göttlichen erneuert. Ich hoffe, daß dieses Buch als Katalysator für Ihr eigenes spirituelles Wachstum dient.

Arielle Ford
La Jolla, Kalifornien

1

Mystische Orte, magische Augenblicke

Der Tag, an dem die Götter durstig waren

Während sie vor sich hinkicherte, flüsterte Ananya mir ins Ohr: »Gib ihm noch einen Löffel voll. Er ist durstig. Na los, gib ihm einfach noch einen Löffel.«

Farben wirbelten vor meinen Augen. Arme stießen und schubsten mich. Schluchzen und Gebete schwirrten durch die Luft. Der Duft von Räucherwerk stieg mir verlockend in die Nase, während von ferne heilige Mantras erklangen und das Sonnenlicht von silbernen und goldenen Tellern reflektiert wurde, die um den Schrein herumstanden. Ich war verwirrt, nervös, emotional aufgewühlt und voller Freude, und meine Hände zitterten, als ich meine Opfergabe darbot. Inmitten der Hysterie hatte ich meine stille Begegnung mit Gott.

Draußen tanzten alte Männer und Frauen voller Jubel. Ein junger Sadhu skandierte Hymnen, während eine bucklige Bettlerin mit einem abgemagerten Kind in ihren Armen unkontrolliert weinte und Lobpreisungen gen Himmel rief. Ein Durcheinander von Stimmen verglich Geschichten und Techniken, während eine Menge von Wissenschaftlern Hypothesen darüber aufstellte, wie man dieses bizarre Phänomen, das sich dem gesunden Menschenverstand nicht erschloß, möglicherweise erklären könnte. Heute war ein Tag der Wunder, und sogar Skeptiker mußten zugeben, daß etwas Magisches in der Luft lag.

Ananya nahm mir den Löffel aus der Hand und füllte ihn

erneut mit Milch. Auf dem Boden kniend legte sie ihn so nah wie möglich an den Rüssel der Marmorstatue des Elefantengottes Ganesha. Innerhalb einer Minute verschwand die Milch vor unseren Augen. Der Gott trank sie buchstäblich aus, indem er sie langsam vom Löffel saugte. Und meine vier Jahre alte Cousine bot dem durstigen Gott, ungeachtet der Schreie und der Menschen um sie herum, die die Luft anhielten, voller Unschuld und Freude einen weiteren Löffel hin.

Später am Tag verkündeten CNN, die BBC und andere Fernsehanstalten in der ganzen Welt, daß sich in indischen Haushalten und Tempeln 24 Stunden lang ein bizarres Phänomen ereignet habe. Die Berichte zeigten Menschenschlangen, die vor heiligen Schreinen darauf warteten, ihre Opfergaben darzubringen. Und in der Tat: Alle Götter tranken. Eine Schlange hatte sich vor dem Blumengeschäft eines Fünf-Sterne-Hotels gebildet, weil die kleine Steinfigur in der Ecke des Ladens ebenfalls Durst auf Milch hatte. Am nächsten Tag lauteten die Schlagzeilen: »Milchknappheit in Delhi durch übermäßigen Durst der Götter«.

Ein Wunder zu erleben mag für sich schon einzigartig sein. Aber es mit Millionen anderer Menschen zu erleben, ist ein Geschenk Gottes. Der Tag, an dem die Götter durstig waren, war in Indien ein Tag des Feierns und der Offenbarung. Die Menschen tanzten in den Straßen, Freunde und Verwandte sprachen miteinander über ihre Visionen, und die älteren Menschen nickten wissend und zustimmend mit dem Kopf. Kinder kamen früher aus der Schule nach Hause, Läden und Restaurants wurden geschlossen. Gemeinden versammelten sich zum Gottesdienst. Es gab Gelächter und Aufregung und einen Grund zu lächeln. Es gab einen Moment, als alles andere aufhörte zu existieren, und wir wurden daran erinnert, daß wir in einer Welt der Mysterien leben.

In einer Welt voller Luftverschmutzung, Gewalt und Kriminalität, Armut und Unterdrückung vergessen wir manchmal, daß es auch Magie in unserem Universum gibt. In Zeiten, in denen die Dinge dunkel und trostlos wirken, brauchen wir Hoffnung. Wir brauchen die Gewißheit, daß unser Glaube von Bedeutung ist. Das »Milch-Wunder« gab den Menschen Anlaß zur Hoffnung, einen Grund, an etwas Besseres zu glauben und davon zu träumen. Es ließ uns wissen, daß etwas Größeres und Bedeutsameres für uns existiert. Es ließ uns wissen, daß ein geistiges Wesen unseren Ruf vernimmt.

Es erinnert uns, daß das Leben selbst ein göttliches Geschenk ist, und daß es so viel in dieser Welt zu lieben und zu preisen gibt. Wie der Dichter Walt Whitman einmal schrieb:

Warum so viel Aufhebens um ein Wunder?
Ich kenne nichts anderes als Wunder,
ob ich nun durch die Straßen von Manhattan gehe
oder meinen Blick über die Hausdächer gen Himmel richte
oder barfuß den Strand entlangwandere, immer am Rande des Wassers,
oder unter Bäumen im Wald stehe …

Für mich ist das Meer ein ständiges Wunder;
die Fische, die darin schwimmen – die Felsen –
die Bewegung der Wellen –
die Schiffe mit Menschen darauf,
welche größeren Wunder könnte es geben?

In Indien wird das Bizarre irgendwie immer erwartet und akzeptiert. An jenem Morgen, an dem die Götter durstig waren, war die Stadt hysterisch, aber eine Woche später, als es von Erklärungen nur so wimmelte, war die Aufregung fast vergessen. Das Außergewöhnliche wurde zur Normalität, und das Leben ging weiter wie bisher.

Doch es war etwas sehr Wichtiges geschehen: Es war uns ein Moment geschenkt worden, in dem wir Atem holen, uns umsehen und unsere Welt bestaunen konnten. Es war uns ein Moment der Aufregung und der Begeisterung, der Magie und Göttlichkeit, ein Ort des Wunderns und Staunens geschenkt worden. Wir waren daran erinnert worden, daß das Wesen des Menschen etwas mit Liebe, Freude und Glauben zu tun hat. Und es war uns ein Tag zum Lachen, Spielen und Tanzen geschenkt worden.

Mallika Chopra

Wiedervereinigung

Mary war eine junge Versicherungsvertreterin aus der Gegend von San Diego, glücklich verheiratet und Mutter eines vierjährigen Mädchens. Sie war gleich nach der Geburt zur Adoption freigegeben worden und bei einem liebevollen Paar aufgewachsen, das gut für sie gesorgt hatte. Doch Mary hatte viele unbeantwortete Fragen in bezug auf ihre Herkunft. Schon immer hatte sie ihre leibliche Mutter kennenlernen wollen, und dieser Wunsch war nach der Geburt ihrer eigenen Tochter noch stärker geworden. Das Problem bestand darin, daß Mary im Grund keine Ahnung hatte, wo sie mit ihrer Suche beginnen sollte. Außerdem machte sie sich

Sorgen darüber, welche Folgen ein solches Kennenlernen für ihre leiblichen Eltern, sie selbst und die beteiligten Familien haben würde.

Ein Freund hatte Mary von meiner Arbeit als Psychotherapeut, der auf nicht-hypnotische Rückführungen in frühere Leben spezialisiert ist, erzählt. Oft konsultierten mich Leute mit Blockaden, Ängsten und Problemen, die sich durch mehr traditionelle Methoden der Psychotherapie nicht beeinflussen lassen. Auch ich benutze konventionelle Therapieansätze, aber in den meisten Fällen kommt man mit der Rückführungstherapie zu schnelleren und vollständigeren Ergebnissen.

Marys Anliegen war jedoch einzigartig. Sie saß in meinem Büro und sagte: »Ich weiß, daß es vielleicht sonderbar klingt, aber ich frage mich, ob Sie mich zu meiner Geburt zurückführen können, damit ich Informationen über meine leibliche Mutter bekomme.« Ich erklärte Mary, das sei tatsächlich ein ungewöhnlicher Wunsch, aber ein Versuch könne nichts schaden.

Da ich weiß, daß Geburtserfahrungen oft traumatisch sind, beschloß ich, sie vorsichtig heranzuführen und mit Ereignissen zu beginnen, die ihre Mutter während der Schwangerschaft erlebt hatte. Wir begaben uns zunächst in den Zeitraum, als ihre Mutter zum ersten Mal bemerkte, daß sie schwanger war, etwa um den zweiten Monat herum.

Die Mutter sitzt in ihrem Schlafzimmer, verspürt eine leichte Übelkeit und fürchtet, schwanger zu sein. Sie ist 15 Jahre alt. Sie hat keine Ahnung, was sie tun soll, und weiß nur, daß ihre Eltern über die Nachricht nicht glücklich sein werden. Sie beschließt abzuwarten.

Mary und ich wandten uns dann einem späteren Zeitpunkt der Schwangerschaft zu. Es war etwa der fünfte Monat, im Sommer.

Marys Mutter und ihr Freund stehen bei Marys Mutter zu Hause im Wohnzimmer ihren Eltern und der Großmutter gegenüber. Marys Mutter hat panische Angst davor, ihren Eltern die Schwangerschaft zu gestehen, aber sie weiß, daß sie sie nicht länger verbergen kann. Mary sieht die angespannte Szene mit den Augen ihrer Mutter. Sie sieht alle Einzelheiten des Wohnzimmers; ihr siebzehnjähriger Vater steht neben der Tür, während ihre Mutter den Eltern sagt, daß sie schwanger ist. Sie findet bei ihnen keine Unterstützung. Statt dessen bestehen sie darauf, daß die jungen Leute heiraten sollen und planen, die beiden in einen Nachbarstaat zu fahren, wo es legal ist, so jung zu heiraten.

Schließlich führte ich Mary zu ihrer Geburt zurück: Sie kommt gerade aus dem Mutterleib. Mary beschreibt den Schock der kalten Luft und der hellen Lichter, die sie bei der Geburt treffen. Zum ersten Mal sieht sie das Gesicht ihrer leiblichen Mutter und spürt die Wärme ihrer Umarmung, als die Mutter sie kurz halten darf. Ich bitte Mary, sich genau auf alles zu konzentrieren, was sie im Kreißsaal sehen und hören kann. Sie liest die Namensschilder, die die Ärzte und Schwestern auf ihrer Kleidung tragen. Dann hört sie, wie der Arzt ihre Mutter beim Namen nennt: »Marsha«. Ich lasse sie das Wort zur Sicherheit mehrmals wiederholen. Dann frage ich sie, ob sie mir den Nachnamen der Mutter nennen kann, und schließlich sagt sie: »Marsha Powers.«

Ausgerüstet mit dem Namen ihrer leiblichen Mutter begann Mary ihre Suche. In den nächsten Wochen folgte sie deren Spur an die nordwestliche Pazifikküste und nahm zum ersten Mal telefonisch Kontakt mit ihr auf. Die Mutter war überrascht und freute sich sehr über den Anruf. Sie erzählte

Mary, sie habe darum gebetet, daß dieser Tag kommen möge. »Es war wirklich wie im Märchen«, berichtete mir Mary, »sie sagte immer das Richtige.«

Kurz darauf buchte Mary einen Flug, um ihre Mutter persönlich kennenzulernen. Der Augenblick, in dem sie sich schließlich von Angesicht zu Angesicht gegenüberstanden, war für sie von unbeschreiblicher Freude, eine sehr tiefe und irgendwie spirituelle Erfahrung, die Mary kaum mit Worten ausdrücken konnte.

Mary beschrieb Marsha das Schlafzimmer, das sie gesehen hatte, wo Marsha als ängstliche und verwirrte junge Frau zum ersten Mal gemerkt hatte, daß sie schwanger ist. Sie beschrieb ihr das Wohnzimmer und das Gespräch, in dem sie ihren Eltern und der Großmutter die Schwangerschaft gestanden hatte. Beide waren erstaunt darüber, wie genau Marys Beschreibungen dieser Orte waren, von denen sie in Wirklichkeit nie etwas gesehen oder gehört hatte.

Mary setzte ihre Suche fort und fand auch ihren leiblichen Vater, der ebenfalls an der Westküste lebt. Sie erzählte mir, es sei ein wunderbares Wiedersehen gewesen, bei dem er die Szene bestätigte, in der Mary gesehen hatte, wie Marsha ihrer Familie die Schwangerschaft gestand. Als Mary ihren Vater fragte, warum er damals in der Nähe der Wohnzimmertür gestanden habe, erklärte er, er habe sich wegen seiner lateinamerikanischen Herkunft Marshas Eltern gegenüber immer als Außenseiter gefühlt. Heute hält Mary weiterhin Kontakt mit ihren leiblichen Eltern. Sie sind glücklich zu wissen, daß ihre Tochter eine eigene Familie hat.

Charles Lewis Richards

Ein Versprechen wird gehalten

Es war im Frühjahr 1963, als Helen Lutes mich anrief, um mir die gute Nachricht zu verkünden: »Maharishi wird morgen abend hier sein. Sein Flugzeug aus Kanada kommt gegen Mitternacht an. Warum fährst du nicht mit Charlie und mir zum Flughafen? Wir holen dich ab.«

Charlie Lutes war der Leiter der Bewegung für Spirituelle Regeneration, der weltweiten Organisation von Maharishi Mahesh Yogi. Seit ich ein Jahr zuvor begonnen hatte, TM (Transzendentale Meditation) zu praktizieren, waren wir enge Freunde geworden.

Ich hatte aus verschiedenen Gründen gehofft, daß Maharishi sich beeilen würde, nach Los Angeles zu kommen. Erstens freute ich mich darauf, ihn zu sehen, und zweitens war eine seiner langjährigen Anhängerinnen krank und betete darum, ihn vor ihrem Tod noch einmal zu sehen. Millie Hoops litt an Krebs, der vor einigen Monaten wieder aufgetreten war. Wir, ihre Freundinnen und Freunde, waren bestürzt, weil die meisten von uns geglaubt hatten, sie sei geheilt. Während einer speziellen Lehrveranstaltung in Catalina hatte Maharishi ihr im September vollständiges Schweigen verordnet.

»Auf diese Weise kannst du deine ganze Energie in deinen Körper lenken, um den Krebs zu besiegen.« Er gab ihr auch Anweisungen für eine Technik, die ihr Nervensystem stärken sollte, und empfahl ihr: »Wenn du krank bist, geh zum Arzt, um Hilfe von außen zu bekommen, aber hilf dir gleichzeitig selbst von innen.«

Sie hatte sich an die Anweisungen gehalten und wirkte bald wieder gesund, nahm an Gewicht zu und hatte mehr

Energie. Einige Monate nachdem Maharishi uns verlassen hatte, um TM-Zentren in Europa und Kanada zu besuchen, war Millie des Schweigens und Nichtstuns jedoch müde geworden, hatte sich ans Telefon begeben und allmählich ihr soziales Leben wieder aufgenommen. Es dauerte nicht lange, bis der Krebs erneut auftrat. Man konnte ihr keinen Vorwurf machen – sie war einfach ein sehr kontaktfreudiger Mensch. Mir gegenüber war sie besonders freundlich gewesen, als ich begonnen hatte zu meditieren. Jeden zweiten Tag rief sie mich an und ermahnte mich, in meiner Meditation nicht nachzulassen, denn sie wußte, daß die tägliche Praxis mir mehr Energie geben würde, was mich zu mehr Aktivitäten verleiten und mir noch weniger Zeit für TM lassen würde.

Als ich hörte, sie sei dem Tode nahe, hatte ich sie eine Woche zuvor im Krankenhaus besucht. Als ich ihr Zimmer betrat, meinte ich, Maharishis Stimme zu hören, die sagte: »Richte deine Gedanken auf Gott und auf die Liebe.« Es war ein Tonband, das sie sofort abstellte. Ich sagte, wie schön es doch für sie sei, dieses Band zu haben und wollte wissen, was er sonst noch darauf sagte.

Sie antwortete: »Er spricht über Gott, aber ich darf niemand anders zuhören lassen. Maharishi sagte, es sei ausschließlich für meine Ohren bestimmt.« Später vertraute sie mir an: »Das war eine unglaubliche Erfahrung. Meditieren und diesem Band zuzuhören füllt meine Tage aus. Alles andere, die Spritzen, die Ärzte, all das scheint daneben unwirklich.«

In ihre Kissen gestützt sah Millie so hübsch aus. Ihr blondes Haar war frisch gewaschen, und sie wirkte dünn, aber gesund und glücklich. Es schien unmöglich, daß sie im Sterben lag. Doch ihre Stimme klang dringlich, als sie mich fragte, ob ich etwas von Maharishi gehört hätte.

»Weißt du, wann er zurückkommt? Er hat mir versprochen, bei mir zu sein, wenn ich sterbe.«

Ich bestand darauf, daß sie nicht sterben würde.

Sie schüttelte den Kopf. »Doch, ich sterbe, aber ich mache mir keine Sorgen darüber. Ich fürchte mich nicht davor. Wir alle müssen eines Tages sterben, und Maharishi hat mir versprochen, hier zu sein, um mich auf die andere Seite zu führen, wo Guru Dev auf mich warten wird.«

Traurigkeit überfiel mich. Ich wünschte, ich hätte ihren Glauben und ihre Zuversicht gehabt.

Auf meinem Weg nach draußen fragte ich die Schwestern, wieviel Zeit ihr noch blieb. Sie sagten, es sei erstaunlich, daß sie überhaupt noch lebte. »Sie ist übersät mit Krebs, aber sie scheint wenig Schmerzen zu haben. Obwohl die Krankheit so bösartig ist und sie mit Kobalt bestrahlt wird, will sie keine Schmerzmittel haben.«

Von Helen informiert war der kleine, enge Kreis seiner Anhänger auf dem Flughafen, um Maharishi zu begrüßen. Er sah so glücklich aus, als er mit einem Strauß Blumen in der Hand langsam die Treppe aus dem Flugzeug herunterstieg. Wir waren überglücklich, ihn wieder bei uns zu haben. Es wurde beschlossen, daß er in Efram Zimbalists Rolls-Royce zu Olsens Haus fahren sollte und ich ihn begleiten würde. Es war eine perfekte Gelegenheit, ihn auf Millies bevorstehenden Tod hinzuweisen, auch wenn er wenig dazu sagte.

Es war kurz nach ein Uhr nachts, als wir uns in Olsens Bibliothek um Maharishi herum auf den Boden setzten und einen jener intimen Momente erwarteten, die wir immer genossen, wenn »die Familie« zusammen kam. Es war eine lange, anstrengende Reise gewesen, aber unsere Fragen und unsere Begeisterung sorgten dafür, daß Maharishi bald wieder hellwach war, und er verkündete voller Energie seinen Erfolg.

»Das kanadische Zentrum wächst schnell. An verschiedenen Stellen werden neue Zentren gegründet, und es gibt dort gute Leute, die vorwärtskommen.« Seine Finger zupften an den Blütenblättern einer Rose. »Sie wollen ein kleines Flugzeug kaufen, das ich benutzen könnte, um von einem Ort zum anderen zu fliegen«, berichtete er und beschrieb mit seiner Hand einen Bogen über eine imaginäre Landkarte. Er erzählte weitere Einzelheiten über seine Zukunftspläne und fiel dann plötzlich in Schweigen. Wir warteten. Dann sagte er in die Stille hinein: »Ich werde euch für einige Minuten verlassen.« Er erhob sich, suchte sich einen Weg zwischen uns hindurch und verließ den Raum. An der Tür stehend sah ich, wie er seine Gewänder raffte und die Treppe hinauflief. Ich hatte ihn noch nie zuvor in Eile gesehen.

Ich machte darüber eine Bemerkung zu Helena Olsen, aber sie dachte sich nichts dabei. »Bei Maharishi weißt du nie, ob so etwas die Antwort auf einen spirituellen Ruf ist oder einfach nur ein menschliches Befürfnis.« Aber es beeindruckte mich, ihn so in Eile zu sehen.

Ich schaute auf meine Armbanduhr: 1.50 Uhr in der Nacht. Einen Moment lang dachte ich daran zu gehen, aber wenige Minuten später kam Maharishi die Treppe herunter. Lächelnd blickte er auf die Versammlung seiner engsten Anhänger, begab sich wieder auf seinen Platz und erzählte uns weiter von seinen Plänen, ein Buch zu schreiben. Wir waren über diese Ansicht begeistert. Es war fast drei Uhr nachts, als ich ins Bett kam, müde, aber glücklich.

Am nächsten Tag rief mich Helen an, um mir zu berichten, daß Millie am frühen Morgen gestorben war, still und ohne Schmerzen.

In meine eigenen Gedanken versunken, bemerkte ich nicht die Erregung in ihrer Stimme.

»Wie traurig, daß sie Maharishi nicht mehr wiedergesehen hat. Die Hoffnung darauf hat sie wochenlang am Leben gehalten.«

»Aber das ist es ja gerade! Sie hat ihn gesehen!« Helens Stimme explodierte durch das Telefon.

»Was soll das heißen? Maharishi hatte keine Zeit, sie zu besuchen. Er war mit uns zusammen.«

»Nancy, das ist ja gerade so außergewöhnlich. Charlie war gerade mit Dick Hoops unten im Krankenhaus, um ihm mit Millies Sachen zu helfen. Die Schwestern haben ihm erzählt, daß sie kurz vor Millies Tod auf dem Korridor jemanden in einem langen weißen Gewand aus der Dunkelheit kommen sahen. Als die Gestalt näher kam, erkannten sie, daß es ein bärtiger Mann in einer weißen Robe war. Er trug einen Strauß roter Rosen. Er lächelte, als er am Schwesternzimmer vorbeikam und ging geradewegs in Millies Raum, als ob er den Weg genau kenne. Eine der Schwestern verließ das Dienstzimmer, um einen Blick durch die offene Tür zu werfen, und sie sah, wie er mit den Händen ein Zeichen über Millies Kopf machte. Wenige Augenblicke später drehte er sich um und verließ den Raum. Kurz darauf ist Millie gestorben.«

Ihre Worte machten mich betroffen. »Maharishi hatte ihr versprochen, er werde da sein, um sie auf die andere Seite zu geleiten. Deshalb hatte sie keine Angst.«

»Ich weiß, deshalb haben wir ja alle darum gebetet, daß er rechtzeitig kommen und sie nicht enttäuschen würde.«

Helen sprach jetzt ganz langsam und deutlich: »Begreifst du, was da passiert ist, Nancy?« Ich wartete.

»Millie ist um zwei Uhr morgens gestorben. Um diese Zeit

haben wir alle in Olsens Bibliothek gesessen. Weißt du noch, wann er uns verlassen hat und nach oben gelaufen ist?«

»Ja, aber bis zum Krankenhaus fährt man mindestens eine halbe Stunde mit dem Auto.«

»Genau.« Es überlief mich kalt, als Helen weitersprach: »Glaubst du jetzt an Teleportation, die Fähigkeit, an zwei Orten gleichzeitig zu sein? Die Schwestern haben in ihren Unterlagen notiert, daß er da war!«

Während mir vor Verwunderung der Kopf schwirrte, wuchs in meinem Herzen die Liebe zu Maharishi. Er hatte sein Versprechen an Millie gehalten.

Nancy Cooke de Herrera

Eine Botschaft aus Jerusalem

Im Gegensatz zu dem, was in der Bibel behauptet wird, hatten Paulus von Tarsus und Jesus von Nazareth eine enge persönliche Beziehung. Paulus war 21 Jahre alt, als er Jesus (Joshua) in Jerusalem traf. Jesus war 23 Jahre alt und wurde von Petrus (Cephas) und Andreas, den beiden Brüdern aus dem Fischerort Bethsaida am See Genezareth, begleitet.

Daß Joshua und Paulus sich kannten, wurde nicht erwähnt, weil Paulus nicht zu den Jüngern gehörte, also kein Schüler Jesu war. Paulus war besser ausgebildet und finanziell unabhängiger als die Jünger. Diese ärgerten sich über die Beziehung zwischen Jesus und Paulus, während Paulus seinerseits wenig Respekt vor den schlecht ausgebildeten Jüngern hatte, die oft nicht verstanden, was Jesus predigte. Deshalb ist es nicht verwunderlich, daß Paulus, wie aus seinen Briefen hervorgeht, Jesus und seine Lehren besser verstand als die Autoren des Neuen Testaments. Paulus bestätigt das in seinen Briefen, wenn er sagt: »Er ist offenbart im Fleisch, gerechtfertigt im Geist [...]« (1. Tim. 3, 16).

Durch die Ohren des Paulus hörte ich die Worte Jesu. Ich sah seine anmutigen Bewegungen und empfing seine Liebe. Nun kenne ich seine wahren Botschaften. In Rundfunk- und Fernseh-Talkshows und auf Symposien bin ich gefragt worden: »Wie war Jesus wirklich?«

Wenn Jesus hungrig war, dann aß er; wenn er durstig war, dann trank er; wenn er müde war, schlief er. Aber anders als jeder andere Mensch kam Jesus schon als perfekte Seele auf die Welt. Sein bewußter Verstand und sein spiritueller Geist waren ein und dasselbe. Anders als wir alle, die Engel als spirituelle Führer haben – und einige von uns, die Jesus als spirituellen Führer haben – hatte Er Gott als Seinen spirituellen Führer.

Joshua kümmerte sich nicht um Reichtum oder Status, denn er verstand wahrlich, daß nur derjenige glücklich sein kann, der eins mit dem Teil Gottes ist, den wir alle in uns haben – das ist unsere unsterbliche Seele, die uns Gott, unser Vater/unsere Mutter geschenkt haben. Diese Erkenntnis war es, die er seinen Anhängern vor 2000 Jahren zu vermitteln versuchte.

Durch die Erinnerung des Paulus wurde ich Zeuge von Jesu charismatischer Weisheit, erlebte seinen enormen Sinn für Humor und seine außergewöhnlichen kommunikativen Fähigkeiten. Aber trotz alledem mußte Jesus auf Wunder zurückgreifen, um Herz und Verstand seiner Anhänger zu gewinnen: die Heilung von Kranken, die Auferweckung des Lazarus von den Toten und seine eigene Auferstehung. Zu den außergewöhnlichsten Szenen, die ich als Paulus erlebte, gehörte die erste Heilung, die Joshua in Jerusalem vollbrachte. Obwohl er gesagt hatte, er werde mich lehren, andere zu heilen, war ich völlig unvorbereitet, als ich zum ersten Mal Zeuge seiner Heilkräfte wurde. Es geschah an einem der Brunnen außerhalb der Tempelmauern.

Eine große Menge hatte sich versammelt. Joshua stand am äußeren Rand des Brunnens und gab den Leuten, die geheilt werden wollten, Anweisungen. Er sagte ihnen, sie sollten zwei Reihen bilden; in der einen Reihe sollten diejenigen stehen, die im Laufe ihres Lebens krank geworden waren, und in der anderen Reihe diejenigen, deren Krankheiten oder Behinderungen von Geburt an bestanden hatten oder durch einen Unfall verursacht worden waren.

Es waren auch viele Zuschauer dort, die selbst nicht krank waren, und sie amüsierten sich über einige der Kranken, die ihre Krankheit selbst verursacht hatten, aber nicht bereit waren, das zuzugeben. Nachbarn und Bekannte versuchten diesen Leuten zu sagen: »Du solltest drüben bei der anderen Gruppe stehen. Du warst nicht von Geburt an krank.« Aber sie stellten sich in die andere Reihe, denn sie wollten nicht zugeben, wie Gier, Ärger, Eifersucht und Intoleranz sie innerlich zerfressen und so ihre Krankheit verursacht und ihre Angehörigen unglücklich gemacht hatten. Es war ihnen nicht klar, daß ihre Unfähigkeit, das vor sich selbst einzugestehen, eine Heilung verhindern würde.

Große Gruppen von Zuschauern standen zu beiden Seiten der Reihen, beobachteten, was vorging, hörten Jesus zu, der ihnen predigte, sie müßten grenzenloses Vertrauen in ihre Liebe zu Gott haben und fest daran glauben, daß Gott und ihre eigenen von Gott gegebenen inneren Kräfte sie heilen könnten. Er stand unter dem zum Teil bewölkten Himmel und sprach fast eine Stunde mit ihnen. Es war mitten am Nachmittag.

Ich befand mich vorn in einer der beiden seitlichen Gruppen, nicht mehr als drei Meter von Joshua entfernt, und beobachtete alles, was vor meinen Augen geschah. Ich sah Joshuas lockeres braunes Gewand, das sich mit ihm hin und her bewegte. Dann stieg er vom Brunnenrand herunter und näherte sich der Reihe jener, die ihre Krankheit selbst verursacht hatten. Bedächtig legte er seine rechte Hand auf die Stirn der ersten Person in dieser Reihe und seine linke Hand auf deren Schulter.

Laut betend bittet er den Mann, sich selbst zu vergeben und bittet Gott, ihm zu vergeben. Er sagt dem Mann, er werde nicht mehr sündigen und sich auf diese Weise selbst schädigen. »Es liegt bei dir. Du mußt deine Sünden erst zugeben und dann vergeben. Aber du kannst nicht vergeben, was du nicht vorher zugegeben hast.«

Der Mann gibt seine Sünden zu und ist von der Magenkrankheit geheilt, an der er gelitten hatte. Er ruft allen Umstehenden zu, daß er geheilt ist. Die Menge ist erstaunt über das, was sie sieht. Die Aufregung geht wie eine Welle durch die beiden Gruppen von Zuschauern. Diejenigen, die in der Schlange stehen, verrenken sich den Hals, um zu sehen, was passiert, wenn sie an der Reihe sind.

Ich bin tief bewegt, als ich eine Heilung nach der anderen erlebe. Während ich ihn dabei beobachte, wie er Menschen heilt, verstehe ich, daß ich mit Joshua eins werde – mit dem, was Joshua ist. Und ich werde eins mit mir selbst. Mir wird zutiefst deutlich, daß Joshua derjenige ist, der als Retter der Menschheit angekündigt wurde. An diesem Tag bin ich für immer verwandelt.

Diese Szene war so überwältigend, daß uns eine Anzahl von Menschen geschrieben hat, sie seien selbst körperlich geheilt worden, während sie dieses spezielle Kapitel in meinem Buch *The Messengers* gelesen haben. Was vor zweitausend Jahren galt, gilt auch heute noch. Die Botschaft bleibt stets dieselbe: Gott wohnt in jedem von uns. Wenn wir diese gewaltige Wahrheit verstehen und akzeptieren, kann sich jeder von uns so verwandeln, wie sich Paulus an jenem Tag in Jerusalem verwandelt hat.

Einige sagen, Joshua sei für uns gestorben, und das ist er ganz sicher. Aber ich sage Ihnen, es ist noch wichtiger, daß er für uns gelebt hat und ein Geschenk Gottes für uns war. Ich bin sehr dankbar, daß ich durch die beständige Gegenwart der Engel Jesu Leben und Seine Botschaften mit anderen teilen kann.

Nick Bunick

Die Kante

An der Kante stehend konnte ich fühlen, wie die fast unerträgliche Hitze durch meine Schuhe drang. Giftige Gase bahnten sich ihren Weg durch die Löcher in der vulkanischen Asche und zerstörten alles Leben, das mit ihnen in Berührung kam – als seien sie so entschlossen, daß die Erde selbst sie nicht zurückzuhalten vermochte.

Es war mitten am Vormittag. Auf der großen Insel Hawaii war der Vulkan ausgebrochen – tatsächlich brach er immer noch aus, während ich dort stand. Glühende Lava floß ins Meer, neues Land nahm vor meinen Augen Form an. Ich beobachtete den Vorgang der Schöpfung, während ich auf der neu gebildeten Erde stand, Erde, die gestern noch nicht dagewesen war.

Mein Weg hatte mich an zahllosen Schildern vorbeigeführt: »Gefahr! Kein Zutritt!« Ich hatte sie gesehen, darüber nachgedacht, die Furcht gespürt, die sie wecken sollten, aber meine Füße hatten sich trotzdem weiterbewegt. Ich stand unter dem Zwang weiterzugehen, immer auf die Hitze zu, durch Gase, die so dick und schwefelhaltig waren, daß ich sehen konnte, wie sie in die Atmosphäre hinaufstiegen – sie schwebten über einer brodelnden, flüssigen Masse im nassesten Rot, das ich je erblickt hatte oder mir in meinen kühnsten Träumen hätte vorstellen können. Unerbittlich hatte es mich zu dieser Kante hingezogen, wo rotglühende Lava brodelte und sich den riesigen Berg hinunter ergoß, um auf das kühle, blaue Meer zu treffen. Der Tod war so nah, daß ich ihn in der Atmosphäre riechen konnte, und ich wußte, daß es meine persönliche Entscheidung war zu leben.

Ich war nicht allein. Meine Freundin Katrina und ich waren zusammen hierhergegangen. Nachdem wir einen massiven Vorsprung neu entstandenen Bodens hinter uns gelassen hatten, hörten die Warnhinweise auf, als ob sie nicht länger benötigt würden. Ordnungshüter in leuchtend orangefarbenen Jacken, die im Vergleich zu der heißen Lava blaß wirkten, kreuzten unseren Weg. Da wir die einzigen Zivilisten waren, die sich so nah herangewagt hatten, wurden wir zwar mißbilligend angesehen, aber nicht aufgehalten. Es war so, als seien wir genügend gewarnt geworden, und nachdem wir einmal so weit gekommen waren, hatten wir selbst das Risiko zu tragen.

Ich stand so nah wie eben möglich an der Kante und beobachtete, wie das rötliche Zeug hervorquoll und Blasen warf, sich zu einer völlig neuen Oberfläche ausbreitete und seine eigenen Grenzen zog. Wer würde Eigentumsrechte an dieser phantastischen Darstellung göttlicher Macht für sich in Anspruch nehmen? Welcher Mensch würde einen Stecken in den jungfräulichen Boden treiben und versuchen, ihm einen Namen zu geben? Wer würde verrückt genug sein zu glauben, er könne die Erde selbst unter seine Kontrolle bringen?

Während ich beobachtete, wie die Lava Teile des Meeres für sich verlangte, fragte ich mich: Überwältigt nun Wasser das Feuer, oder ist es genau umgekehrt? Die Welt selbst schien sich vor meinen Augen zu verwandeln, und es gab nichts, was ich hätte tun können, außer den Vorgang zu beobachten. Ich empfand ein Gefühl von Angst und innerer Leere, als mir klar wurde, daß ich immer angenommen hatte, eine Kante sei eine Kante. Aber während ich beobachtete, wie diese Kante sich ausdehnte und alles auf ihrem Weg verschlang, begriff ich, daß alles sich bewegt und verändert. Nichts ist jemals das, wofür wir es halten, nicht einmal eine Kante.

Die Lava floß gefährlich nah an meinem rechten Fuß vorbei. Die Nervenenden meiner Zehen kribbelten, während sie die sengende Hitze erwarteten, die meinen Fuß, mein Bein, meinen ganzen Körper zerstören könnte. Mein Atem war flach geworden. Furcht regierte meine Brust, drückte sie zusammen und raubte mir die Fähigkeit, vernünftig zu denken. Die austretenden Gase waren so stark, daß der bloße Akt des Atmens etwas war, worüber ich nachdenken mußte. Es war entscheidend, daß ich in Verbindung mit meinem Atem blieb...

Je tiefer ich atmete, desto ruhiger wurde ich... bis ich entsetzt feststellte, daß ich das Bedürfnis hatte zu springen, nicht ins Wasser, sondern direkt in die Lava, in den schöpferischen Kern der Erde. Alle Furcht hatte mich verlassen. Ich hätte es tun können, sobald sich meine Beine bewegt hätten. Ich mußte dafür sorgen, daß sie an Ort und Stelle blieben, und verhindern, daß sie mich nach vorn stürzen ließen. Es war nicht so, daß ich sterben wollte. Nein, das wollte ich nicht. Ich führte ein glückliches Leben, und Selbstmord entsprach mir nicht, war nie meine Sache gewesen. Aber der Impuls, mich ins Feuer zu werfen, war überwältigend.

Mein Körper schob sich nach vorn und testete aus, wie weit ich gehen konnte. Ich spähte ins Feuer, und es war mir nicht fremd. Es war ein Teil von mir, eine Lebenskraft, die so stark und bezwingend war, daß ich den Wunsch hatte, mit ihr zu verschmelzen, in ihren Bauch hineinzufliegen, von der Hitze verschlungen zu werden, selbst die heiße, hervorbrechende, sexuelle, alles durchdringende Glut zu sein.

»Tu's nicht«, warnte mich meine innere Stimme. Aber warum war es besser, auf dieser Seite zu stehen? Auf beiden Seiten gab es Mysterien, Licht und Dunkelheit und unbegrenzte Möglichkeiten. Jede Seite enthielt ihre eigene Version der Kante.

Aber wo würde das alles enden? Ich blickte mich um. Weiterhin bildete sich Land aus dem Feuer. Die Kante dehnte sich aus und bewegte sich weiter und weiter von mir weg – was mir zeigte, daß Stillstand dasselbe wie Rückschritt war. Insofern war Stillstand eigentlich gar nicht möglich. Ich bewegte mich entweder vorwärts oder rückwärts, weil die Erde selbst sich unter meinen Füßen bewegte. Was immer ich tat oder nicht tat, ich war ein Teil der Bewegung, verwoben mit der Schöpfung und Zerstörung der Erde selbst, sogar dann, wenn ich glaubte, nur dazustehen und nichts zu tun. Katrina berührte meinen Arm. Ich sah sie an. Sie fühlte dasselbe. Waren wir Anwärter darauf, gemeinsam über die Kante zu fliegen, die Hawaiianische Version von Thelma und Louise?

Atemlos wandten wir der Verlockung den Rücken zu. Wir hatten den Sog gespürt, den Sog in unsere unvermeidliche Zukunft. Eines Tages würde es geschehen, aber nicht so. Dies hier war zu verrückt, zu dramatisch, zu unwirklich und letztlich zu bedeutungslos. In den Tod springen? Lächerlich. Und doch, der geschmolzene Sirup brodelte hinter uns, als wolle er uns ein Zeichen geben.

Ich war es müde, nach Atem zu ringen. Ich ging langsam zurück, und Katrina folgte mir. Anfangs war es, als würden wir durch dicken Pudding waten, gegen die Flut ankämpfen und versuchen, dem unaussprechlichen Drang zu widerstehen, im Zentrum des Wirbelsturms zu sein. Aber wir widerstanden und bahnten uns den Weg zurück über den kohlefarbenen porösen Boden.

Wo immer ich erst den einen und dann den anderen Fuß hinsetzte, war einst die Kante gewesen – eine feine Linie zwischen hier und dort, zwischen dieser und jener Welt. Selbst die flachsten, unauffälligsten Teile dieses neu entstandenen Bodens waren einen Augenblick lang so scharf wie eine Rasierklinge gewesen. Nun waren sie einfach ein Teil des Ganzen, relativ sicher und solide.

Als wir das heilige Territorium verließen und uns von neuem dem Hauptstrom des Lebens näherten, trafen wir auch wieder auf die orangegekleideten Ordnungshüter, die uns gereizte Blicke zuwarfen, als ob sie sich nun wieder um uns kümmern müßten. Wir hatten das Niemandsland verlassen, wo die Gase die Atmosphäre beherrschten und Feuer das Meer überwältigte. Nun dachten diese Leute, sie seien die Herrscher, und ich wirkte wie ein Dissident, jemand, der ihre Regeln gebrochen hatte und dem man nicht vertrauen konnte. Ihre strengen Gesichter verbargen sich hinter einer Maske effizienten Verhaltens, das ausdrücken sollte, welch wichtige Arbeit hier zu tun war. Aber ich sah die Furcht hindurchscheinen. Sie zeugte von der Erkenntnis, daß alles sterblich war und daß sie dem schrecklichen Angesicht der Schöpfung gegenübergestanden hatten. Sie hatten gesehen, wie wenig Kontrolle sie über alles hatten. Sie wußten, wie klein sie im großen Plan der Dinge waren, aber es schien so, als wollten sie nicht, daß irgend jemand anders es merkte.

Sie sagten nichts, als wir vorübergingen, denn in ihren Augen waren wir jetzt auf dem richtigen Weg. Zumindest bewegten wir uns weg von der Gefahr – so ähnlich dachten sie jedenfalls.

Wo gibt es Sicherheit, wenn jeder Moment des Lebens seine eigene Version der Kante enthält? Nun kehrten wir zu den Einschränkungen der Gesellschaft zurück, wo die Entscheidungen über Leben und Tod nicht mehr dem Individuum überlassen bleiben, in eine Welt, wo es Gesetze gegen das Sterben gibt. Diesmal hat die Furcht vielleicht ihren Zweck erfüllt. Vielleicht war es eine Einbildung, um uns auf dem Weg zu halten, um unsere Sicherheit zu wahren, um uns mit den notwendigen Lektionen des Lebens in Verbindung zu halten und dafür zu sorgen, daß wir unsere Reise fortsetzen. Oder vielleicht war es einfach einer von Gottes erstaunlichen und rästelhaften Wegen, auf denen Er es fertigbringt, daß wir uns nach Seiner Zeit und nicht nach unserer eigenen richten, damit wir nicht zu nah an die Kante gehen.

Andrea Cagan

Gettysburg

Ich war zum Gettysburg College gekommen, um an einem Programm teilzunehmen, das von der Spiritual Frontiers Fellowship gefördert wurde, die mich eingeladen hatte. Ich arbeitete damals im Bereich Werbung und Öffentlichkeitsarbeit und wollte dort lediglich Informationen sammeln, die mir vielleicht helfen konnten, die Stiftung in der Öffentlichkeit darzustellen. Ich hatte keine anderen Erwartungen außer vielleicht der, meiner Alltagsroutine für ein paar Tage zu entkommen.

Einige »Sensitive« unter den Teilnehmern behaupteten, sie hätten auf diesem Campus, welcher auf dem Gelände lag, wo sich in der Schlacht von Gettysburg heftige Kämpfe abgespielt hatten, außergewöhnliche Erlebnisse gehabt. Ich war skeptisch, um es gelinde auszudrücken, und beschloß, eine von ihnen, ein Medium namens Phyllis, auf die Probe zu stellen. Sie produzierte sich besonders lautstark und berichtete von Erlebnissen, die mir nicht nur unglaublich, sondern etwas verrückt vorkamen. Also forderte ich sie auf: »Wenn das wirklich so ist, wie du sagst, dann zeig es mir.« Da sie nicht zu denen gehörte, die in solchen Fällen einen Rückzieher machen, sagte Phyllis, sie würde mich mit auf das Schlachtfeld hinausnehmen.

Am Abend des 21. Juli 1971 fuhren wir in ihrem Auto los. Zunächst machten wir einen kurzen Ausflug zum Friedhof auf der anderen Seite des Schlachtfeldes, und sie beschrieb eine Reihe von Geistern, die sich an verschiedenen Gräbern aufhielten. Ich sah nichts, aber die Umgebung jagte mir, vorsichtig ausgedrückt, einen Schrecken ein. Dann fuhren wir auf das Schlachtfeld selbst. Nach einigem Suchen wählte sie als Standort das Denkmal von Generalmajor Winfield Hancock. Wir setzten uns auf die Platte zu Füßen des riesigen Denkmals. Sie gab mir eine Reihe von Anweisungen – gewissermaßen einen Schnellkurs in medialem Wissen – und dann versenkten wir uns in eine Meditation.

Als wir hier an der Grenze zum Ostfriedhof in der Dämmerung saßen, wirkte die Aura des Schlachtfeldes ehrfurchtgebietend. Seine Lage, nur durch eine Straße von dem Nationalfriedhof getrennt, wo Präsident Lincoln seine berühmte Ansprache gehalten hatte, machte die Atmosphäre noch unheimlicher. Das Hancock-Denkmal selbst mit dem General hoch zu Roß war von einer einschüchternden Massivität. Hier in der Dämmerung mit nur einem einzigen anderen Menschen zu sitzen war in der Tat ein wenig furchterregend.

Plötzlich wurde die Stille von einem Gewehrschuß durchbrochen. Die Kugel schien links an meinem Kopf vorbeizufliegen und an einem in der Nähe stehenden Baum abzuprallen. Ich war zu Tode erschrocken. Ich dachte, irgend jemand würde auf uns schießen, vielleicht, weil wir unerlaubt das Gelände betreten hatten.

Doch Phyllis versicherte mir, der Vorgang sei »paranormal« und kein Grund zur Sorge. So blieb ich an meinem Platz, obwohl ich mich dabei unbehaglich fühlte. Dann konnte ich plötzlich den Schlachtenlärm hören, und ich wurde Teil einer spirituellen Dimension, mit der ich nicht gerechnet hatte, und die mich völlig in Anspruch nahm.

Phyllis begann zu beschreiben, was um uns herum vorging, und fragte mich immer wieder: »Siehst du denn nicht, was da passiert?« Nein, ich sah nichts – nichts außer dem Boden um das Denkmal herum, der sich langsam im Dunkel der Nacht verlor.

Aber es gab keinen Zweifel: Ringsum hörte ich jetzt Gewehrschüsse, Kanonendonner, Pferde und Wagen und die schrecklichen Rufe und Schreie, die menschliche Wut und Schmerz ausdrückten. Der Lärm war überall, allumfassend und real – obwohl er so dicht und so schnell gekommen war, daß mir wenig Zeit blieb, alles wahrzunehmen, was geschah.

Dann sagte Phyllis, eine kleine Abteilung Soldaten komme auf uns zu. Sie waren verwundet, und Phyllis erklärte, sie würden von unserem »Licht« angezogen. Als sie das sagte, begann ich eine Art Decke von Spinnweben zu fühlen, die mich völlig bedeckte und sich durch mich hindurchbewegte.

Das war wohl das Äußerste, was meine Nerven ertragen konnten. Kurz danach erstarben die Geräusche langsam. Ich kehrte allmählich in einen normaleren Bewußtseinszustand zurück und schlug alsbald vor, diesen Ort zu verlassen. Ich war entsetzt – und doch vor Erregung wie angewurzelt. Jetzt wußte ich ohne jeden Zweifel: Es gibt tatsächlich etwas jenseits dieser Ebene. Jene Momente auf dem Schlachtfeld hatten mein Leben verändert, augenblicklich und für immer. Aber das ist eine andere Geschichte …

Paul V. Johnson

Enge Begegnungen nach Alaska-Art

Die Sache ist vor etwa sieben Jahren passiert, als ich von meinem ersten und letzten Wochenend-Angelausflug in Alaska zurückkehrte. Ich leitete damals die PR-Abteilung einer NBC-Tochter, KTUU-Anchorage, und man hatte mir ein Wochenende an diesem tollen Zufluchtsort auf dem

Wasser als Dank für die harte Arbeit geschenkt, die ich bei einer Bus-Werbekampagne geleistet hatte.

Ich hatte meine Freundin Stephanie eingeladen, mich zu begleiten. Als ich sie zum ersten Mal fragte, ob sie Lust hätte, angeln zu gehen, hatte sie spontan nein gesagt. Ich hatte im Grunde auch nicht damit gerechnet, daß sie ja sagen würde, denn sie war ein »Chanel Girl« aus Newport Beach und saß in Anchorage, Alaska, fest. Das war nicht der richtige Ausflug für sie. Ich hatte mich schon darauf eingestellt, allein zu fahren, als sie mich noch einmal anrief und sagte, sie würde doch mitkommen.

Es war ein verrücktes Angel-Wochenende. Wir brauchten den Haken nicht einmal mit einem Köder zu versehen. Ich fing sofort einen 13-Kilo-Lachs und verbrachte den Rest der Zeit schlafend im Bug des robusten kleinen Fischerbootes. Stephanie angelte, bis sie blau im Gesicht war, und hörte erst auf, als sie sich einen Nagel abgebrochen hatte. Von allen Pflichten frei verbrachten wir drei wunderbare Tage in der frischen Luft der Kenai Halbinsel.

Am späten Sonntag nachmittag machten wir uns auf den Weg zurück in die Wirklichkeit, was hieß, daß wir erst gegen elf Uhr abends in Anchorage sein würden. Als wir in die Nähe der Stadt kamen, begannen die Nordlichter eine der spektakulärsten Vorführungen, die wir je gesehen hatten. Die Nordlichter, auch Aurora borealis genannt, sind ein Phänomen, das von elektromagnetischen Feldern in der Nähe des Nordpols erzeugt wird. Oft haben sie eine grünliche Farbe und sehen aus wie Lichtstreifen, die am Himmel einen elektrischen Tanz vollführen. Die Einwohner Alaskas rufen sich gegenseitig zu jeder Tages- und Nachtzeit an, um sicherzustellen, daß niemand dieses seltene Naturschauspiel verpaßt.

Während wir uns der Stadt näherten, wurden Stephanie und ich von den Lichtern hypnotisiert. Sie schienen überall um uns herum zu hüpfen und zu wirbeln. Wir hatten beide den Kopf zum Fenster herausgestreckt und starrten nach draußen. Dagegen wäre nichts einzuwenden gewesen, hätte ich nicht fahren müssen. So hielt ich schließlich 15 Meilen südlich von Anchorage am Straßenrand, damit auch ich dem kosmischen Wunder meine ungeteilte Aufmerksamkeit widmen konnte. Ich warf eine Decke über die Motorhaube meines Geländewagens. Wir legten uns beide darauf, lauschten George Winstons »December« und starrten auf die Energiestreifen, die jetzt in einem strahlenden Kreis auf uns herunterzukommen schienen. Inzwischen konnten wir die Nordlichter hören. Sie klangen wie das Surren eines gigantischen Windsturms ohne Wind.

Wir hielten einander fest an den Händen. Wir konnten nichts sagen. Wir befanden uns in Trance. Die Erscheinung schien zu uns zu sprechen und uns aufzufordern, wir sollten uns in Energie auflösen. Die Lichter wurden rot und blau und grün und weiß und bildeten weiterhin einen Kreis um uns, der aussah wie der Boden eines Raumschiffs.

Plötzlich zerbrach ein Zweig hinter dem Wagen, und wir sprangen von der Motorhaube herunter. Hektisch kletterten wir ins Auto, verriegelten die Türen, drehten die Musik ab und versuchten einzuordnen, was gerade passiert war. Wir redeten in Halbsätzen und wußten, ohne es auszusprechen, daß wir eben dasselbe unbeschreibliche Erlebnis gehabt hatten.

Schweigend fuhren wir weiter, die Augen starr geradeaus gerichtet. Doch innerhalb weniger Augenblicke überkam uns erneut das unwiderstehliche Verlangen, in den Himmel zu starren, so als ob uns irgend etwas von irgendwo zuwinken würde. Nach weiteren sieben Meilen bog ich in ein Gebiet ab, das Potter's Marsh genannt wird. Die Nordlichter waren verschwunden, während wir um die Berge herumfuhren. Schnell stiegen wir aus dem Auto, denn unsere Aufmerksamkeit wurde wieder zum Himmel gezogen.

Dieses Mal erblickten wir ein neues bizarres Phänomen. Immer wenn ich einen Stern ansah, verband er sich durch eine »Schnur« mit dem nächsten Stern, so daß sie alle eine Kette bildeten. Dann schienen sich die Sterne wie eine Schlange über den Himmel zu winden. In diesem Moment konnte ich kaum sprechen, aber ich schaffte es, Stephanie zu fragen, ob sie dasselbe sah.

Sie flüsterte ein atemloses »Ja« und begann, von mir und dem Auto wegzugehen. »Nein«, schrie ich – doch Stephanie ging weiter und sagte nur mit einem Lächeln in ihrer Stimme: »Es ist okay.«

Im selben Moment schien das, worauf ich am Himmel gestarrt hatte, schreiend durch das Universum direkt auf uns zuzukommen. Es brauchte nur den Bruchteil einer Sekunde und schien rot zu sein. Dann schlug etwas mit einem lauten, dumpfen Geräusch auf dem hinteren Teil des Wagens auf. Hektisch versuchten wir beide, von der Fahrerseite aus ins Auto zu klettern. Ich schob Stephanie über die Armlehne, warf mich hinter das Steuer und gab Vollgas, noch bevor ich die Tür zugezogen hatte. Dann fuhr ich geradewegs den sumpfigen Damm hoch, ohne auch nur den Allradantrieb einzuschalten. Während der nächsten langen acht Meilen zurück nach Anchorage preßte ich meinen Brustkorb gegen das Steuerrad. Stephanie hatte sich in ihrem Sitz zurückgelehnt. Wir weinten beide hysterisch.

Wir nahmen die erste Ausfahrt, hielten an der ersten Tankstelle und sprangen heraus, um das Auto im Flutlicht zu untersuchen. Nichts: keine Beule, keine Spuren am hinteren Teil des Wagens. Nichts außer der unvergeßlichen Erinnerung an die Lichterkette und das unverkennbare Geräusch des Aufpralls, mit dem etwas aus einer anderen Welt auf das Auto getroffen war, ohne ein Spur zu hinterlassen.

Die Augen fest auf die Straße geheftet fuhren wir zum Haus von Stephanies Eltern. Wir zogen uns in ihr Zimmer zurück, schlossen die Vorhänge und sprachen nie wieder über die Sache.

Gina Kelly Russo

Die Wunderblumen

Am Tag vor meinem Geburtstag machten mein Mann Michael und ich einen Nachmittagsspaziergang am südkalifornischen Strand in der Nähe unseres Hauses. Gewöhnlich pflegten wir während unserer Spaziergänge lebhaft zu diskutieren. An diesem Tag jedoch gingen Michael und ich in einer Art schweigender Meditation. Wir waren uns körperlich nahe, hielten uns an den Händen, aber jeder war friedlich in seine eigenen Gedanken versunken.

Wir erreichten eine große Steinmole, die als »der Keil« bekannt ist. Ich sitze gerne auf den Quarzsteinen und meditiere, versunken im Geräusch der heranrollenden Brandung und in der warmen Umarmung der Nachmittagssonne. Aber vor kurzem hatte eine besonders hohe Brandung am »Keil« meine Meditation gestört. Ich hatte nicht loslassen können. Ein Teil meines Bewußtseins war ständig mit der materiellen Umgebung beschäftigt, um sicherzustellen, daß ich nicht bei einem plötzlichen Richtungswechsel der fast fünf Meter hohen Wellen von den Felsen gespült wurde.

An diesem Tag bot sich Michael freundlicherweise an, während meiner Meditation auf die Brandung zu achten, so daß ich auf jedes Gewahrsein meiner Umgebung verzichten konnte. Wir gingen zur Mole und sahen uns nach zwei Steinen um, auf denen man bequem sitzen konnte. Sorgfältig inspizierten wir die verschiedenen Möglichkeiten, um einen Platz zu finden, der nah genug am Wasser war, um die Brandung zu hören, aber weit genug entfernt, um vor den Wellen sicher zu sein. Schließlich wählten wir zwei flache Quarzsteine.

Mit geschlossenen Augen sog ich tief die feuchte, salzige Luft ein, während die sprühende Gischt meine warme Haut kühlte. Im Vertrauen auf Michael versank ich rasch in eine tiefe Meditation. Ich visualisierte meine Chakras und stellte mir vor, wie die weiße Christus-Energie jedes einzelne reinigte. Während ich das tat, schwoll mein Herz vor Seligkeit. Ich fühlte in diesem Moment eine tiefe Liebe für alles, was lebte. Ich war mir der Verbindung zu allen Lebewesen bewußt. In einem machtvollen Zustand der Liebe war ich eins mit allem und jedem. Als ich aus dieser großartigen Meditation zurückkam, streckte ich meine Arme voller Dankbarkeit für die wunderschöne Wahrheit des Lebens. Als ich meine Augen öffnete, sah ich Michael friedlich mit gekreuzten Beinen neben mir sitzen. Er hatte meine Bewegung bemerkt und lächelte: »Sollen wir jetzt zurückgehen?«

Ich nickte und erhob mich von meinem Stein. Als ich mich umdrehte, um nach unten zu steigen, fiel mein Blick auf einen Gegenstand in leuchtendem Pink, der sich von den grauen Steinen abhob. Das war vorher nicht dagewesen, dachte ich. Dann hielt ich den Atem an, als mir klar wurde, was ich sah. Neben mir lag ein Strauß aus lilafarbenen Orchideen und Rosen in tiefem Pink, die mit einem Satinband in strahlendem Pink zusammengebunden waren.

Der Strauß war nicht dagewesen, als wir uns an diesen Ort hingesetzt hatten. Wir hatten die Steine so sorgfältig untersucht, daß es unmöglich gewesen wäre, etwas so Farbenprächtiges zu übersehen. Michael konnte den Strauß nicht mitgebracht haben. Er trug nichts außer Shorts und einem Achselhemd, so daß er die Blumen unmöglich hätte verstekken können. Außerdem waren sie ganz frisch und nicht zerdrückt, wie sie es hätten sein müssen, wenn er sie unter sein dünnes Baumwollhemd gesteckt hätte.

Ich hob den Blumenstrauß auf und zeigte ihn aufgeregt Michael. Genau in diesem Moment sagte meine innere Stimme laut: »Happy Birthday, Doreen!« Meine Wunderblumen waren ein Geburtstagsgeschenk des Universums, das meine Liebesmeditation und den Jahrestag meiner Geburt auf dieser Erde feierte. Heute steht der getrocknete Strauß in meinem Büro als Erinnerung daran, daß ein Bewußtsein der Einheit und Liebe die schönsten Wunder auf überraschendste Weise hervorbringen kann.

Doreen Virtue

Die Liebe eines Delphins

Es war ein strahlend heller Sommertag, und ich erfüllte mir einen Lebenstraum: Schwimmen mit Delphinen. Aufgewachsen im Süden Floridas am warmen, milden Wasser des Atlantik, hatte ich lange von Delphinen geträumt. Während der Kindheit war »Flipper« meine Lieblings-Fernsehserie gewesen, und ich hatte darum gebetet, eines Tages Seite an Seite mit Delphinen schwimmen und ein Teil ihrer Welt werden zu können, und sei es auch nur für kurze Zeit.

Nun war mein Traum beinahe Wirklichkeit geworden – ich war nicht nur mit einem Delphinweibchen zusammen im Wasser, sondern sie schien mich wirklich zu mögen. Wir hatten unser eigenes kleines Spiel entwickelt. Sie rollte sich auf den Rücken, während ich ihren seidigen Bauch mit meinen Schwimmflossen kraulte. Dann bot sie mir ihre Rückenflosse an und trug mich durch die Lagune. Ich verlor jedes Zeitgefühl, während ich mich mit meiner Delphinfreundin im Wasser vergnügte.

Irgendwann stellte ich plötzlich fest, daß ich in ihre wunderschönen blauen Augen starrte, und ich war erstaunt von dem, was ich sah. Sie blickte mich nicht nur direkt an, sondern ich konnte fühlen, wie sie Wellen bedingungsloser Liebe in mich hineinstrahlte. Während sie mich weiterhin anschaute, wurde mir klar, daß ich noch nie so grenzenlos und bedingungslos geliebt worden war wie in diesem Augenblick. Es war ein unvergeßlicher Moment reiner Glückseligkeit. Ich hatte immer vermutet, daß Delphine besondere Botschafter auf diesem Planeten wären, und nun wußte ich mit Gewißheit, daß sie Botschafter der Liebe waren.

Meine Begegnung mit dem Delphin veränderte wirklich mein Leben und öffnete mein Herz. Ich hoffe, daß ich eines Tages in meiner Entwicklung weit genug fortgeschritten sein werde, um jemanden so anzusehen und dieselbe Liebe auszustrahlen, die der Delphin mir geschenkt hat.

Arielle Ford

Wiedersehen bei den Pyramiden

Schon im Alter von vier Jahren zeigte Chiara ein stark ausgeprägtes Interesse an Ägypten. Meine Frau und ich waren davon immer fasziniert, denn es schien uns für ein so kleines Kind etwas ungewöhnlich. Dann kam die Einladung.

Ein Reiseunternehmen, das sich für meine Arbeit interessierte, hielt sein alljährliches Seminar in Kairo ab. Ich sollte zwei Wochenendseminare für sie leiten, und in der Woche dazwischen würden sie meiner Familie und mir eine Kreuzfahrt auf dem Nil ermöglichen. Chiara war sehr aufgeregt.

Dann rief mich Elisabeth, die Firmenrepräsentantin in Kairo an. Sie sagte, sie und ihre fünfjährige Tochter Sabrina würden uns auf dem Weg vom Flughafen zum Hotel in der Stadt an den Pyramiden abholen.

Chiara war über die Aussicht, Sabrina zu treffen, noch aufgeregter als darüber, daß wir überhaupt nach Ägypten flogen. Dee und ich dachten uns nichts dabei. »Natürlich, ein anderes Kind, mit dem sie spielen kann. Wie schön für Chiara.«

Wir landeten in Kairo und stiegen in das Auto, das auf uns gewartet hatte, um uns zu den Pyramiden zu bringen. Den ganzen Weg dorthin fragte Chiara immer wieder: »Mami, wird Sabrina uns dort abholen? Papi, kommt Sabrina mit Elisabeth?«

»Natürlich, Schätzchen.«

Der erste Anblick der Pyramiden war für uns alle atemberaubend. Aus der Hitze und der völlig unfruchtbaren Wüste tauchten diese strengen, spektakulären, alterslosen geometrischen Formen auf.

»Sind wir schon da? Sind wir schon da, wo Sabrina ist?«

»In ein paar Minuten, Schätzchen«, antworteten wir unserer aufgeregten kleinen Vierjährigen.

Wir erreichten den Parkplatz, vor dem die Pyramiden hoch aufragten, und stellten den Wagen in der Nähe von Elisabeths wartendem Auto ab. Sobald wir die Tür öffneten, rannte Chiara zu dem anderen Wagen, wo Sabrina auf dem Rücksitz wartete, und sprang hinein.

Dann beobachteten wir alle, Dee, Elisabeth, unser Fahrer und ich mit buchstäblich offenem Mund, wie Sabrina und Chiara – eine Vierjährige und eine Fünfjährige, die sich noch nie gesehen und noch nicht einmal miteinander gesprochen hatten – sich einander in die Arme fielen. Es war eine Art von Umarmung, die einem die Tränen in die Augen treibt, ähnlich wie jene, die man sieht, wenn Verwandte, die durch schlimme Zeiten jahrelang voneinander getrennt waren, sich an einem Flughafen oder Bahnhof endlich wiedersehen.

Und dann geschah etwas, das noch seltsamer war. Chiara und Sabrina lösten ihre Umarmung, sahen einander an und sagten fast gleichzeitig etwas, das sie unmöglich hätten sagen können …

»Oh, Chiara, ich bin so froh, dich wiederzusehen!«

»Oh, Sabrina, ich bin so froh, dich wiederzusehen!«

Wieder? Elisabeth sah mich an, ich sah Dee an, Dee sah Elisabeth an. Hatten wir das Wort »wieder« gehört?

»Kinder«, fragte Elisabeth, »habt ihr euch denn vorher schon gekannt?«

Mit einem Selbstvertrauen und einer Reife, die weit über ihr Alter hinausgingen, wandten sich Chiara und Sabrina voneinander ab, sahen die drei verblüfften Erwachsenen an und sagten: »Hmhm!«

Und das war auch schon alles, was sie sagten.

Richard Greene

Der kosmische Landstreicher

Im Frühjahr 1992 fuhren meine Freundin Debbie und ich nach einem erfrischenden Nachmittagslauf entlang des Intracoastal Waterway in West Palm Beach, Florida, nach Hause. Wir erzählten uns Geschichten und lachten, während Debbie den üblichen Heimweg fuhr. Wie gewöhnlich passierten wir einen älteren, etwas heruntergekommenen Stadtteil, um unsere Siedlung direkt auf der anderen Seite der Bahnlinie zu erreichen.

Als Debbie vor dem Bahnübergang langsamer fuhr, wandte ich meinen Kopf fast unfreiwillig nach rechts und sah einen Landstreicher über die Schienen auf uns zukommen. Er war weniger als zehn Meter entfernt und ging gemächlich. Er hatte eine Kappe auf und trug über der linken Schulter einen roten Sack, der bei jedem seiner Schritte hin und her schwang. Aus irgendeinem Grund war ich von diesem Mann hypnotisiert. Ich starrte ihn nur an, während er langsam näher kam. Ich blinzelte, um sein Gesicht zu sehen, aber er blickte beim Gehen auf seine Füße hinunter, und ich konnte kaum den Umriß seiner linken Wange erkennen.

Zwischen Debbie und mir fiel kein Wort, aber mir war klar, daß auch sie ihn beobachtet haben mußte. Sie hatte den Wagen angehalten. Während der Landstreicher auf uns zukam, ließ ich ihn nicht aus den Augen. Seine Schritte waren schwungvoll. Seine Kleidung, bis hin zu dem leuchtendroten Sack, wirkte fast wie ein Kostüm. Er hätte eine Gestalt aus einem Schauspiel sein können. Er war der perfekte Landstreicher.

Trotz seiner farbenprächtigen Aufmachung war es nicht

so sehr seine Erscheinung, die mich faszinierte. Es war mehr das, was ich in mir selbst fühlte, während ich ihn beobachtete. Ich spürte in meinem Herzen ein Staunen und eine Art süßer Neugier. Ich war entzückt, dankbar und demütig, alles zur gleichen Zeit. Innerlich und äußerlich spürte ich ein Gefühl froher Erwartung, ähnlich wie ich es als Kind beim ersten Erwachen am Weihnachtsmorgen gespürt hatte. Ich hatte einen Ort der Zeitlosigkeit betreten. Mein ganzes Sein schien einen Augenblick lang den Atem anzuhalten, während sich meine Wahrnehmung voll auf den Landstreicher konzentrierte. Dieser Zustand erinnerte mich daran, wie ich am 4. Juli das Feuerwerk beobachtet und bei den schönsten Raketen ein atemloses »Ahhh« gestöhnt hatte. Es war ein Augenblick voller Ehrfurcht.

Ich weiß nicht genau, wie lange ich den Landstreicher beobachtet habe, aber als er kurz vor unserem Auto stand, hob er plötzlich den Kopf. Unsere Blicke trafen sich. In diesem Moment geschah etwas Erstaunliches. Sein Gesicht hellte sich auf, als ob jemand eine Taschenlampe darauf gerichtet hätte, und seine Augen strahlten mich liebevoll an. Es dauerte nur ein paar Sekunden, aber ich werde dieses spektakulär erleuchtete Gesicht und die strahlenden blauen Augen des Landstreichers nie vergessen. Ich hatte noch nie etwas so Schönes gesehen. Mein Körper fühlte sich leicht an, und Energiewellen liefen wie Frostschauer meine Wirbelsäule entlang.

Als er auf gleiche Höhe mit dem Vorderteil unseres Wagens kam, drehte ich langsam den Kopf, um ihm mit meinen Augen zu folgen. Als er fast direkt vor uns stand, blickte er Debbie und mich mit einem immer noch strahlenden Gesicht an, tippte leicht an den Schirm seiner schwarzen Kappe und nickte kurz, als ob er uns grüßen wollte. Es fühlte sich wie ein Segen an.

Ich nickte ihm ebenfalls zu und lächelte. Dann beobachtete ich, wie er weiter die Schienen entlangging und sich von uns entfernte. Ich beobachtete, wie er zu einem kleinen Flekken am Horizont wurde, sich weiter und weiter entfernte, bis er … paff, verschwunden war.

In diesem Moment wandten Debbie und ich uns einander zu und sagten gleichzeitig: »Das war ein Engel!« Wir legten den Rest des Heimwegs schweigend zurück, als ob Worte die Heiligkeit des erlebten Wunders hätten stören können.

Monate später erzählte ich einem Freund von dieser Erfahrung, und er fragte mich, woher ich wußte, daß der Landstreicher ein Engel war.

Ich antwortete nur: »Für mich war er einer.«

Und davon werde ich immer überzeugt sein.

Karena Delite

»Ich kenne dich!«

Es war ein wunderschöner Herbstsonntag oben auf den Bergen über Zagreb im ehemaligen Jugoslawien. Das Wochenendseminar mit 25 englischsprechenden jugoslawischen Ärzten, Rechtsanwälten und anderen Teilnehmern war besonders gut verlaufen. Wir hatten ein tiefes, sehr tiefes Verständnis dafür entwickelt, wie wir mit unseren Freunden, Mitarbeitern, Partnern, Kindern und uns selbst kommunizieren. Aufgrund der warmen, intimen Atmosphäre der Veranstaltung hatten viele, die am Freitagabend angespannt, reserviert und still gewesen waren, sich während unserer Übungen an diesem letzten Tag geöffnet wie Lotusblüten. Aber keiner so wie Alexander.

Es war ungefähr drei Uhr, etwa eine Stunde bevor wir Abschied nehmen und wieder den Berg hinunterfahren wollten. Als eine der letzten Gruppenübungen, die eine Erfahrung von echter persönlicher Intimität vermitteln sollte, sagte ich den Teilnehmern: »Okay, jetzt wählt sich jeder einen Partner. Dann steht ihr euch gegenüber, ohne zu sprechen, blickt nur eurem Partner in die Augen und seht, was ihr seht.«

Alexander, ein sehr bekannter Arzt aus Zagreb mit einem dicken Bart, kam eilig zu mir herüber und sagte: »Bitte, Richard, darf ich diese Übung mit dir machen?«

Generell nehme ich nicht an den Übungen in meinen Kursen teil, sondern gehe statt dessen im Raum herum und überwache alles. Aber in Alexanders Stimme lag etwas Dringliches, so daß ich ja sagte.

Während leise Musik im Hintergrund lief, standen Alexander und ich uns gegenüber und blickten uns in die Augen. Es dauerte nicht mehr als 15 Sekunden, bis Tränen langsam seine Wangen herunterliefen. Ich sah ihm weiter in die Augen. Die Tränen begannen schneller zu fließen. Er hatte keine Kontrolle über sich.

»Richard, ich muß dir sagen, daß ich dich kenne. Ich kenne dich. Ich kenne dich wirklich.« Während die Tränen noch schneller flossen, begann sein Körper zu zittern. »Ich kenne dich«, wiederholte er.

Dann schlang er ohne Vorwarnung seine Arme um mich und begann zu schluchzen und zu wimmern, wie ich es noch nie gehört hatte. Wenn es einen Ort gibt, der noch tiefgründiger ist als die menschliche Seele, dann kamen diese Geräusche genau von dort.

Die anderen Kursteilnehmer standen regungslos da. Die Atmosphäre im Raum wurde völlig beherrscht von diesem großen Mann, der den Kursleiter umklammert hielt und ständig wiederholte: »Ich kenne dich, ich kenne dich, ich kenne dich.«

Nach vollen fünf Minuten dieses intensiven Weinens und Zitterns und Rufens gab mich Alexander aus seiner Umklammerung frei, schob mich sanft von sich, blickte mir noch einmal in die Augen und sagte leise ein letztes Mal: »Ich kenne dich, Richard.«

Nachdem er Zeit gehabt hatte, sich zu sammeln, stellte ich ihm die Frage, die jeden von uns bewegte: »Weißt du, was da mit dir los war?«

Ohne Zögern antwortete er: »Nein, keine Ahnung.«

Aber es war ihm nicht allein so gegangen. Als ich Alexander am Freitag zum ersten Mal gesehen hatte, hatte ich eine sehr angenehme Verbindung zu ihm gespürt, mir jedoch bis jetzt nichts dabei gedacht. Ich hatte selbst nicht die geringste Idee, worauf diese intensive Reaktion zurückzuführen sein könnte. Etwa dreißig Minuten später sollten wir auf fast magische Weise über die Antwort stolpern.

Wir setzten den Kursus fort. Angeregt durch die tiefen Gefühle, die wir alle gerade erlebt hatten, begann ich über das Wesen von Emotionen zu sprechen. Im Laufe dieser Diskussion erwähnte ich zufällig, daß Astrologen Menschen, die unter den Wasserzeichen Fische, Krebs und Skorpion geboren seien, für emotionaler als andere halten. Ganz nebenbei erwähnte ich, daß ich ein Fisch sei.

»Ich auch«, platzte Alexander heraus.

Kein Grund zur Aufregung, dachte ich. Ein Zwölftel der Weltbevölkerung ist das ebenfalls.

»Februar oder März?« fragte ich ihn.

»Februar.«

»Welches Datum?«

»Am fünfundzwanzigsten.«

Eine Gänsehaut lief mir den Rücken herunter. »Ich auch.«

Ich wandte mich dem Rest der Kursteilnehmer zu. »Nun fängt die Sache an, interessant zu werden.« Die Tatsache, daß atemlose Stille im Raum herrschte, signalisierte mir Zustimmung.

Ich sprach ein wenig über Geburtsdaten und Zufälle, aber da Alexander mindestens fünf Jahre älter aussah, als ich war, hatte ich nicht vor, das Thema weiterzuverfolgen. Dann brach plötzlich die Frage aus mir heraus: »Welches Jahr?«

»Neunzehnhundertvierundfünfzig. Und du ...?«

Ich begann ein wenig zu zittern, als ich verkündete: »Meine Damen und Herren, Alexander und ich wurden genau am selben Tag geboren. Wer glaubt, daß diese Tatsache etwas mit dem zu tun hat, was wir soeben erlebt haben?« Alle hoben die Hand.

»Okay, Alexander, was war deine genaue Geburtszeit?«

»Sechs Uhr dreißig morgens.«

Ich stieß einen Seufzer der Erleichterung aus. Gott sei Dank war es nicht dieselbe Zeit – das wäre entschieden zu verrückt gewesen. Aber dann traf es mich wie ein Schlag:

»Wo wurdest du geboren?«

»In Zagreb.«

Mein Gesicht wurde knallrot. Ich sah ihm in die Augen und sagte: »Meine Damen und Herren, hier stehen zwei Menschen, die einen Kontinent, viertausend Meilen und sechs Zeitzonen voneinander getrennt – aber zu genau demselben Zeitpunkt – geboren wurden. Kann es irgendeinen Zweifel daran geben, daß dies der Grund dafür ist, warum Dr. Alexander Soltsyn tief im Innersten seines Herzens das Gefühl hatte, mich zu kennen?«

Nachdem der Kursus zu Ende war, beschlossen Alexander und ich, den einstündigen Weg nach unten zusammen zu fahren. Als wir miteinander sprachen, fanden wir Ähnlichkeiten in fast allen Lebensbereichen. Er hatte beschlossen, Arzt zu werden und später, von der konventionellen Medizin enttäuscht, dabei geholfen, die Bewegung für ganzheitliche Heilkunde in seinem Land zu fördern. Ich war Rechtsanwalt geworden und hatte, ebenfalls von meinem Beruf enttäuscht, dazu beigetragen, Menschen in aller Welt alternative Ansätze der Konfliktlösung und entsprechende Kommunikationstechniken zu vermitteln.

Alexander hatte ein Kind. Ich ebenfalls. Alexander war Vegetarier. Ich ebenfalls. Alexander reiste 1986 nach Indien. Ich ebenfalls. Und so weiter. Während wir unsere Lebensgeschichten austauschten, hatten wir beide die lebhafte Vorstellung von zwei engen Freunden, die die geistige Welt genau im selben Moment verlassen, um in Körpern zu wohnen, die in Kürze auf der Erde geboren werden sollen – einer in einem Krankenhaus in Zagreb, Jugoslawien, der andere in einem Krankenhaus in Petersburg, Virginia, USA. Obwohl keiner von uns sich an dieses Ereignis erinnern konnte, dachten wir beide daran, als wir uns wieder in die Augen sahen.

Und dieses Mal lächelten wir beide.

Richard Greene

Der Wundermann aus Indien

Als ich vier Jahre alt war und in Wisconsin lebte, entwickelten meine Eltern Interesse für die Lehren eines heiligen Mannes aus Indien, der Sai Baba genannt wurde. Obwohl sie einige seiner spirituellen Lehren studierten, spürte ich, daß noch etwas ganz anderes in der Luft lag, wenn der Name Sai Baba fiel.

Als meine Eltern begannen, die Versammlungen zu besuchen, bei denen Sai Babas Lehren besprochen wurden, ging ich oft mit. Obwohl ich Gottesdienste normalerweise furchtbar langweilig fand, genoß ich die lebhafte, festliche Atmosphäre im Sai-Baba-Zentrum. Man las Gebete, sang Lieder und erzählte erstaunliche Geschichten über die Wunder, die die Menschen erlebten, wenn sie sich in der Nähe des alterslosen Hindu mit den warmen, braunen Augen und dem heiligenscheinartigen Haar aufhielten.

Sai Babas Lehren waren universell und betonten die Einheit der großen Weltreligionen. Obwohl ich die Jüngste bei den Versammlungen war, fühlte ich eine Verbindung zu ihm und beteiligte mich gerne an den Fragestunden. Gelegentlich stellte ich selbst eine Frage oder fand zum Entzücken der Erwachsenen eine Antwort auf eine Frage, die jemand anders gestellt hatte. Anfangs kannte ich kein einziges Wort in Hindi, aber ich lernte die Bhajans (Gesänge) fast mühelos und sang sie häufig zu Hause beim Spiel. Ich stellte ein Foto von Sai Baba in mein Schlafzimmer – direkt neben meine Lieblingslehrer wie Jesus, Buddha, Bibo und Mickymaus! Das Foto strahlte eine ungeheure Präsenz aus. Ganz gleich, aus welcher Richtung ich es ansah, immer spürte ich, wie Sai Babas Augen direkt in meine Mitte blickten.

Eine Frau namens Angie, die das Sai-Baba-Zentrum leitete, erzählte mir eines Abends eine Geschichte, die sich als sehr wichtig für mich erweisen sollte: Vor einem Jahr war sie nach Indien geflogen, um Sai Baba persönlich zu erleben. Obwohl ihn täglich mehrere tausend Menschen aus aller Welt besuchten, hatte sie die seltene Gelegenheit, mit ihm zu sprechen, ein Ereignis, das ihr Leben veränderte. Während der kurzen Begegnung legte ihr Sai Baba ein Medaillon in die Hand und sagte einfach: »Gib das dem Kind.« Da sie keine eigenen Kinder hatte, wunderte sie sich, wen er gemeint haben könnte.

»Ich habe dieses kostbare Medaillon über ein Jahr aufgehoben«, sagte sie, »und auf das Kind gewartet, das er meinte.« Angie schwieg eine Weile und wandte sich dann plötzlich mir zu. »Ich habe das Bedürfnis, dieses Medaillon dir zu geben, Julia, weil ich in meinem Herzen spüre, daß du das Kind bist, von dem Sai Baba gesprochen hat.«

Mein Mund stand vor Ehrfurcht offen, als sie das glänzende Medaillon in meine kleine Hand legte. Freude erfüllte mich, als ich es näher betrachtete. Auf der einen Seite war ein Bild von Sai Baba und auf der anderen das Hindu-Symbol für Frieden und Glück. Obwohl ich noch sehr jung war, wußte ich, daß ein solches Geschenk etwas ganz Besonderes war. Ich empfand es als Ehre, diesen Anhänger zu tragen.

In derselben Nacht hatte mein Vater, Lou, einen hellsichtigen Traum, daß er mit mir zusammen im Flugzeug ins Ausland reisen würde. Ich schien etwa zwölf Jahre alt zu sein, und er hatte das Gefühl, daß wir eine Reise von großer Bedeutung unternahmen.

Am nächsten Morgen rief Angie an, um uns begeistert zu erzählen, was während der Nacht im Zentrum passiert war. Dort stand ein kleiner Meditationstisch aus Holz, auf dem immer etwas *Vibutti,* eine graue, süß riechende Asche, verstreut war. Es hieß, Sai Baba manifestiere oft diese »heilige Asche« aus der Luft und schütte sie in die Hände von Anhängern, die ihn in seinem Ashram in Indien besuchten. Das galt als großer Segen, denn oft wurden die Menschen geheilt, nachdem sie die heilige Asche empfangen hatten.

Angie sagte, daß gelegentlich, wenn etwas von mystischer Bedeutung im Ashram geschehe, aus dem Nichts heraus ein Überfluß an Vibutti erscheine. Als sie an diesem Tag die Tür zum Zentrum öffnete, entdeckte sie erstaunt einen riesigen Berg heiliger Asche auf dem Tisch, wovon ein Teil auf die Erde heruntergerieselt war. »Sai Baba muß glücklich sein, daß du das Medaillon bekommen hast, Julia«, sagte sie lachend, während ich fast ungläubig zuhörte. Als ich hinging, um es selbst zu sehen, gab sie mir etwas von der Asche, die ich in einem kleinen Behälter aufbewahren sollte, um beim Gebet ein wenig davon auf meine Hände und meine Stirn zu reiben.

Im Laufe der Jahre ging mein Vorrat an Asche nie zu Ende, ganz gleich, wieviel ich davon benutzte oder verschenkte. Das war mysteriös, aber bei den Menschen, die die Asche verwendeten, nicht ungewöhnlich. Ich erinnere mich daran, daß ich einer Verwandten, die hohes Fieber hatte, etwas von der Asche gab und ihr sagte, sie solle ein wenig davon alle paar Stunden auf die Stirn reiben. Obwohl sie schon seit Tagen krank war, sank das Fieber innerhalb weniger Stunden. Wenn ich vor dem Zubettgehen etwas Asche auf meine Hände oder mein Gesicht rieb, wachte ich mitten in der Nacht auf und hatte das Gefühl, Sai Baba sei da und wache friedlich über mich, während ich schlief. Wenn meine gleichaltrigen Schulfreunde mich besuchten, erzählte ich ihnen, die Asche sei ein »magisches Pulver«, das alles heilen könne, vom aufgeschlagenen Knie bis zu einem schwierigen kleinen Bruder!

Einige Jahre später schloß mein Vater während seiner medizinischen Ausbildung Freundschaft mit einem Mann namens Ram. Ram stammte aus Indien und kannte selbst ein paar Geschichten über Sai Baba. Zu diesem Zeitpunkt hegte mein Vater großen Respekt für Sai Baba und hatte das meiste gelesen, was über ihn geschrieben worden war. Als Ram ihn zu seiner Hochzeit nach Indien einlud, wußte er, daß es Zeit war, auch Sai Baba zu besuchen. Er verliebte sich in das Land und die Kultur, aber die größte Bedeutung hatte für ihn sein Besuch bei Sai Baba, der seinem Leben eine andere Richtung gab. Als er Sai Baba von Angesicht zu Angesicht gegenüberstand, gab er ihm einen Umschlag mit einem Foto von mir und brach in Tränen aus. Er sagte, er habe zum ersten Mal unsere Vater-Tochter-Beziehung aus einer alterslosen, zeitlosen Perspektive sehen können. Als er zurückkam, war er von einer bemerkenswerten Lebendigkeit und hatte den Wunsch, im Laufe der nächsten Jahre den Ashram noch einmal mit mir zusammen zu besuchen.

Während meines zwölften Lebensjahres hatte mein Vater die Gelegenheit, einen Monat freizunehmen und buchte zwei Flugtickets nach Indien für uns. Bald darauf waren wir auf dem Weg nach Madras. Wie er es Jahre zuvor im Traum gesehen hatte, reisten wir zusammen, um Sai Baba persönlich zu treffen.

Als ich diesen Mann zuerst aus der Ferne sah, war ich erstaunt, einen bläulich-weißen Schimmer um seinen Kopf und seine Schultern zu sehen. Mir wurde klar, daß ein Heiligenschein vielleicht doch mehr als nur eine symbolische Vorstellung ist! Das nächste kleine Wunder erlebte ich, als ich beobachtete, wie er Vibutti herstellte. Obwohl sich jeden

Tag eine große Menschenmenge versammelte, waren mein Vater und ich entschlossen, den Vorgang aus nächster Nähe zu betrachten.

Eines Tages kam Sai Baba durch die Menge geradewegs auf uns zu. Er hielt seine Hand mit der Handfläche nach unten direkt über uns und bewegte sie im Kreis – und aus seiner Hand regnete die heilige Asche auf uns herab. Ich blickte nach oben und sah sechs bis neun strahlende runde Lichter in seiner Handfläche, wie ein Duschkopf, aus dem Asche rieselte. Als er wegging, grinste er uns an, als ob er sagen wollte: »Seht her, es gibt mich wirklich!«

Als Arzt hat mein Vater solchen Dingen gegenüber eine offene, aber wissenschaftlich orientierte Einstellung. Gleichwohl spricht er bis auf den heutigen Tag mit grenzenlosem Staunen darüber, wie er Sai Baba beim Herstellen von Vibutti beobachtet hat. Inzwischen hat sich mein Vater der Aufgabe verschrieben, seine Heilkräfte einzusetzen, um Menschen in Indien zu helfen, die an Infektionskrankheiten leiden. Er hat das Gefühl, es sei Teil seiner Bestimmung, das Leben anderer Menschen zu bereichern, so wie Sai Baba ihm Auftrieb gegeben und ihn inspiriert hat.

Mir hat die Begegnung mit Sai Baba geholfen zu verstehen, daß wunderbare Begebenheiten innerhalb meiner Reichweite liegen. Ich weiß jetzt, daß mein Leben auf dieser Welt eine Bedeutung hat, und daß jedes menschliche Wesen der lebendige Beweis dafür ist, daß es Wunder gibt. Ich denke, alle Jugendlichen müßten Menschen wie Sai Baba kennenlernen, bevor sie die Schule verlassen. Dadurch hätten sie die Möglichkeit, Außergewöhnliches zu erleben und daran zu glauben – und diejenigen, die im Glauben an das Unsichtbare aufwachsen, lernen, das Unmögliche zu tun!

Julia Loomans

Die Klagemauer

Vor einigen Jahren besuchte ich die Klagemauer in Jerusalem, einen Ort, der so heilig ist, daß Menschen vieler Religionszugehörigkeiten aus aller Welt hierher pilgern. Für die Juden ist diese Mauer ein besonderes Heiligtum. Sie ist alles, was von dem alten Tempel geblieben ist, der im Jahre 70 nach Christus zerstört wurde, als man die Juden ins Exil trieb. Es gehört zur jüdischen Tradition, zur Klagemauer zu reisen, um dort über den einstigen Verlust ihrer Heimat zu weinen und zu trauern. Die Mauer ist jedoch nicht nur ein historisches Denkmal, sondern viele Juden betrachten sie auch als materiellen Prüfstein einer größeren Heiligkeit.

Als ich mich langsam der Frauenseite der Mauer näherte, hatte ich das Gefühl, in das Zentrum eines Wirbelsturms hineingezogen zu werden. Mindestens hundert Frauen, den Kopf mit dunklen Tüchern bedeckt, klagten dort in höchsten Tönen. Ich fühlte mich von den Ausbrüchen ihrer Trauer überwältigt. Ich wollte davor weglaufen, doch ich stand wie angewurzelt. Wie üblich war meine erste Reaktion auf die Überforderung eine Art Betäubungszustand. Mechanisch hob ich den Arm und legte den ordentlich gefalteten Zettel mit meinem Gebet dem alten Brauch entsprechend in eine Lücke zwischen zwei riesigen goldbraunen Steinen. Dann kehrten meine Gefühle zurück, als ob sie wieder angeknipst worden wären, aber diesmal noch stärker, gewissermaßen überlebensgroß. Wie ein hypnotisierender Gesang lullte mich das Jammern und Klagen der anderen Frauen ein. Ich hatte nicht vorgehabt zu weinen, aber schon bald füllten sich meine Augen mit Tränen. Ich war bestürzt, denn ich hatte mich vorher gut gefühlt. Ich war sicher, daß ich keinen Grund hatte zu weinen.

Mein Körper begann unkontrolliert zu zittern, während mich eine Welle von Traurigkeit überfiel. So viele persönliche Verluste wurden mir mit einem Schlag wieder bewußt: Erinnerungen an kleinere Enttäuschungen, der Tod meines Großvaters, Beziehungen, an denen ich so hart gearbeitet hatte und die am Ende doch zerbrachen. Aber ich weinte nicht nur darüber. Einmal in Fahrt gekommen, weinte ich nicht nur um mich selbst, sondern auch um meine Familie, ja, um alle Schwierigkeiten und Ungerechtigkeiten in dieser Welt, die mir in den Sinn kamen. Schließlich weinte ich, nur um zu weinen. Mit einer ungeheuren Erlösung ließ ich meinen Gefühlen freien Lauf. Es war eine reinigende Katharsis, in der die Verzweiflung durch mich hindurchströmte und sich in etwas Größeres verwandelte. Meine Tränen und die Klagen aller Frauen an der Mauer mischten sich mit der Trauer aller Menschen, die vor uns hier gestanden hatten, und verschmolzen zu einem einzigen Klang. Ich tauchte in einen Strudel von Gram, nicht nur meinen eigenen, sondern einen übergeordneten Gram, der aus dem Herzen der Gemeinschaft aufzusteigen schien.

Wie aus einer Trance kommend bemerkte ich, daß der Himmel schon dunkel wurde. Ich hörte, wie das Abendgebet der Muslime von der nahe gelegenen Zentralmoschee klagend durch die Stadt tönte. Ich blickte zur Uhr am Turm hinauf und stellte erstaunt fest, daß zwei Stunden vergangen waren, obwohl ich ursprünglich nur einige Minuten hatte bleiben wollen. Die Altstadt von Jerusalem glitzerte, während sich die letzten Strahlen des Sonnenlichtes auf den gepflasterten Gassen brachen. Mit schnellen Schritten ging ich zu meinem Hotel zurück. Erschöpft wie ich war, konnte ich es kaum abwarten, in ein dampfend heißes Bad zu steigen. Aber gleichzeitig fühlte ich mich überschwenglich: Bei allem Gram an der Klagemauer hatte ich auch eine kollektive Einheit gespürt, eine ekstatische und gnadenvolle einigende Kraft. Damals meditierte ich erst seit einem Jahr und hatte sie bisher nur in flüchtigen Augenblicken erfahren. Aber jetzt war sie da – direkt vor mir in all ihrer Herrlichkeit.

Ich brauchte viele Monate, um das, was geschehen war, vollständig zu verarbeiten. Ja, ich war irgendwie in ein grundlegendes Gefühl der Verbundenheit hineinkatapultiert worden. Aber wie war ich dort hingekommen? Das mußte ich wissen. Indem ich mir jeden Schritt in Zeitlupe noch einmal vergegenwärtigte, wurde mir immer deutlicher, daß die Klagemauer selbst auf einem Pulverfaß von Energie steht – über die Jahrhunderte verstärkt durch jeden Menschen, der hierhergekommen ist, um zu trauern. Selbst diejenigen, die sich nicht für medial begabt halten, können sich diesem Sog nicht entziehen. Ich hatte keine Vorstellung davon, wie ungeheuer stark er sein würde, und war innerhalb weniger Minuten in einen überwachen Bewußtseinszustand versetzt worden. Zunächst begann ich zu weinen, ohne es zu wollen. Aber das war nur der Anfang, eine äußere Schicht, die bald in die nächste überging. Indem ich mich meiner Traurigkeit hingab, ließ ich mich von ihrer wachsenden Intensität davontragen, bis ihre innerste Kraft mich über meine eigenen Gefühle hinaus auf die Ebene des kollektiven Grams hob. Und dann, als ich mich der Raserei dieses kollektiven Grams nicht widersetzte, spürte ich, wie daraus eine allumfassende Einheit hervorging. Ich wußte, daß wir alle im Herzen eins sind, über alle Zeit hinweg verbunden durch das uralte Gedächtnis der Liebe.

Liebe kann uns über die von uns selbst geschaffenen

künstlichen Grenzen hinweghelfen. Sie ist das verbindende Element, das religiöse Unterschiede überwindet, ganz gleich, welchen Weg wir gehen. Unsere Zugehörigkeit zu einem bestimmten Glaubenssystem braucht uns nicht davon abzuhalten, das Gute in allen Religionen anzuerkennen. Ohne Liebe sind wir spirituell richtungslos. Die Welt kann uns dann armselig und voller ungelöster Probleme erscheinen. Lieblosigkeit ist die wichtigste Ursache unseres Schmerzes. Durch die Liebe haben wir den Mut, unsere Probleme mit Schwung zu lösen und sie in eine Demonstration der Zuversicht zu verwandeln.

Judith Orloff

Die edle Wahrheit des Leidens

Es war noch vor Einbruch der Dunkelheit in Varanasi, Uttar Pradesh, Indien, der ältesten ununterbrochen bewohnten Stadt der Welt. Ich bahnte mir meinen Weg durch die Körper der schlafenden Pilger und Rikschafahrer in den engen Gassen, die zum Ganges führten. Die Stadt lag wie eine Festung auf einer Anhöhe. Von dort führte eine lange Reihe von Steintreppen zum Wasser hinab, wo schlanke hölzerne Ruderboote wahllos nebeneinanderlagen und auf ihre Touristenfracht warteten.

Ich stieg in mein Boot und begann meine langsame Reise stromaufwärts. Das Wasser bildete ein hypnotisierendes Kaleidoskop schimmernder Farben. Quer durch die Spiegelungen des zartblauen Himmels zogen sich die glänzenden Saris der badenden Gläubigen in Orange, Himbeer, Gold und Grün. Wir kamen an den kleinen Booten der Händler vorbei, die mit billigem Schmuck und imitierten Reliquien aus Messing gefüllt waren, und erreichten schließlich die Verbrennungsstätten.

Ein toter Körper, eingehüllt in ein leuchtendgelbes Tuch mit Pailletten lag auf einer kurzen Bambusleiter aufgebahrt, bis er an die Reihe kam. Einige Girlanden aus orangefarbenen Blüten, die zuvor die Toten geschmückt hatten, waren ans Flußufer getrieben und wurden nun von einer schwarzen Kuh gefressen. Zwei Hunde suchten den Boden nach Speiseresten ab.

Ich fand mich selbst vor dem brennenden Körper einer Frau wieder. Das Feuer hatte in der Mitte ihres Rumpfes begonnen, und Rauch, der ihr über Brust und Nacken strich, kam unter dem braunen Tuch hervor, das ihr Gesicht bedeckte. Ich empfand die ganze Szene als unwirklich und mußte mir bewußt machen, daß es sich hier nicht um eine Puppe handelte. Dies war eine Frau, die einmal gelebt hatte, deren Kinder in diesem Moment den Körper ihrer Mutter brennen sahen. Sie hatte sie geliebt, genährt und aufgezogen. Ich fragte mich, was da außer ihrem Körper noch brannte, welche Sehnsüchte, welches Verlangen, welche Erinnerungen?

Einen Augenblick lang stellte ich mir vor, es sei meine Mutter, die dort verbrannt wurde: Dort waren ihre schwelenden Schenkel, ihr vom Rauch verhülltes Gesicht. Ich erinnerte mich daran, wie sehr ich mich immer nach der Liebe meiner Mutter gesehnt und wie sehr ich mich von ihr verlassen gefühlt hatte.

Ich war zwei Jahre alt, als man bei mir Tuberkulose diagnostizierte. Meine Familie brachte mich ins Krankenhaus meines Onkels, etwa zwei Stunden von zu Hause entfernt, und man steckte mich in ein Gitterbett, dessen Metallstreben größer waren als ich selbst. Dort blieb ich sechs lange Monate. Ich war im Gefängnis. Ich wollte heraus. Aber jedesmal, wenn ich an meinem Käfig rüttelte oder herauszuklettern versuchte, versetzte mir mein 1,90 m großer Onkel einen Schlag oder zog mich an den Ohren. In meiner kindlichen Vorstellung war ich das Opfer meiner Mutter, die mich verlassen hatte. Danach brachte ich es nicht mehr fertig zu glauben, daß meine Mutter mich wirklich liebte. Ich fühlte mich ihr nahe, und doch fern, betroffen, aber leidenschaftslos.

Während ich weiterhin den brennenden Körper anstarrte, hatte ich eine Vision. Ich sah meine junge Mutter aus diesem brennenden Körper emporsteigen. Sie hielt mich in ihren Armen. Irgendwie wußte ich, daß ich kaum zehn Monate alt war. Ich konnte sehen, daß ihr ganzer Körper, ihr ganzes Wesen, Liebe war. Sie liebte mich, wahrhaftig, tief und mühelos.

Wie konnte mir das entgangen sein? Wie konnte ich je etwas anderes angenommen haben? Allmählich kamen mir frühere Zeiten zu Bewußtsein. Ich erinnerte mich daran, als ich noch im Mutterleib war. Obwohl es sich dabei um eine Art Tagtraum handelte, fühlte es sich wie eine echte Erinnerung an. Ich sah mich selbst als glückliches, zufriedenes, heiteres Wesen. Ich genoß das Gefühl, vom Fruchtwasser geschaukelt zu werden. Ich wurde in jeder Hinsicht gut versorgt. Mir fehlte nichts. Ich war im Paradies.

Dann, an einem unvergeßlichen Tag, nachdem ich stundenlang gequetscht und gedrückt worden war, wurde ich gewaltsam in eine fremde und schmerzhafte Umgebung hinausgestoßen, wo mir helle Lichter, Lärm, Kälte und beißende Luft unangenehm entgegenschlugen. Nun mußte ich schreien, um gefüttert und gesäubert zu werden. Eine Salve von Reizen blendete meine Sinne. Ich hatte ein Trauma erlitten und Schmerzen, Hunger, Durst und Isolation kennengelernt. Und die wahrscheinlichste Erklärung bestand darin, daß meine Mutter mich aus dem Paradies vertrieben hatte.

Von diesem Tag an habe ich meiner Mutter ihre Grausamkeit niemals vergeben.

Plötzlich überkam mich ein Zustand erhöhter Klarheit, die alle Poren meines Gewahrseins öffnete. In diesem Moment verstand ich die grundlegende Aussage des Buddha, daß »Leben Leiden ist«.

Vorher hatte ich der Ansicht zugestimmt, daß das Leben auch Leiden mit einschließt und daß Kampf ein notwendiger Bestandteil des Überlebens ist. Aber ganz sicher mußte es auch einige Menschen geben, die nie den beißenden Geschmack von Depression, Armut und Hunger zu kosten bekamen. Es mußte einige geben, denen das grausame Schwert inneren Aufruhrs erspart blieb. Leiden konnte nicht universell sein. Nein, ich war es, der durch seelische Verletzungen, Vernachlässigung und ungünstige Bedingungen mir ein Leben geschaffen hatte, in dem es Furcht, Angst und Sorgen gab.

Aber die Vision ließ mich erkennen, daß es nicht so war. Es war völlig klar, daß der Geburtsakt als solcher und folglich das Leben selbst nur mit der Erfahrung und der Wahrnehmung möglich war, die ich als Leiden identifiziert hatte. Ohne die Geburt konnte es kein Leben geben – aber Geburt und Leiden waren nicht zu trennen, denn eins konnte ohne das andere nicht existieren. Meine Mutter traf keine Schuld an meinen Schmerzen. Tatsächlich war es ein Akt der Liebe gewesen, daß sie die Agonie des Gebärens ertragen hatte; daß sie mir das Leben, eine Zukunft und einen Traum geschenkt hatte; daß sie mich genährt, liebkost und für mich gesungen hatte.

Nun war ich von einer tiefen, echten Leidenschaft für meine Mutter erfüllt. Zum ersten Mal in meinem Leben liebte ich sie – ich liebte sie wirklich und wahrhaftig. Unfähig, mich länger zu beherrschen, brach ich in Tränen aus, die sich in Wellen von Vergebung, Zusammengehörigkeit und Einheit ergossen.

In diesem Augenblick der Versöhnung erlangte ich den ersten flüchtigen Blick auf die wahre Natur des Leidens als Teil des menschlichen Daseins. In dem Schmerz, der dadurch verursacht worden war, hatte sich meine Aufmerksamkeit darauf gerichtet, wie ich selbst der Urheber meiner eigenen seelischen Qual war. Durch die Geburt hatte das Leben als solches dafür gesorgt, daß Leiden ein Teil meines irdischen Seins war. Und plötzlich sah ich die Antwort. Es war die Existenz vor dem Beginn des irdischen Lebens, in der es Freude, Liebe und Heiterkeit gab – während das Leben selbst Leiden war.

Meine Aufgabe bestand nun darin, diese Existenz zu erfahren, den leeren Himmel, in den hinein mein Leiden wie ein Feuerwerk explodiert war und sich in verglühende Funken aufgelöst hatte. Das Licht und der Lärm des Leidens hatten meine Aufmerksamkeit gefangengenommen und es real erscheinen lassen. Aber am Ende blieb nur der Himmel übrig.

Das Geheimnis lag darin, die Wahrheit zu erkennen und zum Hintergrund zu werden, auf dem das Leiden erschienen war. Denn darin lag das wahre Verständnis der Existenz. Darin lag die Freiheit. Darin war das Ende des Leidens zu finden: Nirvana.

Ara Ketenjian

Eine Familienzusammenführung

Es war 1974, und ich war ungefähr einen Monat durch Peru gereist. Nun ging meine Zeit hier zu Ende, und während ich auf einem Berg in den Anden stand und über die endlosen, wunderbaren Täler blickte, hatte ich plötzlich das Bedürfnis zu schreien, so laut ich konnte: »Okay Peru, ich gehe jetzt fort! Aber eines Tages werde ich zurückkommen, damit du noch einmal meine Lebenspläne ändern kannst. Ich weiß, daß wir gemeinsam noch etwas zu erledigen haben!«

Damals war ich zweiundzwanzig. Mir war nicht klar, daß ich eine Verabredung mit meinem Schicksal getroffen hatte.

Fünfzehn Jahre später bat ich die wunderbarste, stärkste und reizvollste Frau, die ich je kennengelernt hatte, mich zu heiraten.

Deborah sagte ja, unter der Bedingung, daß wir ein Kind adoptieren würden. Sie hatte das Gefühl, wir sollten ein Kind adoptieren, das wenig Hoffnung auf ein »gutes Leben hatte«, und ihm die große Liebe anbieten, die uns verband. Wir hatten beide nicht das Bedürfnis nach genetisch eigenem Nachwuchs, und es gab so viele Kinder, die unter weniger günstigen Bedingungen zur Welt kamen, als wir sie gehabt haben.

Unsere Hochzeit war idyllisch, und unsere Flitterwochen waren nicht von dieser Welt. Bald darauf begannen wir, uns um die Adoption zu kümmern. Wir fühlten uns nicht dafür gerüstet, als erstes Kind einen Teenager oder ein Kind mit speziellen Problemen zu adoptieren. Und damals schien es so, als ob jede Agentur in den USA einem davon abraten würde, ein Kind zu adoptieren, das einer anderen Rasse angehörte – wodurch, zumindest für uns, junge, adoptionsfähige Kinder zu einer Seltenheit wurden. So setzten wir unsere Suche fort.

Wir erfuhren, daß die Adoption von Kindern, die einer anderen Rasse angehören, außerhalb der Vereinigten Staaten leichter und schneller möglich war. Die Kosten für die Reise und die Gebühren waren von Land zu Land unterschiedlich, und Deborah und ich waren uns einig, daß wir uns Guatemala und El Salvador noch gerade würden leisten können – aber die Wartezeiten in diesen Ländern schienen mehrere Jahre zu betragen. Entmutigt gingen wir zu einer anderen Agentur, wo man uns sagte, in Peru gebe es viele Kinder, die auf eine sofortige Vermittlung warteten. Leider überstiegen die Kosten bei weitem unsere Möglichkeiten.

In dieser Nacht verfolgten mich die Bilder von Kindern, die in Waisenhäusern warteten. Ich betete um Hilfe.

Wenige Tage später kam das große Erdbeben von 1990, und unser Haus wurde beschädigt. Es war zwar nicht unbewohnbar, hatte jedoch erkennbare Schäden. Das setzte eine Reihe von Ereignissen in Bewegung, durch die wir bald den größten Teil des Geldes für eine Adoption in Peru zusammenhatten.

Wir riefen die Agentur an, und sie stellten die Verbindung zu einer Sozialarbeiterin in Peru her. Wir schickten ihr unsere Papiere, und innerhalb einer Woche teilte sie uns mit, sie habe einen zwei Jahre alten Jungen, den wir adoptieren könnten, wenn wir noch im Laufe dieser Woche nach Peru kämen. Schnell trafen wir unsere Vorbereitungen, und dann machten wir uns auf zu einem neuen Leben.

Wir landeten am frühen Abend in Peru. Die Sozialarbeiterin und ihr Mann holten uns in Lima am Flughafen ab und schleusten uns durch den Zoll. Sie brachten uns zu unserem

Hotel, halfen uns beim Einchecken und fuhren dann mit uns zu einem Fischrestaurant, wo wir mit kulinarischen Köstlichkeiten aus Peru verwöhnt wurden und erheblich zu viel von dem starken peruanischen Bier tranken. Sie erzählten uns Adoptionsgeschichten und viel über das Leben in Peru. Es waren warmherzige Menschen, in deren Gesellschaft wir uns schnell wohl fühlten. Gleichzeitig nahmen sie uns offensichtlich unter die Lupe, um festzustellen, ob wir ihren Ansprüchen genügten.

Am nächsten Morgen erfuhren wir, daß wir den Test bestanden hatten. Die Sozialarbeiterin weckte uns in aller Frühe mit der Nachricht, daß wir sofort zum Gericht fahren müßten, um die Papiere für den kleinen Jungen zu unterschreiben.

Das Gerichtsgebäude in Lima ist ein grausiger Ort. Die meisten Beschäftigten dort sind extrem unterbezahlt und überarbeitet. Viele haben etwas gegen reiche Amerikaner, die einfliegen, um peruanische Kinder zu adoptieren. Deshalb neigen sie dazu, den Prozeß möglichst langsam und schmerzhaft zu gestalten und verwirrende bürokratische Hürden aufzubauen. Wir füllten die Papiere aus und warteten stundenlang darauf, daß sie bearbeitet wurden.

Während wir warteten, zogen Sträflinge und Waisen an uns vorüber, die in Institutionen hinein- oder herausbefördert wurden. Ein Baby, das viermal vorbeigetragen wurde, schrie so laut, daß ich davon Kopfschmerzen bekam. Schließlich wurden wir zur Fortsetzung des Verfahrens aufgerufen. In einem kleinen Büro stellten uns drei Justizangestellte zahlreiche Fragen und tippten langsam unsere Antworten. Eine von ihnen hielt das laut schreiende Baby, das sie mit Coca-Cola vom Löffel und einem peruanischen Schokoriegel fütterte.

Die Sozialarbeiterin sprach lange mit der Angestellten, die das Baby hielt, und kam dann zu uns herüber. »Das kleine Mädchen wurde verlassen am Straßenrand gefunden«, erzählte sie uns. »Sie war jetzt für die längstmögliche Zeit im Polizei-Waisenhaus. Niemand weiß irgend etwas über das Kind oder wie es dort an den Straßenrand gekommen ist. Eigentlich sollte es heute in das staatliche Waisenhaus verlegt werden, aber da ist alles so überfüllt, daß es absolut keinen Platz mehr gibt. Diese Angestellte wird das Kind mit nach Hause nehmen, weil es keinen anderen Platz gibt, aber sie hat kein Geld, um etwas zu essen zu kaufen, und morgen muß sie wieder arbeiten. Wenn Sie zwei Kinder wollen und die entsprechenden Papiere unterschreiben, würden die Mitarbeiterinnen hier dafür sorgen, daß diese zweite Adoption schnell bearbeitet wird.«

Nun waren wir erst recht schockiert. Nicht ein Kind, sondern gleich zwei? Deborah und ich versuchten, die Sache rational zu diskutieren. Wir hatten schon darüber nachgedacht, im Laufe der Zeit vielleicht ein Mädchen als zweites Kind zu adoptieren. Im Grunde konnten wir uns die zusätzlichen Kosten für die Adoption jetzt nicht leisten, aber es würde weniger teuer sein, als in ein oder zwei Jahren noch einmal zurückzukommen.

Meine Frau fragte: »Was empfindest du dabei, Michael?« – und meinte damit ein tieferes, spirituelles Empfinden. Ich sah mir das Baby genauer an. Sie war kein besonders niedliches Kind, fast sogar häßlich für ein Baby. Mit ihren Augen schien etwas nicht in Ordnung zu sein. Sie waren ohne Glanz, und ihr Blick folgte nicht meiner Hand, wenn ich sie vor ihrem Gesicht bewegte. Vielleicht war sie blind oder von Geburt an behindert, oder ihr Gehirn war geschädigt. Sie war eindeutig krank und unterernährt mit einem dicken

Hungerbauch. In ihrem Haar konnte man Läuse sehen, und auf ihrem Gesicht waren Kratzspuren und Insektenstiche. Sie hatte nicht aufgehört zu weinen und zu schreien, abgesehen von der Zeit, in der sie mit Schokolade und Coca-Cola gefüttert worden war.

Ich wandte mich zu meiner Frau und sagte: »Ich habe das Gefühl, es könnte schwierig werden. Aber gleichzeitig habe ich auch das Gefühl, daß uns diese Frage nicht gestellt worden wäre, wenn es nicht so sein sollte.« Meine Frau zögerte kurz und sagte dann: »Also gut. Wenn du das so empfindest, dann werden wir heute nicht nur wie geplant einen Sohn, sondern auch noch eine Tochter adoptieren.«

Die Sozialarbeiterin und die Gerichtsschreiberinnen waren nicht weniger überrascht als wir selbst, daß wir bereit waren, eine so wichtige Entscheidung aus dem Moment heraus zu treffen. Aber sie reichten meiner Frau das Kind herüber und begannen, die Papiere auszufüllen, was etwa eine Stunde dauern würde. Ob wir inzwischen mit dem Kind nach draußen gehen und versuchen könnten, es zu beruhigen?

Wir wanderten durch die Gänge im Gerichtsgebäude von Lima, Peru. Es war unser zweiter Tag in diesem Land, und auf dem Arm hatten wir ein Baby, das unsere Tochter werden sollte. Viele Anwälte und Justizangestellte forderten uns recht unwirsch auf, dafür zu sorgen, daß unser Baby ruhig war, oder das Haus zu verlassen. Unser Baby! Welch ein Augenblick.

Schließlich gab meine Frau mir die Kleine. Ich wiegte sie und sang ihr Lieder vor, die meine Mutter mir als Kind vorgesungen hatte. Am Ende schlief sie in meinen Armen ein.

Nur wenige Augenblicke später fand uns die Sozialarbeiterin. »Kommen Sie schnell«, rief sie, »wir müssen jetzt zur

Richterin.« Unsere Tochter wachte auf und begann wieder zu schreien.

Die Richterin wirkte erleichtert darüber, daß wir auch das zweite Kind nehmen wollten. Sie schien uns zu mögen. Sie stellte noch viele weitere Fragen und unterschrieb dann die Entlassungspapiere für den ersten Teil des Adoptionsverfahrens. Wir waren nun die Pflegeeltern mit zeitlich begrenztem Sorgerecht für das Baby und den kleinen Jungen, den wir sofort abzuholen hatten.

Die Sozialarbeiterin rief ein Taxi, und wir fuhren zum Waisenhaus, einem großen, verfallenen, grauen Gebäude, in dem Hunderte von Kindern mit viel zu wenig Pflegerinnen lebten. Die Zustände waren deprimierend. Die Kinder besaßen nichts. Sie schliefen zu dritt oder viert in einem Bett. Die Kleidung wurde jeden Morgen neu verteilt. Es gab Hemden und Hosen, die nicht zusammenpaßten, aber weder Socken noch Schuhe. Man verfügte nur über wenig fließendes Wasser, Strom gab es nur gelegentlich, und es fehlte an Nahrungsmitteln. Abgesehen von einigen Fußbällen hatten die Kinder kein Spielzeug, und das Schlimmste war, daß es keine Medikamente gab. Wir wurden in ein spärlich möbliertes Büro gebracht, wo eine engagierte, erschöpfte Kinderpflegerin versuchte, uns etwas über Henry zu erzählen. Wir erfuhren, daß man ihn ein Jahr zuvor gefunden hatte, als er allein über eine der verschmutzten Straßen in einem der Slumviertel im Außenbezirk von Lima lief. Viel mehr bekamen wir jedoch nicht mit, weil unsere frischgebackene Tochter die ganze Zeit schrie. Wir versuchten, über dieses Schreien hinweg Fragen zu stellen, aber unser Spanisch war zu langsam oder nicht gut genug, und die beiden Frauen sprachen zu schnell. Die Sozialarbeiterin stellte Fragen über andere Kinder und übersetzte nicht besonders viel für uns.

Wir gaben ihnen das Mittel gegen die Läuse, das wir hatten mitbringen sollen, und die Kleider, die unser neuer Sohn tragen würde – sie konnten von ihren eigenen Sachen nichts entbehren. Frustriert versuchten wir, während wir auf ihn warteten, soviel wie möglich über unseren Sohn herauszufinden. Endlich öffnete sich die Tür.

Da stand ein verängstigter kleiner Junge in den Kleidern, die wir mitgebracht hatten. Sie waren viel zu klein. Seine Haare waren strähnig geschnitten. Auch er war unterernährt, hatte einen dicken Hungerbauch, und sein Gesicht, seine Arme und Beine waren von Insektenstichen, Narben und Kratzern gezeichnet.

Dies ist mein Sohn, dachte ich, während ich mich hinkniete, um ihn in die Arme zu nehmen. Als ich ihn berührte, brach er in Tränen und Angstgeschrei aus. Die Sozialarbeiterin versicherte uns, er werde sich bald wieder beruhigen. Nein, er besaß nichts, was wir hätten mitnehmen müssen. Wir sollten ihn nur nehmen und mit ihm fortgehen. Wir waren jetzt seine Pflegeeltern.

Wir zwängten uns alle fünf in das Taxi, um zum Hotel zurückzufahren. Die Kinder saßen auf unserem Schoß und lieferten sich während der ganzen Fahrt nach Lima ein Schrei-Duell. Als wir angekommen waren, half uns die Sozialarbeiterin, die Kinder zu füttern. Beide aßen und aßen; sie waren völlig ausgehungert.

Als sie mit dem Essen fertig waren, kam unsere peruanische Rechtsanwältin an, und die Sozialarbeiterin verließ uns. Unsere Rechtsanwältin sagte uns, die Kinder müßten sofort gebadet werden, weil sie alle möglichen Krankheitserreger an sich haben könnten. Als sie unsere Verwirrung bemerkte, bot sie uns ihre Hilfe an. Also machten wir uns daran, die Kinder zu baden, sie in ihrem teuren Geschäftskostüm und wir völlig erschöpft und tief schokkiert.

Im Gerichtssaal hatten wir unsere neue Tochter Sophia genannt, nach der Göttin der Weisheit. Sie war ungefähr acht Monate alt und hatte deshalb noch keine Beziehung zu dem Namen Zila, den man ihr im Waisenhaus gegeben hatte und den wir als mittleren Namen behielten. Unser neuer Sohn hörte bereits auf den Namen Henry, und wir gaben ihm den Mittelnamen Miguel.

Sophia zu baden, war schwierig. Sie wand und drehte sich, kämpfte und schrie, bis sie uns alle erfolgreich durchnäßt hatte. Doch das war eine Kleinigkeit im Vergleich zu Henry. Er weigerte sich, seine neuen Kleider auszuziehen, weil er Angst hatte, er würde sie nicht wiederbekommen. Er wehrte sich mit Händen und Füßen, als wir ihn auszogen und wuschen. Er war stark und ein Kämpfer, und es war eine königliche Schlacht. Die Kinder hatten beide einen starken Kampfgeist, sonst hätten sie wohl unter solchen Umständen nicht überleben können, bis wir kamen.

Nach dem Baden waren wir alle völlig erschöpft und komplett durchnäßt. Henrys neuer Schlafanzug paßte besser als die anderen Kleider. Wir gaben beiden Kindern Spielzeug, das wir mitgebracht hatten. Sie aßen noch einmal und schliefen dann schnell ein. Die Rechtsanwältin wünschte uns viel Glück und ging.

Wir bestellten uns das Abendessen und einige Flaschen peruanisches Bier aufs Zimmer. Meine Frau und ich aßen und tranken, sahen unsere schlafenden Kinder an und versuchten uns gegenseitig zu helfen, mit der neuen Situation zurechtzukommen. Nun waren wir eine Familie – zwar noch nicht vor dem Gesetz, aber wir waren sicher, daß sich das bald ändern würde.

Ein Sohn und eine Tochter: Sie waren krank, aber stark, Nachfahren der Inkas. Wer waren sie? Wer würden sie eines Tages sein? Wie würde ihr Leben von jetzt an verlaufen? Wir redeten und redeten.

Der Abend verging, und schließlich begab sich meine Frau ins Bett. Ich konnte einfach noch nicht schlafen, obwohl ich mehr als erschöpft war. Ich ging auf ein letztes Bier an die Hotelbar.

Während ich mein Bier in kleinen Schlucken trank, ging ich hinaus in den Hof. Ich sah nach oben in den großartigen südlichen Himmel, und plötzlich erinnerte ich mich wieder an das Versprechen, das ich vor 16 Jahren Peru zugerufen hatte.

Ich schwöre, daß in diesem Moment eine ältere Quechuan-Stimme in meinem Kopf sagte: »Nun gehörst du zur Familie der Inkas. Deine Zukunft und dein Schicksal sind mit den Mysterien und der Magie der Inkas verbunden. Gib diesen Kindern dein Bestes, und sorge dafür, daß sie auf ihr Erbe stolz sind. Du bist auserwählt worden.«

In meiner Wirbelsäule prickelte es. Ich blickte mich um. Ich war ganz allein im Hof. War das nur mein überaktiver, erschöpfter Geist gewesen? Ich flüsterte in die kühle Nachtluft: »Ich werde mein Allerbestes tun. Ich bete und bitte um alle Hilfe, die du mir geben kannst. Und ich danke dir für die größten Geschenke, die ich je von dir habe bekommen können.«

Zurück in unserem Zimmer küßte ich jedes Kind und meine Frau, schrieb noch ein wenig in mein Tagebuch und ging schlafen. Ich hatte das Gefühl, daß ich gerade erst eingeschlafen war, als mich das Schreien meiner neuen Tochter weckte. Ich sprang auf und meine Frau ebenfalls. Im Nu waren wir an ihrem Bett. Was war los? Wir wechselten ihre Windel, wiegten sie ein bißchen und gaben ihr die Flasche.

Sie schlief bald wieder ein. Henry war von all dem nicht einmal wach geworden. Wir gingen zurück ins Bett. Diesmal träumte ich von den Anden, so wie sie vor der Ankunft der Europäer waren.

Ich befand mich in einem den Inkas heiligen Tal, das von Priestern und Priesterinnen, Schamanen und Propheten bewohnt wurde. Sie wußten, was die Zukunft bringen würde, und wollten dafür sorgen, daß die spirituelle Kraft und das spirituelle Wissen überleben und überall auf dem Planeten verfügbar sein würden, wenn das dunkle Zeitalter vorbei war und die spirituellen Schwingungen des Planeten und der Menschheit bereit waren, in eine neue Ära des Seins einzutreten. In diesem Tal lebte auch ich mit meiner heutigen Frau und den Kindern. Wir waren auch damals eine Familie. Wir arbeiteten mit Magie, und in diesem Traum gestalteten wir eine Zeremonie, die sicherstellen sollte, daß wir uns wiederverkörpern und als starke Einheit zusammenkommen würden, wenn die Erde in Not war. Die Zeremonie spielte sich in einer anderen Dimension ab. Ich träumte von Formen, die ich riechen, und Klängen, die ich sehen konnte. Ich träumte, daß wir tanzten und die intimsten Energien mit kosmischen, göttlichen Wesen austauschten. Sie befanden unsere Bitte für würdig und gewährten uns den Wunsch, sagten jedoch, es werde nicht leicht sein. Wir würden uns in jener Zukunft aus eigener Kraft an den Sinn unseres Lebens erinnern und uns gegenseitig dabei helfen müssen, unsere gewählten Rollen zu erfüllen. Aber wir würden mit dem Wissen beider Welten ausgestattet sein und mit der Liebe und Unterstützung, die wir uns gegenseitig gewährten. Ich fühlte, wie eine transzendente, schamanische, orgasmische Energie durch mich hindurchströmte, und ich wurde von meinem eigenen Zittern wach.

Mein Sohn weinte leise vor sich hin. Ich stand auf, nahm ihn auf den Schoß und wiegte ihn. Er lächelte, und nach einer Weile schlief er wieder ein. So saß ich da, mit meinem neuen Sohn auf dem Schoß, und dachte an meinen Traum. War es nur ein Traum gewesen? Erfand ich die Details nach eigenem Belieben? Es war mir so eindringlich und ungewöhnlich und wie aus einer anderen Welt vorgekommen, daß ich mich fragte, ob es dahinter nicht doch eine Wirklichkeit gab.

Ich entschied, daß es so sein könnte, und daß ich mir selbst gestatten würde, daran zu glauben. Ich würde meiner Familie nichts davon erzählen, bis ich das Gefühl hätte, daß der richtige Zeitpunkt dafür gekommen sei, aber ich würde diesen Traum zu meiner eigenen Leitvision machen. Ich war nicht nur ein frischgebackener Vater. Ich war auch ein alter Inka-Schamane, der sich mit seiner Familie wiederverkörpert hatte, um dabei zu helfen, die verlorene Weisheit wiederzuentdecken, die zur Entfaltung einer neuen Evolution und einer neuen Wirklichkeit für die Erde im 21. Jahrhundert beitragen würde. Ich betete zu der alten Göttin, die uns geholfen hatte. Ich bat sie, uns auch dabei zu helfen, daß wir unsere Ziele in diesem Leben erreichten, und mir zu helfen, meinen Kindern beizubringen, all das zu sein, was sie werden sollten.

Sophia und Henry sind jetzt sieben und acht Jahre alt. Sie sind beide ausgezeichnete Schüler und sprechen fließend Spanisch und Englisch. Sie sind gesund und schön und sehr sportlich. Sie haben viele Freunde und sind zwei der großartigsten Menschen, die ich kenne.

Selbst wenn mein Traum in jener Nacht nicht der Wahrheit entsprochen hätte; selbst wenn meine Kinder ohne ein

Gespür für Magie heranwachsen sollten; selbst wenn das 21. Jahrhundert nicht besser werden sollte als die letzten 2000 Jahre, ohne irgendwelche tiefgreifenden Veränderungen, bei deren Durchsetzung wir helfen könnten … mir wird immer das Bewußtsein bleiben, daß mein Leben gesegnet ist. Sophia und Henry zu erziehen war die größte Herausforderung in meinem sehr abenteuerlichen Leben. Ich habe dadurch ein tieferes Verständnis dafür entwickelt, wer ich bin, was reine Liebe ist und was sie bewirken kann. Denn das ist die mächtigste, alles verwandelnde Magie: reine, selbstlose Liebe.

Michael Peter Langevin

Ein Augenblick der Klarheit

Obwohl die mystische Erfahrung tiefgründig sein kann, kann man sie genauso leicht verfehlen. Wenn man das magische Aufleuchten nachträglich in Frage stellt, holt man es aus dem geheiligten Augenblick in die Realität, und dort verliert es seinen Glanz und Schimmer, wie der Kieselstein sein Funkeln einbüßt, wenn man ihn vom Grund eines Baches heraufholt. Wenn man also der Muse der Magie begegnet, sollte man nicht nach Erklärungen oder Beweisen suchen. Erwarten Sie nicht, daß sie Ihre Welt betritt, sondern bemühen Sie sich, in jene andere Welt zu gelangen. Den vier oder fünf echten Momenten der Gnade, die ich im Laufe meines fünfundvierzigjährigen Lebens erfahren habe, war eines gemeinsam: das Gefühl, daß zwei Welten zusammentrafen, sich kurz überlappten und dann weiterzogen. Wenn das geschieht, kann man die Erfahrung mit den Händen greifen, aber wenn man sich darüber wundert, ist der Augenblick schon vorbei.

Zum ersten Mal erlebte ich einen solchen Moment, als ich fünfzehn Jahre alt war. Die Erfahrung war dramatisch, und ich kann ehrlich sagen, daß sie mein Leben verändert hat. Aber im Rückblick ist der Moment als solcher Vergangenheit; seine Magie besteht nicht in der Erinnerung an diesen Augenblick, sondern in der Wirkung, die er hatte.

Es war im Jahr 1967. Die Jugend dieses Landes war in einem Sturm kultureller Wirren gefangen. Diese Winde der Veränderung waren aufregend, aber erschöpfend und brachten diejenigen von uns, die immer noch in der Pubertät herumzappelten, völlig durcheinander. Zu jung, um mitzumachen, beobachteten wir von den Seitenlinien aus, wie die »Jugendkultur« der Gesellschaft ihren Stempel aufdrückte. Wir beobachteten, wie die Blumenkinder sich in San Francisco niederließen; wir erlebten, wie unsere älteren Brüder eingezogen und nach Vietnam geschickt wurden, und viele von ihnen kehrten nie zurück. Von der Politik über die Kultur bis zur Spiritualität schien alles im Wandel, und diejenigen von uns, die diese veränderte Welt erben sollten, konnten nichts anderes tun, als zu beobachten, wie sie sich um uns herum und manchmal uns zum Trotz entfaltete.

Eine der wenigen Bewegungen, die jungen Menschen offenstand, welche alt genug waren, um sich verantwortlich zu fühlen, aber zu jung, um viel Einfluß zu haben, war die Jesus-Bewegung. Aufgewachsen in einer kleinen Mittelklasse-Stadt im mittleren Westen kann ich mich nicht an viele spirituelle Alternativen zum Christentum erinnern. Obwohl der Buddhismus und der Wicca-Kult an der Westküste damals vielleicht schon geblüht haben und der Islam in den Innenstädten eine Rolle gespielt haben dürfte, gab es in meiner ländlichen Kleinstadt mit zehntausend Einwohnern keine Alternative zum Christentum.

Offen gesagt, was ich davon im örtlichen Gottesdienst mitbekommen hatte, war einfach langweilig. In einer Welt, die auseinanderzubrechen drohte, betonte die Sonntagsschule lediglich die Notwendigkeit zur Anpassung. Obwohl Leidenschaft das Geburtsrecht der Spiritualität ist, hatte die Religion, die mir vermittelt wurde, nichts als Passivität zu bieten. Dann kam die Jesus-Bewegung, die Jesus als sozialen Rebellen wiederentdeckt hatte und dadurch eine Religion, die vielen als tot erschien, wieder zu neuem Leben erweckte und eine zeitgemäße Spiritualität versprach.

Und so kam es, daß ich einmal in der Woche gemeinsam mit Freunden an oft hitzigen Diskussionen über Bibelpassagen und ihre Auslegung teilnahm. Diese formlosen Treffen hatten nicht die geringste Ähnlichkeit mit den Gottesdiensten, die ich kannte. Sie waren voller Angst und Wut, und oft fühlte ich mich von der Leidenschaft überwältigt, die sie in mir auslösten. Nach all diesen Jahren kann ich nicht mehr genau sagen, worüber wir diskutierten, aber ich erinnere mich lebhaft an die Gefühle, die von diesen Treffen angeheizt wurden, und die waren selten angenehm. Heute kann ich nicht anders als lachen, wenn ich mir die Schar halbwüchsiger, kurz vor einem Schlaganfall stehender religiöser Eiferer vorstelle, die sich mit der Bibel gegenseitig die Köpfe einschlugen, aber damals war das eine ernste Angelegenheit. Wir nahmen Jesus wörtlich, wenn er sagte: »Ich bin nicht gekommen, um Frieden zu bringen, sondern das Schwert.«

Das letzte dieser Treffen, an dem ich teilnahm, war das schwierigste. Ich erinnere mich, daß ich am liebsten explodiert wäre – und um das zu verhindern, rannte ich nach draußen. Ich war nicht nur wütend, sondern ich schämte mich auch, daß ich vor meinen Freunden das Gesicht verloren hatte. Ich war mir ziemlich sicher, daß sie nichts mehr mit mir zu tun haben wollten, und offen gesagt, ich war mir nicht sicher, ob ich noch etwas mit ihnen zu tun haben wollte.

Im Vergleich zu der drückenden Hitze im Haus, war die Luft draußen kühl und erfrischend. Der Sonnenuntergang hatte gerade begonnen, und der Himmel stand in Flammen.

Und dann veränderte sich etwas – eine Veränderung, die man nur so beschreiben kann, daß sich für einen kurzen Moment zwei Welten berührten. Plötzlich verdeckte eine riesige Wolke die Sonne und wischte die Farbe vom Himmel. Als sie vorbeigezogen war und die Farbe wieder zurückkehrte, war alle Wut verschwunden, jede Scham vorbei, und anstelle von Verwirrung durchströmte mich ein erstaunliches Gefühl von Gewißheit. In diesem Augenblick sprach Gott zu mir, nicht durch eine Stimme, sondern durch eine klare, reine Botschaft, die ich nicht zu hören brauchte, weil sie sich jeder Zelle meines Körpers mitteilte.

Damals gab es keine Worte, aber heute, dreißig Jahre später, kann ich vielleicht in Worte fassen, was ich an jenem kühlen, klaren Herbstabend lernte: Vergiß die Religion, sie ist eine Sache des Verstandes. Lebe dein Leben mit Anstand. Sorge dafür, daß jeder Augenblick zählt, und respektiere jedes Lebewesen als Verkörperung des Göttlichen. Das ist Spiritualität, und das ist es, worauf es ankommt. Der ganze Rest ist persönlicher Ausdruck, wie deine Lieblingsgerichte oder die Kleidung, die du trägst.

Die Botschaft war einfach und offensichtlich, aber ich weiß, daß ich ohne die damit verbundene tiefgründige Erfahrung nicht darauf geachtet hätte. Und hätte ich sie nicht gehört, wäre mein Leben völlig anders verlaufen, denn jener mystische Augenblick befreite mich von meiner eigenen Persönlichkeit.

Ich habe mein erwachsenes Leben der spirituellen Suche gewidmet. Ich bin den spirituellen Impulsen zu jeder wahrnehmbaren Ausdrucksform gefolgt, und dazu hat mich die Wahrheit befähigt, die mir an jenem Abend vor dreißig Jahren vermittelt wurde, als eine Wolke über die Sonne zog und eine andere aus meinem Leben verschwand.

Hätte es nicht diesen Augenblick außergewöhnlicher Klarheit gegeben, so hätte ich mein spirituelles Interesse mit dem Bedürfnis nach einer Antwort verbunden. Durch diesen einen mystischen Moment bin ich dem Gefängnis entronnen, das wir uns selber errichten, indem wir Interesse mit Antworten verwechseln.

Die Welt streitet immer noch in tödlichem Ernst über religiöse Überzeugungen, und die Zahl der Märtyrer aller Konfessionen steigt weiter. Und wofür? Es ist nicht respektlos gemeint, wenn ich sage, für nichts. Die Menschen hassen und sterben für religiöse Überzeugungen, während die Wahrheit ihres eigenen Lebens in den Tumulten verlorengeht. Ich weiß heute nur, daß religiöse Überzeugungen wichtig sind, aber nicht so wichtig wie ein Leben, das gut gelebt wird. So einfach ist das – und doch eine so große Herausforderung.

Jerry Snider

2

Göttliche Führung und innere Orientierung

Tu es selbst!

Vor etwa vier Jahren war ich Gast im »Hotel California«, das auch unter der Bezeichnung CCI – California Correctional Institution – bekannt ist. Durch meine eigene Dummheit war ich an diesem schrecklichen Ort gelandet, und immer noch schien es so, als wolle nichts so laufen, wie ich es mir vorstellte. Ich habe viele Leute gehört, die sagen, daß aus jeder schlechten Erfahrung etwas Gutes entsteht. Ich hatte nicht das Gefühl, daß die Dinge noch sehr viel schlechter hätten werden können.

Trotzdem schien genau das zu passieren, nachdem ich mich von einem ehemals schlanken, sportlichen Kerl in ein stämmiges Ekelpaket von zwei Zentern verwandelt hatte. Ich konnte es kaum noch ertragen, mich im Spiegel zu sehen. Aber im Gefängnis gibt es nicht besonders viel zu tun, und so beschloß ich, mich wieder in Form zu bringen.

Ich setzte meinen Plan sofort um, begann viel zu laufen und mich gesund zu ernähren. Aber ich beschloß, mich erst einmal nicht zu wiegen. Ich wollte mein Programm einfach einen Monat durchziehen und dann das Ergebnis begutachten.

Jeden Tag dieselbe Routine, bis schließlich der Monat vorbei war. Gespannt auf die Resultate schoß ich in den Speisesaal und stellte mich auf die Waage. Was ich sah, war empörend. Ich hatte zwei Pfund zugenommen! Das war nun einfach unfair. »Gott«, beklagte ich mich, »du bist hackevoll! Du kannst mich nicht mal ein paar blöde Pfunde abnehmen lassen. Du bist echt besoffen!«

Immer noch meckernd ging ich verärgert zur Toilette. Hier war niemand außer mir, und ich sagte noch einmal: »Gott, du bist besoffen!«

Dann griff ich ohne jeden Grund in meine Tasche, fühlte dort etwas und zog es heraus. Es war eine goldene Visitenkarte, auf der mit schwarzer Tinte in einer exquisiten Handschrift etwas geschrieben war. Die Worte schienen mir von der Karte direkt ins Auge zu springen:

Wenn ich all deine Gebete erhören würde,
wäre ich dein Sklave und
nicht dein Gott!

»Wow!« entfuhr es mir.

Konnte es sein, daß Gott gerade zu mir »gesprochen« hatte? Wenn ja, warum ausgerechnet zu mir? Ich hatte ihm nie besonders viel Vertrauen entgegengebracht. Immer noch ungläubig zeigte ich die Karte den wenigen Leuten, die sie mir hätten in die Tasche stecken können. Zuerst fragte ich Shaggy, unseren Wäschemann, der es am ehesten hätte sein können. Ich forschte meine Mutter über die Karte aus. Ich fragte Captain Frank, den Leiter unserer Bibelgruppe, ob er irgendwelche ähnlichen Karten dieser Art hatte herumliegen sehen. Wie jeder andere antwortete er, nein, und fügte hinzu, es sei eine Offenbarung.

Ich steckte die Karte in ein Buch, damit sie nicht verlorenging. Meine Einstellung drehte sich um 180 Grad, und ich begann zu glauben.

Als ich mich einen Monat später wog, hatte ich fünf Pfund abgenommen. Und mein Gewicht ging weiterhin jeden Monat herunter. Als ich entlassen wurde, wog ich ranke, schlanke 155 Pfund.

Aber nicht nur mein Übergewicht war verschwunden, sondern auch meine ständigen Vorwürfe gegen Gott und meine Bitten an ihn. Und genauso mysteriös, wie sie erschienen war, hatte sich die Karte wieder in Luft aufgelöst. Ich nehme an, sie hatte ihren Zweck erfüllt.

Die Leute sollten nicht durchs Leben gehen und Gott um jede Kleinigkeit bitten. Dafür ist Er nicht da. Wenn Sie sich etwas stark genug wünschen ... tun Sie es selbst. Wenn Sie genügend Selbstvertrauen haben, wird Gott an Ihrer Seite stehen!

Rick Gomez

Eine Last, so leicht wie eine Feder

Die Wildnis der Canyons in Utah ist für mich eine Landschaft der Visionen und der Kraft. Wenn ich mich nach Klarheit und Alleinsein sehne, begebe ich mich in die Wüste mit ihren ursprünglichen Sandsteintürmen, den Obelisken und Turmspitzen und ihrer stillen Schönheit.

Während eines solchen zehntägigen Rückzugs wohnte ich in einer abgelegenen Hütte auf einer Ranch, die mir eine spirituelle Zuflucht bot. Nach den ersten Tagen hatte ich mich von dem Streß und dem Tempo des modernen Alltags befreit. Während ich allmählich zur Ruhe kam, betete ich um Führung im Hinblick auf die Richtung, in die meine Arbeit und mein Leben gehen sollten. In einer meiner Meditationen erfuhr ich, daß ich ein Buch über Energie schreiben und Führungskräfte unterrichten sollte. Am nächsten Tag hatte ich die Ranch verlassen, um zu einem nahe gelegenen Canyon zu wandern, und stieg auf einen der roten Sandsteinfelsen. Ich war sehr erregt über meinen »Auftrag« und begann spontan, laut mit Gott zu sprechen.

»Okay, Gott, was ist mit diesem Buch und dieser Arbeit? Du weißt, daß ich so etwas nicht mehr brauche. Ich habe wirklich begriffen, daß ich es nicht mehr nötig habe, wichtige Dinge in der Welt zu tun, um mich glücklich zu fühlen; im Grunde wäre ich ganz froh, in der nächsten Zeit sehr wenig zu tun. Wenn das wichtig ist und dir dient, werde ich es tun. Andernfalls – ich weiß nicht. Gib mir bitte ein Zeichen, daß es für dich wirklich von Bedeutung ist. Irgendeine Art von materiellem Zeichen, damit ich weiß, daß es wirklich mein Auftrag ist.«

Ganz plötzlich begann es zu regnen. Besorgt, daß der Fels schlüpfrig werden könnte, stieg ich schnell nach unten, vergaß das Gespräch, das Zeichen und Gott und machte mich auf den Weg zurück zur Ranch. Nach etwa fünfzehn Minuten drehte ich mich um. Da war ein Regenbogen. Das eine Ende führte direkt in den Felsen, auf dem ich gestanden hatte. Doch statt dies als Bestätigung zu empfinden, wurde ich noch viel aufgeregter. »Das ist ein Zeichen. Eindeutig ein Zeichen… Na ja, vielleicht auch nicht. Regenbögen gibt es eben manchmal… Aber das ist das Versprechen, das Gott Moses gab. Es ist ein klassisches Zeichen des Bundes zwischen Gott und den Menschen… Denkst du nun etwa, daß du Moses bist? Ein Zeichen – Unsinn, es ist ein Regenbogen.«

Den ganzen Weg zurück zu meiner Hütte überlegte ich hin und her. Allmählich fühlte ich mich verzweifelt und begann erneut mit Gott zu sprechen.

»Okay, ich weiß, das ist ziemlich viel verlangt. Ich bat um ein Zeichen, und da war ein Regenbogen, der direkt aus dem Fels kam, auf dem ich stand. Ich sollte dankbar sein, aber ich fühle mich verängstigt und verwirrt. Ich habe Zweifel.

Vielleicht kann man Zweifel nicht durch Zeichen beseitigen. Aber wenn es dir recht ist, möchte ich um ein weiteres Zeichen bitten. Ein Zeichen, das so klar und unmißverständlich ist, daß es selbst meine Ängste und Zweifel beseitigt. Ich bitte darum, daß eine Feder auf unmißverständlich magische Weise zu mir kommt. Mir ist klar, daß ich dieses Zeichen vielleicht nicht bekomme. Vielleicht muß ich mit dem Zweifel leben, und das ist in Ordnung.«

An diesem Punkt konnte ich das Problem loslassen. Ich fühlte es in meinem Inneren: Selbst wenn ich das Zeichen nicht erhielt, war ich bereit, meinen Auftrag anzunehmen, so gut ich konnte.

An diesem Morgen war eine Gruppe von Frauen auf der Ranch eingetroffen, um eine Zeremonie abzuhalten. Sie hatten vom Eigentümer der Ranch erfahren, daß ich in der abgelegenen Hütte wohnte. Meine Musik war ein wichtiger Teil ihres Gruppenlebens, und so schickten sie eine Abordnung mit der Frage, ob ich bereit sei, bei ihrem zeremoniellen Feuer am Abend ein paar Lieder zu singen.

Vermutlich hätte ich es als Ehre empfinden sollen, aber ich war ein wenig mürrisch. Dies sollte ein vollkommener Rückzug sein, dachte ich bei mir. Ich wollte schon ablehnen, aber ich erinnerte mich daran, daß ich Gott um ein Zeichen gebeten hatte. In diesem Augenblick hatte ich das Gefühl, der Geist sei in diesen Frauen verkörpert, und so lächelte ich und sagte zu.

Am Abend versammelten wir uns zu Gebeten, Gesang und Tanz um das Feuer. Als ich am Ende meine Gitarre einpackte, kam eine der Frauen auf mich zu. Sie sah mir in die Augen und sagte: »Hier, das ist für dich. Eine Stimme hat mir gesagt, daß ich es dir geben soll.« In der Hand hielt sie die Feder eines rotschwänzigen Falken.

Als meine Hand die Feder berührte, hörte ich, wie die Stimme meines zweifelnden Selbst versuchte, ein Gegenargument anzuführen. Aber es gab keins. Dieses eine Mal war mein innerer Skeptiker sprachlos.

Die Feder liegt auf meinem Altar als Erinnerung an Gottes Willen.

Robert Gass

Der Engel einer Schriftstellerin

Ein gutes Buch ist ein geheiligter Schatz, der einem neue Reiche des Denkens erschließt und als guter Freund und Führer durch die großen Abenteuer des Lebens dient. Wegen der Macht des gedruckten Wortes habe ich Schriftsteller immer hoch geschätzt, aber erst als ich erwachsen war, begann sich meine eigene Berufung als Schriftstellerin zu regen.

Ich war College-Dozentin und hatte zunehmend das Gefühl, daß es Zeit für mich war, meine Ideen zu veröffentlichen und sie der Welt mitzuteilen. Seit Jahren hatte ich Tagebücher gefüllt, aber irgendwie schien mir die Vorstellung, ein Buch zu schreiben, immer noch »überlebensgroß«. Es schien zwar Teil meiner Bestimmung zu sein... aber ich hatte nicht die geringste Ahnung, wie ich es anfangen sollte, Schriftstellerin zu werden. Mit der Hilfe meiner Tochter Julia begann ich, Kindergeschichten zu schreiben. Als ich von der Familie und von Freunden großes Lob dafür erntete, hatte ich den Eindruck, es sei Zeit, einige der Geschichten zu veröffentlichen. So fing ich an, mich über die betreffenden Möglichkeiten zu informieren... und je mehr ich darüber erfuhr, desto entmutigter wurde ich. Ich mußte feststellen, daß nur etwa eins von zwanzigtausend Kinderbuchmanuskripten, die die Verlage erhielten, tatsächlich veröffentlicht wurde.

Am Ende beschloß ich, auf weitere Nachforschungen zu verzichten und mich auf meine Intuition zu verlassen. Ich nahm mir eine Audiokassette auf und beschrieb darauf meine idealen Verleger in lebhaften Einzelheiten. Dazu gehörten Aussagen wie: »Wenn meine Herren Verleger meine Arbeit sehen und erkennen, welche Bedeutung sie für die Welt haben wird, dann werden sich ihre Augen mit Tränen füllen.« Obwohl das etwas weit hergeholt schien, würde es sicher nichts schaden. Ich gab der Kassette den Titel »göttliche Autorenschaft«.

Mehrere Wochen hörte ich das Band jeden Abend vor dem Einschlafen. Was dann innerhalb weniger Wochen passierte, grenzte an ein Wunder! Als erstes rieten mir am selben Tag drei verschiedene Bekannte, ich solle an einer bevorstehenden Buchmesse teilnehmen. Am nächsten Tag streifte ich durch die Buchhandlung in meinem Wohnort, als mir ein Buch aus dem Regal buchstäblich vor die Füße fiel. Der Titel: *Do What You Love, the Money Will Follow* (»Tu das, was du liebst – das Geld wird folgen«). Während ich darin blätterte, kam die Buchhändlerin auf mich zu und begann, über dieselbe Buchmesse zu sprechen, von der ich gerade erfahren hatte. Als ich ihr erzählte, daß ich meine Arbeit gern veröffentlichen würde, überraschte sie mich, indem sie sagte: »Ich habe zufällig noch eine Eintrittskarte und ein freies Bett in meinem Hotelzimmer. Hätten Sie Lust, die Messe zu besuchen?« Meine Aufmerksamkeit wuchs, und ich ging nach Hause, um telefonisch die Flugkosten in Erfahrung zu bringen. Als ich alles zusammengerechnet hatte, hielt ich es für das Beste, die ganze Idee erst einmal zu den Akten zu legen und im nächsten Jahr teilzunehmen.

Am selben Abend ging ich mit Julia zur Premiere eines neuen Films, *Field of Dreams*. Ich war tief berührt von der inspirierenden Botschaft, die der Hauptdarsteller wiederholt in seinem Traum hörte: »Wenn du daran arbeitest, werden sie kommen.« In dieser Nacht wurde mir klar, daß ich genau das tun und einen Weg finden mußte, an der Messe teilzunehmen. Am nächsten Morgen kam meine Tochter noch im Halbschlaf zu mir ins Zimmer und sagte: »Mom, bitte geh zu der Buchmesse. Wenn du es nicht tust, wirst du nie wissen, was daraus hätte werden können!« Eine Stunde später rief mich die Mitarbeiterin des Reisebüros an, um mir ein Flugticket zum halben Preis anzubieten. »Ich weiß nicht warum«, sagte sie, »aber ich habe das Gefühl, daß ich Ihnen dieses Sonderangebot geben sollte, und nicht dem Kunden, für den es eigentlich vorgesehen war.«

Eine Woche später war ich auf dem Weg nach Washington D.C., um zusammen mit über vierzigtausend anderen Leuten durch mehrere große Kongreßhallen zu streifen, die sich meilenweit zu erstrecken schienen. Zwei Tage lang wanderte ich durch die Gänge und lernte viele interessante Leute kennen, aber ich hatte nicht das Gefühl, daß ich echte Fortschritte machte. Am Ende des dritten Tages war ich erschöpft, hatte Blasen an den Füßen und eine Erkältung. So blieb ich am nächsten Tag in meinem Hotelzimmer, verkroch mich unter die Bettdecken und fragte mich, was mich um Himmels willen bewogen hatte, mich in letzter Minute für diese Reise ans andere Ende des Kontinents zu entscheiden. Was tat ich hier überhaupt?

Ich rief Julia an, um ihr zu sagen, daß ich vorhatte, einen Tag früher zurückzukommen und die ganze Sache als Lehrgeld abzuhaken. Ich empfand eine Mischung aus Entmutigung und Dankbarkeit, als meine Tochter mich daran erinnerte: »Denk dran, Mom, wenn du daran arbeitest, werden sie kommen. Gib nicht auf, du hast immer noch einen Tag.« In dieser Nacht betete ich um Vertrauen und Orientierung, und ich beschloß, den letzten Tag durchzuhalten.

Am nächsten Morgen erwachte ich mit einem erstaunlichen Gefühl von Begeisterung und Entschlossenheit. Die erste Frau, die ich beim Frühstück traf, erzählte mir von einem Verlag, der gerade begann, Kinderbücher in sein Programm aufzunehmen. Da ich den Namen nun schon zum zweiten Mal hörte, wurde ich neugierig und beschloß, den betreffenden Stand aufzusuchen.

Ich traf dort auf einen attraktiven Herrn mit schneeweißem Haar und einem lebhaften Gesicht. Es war Hal Kramer, der Präsident des Unternehmens, mitten in einer anscheinend wichtigen Besprechung. Ich wartete eine Weile in der Hoffnung, mit ihm reden zu können, kam aber dann zu dem Schluß, daß das vielleicht doch keine so gute Idee war.

Ich wandte mich gerade mit einem etwas ratlosen Gesichtsausdruck ab, als ein fröhlicher junger Mann, der auf einer Flöte spielte, von seinem Stand aus rief: »Entschuldigung, Sie sehen aus, als ob Sie einen Freund brauchen könnten...« Ich erzählte ihm meine Geschichte und zeigte ihm meine Entwürfe. »Zufällig kenne ich Mr. Kramer«, grinste er. »Wissen Sie, es könnte sein, daß Sie beide einfach perfekt zueinander passen! Wenn ich an Ihrer Stelle wäre, würde ich seine Besprechung unterbrechen und ihn fragen, ob er danach ein paar Minuten Zeit hat.«

Daraufhin machte ich kehrt und ging direkt auf Hal Kramer zu, der gerade mit einigen seiner Kollegen ein offiziell wirkendes Dokument prüfte.

»Entschuldigen Sie bitte, Mr. Kramer«, sagte ich mit erstaunlichem Selbstvertrauen, »ich wäre Ihnen sehr dankbar, wenn Sie nach der Besprechung ein paar Minuten Zeit für mich hätten.«

»Aber nur ein paar Minuten«, entgegnete er zögernd. »Wir packen jetzt zusammen, und meine Frau und ich wollen in ein paar Stunden nach Hause fliegen.«

»Mehr brauche ich auch nicht.«

Während ich wartete, warf ich einen Blick auf die inspirierenden Bücher, die Mr. Kramer im Laufe der Jahre veröffentlicht hatte. Erstaunt entdeckte ich darunter das Buch, das ich mit auf die Reise genommen hatte, um mich damit bei Stimmung zu halten, falls ich den Mut verlor.

Als Mr. Kramer schließlich einen Moment Zeit hatte, legte ich die Entwürfe für zwei meiner Bücher auf den Tisch und erklärte kurz meine Arbeit. Er sah die Unterlagen sorgfältig durch und sagte nach einer langen Pause: »Ihre Arbeit ist etwas ganz Besonderes. Vielleicht ist es Zeit, sie der Welt vorzustellen.«

Ich ging hinüber zu seiner Frau und Geschäftspartnerin und bat sie, sich die Entwürfe anzusehen. Nach wenigen Momenten füllten sich ihre Augen mit Tränen – so wie ich es auf meinem Tonband vorhergesagt hatte! –, sie sah mich an und sagte: »Dies sieht nach genau der Art von Stoff aus, auf den wir gewartet haben. Dürfen wir Sie zum Essen einladen?«

Das Taxi brachte uns rasch zu einem Nobelrestaurant im Zentrum von Washington. Am Ende des Essens erklärte Mr. Kramer: »In meinen vierzig Jahren als Verleger habe ich nur wenige Autoren getroffen, bei denen ich mir von Anfang an absolut sicher war. Sie gehören dazu. Ich möchte beide Bücher veröffentlichen. In den nächsten drei Tagen schicke ich Ihnen einen Vertrag zu. Ist das eine annehmbare Wartezeit?« Ich nickte sprachlos, während er fortfuhr: »Ich habe das Gefühl, daß ich noch mehr von Ihnen veröffentlichen werde... ich glaube, in Ihnen steckt noch sehr viel mehr!«

Wir gaben uns zum Abschied die Hand, umarmten uns und strahlten alle von einem Ohr zum anderen. Ich ging hinaus in die Mittagssonne und fühlte mich benommen und in Hochstimmung. Meine neuen Verleger paßten bis in alle Einzelheiten zu der Beschreibung, die ich auf Band aufgenommen hatte!

Während ich auf ein Taxi wartete, kam aus dem Nichts ein rüstiger älterer Herr mit einem freundlichen Gesicht voll tiefer Falten auf mich zu. Er griff nach meinen Händen und sagte: »Nun, junge Frau, Sie haben so ein wunderbares Strahlen um sich. Sie sehen aus, als hätten Sie gerade Ihre idealen Verleger gefunden!«

Woher wußte er das, fragte ich mich. War es diese Woche voll hektischer Betriebsamkeit zwischen Autoren und Buchhändlern, die ihn zu einer solchen Aussage bewogen hatte? Überwältigt von Erregung berichtete ich ihm kurz zusammengefaßt die ganze Geschichte, rasselte Halbsätze herunter und redete ständig im Kreis. Er lächelte heiter, tätschelte meinen Arm und nickte in schweigender Zustimmung. Als ich fertig war, fuhr ein Taxi vor, und der freundliche alte Herr umarmte mich herzlich. »Meine Liebe«, flüsterte er mir ins Ohr, »seien Sie versichert, daß Ihre Verleger genauso viel Glück hatten, Sie zu finden, wie umgekehrt. Wissen Sie, es gibt keine Zufälle.« Er schenkte mir einen innigen Blick und drückte mir beide Hände. »Ich freue mich sehr für Sie und für die Welt... und das ist erst der Anfang.«

Ich dankte ihm für seine Worte der Ermutigung und stieg in das Taxi. Welch ein Tag! Und zu denken, daß ich das alles verpaßt hätte, wenn ich früher nach Hause geflogen wäre. Ich war voller Dankbarkeit und Ehrfurcht und erkannte dies als einen Augenblick der Gnade. Ich konnte es kaum erwarten, die Neuigkeiten mit der Familie und mit Freunden zu feiern und meiner wunderbaren Tochter dafür zu danken, daß sie so unbeirrt an mich geglaubt hatte.

Während sich das Taxi in Bewegung setzte, hatte ich das Bedürfnis, mich umzudrehen und dem freundlichen Mann zu winken, der mir als erster zu meinem jüngsten Erfolg gratuliert hatte. Aber – fast hatte ich damit gerechnet – er war nicht mehr da und auch sonst nirgendwo in der Nähe zu sehen. Ich spürte, wie sich die Haare in meinem Nacken aufrichteten. Ich winkte ihm innerlich aus tiefstem Herzen zu und dankte ihm dafür, daß er gekommen war, um mir beim Übergang in meine neue Welt zu helfen.

Mein Leben sollte sich grundlegend ändern. Bald darauf unterzeichnete ich meine ersten beiden Buchverträge, denen weitere sechs folgten (mit meiner Tochter als Koautorin für zwei der Bücher), und es werden in Zukunft noch mehr sein.

Heutzutage treffe ich oft angehende Autoren. Ihr brennendes Verlangen, ihre Schätze mit der Welt zu teilen, erinnert mich an meine eigenen Anfänge, als ich dasselbe Feuer in meinen Augen und dieselbe Sehnsucht im Herzen hatte. Ich werde oft um Rat gefragt, wie man es schafft, veröffentlicht zu werden. Manchmal möchte ich auf- und abspringen und sagen: »Folgt eurer Intuition, schafft Zeit und Raum für eure Träume, glaubt an euch selbst und bittet um die Erfüllung eurer Wünsche… und gebt niemals auf!« Statt dessen lautet meine Antwort einfach: »Wenn du daran arbeitest, werden sie kommen!«

Diana Loomans

Ein Fensterputzer, eine einem Baby und ein Ge

Hin und wieder erzählt einer meiner Gäst *Voyager Radio* (einer Gemeinschaftsshow, bei d bekannte Bereiche menschlicher Erfahrung geht) schichte, die mich stark beeindruckt. Dies gilt auch folgenden Beitrag:

Ungefähr siebzehn Jahre vor unserem Gespräch arbeit Morris Fonte als Fensterputzer. Er war auf dem Weg in die Mittagspause, als ihn vor einer der vielen New Yorker Kathedralen eine Frau mit einem Baby auf dem Arm anhielt. Ihm fiel sofort ihr Gesicht auf und die Tatsache, daß sie an einem sehr kalten Märznachmittag nur ein langes Seidenkleid und einen Schal trug.

Er machte sich gerade Sorgen über die Gesundheit des Babys in dieser Kälte, als die Frau sagte: »Morris, du hast deinen Gott vergessen. Komm, bete mit mir.«

»Warum soll ich beten?« fragte Morris.

Die Frau antwortete, es sei ihre Pflicht, ihn zu Gott zurückzuführen. Sie begannen, über Gott, die Religion und ähnliche Dinge zu reden. Nachdem sie ungefähr eine halbe Stunde miteinander gesprochen hatten, sagte sie, sie repräsentiere Gott in seinem Leben. Als sie fortfuhr, sie habe eine Botschaft von Gott für ihn, hatte Morris das Gefühl, dieses Gespräch gehe zu weit. Er begann allmählich zu denken, diese Frau sei zwar wohlmeinend, aber wahrscheinlich verrückt. Sie sollte in einem der städtischen Parks predigen, aber nicht vor einer Kirche. Also entschuldigte er sich und ging wieder an seine Arbeit zurück.

Am Ende des Tages führte sein Weg an derselben Kirche

ei, und da war sie wieder. Es schien so, als habe sie den zen Tag dort in der Kälte nur auf ihn gewartet. Sie rief n.

»Morris, du hast deinen Gott vergessen! Komm, bete mit mir. Ich bin gekommen, um dir eine Botschaft zu überbringen«, fuhr sie fort, »und ein Geschenk von Gott.«

»Warum tust du das?« fragte Morris. »Du redest eine Menge Quatsch. Gott schickt den Leuten nicht einfach Geschenke.«

»Du mußt zurück zur Kirche kommen. Zeig, daß du es wert bist, und das Geschenk gehört dir.«

Was Morris am meisten Sorgen machte, waren nicht die Worte der Frau, sondern die Tatsache, daß sie dort in der Kälte mit ihrem kleinen Baby auf dem Arm stand. Das Baby war wunderschön und die Frau ebenfalls – so als seien sie beide nicht von dieser Welt. Sie wirkte wie eine Israeli oder Araberin und sprach mit unglaublicher Liebe und großem Verständnis zu ihm.

Nachdem sie so etwa fünf Minuten miteinander geredet hatten, trennten sie sich jedoch wieder. Es war kalt, und Morris sah keinen Grund, vor der Kirche zu stehen und mit einer »Verrückten« zu sprechen. Von diesem Moment an stand sie immer dort, wenn er an der Kirche vorbeiging, rief ihn und bestand darauf, Gott habe sie geschickt, um ihm sein Geschenk zu geben.

»Du solltest nicht so reden«, sagte er ihr dann. »Es könnte sonst sein, daß du eingesperrt wirst... besonders wenn du hier vor der Kirche stehst. Wenn ein Priester dich so reden hört, dann bekommen wir beide Schwierigkeiten. Wir könnten festgenommen werden!«

Aber was er auch immer sagte, sie war jedesmal da, wenn er an der Kirche vorbeiging. Nach drei Wochen beschloß

Morris, sie zu einem Kaffee in dem kleinen Geschäft an der Ecke einzuladen. Es war an diesem Tag so kalt, daß er sich einfach nur entspannen und das übliche Gespräch an einem warmen Ort führen wollte, ohne sich über eine eventuelle Festnahme sorgen zu müssen.

»Wie heißt du?« fragte Morris, nachdem sie sich an einen Tisch gesetzt hatten. »Das sollte ich wenigstens wissen, zumal du irgendwie meinen Namen erfahren hast!«

»Ich bin die Heilige Jungfrau Maria, und ich bin gekommen, um dir ein Geschenk zu bringen. Ich habe den Auftrag, dich zur Kirche zurückzubringen, dir beten zu helfen und dafür zu sorgen, daß du es wert bist, das Geschenk zu erhalten, das Gott dir geben wird.«

Schockiert stand Morris vom Tisch auf. Das war zuviel! Er ging für einen Moment nach draußen. Nachdem er sich wieder gefaßt hatte, kehrte er zurück, um die Auseinandersetzung mit dieser Frau ein für allemal zu einem Ende zu bringen.

Sie begrüßte ihn, indem sie sagte: »Ich bin die Heilige Jungfrau Maria, und ich lebe im Herzen aller Geschöpfe dieser Welt.«

Morris platzte heraus: »Du bist verrückt! Ich gehe jetzt nach Hause!«

Während er den Coffee-Shop verließ, beschloß er, nie wieder mit ihr zu reden... selbst wenn das bedeuten würde, einen anderen Weg zu nehmen, damit er nicht an der Kirche vorbeikam, vor der sie sich aufgestellt hatte. Nachdem er ziellos etwa eine halbe Stunde herumgewandert war, kam er zu Hause an. Er öffnete seine Wohnungstür, und da saß die Frau in seinem Lieblingssessel.

Einmal mehr grüßte sie ihn, indem sie sagte: »Ich bin zu dir nach Hause gekommen, und ich möchte dir erzählen, wer ich bin und daß ich ein Geschenk von Gott für dich habe! Es kommt von Gott, und es ist eine Gabe, die dir verliehen ist, um anderen Menschen damit zu helfen. Ich werde dich lehren, diese Gabe zu nutzen.«

Morris schrie: »Frau, ich weiß nicht, wie du hier hereingekommen bist, aber was du getan hast, ist ein Gesetzesbruch. Wenn du nicht gehst, werde ich die Polizei rufen.«

»Ich kann durch Mauern gehen, Morris. Ich kann nach Belieben überall hingehen.«

»Nein ... nein ... nein ...!«

»Ich bin reiner Geist!«

»Okay, beweise es«, sagte Morris fast flüsternd.

Sie saß in dem Sessel. Aber als er sich herumdrehte, war sie in der Diele. Und als er sich erneut herumdrehte, stand sie neben dem Sessel. An diesem Punkt wurde Morris ohnmächtig.

Einige Augenblicke später rappelte er sich vom Boden auf. Scheinbar ohne Rücksicht auf seinen Zustand erklärte die Frau wieder, sie sei die Heilige Jungfrau Maria. Sie sei gekommen, um ihm die Gabe der außersinnlichen Wahrnehmung zu verleihen.

»Nutze sie auf angemessene Weise«, sagte sie ihm, »und verletze niemanden damit. Nutze sie, um den Leuten zu helfen.« Dann begann sie, ihn zu lehren, wie diese Gabe wirkte.

Später gingen sie zurück zum Coffee-Shop. Als Morris anfing, mit der Kellnerin zu sprechen, stellte er fest, daß er alles über sie wußte, ihre Zukunft, ihre Vergangenheit, ihre Träume – es war erstaunlich.

Dann entfernte sich Maria für eine Weile, aber sie kam später in der Nacht zurück in seine Wohnung – mit Jesus.

Jesus erklärte Morris: »Dies ist das Geschenk, das meine Mutter dir gegeben hat. Du mußt ihr gehorchen und es genauso benutzen, wie sie dich gelehrt hat.«

Seither ist Morris Fonte in vielen Radio- und Fernsehshows aufgetreten. Er ist weltweit bekannt und hat im Laufe der Jahre Tausenden von Menschen durch seine Gabe der außersinnlichen Wahrnehmung geholfen. Wann immer Morris über seine einzigartigen Fähigkeiten befragt wird, antwortet er: »Gebet, Fasten, Meditation und der tägliche Kirchenbesuch stärken diese Gabe.«

Bruce Stephen Holms

Die Maus

Ich erwachte früh am Sonntagmorgen und wollte gleich ins Gartencenter fahren, um Sägespäne für meinen Gemüsegarten zu kaufen, mußte jedoch feststellen, daß meine Schlüssel weg waren. Ich suchte sie in jeder Tasche, unter jedem Bett, in jedem Raum und jeder Schublade im Haus, doch ohne Erfolg. Verwirrt und frustriert verbrachte ich den Rest des Tages damit, weiterhin meine Umgebung durchzuforsten und darauf zu warten, daß meine Schlüssel auf geheimnisvolle Weise wieder aus dem schwarzen Loch auftauchen würden, in dem sie verschwunden waren.

Am Abend akzeptierte ich resigniert die Tatsache, daß die Schlüssel sich zusammen mit zahllosen einzelnen Socken, teuren Stiften und meiner Tauchkarte in den »Himmel der verlorenen Dinge« verflüchtigt hatten. Ich suchte gerade nach der Telefonnummer meines Autohändlers in der Hoffnung, am nächsten Morgen Ersatz für meinen Zündschlüssel zu bekommen, als mein Sohn rief: »Dad, in meinem Zimmer ist eine Maus!« Ich lief hinein und erhaschte einen flüchtigen Blick auf eine winzige graue Feldmaus, die sich unter einer Kommode duckte. Wahrscheinlich war sie durch die Hintertür, die wir während des warmen Frühlingstages offengelassen hatten, ins Haus gelangt.

Wir verbrachten die nächsten zwei Stunden mit dem Versuch, unseren kleinen Eindringling zu fangen. Aber das war gar nicht so einfach. Das flinke Kerlchen überlistete uns mehrmals bei dem Versuch, es in eine Pappschachtel zu locken. Er trippelte unter das Bett, rannte dann hinter den Schreibtisch, und sein Einfallsreichtum und sein Zeitgefühl waren eindrucksvoll. Schließlich war es uns gelungen, die Schachtel über ihn zu stülpen. Doch als wir versuchten, sie mit einem Deckel zu verschließen, quetschte er sich durch eine kleine Spalte und fand ein neues Versteck im Schrank meines Sohnes.

Da es sich hier offensichtlich um eine schlaue und findige Maus handelte, entwickelten wir einen wohldurchdachten Plan, um unseren unerwarteten Gast in die Falle zu lokken. Wir schnitten ein Loch in die eine Ecke der Schachtel aus Wellpappe und befestigten sorgfältig mit Klebestreifen einen Müllsack darüber. Dann banden wir die Holzschlange meines Sohnes an das Ende einer Holzrute und stellten die Schachtel so, daß sie den Eingang zum Schrank versperrte.

Obwohl wir es bedauerten, die Panik des Winzlings noch zu verschlimmern, kamen wir zu dem Schluß, daß uns keine andere Wahl blieb, wenn wir unseren kleinen Freund befreien wollten. Wir ließen die Schlange über der Maus baumeln, und der kleine Kerl stürzte sofort in Richtung Tür. Als er in die Schachtel gerannt war, fand er gleich das Loch, das wir in die Ecke geschnitten hatten, und trippelte weiter in die Plastiktüte.

Als wir die Maus endlich gefangen hatten, war die Sonne schon lange untergegangen, so daß ich eine Taschenlampe mitnahm, um die Tüte aus dem Haus zu bringen. Ich ging zum Rand eines Canyons, an den mein Grundstück grenzte, und legte die Plastiktüte geöffnet auf den Boden. Im Licht der Taschenlampe wartete ich darauf, daß unser pelziger Freund hervorkam. Ängstlich streckte er seine Nase heraus und kam dann vorsichtig nach draußen. Ins Licht blinzelnd saß er einige Momente auf seinen Hinterbacken und sah mich mit einer Mischung aus Neugier und Erleichterung an. Im nächsten Augenblick trippelte er hinaus in die Dunkelheit.

In diesem Moment geschah die Magie. An genau der Stelle, wo sich die Maus von mir verabschiedet hatte, lag mein Schlüsselbund. Anscheinend hatte ich ihn dort am Tag zuvor verloren, als ich ein paar alte Äste hergebracht hatte. Durch irgendeinen wundersamen Zufall hatte ich die Maus an genau dieser Stelle freigelassen.

Nun fragt mich mein Sohn hin und wieder, ob ich mich an die kleine Maus erinnere, die meine Schlüssel gefunden hat. Er glaubt, daß Mutter Natur mich dafür belohnt hat, daß ich eins ihrer sanftmütigen, freundlichen Geschöpfe befreit habe.

David Simon

Zweite Chancen

Mein Mann Mark und ich hatten eine wunderschöne Doppelhaushälfte in Los Angeles gemietet. Eines Tages kam der Eigentümer, der nebenan wohnte, herüber und fing eine hübsche streunende Katze, die wir gefüttert hatten. Ich flehte ihn an, weinte und schrie, aber er ließ sich nicht erweichen; er konnte dieses Ärgernis nicht länger ertragen. Ungläubig und entsetzt mußte ich zulassen, daß er sie auf dem Parkplatz des örtlichen Supermarktes aussetzte.

Dann entdeckten Mark und ich die drei jungen Kätzchen. Jeden Tag beobachteten wir, wie sie auf der Suche nach Futter in unsere Mülltonnen vor der Garage kletterten. Es war herzzerreißend, und so begannen wir, sie auf unserer Terrasse zu füttern. Wir stellten fest, daß zwei der Jungen das dritte verprügelten, wenn es versuchte, auch etwas zu fressen. Sein ganzes Gesicht war voller Narben, weil es von den Geschwistern ständig zerkratzt wurde. Wir nannten den Kleinen Luke, angeregt durch Paul Newmans Darstellung in dem Film *Cool Hand Luke*, weil er den Mißbrauch so tapfer ertrug.

Mark stellte eine Falle auf, und am ersten Tag fingen wir lediglich Luke. »Lukey«, wie ich ihn nannte, hatte entsetzliche Angst vor uns. Der arme Kerl hatte erst seine Mutter und dann seine Freiheit verloren. Voller Panik zitterte er und versteckte sich hinter der Toilette in unserem Badezimmer. Wenn wir versuchten, an ihn heranzukommen, fauchte er und schlug abwehrend mit seinen dünnen Beinchen. Seltsam, wie so ein kleines Wesen so hart kämpfen konnte. Während der ersten Nacht sperrten wir Luke mit reichlich Futter, Wasser und Handtüchern ins Badezimmer.

Mark und ich gingen ins Bett. Doch bald begann Luke mit seinem fiepsigen Stimmchen jämmerlich zu schreien. Dann passierte das, was uns am meisten Sorgen machte. Seine beiden Geschwister, die noch frei waren, kamen ans Badezimmerfenster und schrien mit ihm. Er antwortete ihnen, indem er ein kleines Miauen von sich gab und damit eindeutig die Trennung beklagte.

Ich nahm die Steppdecke vom Bett und ging ins Badezimmer. Luke hatte sich immer noch mit gesträubtem Fell hinter der Toilette verkrochen. Ich wollte ihm zeigen, daß er nicht allein war, und legte mich deshalb auf den Boden, wo ich die Nacht verbrachte. Als ich meine Augen schloß, hörte er auf zu schreien. In der zweiten Nacht, die ich auf dem Badezimmerboden verbrachte, kam Luke und legte sich neben mich. Allmählich kuschelte er sich an meinen Bauch, und ein paar Stunden später hatte er seine Babypfoten in mein Haar gekrallt. Sein Schnurren wurde zum Schlaflied für mich. Ich denke, daß ich von dieser Nacht an für ihn Mama war.

Seit jener Zeit war Luke immer anpassungsfähig und loyal. Er hat neun Umzüge überlebt: Koyoten in den Hügeln von Hollywood, hungrige Eulen in Ojai, ein enges Apartment in Beverly Hills und Etagenwohnungen, vor denen die Autos rasten. Luke hat immer auf unser Rufen reagiert und gehörte als geschätztes Mitglied zu unserem Clan.

Doch während die Familie wuchs, geschah etwas, so langsam, daß ich es kaum bemerkte. Erst bekamen wir einen Hund. Dann wurde das Baby geboren. Kurz darauf bekamen wir einen weiteren Hund. Luke begann, sich oft zu verstecken vor dem quiekenden Kleinkind, das hinter ihm herlief und ihn mit seinen kleinen Fingern kniff, und genauso vor den ausgelassenen Hunden, die ihn als Spielzeug mißbrauchten.

Wie die meisten jungen Eltern wissen, hat man nach der Geburt eines Babys nur noch wenig Zeit für sich selbst. Wenn ich mich endlich hinsetzen konnte, um zu lesen, legte sich Luke auf das Buch. Wenn ich mein Schreibzeug vorholte, kaute er auf meinem Stift herum. Wenn ich mich zu einem dringend benötigten kleinen Nickerchen hinlegte, weckte er mich mit seinen nadelscharfen Krallen. So tat ich das, was ich selbst nie von mir erwartet hätte: Ich begann, ihn wegzuscheuchen. Wenn Luke nach Liebe miaute, sagte ich ihm: »Nicht jetzt!«

Dann kam das Northridge-Erdbeben. Als ich am Abend zuvor an meinem Computer saß und arbeitete, sprang Luke auf den Tisch und wollte über die Tastatur spazieren. Mit meiner Arbeit beschäftigt, beförderte ich ihn mit einem sanften Stoß auf den Teppich. Er miaute um Aufmerksamkeit; ich ignorierte ihn. Schließlich gab er auf und ging nach draußen. Stunden später traf uns das Erdbeben mit voller Wucht. Unsere Hunde wichen nicht von unserer Seite, und unser Sohn klebte stundenlang wie eine Klette an uns. Wir hatten uns alle unter einem großen Türrahmen im Wohnzimmer versammelt, aber Luke war nirgendwo zu finden.

Tagelang erlebten wir furchterregende Nachbeben. Der Boden bewegte sich wie Wackelpeter. Kein Platz schien sicher. Ich wußte, daß Luke sich zu Tode ängstigen würde, wo auch immer er sein mochte. Ich ging von Tür zu Tür und stellte fest, daß alle Leute in der Nachbarschaft ihre Katzen vermißten. Wir trösteten uns mit dem Gedanken, daß sie sich irgendwo zu einer »Katzenversammlung« getroffen hatten. Am vierten Tag waren alle Katzen in der Straße außer unserer wieder zurück. Jeden Tag ging ich unsere Straße entlang und rief Lukes Namen. Nichts.

Immer wieder sagte ich meinem Mann, daß Luke sich

irgendwo unter einem Haus versteckt hielt. Jedesmal, wenn ich für ihn betete, sah ich ihn dort lebhaft vor mir. Ich sah, daß er zu geschockt war, um heimzukommen, und mir war klar, daß wir ihn finden mußten. Aber Mark hielt diese Vorstellung für albern und negativ. Er war sich absolut sicher, daß Luke, wenn er noch lebte, seinen Weg nach Hause finden würde. »Katzen gehen nicht verloren«, behauptete er. Ich sah das anders, und wir stritten uns darüber.

Wenn wir abends mit den Hunden hinausgingen, rief ich nach Luke. Mark zog mich damit auf, daß er die hohe Stimme nachäffte, mit der ich den Kater zu locken versuchte. Ich wußte, und später gab er es auch zu, daß er damit auf seine Art versuchte, den Schmerz zu verdrängen.

Fünf Nächte waren vergangen. Ich konnte nicht schlafen, denn ich wußte, daß ich noch mehr für unseren Kater tun mußte. Ich versammelte die Familie und die Hunde für unsere übliche Suche und betete dabei innerlich ständig zu Gott. Mark zog hinter meinem Rücken Grimassen, weil er es für unsinnig hielt, zu glauben, ein Kater würde sich in seinem eigenen Revier nicht zurechtfinden. Ich war der Meinung, daß mein Mann sich wie ein ungezogener Junge benahm, bemerkte jedoch, daß er weiter hinter mir herging, woraus ich schloß, daß ein Teil von ihm sehr wohl glaubte, daß meine Suche sinnvoll war.

Plötzlich wußte ich, wohin ich gehen mußte. Ich konnte spüren, daß Luke sich in einer Straße aufhielt, die wir noch nicht abgesucht hatten. »Komm mit, er ist da hinten«, sagte ich und versuchte, nicht zu schnell zu laufen. Mark folgte mir langsam mit unserem Sohn.

»Lukey, Lukey, Lukey-Kätzchen ...«

Ich hörte ein schwaches Miauen und rief zu Mark hinüber. »Hast du das gehört? Das ist er!«

»Woher weißt du, daß es keine andere Katze ist?«

»Ich weiß, er ist es, ich weiß es einfach.«

In der Dunkelheit sah ich undeutlich, wie eine Katze zwei Türen weiter unter einem Haus hervorkam. Ich rief wieder seinen Namen, und Luke lief ohne Zögern in die Richtung, aus der meine Stimme kam. Unsere Hunde rannten zu ihm, um ihn zu begrüßen und ihren verlorenen Gefährten zu beschnüffeln. Ich ließ mich ins Gras fallen und begann zu schluchzen, erleichtert, daß ich eine zweite Chance bekommen hatte, ihm eine gute Mutter zu sein, und überwältigt von den Anweisungen, die ich durch meine Intuition erhalten hatte.

Luke war so verängstigt, daß er sich von uns nicht auf den Arm nehmen ließ. Wir riefen die Hunde und machten uns auf den Heimweg. Luke folgte uns Stück für Stück. Jedesmal wenn ein Auto vorbeifuhr, machte er einen Satz, um sich zu verstecken, kam jedoch innerhalb von Minuten wieder vor, um mit uns weiterzugehen. Es war ein langer Weg bis zu unserer Straße. Als wir nur noch fünf Häuser von unserem Garten entfernt waren, spurtete er plötzlich los. Wir liefen jubelnd und lachend hinter ihm her.

Mark sagte mir sofort, es tue ihm leid, daß er an meiner Intuition gezweifelt habe. Seitdem haben wir uns beide viel Zeit für unseren schönen Freund genommen. Ich streichele Luke jedesmal, wenn er vorbeigeht und spreche im Laufe des Tages oft mit ihm. Ich stelle fest, daß das überhaupt keine Zeit kostet; ich muß mich nur wieder neu konzentrieren. Nie lasse ich ihn vorbeigehen, ohne ihm zu sagen, wie sehr ich ihn liebe, oder einen Moment in seine geheimnisvollen gelben Augen zu sehen. Er genießt die Aufmerksamkeit und ist viel häuslicher geworden.

Diese Erfahrung hat dazu geführt, daß wir uns auch intensiver mit den Hunden beschäftigen, weil wir uns bewußt sind, daß wir sie nicht immer um uns haben werden. Wir schätzen jetzt alle Menschen und Dinge in unserem Leben viel tiefer. Nie wieder will ich die Liebe eines anderen Wesens für selbstverständlich halten.

Erdbeben sorgen auf tiefgründige Weise dafür, daß Menschen ihre Prioritäten überdenken. Vielleicht ist das der Grund, warum es sie gibt.

Linda Tisch Sivertsen

Ein Lichtstrahl

Es war ein besonders heißer und schwüler Abend. Der Regen, der im Laufe des Tages gefallen war, hatte für eine extrem hohe Luftfeuchtigkeit gesorgt, auch wenn er gleichzeitig die Temperatur gesenkt hatte. Ich habe mich immer gefragt, warum das Klima in Indien – besonders in Agra, wo mein Elternhaus steht – allzu oft höchst unangenehm ist. Abgesehen von der kurzen Winterzeit zwischen Dezember und Februar, wenn die Luft frisch und kühl ist, bleibt das Wetter extrem heiß und trocken.

Meine Eltern waren beide gestorben, und ich war nach Agra zurückgekehrt, um den Haushalt aufzulösen und das Anwesen für den Verkauf herzurichten. Obwohl es Gemeinschaftseigentum einer Hindu-Großfamilie war und auch meinen Vettern väterlicherseits ein Teil davon gehörte, hatten sie kein Interesse, sich an dieser Arbeit zu beteiligen. Obgleich sie in Indien lebten, war ihnen der Weg hierher einfach zu unbequem, und sie hatten das Haus seit über fünfzehn Jahren nicht mehr gesehen.

Da ich in den Vereinigten Staaten lebte, fand ich es entspannend, Zeit in einer Gegend zu verbringen, wo das Leben nicht so hektisch verläuft. Meine Vorfahren hatten das ursprüngliche Haus 1872 gebaut, und vier Generationen hatten darin gewohnt. Moderne sanitäre Einrichtungen gab es hier nicht. Außerdem war das Haus mehr als fünfzehn Jahre verschlossen gewesen, denn mein Großvater hatte dort zuletzt allein gelebt. Seine Kinder hatten anderswo Arbeit gefunden, und mit dem modernen Lebensstil war das System der Großfamilie einfach nicht mehr praktikabel gewesen. Ich bedauerte es, das Haus verkaufen zu müssen, aber es war dringend renovierungsbedürftig, und das wäre sehr teuer geworden.

Deshalb nahm ich die Mühe auf mich, alle fünfundzwanzig Räume gründlich zu reinigen. Ich war mit zwei Dienern gekommen, die einige Jahre für die Familie gearbeitet hatten.

Während die Diener und ich getrennt durch die Räume gingen und wir uns durch die Spinnweben arbeiteten, hörte ich plötzlich einen von ihnen rufen. Als ich zu ihm kam, erklärte er mir, er weigere sich, in eines der hinteren Zimmer zu gehen. »Ich glaube, dort gibt es Geister«, sagte er und wich noch weiter zurück.

»Welch ein Unsinn«, sagte ich. Doch er weigerte sich, hineinzugehen. »Ich gehe vor«, erbot ich mich, »und dann kommst du nach.« Der andere Diener, der ebenfalls herbeigekommen war, erklärte sich ebenfalls bereit, das Zimmer nach mir zu betreten.

Ich fühlte mich selbst ein wenig beklommen. Die Luft im Raum war dick von Staub. Von der Decke bis zum Boden hingen Spinnweben und schimmerten in einem Lichtstrahl, der durch das einzige Fenster fiel, welches sich oben in der

Nähe der Decke befand. Ich atmete tief durch und betrat das Zimmer. Es war ein unheimliches Gefühl, dort drinnen zu sein, und ich schloß meine Augen für eine Minute, um mich von ängstlichen Gedanken zu befreien.

Plötzlich fiel ein Lichtstrahl auf meinen Arm und warf ein seltsames Muster auf die entfernte Wand. Ich bahnte mir einen Weg durch Staub und Spinnweben zu der Stelle, auf die das Licht fiel. Ich erkannte, daß einige Ziegelsteine in der Wand vorstanden. Ich ergriff einen von ihnen und zog daran. Er kam heraus, und dahinter entdeckte ich eine Spalte, in der ein Tuch steckte.

Ich rief den Dienern zu, sie sollten draußen bleiben, und ich würde bald zu ihnen kommen. Ich fühlte einen starken Drang, das Tuch aus der Spalte zu holen. Ich zog und zerrte, und allmählich bewegte es sich.

Plötzlich fiel ein dicker Klumpen aus der Wand und landete mit einem dumpfen Geräusch auf dem Boden. Vorsichtig entfernte ich das Tuch – und starrte auf vier Goldbarren.

Ich wickelte sie schnell wieder ein, verließ den Raum und sagte den Dienern, wir würden diesen Bereich später säubern. »Da war ein Geist drin, der ihr einen Schrecken eingejagt hat«, murmelte einer von ihnen. Ich stimmte zu und erklärte ihnen, wir würden diesen Raum abschließen und den Rest des Hauses fertig putzen.

Später am Abend, als die Diener sich schlafen gelegt hatten, holte ich das Paket und betrachtete die Goldbarren. Sie waren in eine Urkunde eingerollt, die 1920 von der britischen Regierung ausgestellt worden war und besagte, das Gold sei die Bezahlung für Dienste, die der britischen Armee geleistet worden waren. Unsere Familie von Lederherstellern hatte die britische Armee mit Lederkleidung und Schuhen versorgt.

Als wir Kinder waren, hatte unser Großvater uns immer erzählt, es sei Gold im Haus versteckt. Jahrelang hatten wir das geglaubt – aber nach vielen vergeblichen Versuchen, das Gold zu finden, hatten wir aufgegeben und waren davon ausgegangen, daß er in seinen Geschichten nicht zwischen der Wirklichkeit und seinen abergläubischen Vorstellungen zu unterscheiden vermochte. Nun hatte ich das Gefühl, daß meine Vorfahren mich zu dem Schatz geführt hatten, damit ich das Haus erhielt und dafür sorgte, daß es im Familienbesitz blieb.

Das war vor fünf Jahren. Seitdem ist das Anwesen renoviert und zu einem Gästehaus für Touristen umgebaut worden. Da in Agra das Taj Mahal, eines der Weltwunder, steht, kommen häufig Besucher in die Gegend, und vielen von ihnen gefällt die Vorstellung, in einem Haus zu wohnen, das an vergangene Zeiten erinnert. Das Gebäude ist jetzt mit modernen sanitären Anlagen ausgestattet, doch es hat seinen alten Charme bewahrt und uns alle Renovierungskosten wieder eingebracht.

Es war in der Tat eine mystische Erfahrung, die Verbindung zu meinen Vorfahren zu spüren – indem sie mir eine wunderbare Lösung für ein Problem zeigten, das ich als entsetzlichen Konflikt empfunden hatte.

Jyoti Dar

Pflanze einen Samen

So ungern ich es zugebe, ich habe gelegentlich einen harten Schlag auf den Kopf gebraucht, um mein Leben zu ändern. Zu den härtesten, die ich nicht noch einmal erleben möchte, gehört ein Schlag, der ziemlich wörtlich zu nehmen war, ausgeteilt vom Fahrer eines Krankenwagens, der keinen Einsatz fuhr, aber die Spur wechselte ohne hinzusehen und mich mit meinem kleinen Sportwagen von der Straße drängte.

Ich hatte nach dem Unfall keinen einzigen gebrochenen Knochen. Aber irgend etwas war nicht in Ordnung, auf furchterregende Weise nicht in Ordnung. Die Ärzte diagnostizierten eine innere Gehirnverletzung. Für mich war es der Beginn einer harten Zeit.

Die Ärzte versicherten mir, daß mein Gehirn im Laufe der Zeit von selbst heilen würde. Das beste und im Grunde das einzige, was ich im Augenblick tun konnte, war kürzerzutreten. Und sie sorgten dafür, daß ich es tat, indem sie mir meinen Führerschein entzogen und darauf bestanden, daß ich auf jegliche Berufstätigkeit verzichtete. Die Sache endete damit, daß ich jahrelang zu Hause blieb.

Als der Unfall passierte, arbeitete ich im Bereich Marketing und Produktion. Das war eine interessante Aufgabe, die mich erfüllte, aber irgendwo in meinem Hinterkopf und ganz sicher in meinem Herzen war mir klar gewesen, daß das nicht mein Lebenszweck war. Worin er bestand, hatte ich noch nicht herausgefunden.

Während meine Ersparnisse nun stetig dahinschmolzen und ich nicht arbeiten konnte, erwachte ich immer noch jeden Morgen mit den besten Absichten, mein Leben irgendwie in den Griff zu bekommen. Aber endlose Monate lang war ich schon mittags so erschöpft, daß ich den Rest des Tages damit verbrachte, Löcher in die Luft zu starren – und mich immer öfter zu fragen, wie weit meine Leidensfähigkeit wohl noch reichen würde. Schließlich wachte ich eines Morgens auf und fühlte mich wieder wie früher.

Zu diesem Zeitpunkt hatte ich schon seit über zwei Jahren nicht mehr gearbeitet. Ich brauchte Arbeit ... aber es gab keinen Weg zurück: Die meisten Türen, die mir einmal weit offengestanden hatten, waren jetzt fest verschlossen. Ich sagte mir selbst, wenn ich mir je eine grundlegende berufliche Veränderung gewünscht hatte, dann sei jetzt die richtige Zeit dafür.

Aber was war mein Herzenswunsch?

Ich weiß nicht, wie oft ich mir diese Frage stellte. Dann erinnerte ich mich an eine Begebenheit vor etwa sieben Jahren.

Ich steckte mitten in einem berufsbedingten Umzug von New York nach Kalifornien und hatte auf dem Flug dorthin eine Zwischenlandung in Dallas. Während ich mich beeilte, um den Anschlußflug zu erreichen, rief mir ein Flughafenarbeiter zu: »Hallo, Schriftstellerin, Sie haben etwas verloren.«

Ich wußte sofort, daß er mich meinte. Aber warum hielt er mich für eine Schriftstellerin? Mein erster Gedanke war, daß ich einen Stift aus meiner Tasche verloren hatte, aber als ich nach unten blickte, sah ich meinen Schal auf dem Boden liegen. Verwundert hob ich ihn auf und ging zu dem Mann. »Warum glauben Sie, daß ich eine Schriftstellerin bin?«

Er antwortete voller Überzeugung: »Weil Sie das sind, junge Frau, weil Sie das sind.« Dann drehte er sich um und ging fort.

Im Laufe der Jahre hatte ich gelegentlich über diesen Wortwechsel nachgedacht. Nun erhielt er eine neue Bedeutung. Ich gestand mir selbst ein, daß ich mir mehr als alles andere wünschte, Schriftstellerin zu sein und soviel wie möglich von meiner Lebenserfahrung an andere weiterzugeben. Aber wie konnte ich mit so wenig finanziellen Reserven überhaupt daran denken, einen solchen Schritt zu wagen?

Glücklicherweise hatte ich ein Buch von John-Roger unter dem Titel *God is Your Partner* gelesen, in dem es um die Kraft und die Wunder ging, die daraus entstanden, daß man den Zehnten gab. Die Abgabe des Zehnten, so erklärte das Buch, bedeutete, daß man Gott zehn Prozent von allem materiellen Besitz zurückgab, als Ausdruck der Anerkennung, daß jeglicher Besitz aus einer einzigen Quelle stammt: Gott. Es war ein Akt, mit dem man Gott als Partner im Leben akzeptierte und ihm eine Gegenleistung anbot. Diese Vorstellung war mir nicht neu, aber was ich dann las, weckte meine Aufmerksamkeit.

Das Buch stellte die Idee des »Säens« als einen ähnlichen Weg zu finanziellem Wohlstand dar. Wenn man einen Garten anlegen will, dann pflanzt man Samen. Wenn man sich mehr Geld, eine gute Beziehung oder Erfolg in einem neuen Beruf wünscht, dann kann man auch dafür Samen pflanzen.

Ich war gefesselt. In dem Buch wurde auf Seminare hingewiesen, in denen man lernen konnte, diese alten biblischen Prinzipien in das eigene Leben zu integrieren. Eine Woche später hatte ich mich für ein solches Seminar angemeldet. Während ich daran teilnahm, beschloß ich, meinen ersten Samen für meinen neuen Beruf als Schriftstellerin zu pflanzen. Ich fragte den Seminarleiter, welcher Betrag als guter »Same« gelten dürfte. Das bleibe mir überlassen, erklärte er mir. Ich müsse die Antwort in meinem Inneren finden.

Eingedenk meiner geringen finanziellen Mittel schloß ich etwas besorgt die Augen und fragte mich innerlich, welcher Betrag wirken würde. Die Zahl 100 erschien vor meinen Augen. »Das würde ich schaffen«, dachte ich. Doch sofort hörte ich eine innere Stimme: »Wenn es schnell gehen soll, dann müßte es ein größerer Same sein.«

Nun hatte ich ein Problem. Jede Summe über einhundert

Dollar stellte ein erhebliches Risiko für mich dar. Außerdem, so überlegte ich, war die Existenz als frischgebackene Schriftstellerin finanziell nicht gerade vielversprechend. Selbst wenn ein Wunder geschah und ich etwas verkaufte, konnte es Monate oder sogar Jahre dauern, bis ich dafür Geld sah.

»Denk dran, Heide«, sprach die innere Stimme weiter, »es geht hier nicht darum, wie die Welt normalerweise funktioniert. Hier geht es darum, Geld zu deinem Partner zu machen. Bist du bereit, das mit dem nötigen Vertrauen zu tun?«

Erneut stellte ich mir die Frage, welche Summe ich als Samen benötigen würde, wenn dieser berufliche Neuanfang schnell zum Erfolg führen sollte. Nun erschien die Zahl 1000 vor meinem geistigen Auge – nicht unbedingt der Betrag, auf den ich gehofft hatte. Als das Seminar an diesem Abend endete, fühlte ich mich ziemlich aus dem Gleichgewicht gebracht. Wie konnte ich einen Scheck über tausend Dollar ausstellen, wenn ich nicht die geringste Ahnung hatte, wo meine nächsten Einnahmen herkommen sollten?

Ich versuchte, nicht mehr an den Betrag zu denken, doch im Laufe der nächsten Tage kam er mir immer wieder in den Sinn. Je mehr ich mich davor fürchtete, den Scheck auszustellen, desto ängstlicher fühlte ich mich bei dem Gedanken, überhaupt Schriftstellerin zu werden. Am dritten Tag hielt ich es nicht mehr aus und beschloß, den Sprung ins Ungewisse zu wagen: Ich schickte den Scheck ab. Damit hatte ich zumindest eine Entscheidung getroffen.

Von diesem Moment an begann ich nach Zeichen zu suchen, wie Gott sich als guter Partner zeigen würde. Nicht etwa, daß ich nun einfach herumsaß. Ich beschäftigte mich damit, ein Buchexposé zu schreiben, bei Agenten vorzusprechen und soviel wie möglich darüber zu lernen, wie man eine Schriftstellerin wird. Wenn ich Ideen für Bücher hatte, notierte ich sie. Ich begann, mich mit Leuten zu treffen, die etwas mit dem Verlagsgeschäft zu tun hatten. Ich flog sogar nach New York, um eine Buchmesse zu besuchen. Mit jedem neuen Tag fühlte ich mich mehr als Schriftstellerin.

Ich wußte, daß der Same wirkte. Meine Ängste wurden besänftigt, und das erlaubte mir, weitere Schritte zu unternehmen. Aber, um ehrlich zu sein, ich wartete immer noch auf ein Wunder. Ich wollte ganz sicher und ohne jeden Zweifel wissen, daß Gott mein neuer Partner war und seinen Teil der Vereinbarung einhielt. Im Hinterkopf wartete ich jeden Tag auf den Anruf: »Herzlichen Glückwunsch, wir sind von Ihrem Vorschlag begeistert. Hier ist ein Scheck über fünfzigtausend Dollar!«

Aber nichts dergleichen. Statt dessen erhielt ich eine Ablehnung nach der anderen. Dennoch glaubte ich fest daran, daß der Same wirkte. Ich wußte zwar nicht wie, wann und wo, aber Gott würde großartige Ergebnisse hervorbringen, und zwar bald.

Ein paar Monate nach meiner Reise nach New York rief mich ein Freund an, mit dem ich seit vier Jahren keinen Kontakt mehr gehabt hatte. Seine Stimme klang so, als sei er ebenso überrascht, daß er mich anrief, wie ich überrascht war, von ihm zu hören. Er war ein Autor, der für Magazine schrieb, und kürzlich war ein Verleger an ihn herangetreten und hatte ihm vorgeschlagen, ein Buch zu schreiben. Doch er hatte das Gefühl, daß er das nicht allein schaffen konnte – und aus irgendeinem Grund war er auf die Idee gekommen, ich könnte die perfekte Koautorin sein.

Verblüfft fragte ich ihn: »Woher hast du gewußt, daß ich schreiben will?« Und genau wie vor Jahren der Arbeiter auf dem Flughafen hatte er keine Erklärung dafür. Er wußte es einfach.

Ein paar Wochen später trafen wir uns und vereinbarten, das Buch gemeinsam zu schreiben. Doch sobald wir tatsächlich mit dem Projekt anfangen wollten, begann mein Partner, das Interesse zu verlieren. Bei dem Gedanken daran, wieviel Arbeit dieses Buch bedeuten würde, glaubte er keine andere Wahl zu haben, als aus dem Projekt auszusteigen.

Ich war ungeheuer enttäuscht und sollte nun den Verleger anrufen. Und genau in diesem Moment geschah das wirkliche Wunder. Indem ich all meinen Mut zusammennahm und darauf vertraute, daß Gott tatsächlich mein Parnter war, fragte ich bei dem Verlag, ob man vielleicht bereit sei, mich dieses Buch als Erstling allein schreiben zu lassen. Zum Glück hatte ich bereits mit der Arbeit daran begonnen. Sie baten mich, ihnen einige Probekapitel zu schicken.

Innerhalb weniger Wochen gab es einen neuen Vertrag mit mir als alleiniger Autorin. Jenes Buch unter dem Titel *It Works for Me: Celebrity Stories of Alternative Healing* (Heilungsgeschichten berühmter Persönlichkeiten) war meine erste Veröffentlichung.

Wenn heute irgend jemand rufen würde: »Hey, Schriftstellerin«, dann würde ich mich ohne Zögern umdrehen. Ich wüßte genau, daß ich gemeint wäre.

Und was das Pflanzen von Samen anbetrifft: Es wirkt bei mir immer noch.

Heide Banks

Bitte, und dir wird gegeben

Ich hatte immer Schauspielerin werden wollen, und Mutter war immer verbissen dagegen gewesen. Sie wünschte sich – bat mich darum –, ich solle Lehrerin werden. Ihr zuliebe wurde ich es: Ich legte mein Staatsexamen ab und begann, als Vertretung in den örtlichen High Schools zu arbeiten. Es gefiel mir zu unterrichten, obwohl ich es sehr aufreibend fand, für Disziplin sorgen und ständige politische Auseinandersetzungen führen zu müssen. Nachdem ich etwa zwei Jahre als Lehrerin gearbeitet hatte, starb meine Mutter.

Nicht lange danach bat mich ein befreundeter Regisseur, nach New York zurückzukommen, um Shakespeare im Central Park aufzuführen – und mich als professionelle Schauspielerin registrieren zu lassen. Ich machte einen Luftsprung. Als ich dann mit meinem Zehn-Gang-Fahrrad, einem Koffer und hundert Dollar in der Tasche im Flugzeug saß, hatte ich das Gefühl, ich hätte den Vertrag mit meiner Mutter erfüllt. Ich war frei, meine Träume zu verwirklichen.

Die Shakespeare-Aufführungen waren großartig. Im Anschluß daran bekam ich neue Engagements, spielte in Seifenopern und Bühnenstücken, es ging mir gut… aber ich hatte innerlich ein entsetzliches Gefühl der Leere.

Irgendwie hatte ich den Eindruck, ich sei nicht für diesen Beruf geschaffen. Ja, ich war meiner Mutter zuliebe Lehrerin geworden. Aber Schauspielerin war ich um meinetwillen geworden – und nun kam es mir so vor, als hätte ich die falsche Entscheidung getroffen. Ich hatte keine Ahnung, was ich tun oder wohin ich mich wenden sollte. Freunde und Familienmitglieder gaben mir viele gute Tips und Ratschläge, aber nichts half mir wirklich weiter. Ich beschloß, mich nach innen zu wenden, etwas, das ich noch nie zuvor getan hatte. Ich schrieb meine glücklichsten Momente auf. Ich meditierte. Ich sprach zu Gott: »Ich will wissen, was ich mit meinem Leben anfangen soll. Ich will wissen, wozu ich auf der Welt bin«, und ich betete um Antworten.

Innerhalb weniger Wochen empfing ich eine »Botschaft«. Es war wie eine blitzartige Einsicht, aber ich fühlte mich angesprochen: »Du bist keine Expertin, sondern eine Katalysatorin.« Ich wußte damit nichts anzufangen, also schrieb ich es auf und vergaß es. Ein paar Wochen später folgte eine weitere Botschaft: »Du sollst dich mit Wachstum beschäftigen.« Damit konnten Pflanzen gemeint sein, dachte ich mir, oder das Restaurieren von Möbeln oder das Einrichten von Häusern. Viel mehr fiel mir dazu jedoch nicht ein, und so schrieb ich den Satz ebenfalls auf. Zwei Wochen später war es wieder soweit. »Du hast eine besondere Gabe«, hieß es diesmal. »Du mußt mit Menschen arbeiten.«

Na gut, ich sollte also eine Katalysatorin sein, die mit Menschen an ihrem Wachstum und ihrer Entwicklung arbeitete. Ich wandte mich an Gott und sagte: »Das ist keine Arbeitsplatzbeschreibung! Was soll ich damit anfangen?«

Drei Wochen später rief mich ein Freund an und bat mich, ihn im Hinblick auf sein Geschäft, einen Abrechnungsdienst für Ärzte, zu beraten. Ein wenig überrascht erklärte ich ihm, daß ich von diesem Geschäft keine Ahnung hätte, und bedankte mich für den Anruf. Eine Woche später rief er wieder an. Ich sagte ihm, ich fühle mich geschmeichelt, sei jedoch sehr beschäftigt mit der Suche nach meiner Lebensaufgabe. Er ließ eine weitere Woche verstreichen und rief dann ein drittes Mal mit derselben Bitte an.

»Warum ich?« fragte ich, und er antwortete: »Weil ich dir vertraue.«

»Aber ich verstehe nichts von der Sache!«

»Das könnte gerade vorteilhaft sein.«

»Na gut«, sagte ich ihm, »wenn du mich dafür bezahlen willst, daß ich etwas tue, wovon ich nichts verstehe, dann meinetwegen.«

In der nächsten Woche verbrachte ich vier Tage damit, die Abläufe in seinem Büro zu beobachten. Ich hörte mir die Gespräche an, befragte die Leute und beobachtete, wie sie ihre Arbeit organisierten und durchführten. Am fünften Tag trafen wir uns beide außerhalb des Büros. Als er mich nach meinen Eindrücken fragte, antwortete ich: »Bevor ich dir sage, was ich beobachtet habe, möchte ich wirklich wissen, was du eigentlich willst.«

Er beschrieb mir daraufhin ein internationales Unternehmen, das er von jedem Hotelzimmer der Welt aus leiten konnte.

Dann erklärte er mir, er wolle einen kleinen Familienbetrieb haben, in dem die Leute ihre Ärmel aufkrempeln und sich ins Zeug legen könnten. Ich machte lediglich die Bemerkung, daß zwischen diesen Vorstellungen ein Widerspruch bestehe – und ihm ging ein Licht auf. Es war klar, daß er sich entscheiden mußte. Anschließend mußte er einen entsprechenden Aktionsplan entwickeln und durchführen. Als er ging, sah er aus, als habe er eine Offenbarung erlebt.

Als er weg war, saß ich allein da und dachte nach. Offensichtlich hatte ich genau das rechte Wort zur rechten Zeit gesagt. Und ich dachte: eine Katalysatorin, die mit Menschen im Bereich von Wachstum und Entwicklung arbeitet.

Ich habe das seitdem als Beraten, Unterrichten, sogar als Schreiben interpretiert – wobei ich immer versuche, das rechte Wort zur rechten Zeit zu finden. Die Botschaften sind ein wenig klarer geworden.

Ich blickte auf und bedankte mich. Ich hatte eine Frage gestellt – und sie wirklich ernst gemeint –, und ich hatte die Antwort bekommen, nach der ich verlangt hatte. Ich hatte meine Lebensaufgabe gefunden.

Chérie Carter-Scott

Der »Künstler« in uns allen

Ich war etwa vier Jahre alt, als ich zum ersten Mal fühlte, wie die Macht der Musik meine Seele anzog. Bis heute empfinde ich immer wieder große Ehrfurcht vor den unendlichen Kombinationen aus Worten, Melodien, Harmonien und Rhythmen, die das ausmachen, was wir Musik nennen. Aus all dem ensteht einfach ein Bündel von Frequenzen, die unser Trommelfell in Schwingung versetzen, aber wenn dies auf die richtige Weise geschieht, kann daraus etwas entstehen, was über alle Worte hinausgeht. Ich vergleiche es mit dem Geist, der musikalische Botschaften in unser Ohr flüstert.

Nun ist eine Karriere in der Musik nichts für Zartbesaitete. Sie erfordert grenzenlose Hingabe – und genau damit habe ich den besseren Teil meines Lebens als Reisender durch meinen eigenen kleinen Mikrokosmos von Bands und Musikern verbracht. Ich brauchte nicht lange, um mich selbst als Teil einer »geschlossenen Gesellschaft« zu sehen.

Eines Tages, als ich einen Club verließ, in dem ich gerade aufgetreten war, lief ein Mann auf mich zu, der offensichtlich obdachlos war, und bettelte darum, meine Autoscheiben säubern zu dürfen. Es war ein kalter Wintertag im Zentrum von Los Angeles, und obwohl es feucht und neblig war, fühlte ich mich verpflichtet, ihm seine Bitte zu erfüllen.

Während ich meine Aktentasche auf den Rücksitz legte, betrachtete ich diesen Mann genau. Mit einer Falte zwischen den Augenbrauen seines ansonsten jungen Gesichts zog er einen dreckigen Lappen hervor und begann mit einer undichten Sprühflasche in der Hand seine Arbeit. Ich habe nie irgend jemanden gesehen, der irgendwo etwas mit soviel Überzeugung gesäubert hätte. Er schrubbte diese Fenster, als hinge sein Leben davon ab. Seine absolute Hingabe verleitete mich dazu, ihm einen Zwanzigdollarschein zu geben, den er mit einem tiefen Seufzer und einer Flut von Tränen annahm. Ich fragte ihn nach seinem Namen.

»Timmy Young«, antwortete er zögernd.

»Und was ist Ihr eigentlicher Beruf?«

»Eigentlich tanze ich.«

»Was meinen Sie damit, Sie tanzen?«

Sein Gesicht hellte sich auf, und er verkündete stolz: »Ich habe am St. Louis Conservatory of Modern Dance studiert. Im Laufe der Jahre bin ich in den verschiedensten Shows aufgetreten.« Sein Gesicht verdüsterte sich. »Dann traf mich ein Schicksalsschlag, als meine Mutter starb. Ich kam nach L. A., um bei meiner Tante zu wohnen, aber es stellte sich heraus, daß sie kurz davor stand, ihr Haus zu verlieren. Ohne ein Zuhause fand ich mich auf der Straße wieder ... als Fensterputzer.«

Er erzählte diese Geschichte so ruhig und sanft, daß ich wußte, er sprach die Wahrheit. Spontan zog ich meine Weste aus und bot sie diesem gescheiterten und mir doch so ähnlichen Künstler an. Während sich seine Augen mit Tränen füllten, ergriff er sanft meine Hand. Nach einem warmen Händedruck – gefolgt von seiner wunderschönen

Doppelpirouette hier mitten auf der Straße, einer auf die Baryschnikow stolz gewesen wäre – verabschiedeten wir uns voneinander.

Als ich auf die Autobahn auffuhr, merkte ich, daß ich anfing zu weinen, und mir wurde klar, daß bei dieser Begegnung eigentlich Timmy mir etwas geschenkt hatte. Denn von diesem Tag an habe ich jedes menschliche Wesen in einem neuen Licht gesehen.

Ich weiß jetzt, daß wir alle Künstler sind, grenzenlos begabt. Ungeachtet unserer äußeren Erscheinung haben wir alle etwas sehr Magisches mitzuteilen und auszudrücken: den Künstler in uns allen.

Freddie Ravel

Sid, das Pferd

Eines Tages kaufte ein Paar ein Pferd, das sie Sid nannten. Sie hatten vor, das Pferd auszubilden und es wieder zu verkaufen, wenn es ein bestimmtes Alter erreicht hatte. Natürlich kam es ihnen nie in den Sinn zu fragen, was Sid von alledem hielt.

Ungefähr ein Jahr später hatte der Mann einen ungewöhnlichen Traum, in dem er eine überfüllte Bar betrat. Er sah einen freien Tisch, ging hinüber und setzte sich. Ein Mann kam zu ihm und stellte sich vor: »Hallo«, sagte er, »ich bin Sid, dein Pferd.«

Der Träumer dachte, das sei das Witzigste, das er je erlebt hatte. »Ich träume von meinem Pferd, und es sieht aus wie ein Mensch«, sagte er. »Das ist verrückt.«

Das einzige, was ihn in seinem Traum irritierte, war die

Tatsache, daß diesem Mann ein Zahn fehlte, dem Pferd jedoch nicht.

Der Träumer und sein Pferd kamen ins Gespräch. Sid sagte: »Du weißt, daß ich dich und deine Frau liebe. Ich möchte gerne bei euch bleiben. Ich habe vorher nie Menschen wie euch gehört, die zu Seelenreisen fähig sind und mich im Traum treffen, damit wir etwas besprechen können.«

»Sid«, fragte der Mann, »ich habe bemerkt, daß du auf einem deiner Hinterbeine hinkst. Ist etwas nicht in Ordnung?«

»Ich habe mit dem Fuß ein Problem«, sagte Sid. »Es ist nur eine Kleinigkeit, aber wenn du einen Hufschmied bitten würdest, mir den Huf etwas zu kürzen, könnte ich besser gehen.« Und sie redeten noch weiter miteinander. Als der Mann aufwachte und seiner Frau von dem Traum erzählte, lachten sie beide herzlich darüber. Sie fand die Geschichte mit dem fehlenden Zahn wirklich köstlich.

Später am Morgen gingen sie zum Stall hinüber und sahen eine Menschenmenge vor Sids Box. Voller Sorge um ihr Pferd rannten sie hin. An der Tür zur Box war ein wenig Blut zu sehen, aber Sid ging es anscheinend gut. Der Mann legte dem Pferd ein Halfter an und führte es nach draußen. »Falls Sie ihn reiten wollen, legen Sie ihm nur kein Gebiß an«, riet ihm einer der Pferdepfleger. »Irgendwie ist er mit dem Maul ans Türschloß gekommen, und dabei ist sein Zahn abgebrochen.«

Der Mann und die Frau sahen einander an. »Der fehlende Zahn in deinem Traum«, sagte sie. Ohne ein weiteres Wort beugten sie sich vor, um den Hinterhuf des Pferdes zu prüfen. So wie Sid im Traum gesagt hatte, mußte er gekürzt werden.

Sri Harold Klemp

Erkennen, ohne zu sehen

Für meine Workshops, in denen die Menschen mehr Selbstvertrauen gewinnen sollen, benutze ich ein Video-Studio. Wir begannen am Samstagmorgen um neun Uhr und arbeiteten bis nachmittag um fünf. Eine meiner Gruppen bestand aus acht Frauen und vier Männern. Alle sahen aus wie normale Workshop-Teilnehmer, bis auf einen großen, bärtigen Mann, der in gebeugter Haltung mit einem Blindenstock hereinkam. Die elf anderen Teilnehmer verschwanden in den Hintergrund. Eine Stimme in meinem Kopf schrie: »Mein Gott, das ist ein Video-Workshop, und dieser Mann ist blind!«

Ich bat alle Anwesenden, sich in einer ersten Video-Übung vor der Kamera vorzustellen. Dabei erfuhr ich, daß der Mann mit dem Stock aus Santa Cruz kam. Sein Name war Tom. Ich schätzte sein Alter auf ungefähr dreißig. »Ich habe in meiner Braille-Zeitung über diese Veranstaltung gelesen. Irgend etwas sagte mir, ich solle herkommen. Also nahm ich den Bus und kam«, erklärte er. Tom lächelte nicht. In seinem Ausdruck lag eindeutig eine gewisse Schärfe.

»Perfekt«, dachte ich. »Ein Blinder, der zornig ist!«

Nachdem sich alle vorgestellt hatten, sahen wir uns die Aufnahmen an, um festzustellen, wie jeder und jede einzelne sich selbst auf dem Bildschirm empfand. Fast alle reagierten mit starker Selbstkritik.

Leute, die zurückhaltend und verklemmt waren, erkannten das. Leute, die dominierend waren, wußten es. Unsicherheit war offensichtlich. Als Tom an der Reihe war, begann ich still zu beten, in der Hoffnung, daß es eine Möglichkeit gab, diesem Mann zu helfen.

Wir ließen das Band laufen, und ich deckte das Bild auf dem Monitor ab. Wir horchten nur auf seine Stimme und verließen uns ganz auf die Schwingungsbotschaften, die gewöhnlich nur ein blinder Mensch »sehen« kann. Leute, die sehen können, so erkannte ich, werden durch zu viele optische Reize vom Klang der Stimme abgelenkt.

Toms »Mauer« war unverkennbar.

»Irgendwie klinge ich gemein«, stellte er fest.

»Gemein, Tom?«

»Ja, gemein.«

»Du hast eine gewisse Schärfe in der Stimme. Für mich klingst du zornig.«

Einen Moment herrschte Schweigen. »Ich bin zornig, weil ich blind bin, weil ich nicht sehen kann.«

»Das verstehe ich. Seit wann bist du blind?«

»Seit ein paar Monaten.«

»Was ist passiert?«

»Ein Autounfall; ich war auf der Stelle blind.«

»Du hast jedes Recht, zornig zu sein. Du hast eine Menge zu verkraften. Bekommst du in Santa Cruz irgendwelche Hilfe?«

»Ich habe einen Therapeuten, und ich bin in einer Selbsthilfegruppe«, antwortete er.

Dann sagte ich etwas, das einfach aus mir herausbrach: »Tom, du bist blind, aber laß dir auf keinen Fall einreden, daß du nicht sehen kannst.«

»Soll das ein Witz sein?« fuhr er mich an. »Ich bin hundert Prozent sehbehindert.«

Der Zorn war voll da. Wir konnten ihn mit den Händen greifen. Aber dieser Zorn würde sein Problem nicht lösen, deshalb schlug ich einen mitfühlenden Ton an. »Es ist so schwer, Wut und Traurigkeit zu überwinden. Man fühlt sich so schlecht und glaubt, es geht nicht mehr weiter. Dir tut alles weh. Ich kann deine Schmerzen fühlen.«

Ich schlug der Gruppe vor: »Laßt uns jetzt eine Übung machen. Zieht euch paarweise in eine stille Ecke zurück und arbeitet miteinander an diesem Thema.«

Sie zogen sich zurück und begannen miteinander daran zu arbeiten, wo jeder einzelne am stärksten das Gefühl hatte, nicht weiterzukommen. Konnten sie einen Ausweg finden? Wie würde ihr Leben aussehen, wenn es ihnen gelänge, ihre Blockaden zu überwinden? Es war mitten am Nachmittag. Die Leute waren dabei loszulassen. Sie arbeiteten an sich selbst. Der Raum war voller Leben.

Ich arbeitete mit Tom. Ich war mir nun sicher, daß ich seine Probleme verstand. »Okay, Tom, du kannst nicht sehen, weil du meinst, daß man nur mit den Augen sehen kann, richtig?«

»Richtig«, sagte er.

»Für mich ist das ganz anders, Tom. Im Grunde finde ich meine Augen beim Sehen gar nicht so effektiv. Die Leute können ihre Gesichter maskieren. Aber im Klang der Stimme schwingen Gefühle und Bedeutungen. Es ist viel schwieriger, die Stimme zu verstellen. Lügendetektoren reagieren auf die Stimme, nicht auf das Gesicht. Wenn Leute reden, schließe ich oft die Augen, um die Person vollständig wahrzunehmen. Ich versuche sie im Grunde zu spüren. Ich glaube nicht einen Moment, daß die Leute das sind, was sie sagen oder wie sie aussehen. Wir haben viel tiefere Schichten in uns. An diesem Punkt bist du jetzt, Tom. Deine Blindheit hat dich durch die Oberfläche des Lebens hindurch zum eigentlichen Kern der Dinge vordringen lassen.«

Ein Schimmer des Erkennens zeigte sich in seinem Gesicht. »Die Dinge scheinen jetzt einfacher«, sagte er.

»Tu mir einen Gefallen. Wenn wir jetzt zur nächsten Vorstellung von Susan kommen, dann versuche, sie zu ›sehen‹.«

Ich stellte das Videogerät wieder an. »Sie ist Mitte Zwanzig, attraktiv, nicht zu groß. Sie gibt sich jünger und unsicherer als nötig«, sagte Tom.

Den anderen blieb der Mund offen stehen. Zwei Frauen begannen zu weinen. Applaus erklang. Er hatte den Nagel auf den Kopf getroffen; er kannte Susan.

Als nächstes bat ich ihn, Dan zu »sehen«. Er beschrieb ihn bis aufs I-Tüpfelchen: mittleres Alter, ein bißchen übergewichtig, hart gegen sich selbst. Tom sagte Dan, er müsse sich mehr entspannen und das Leben leichter nehmen.

Irgend jemand fragte ihn, wie er das erkennen konnte.

»Ich weiß nicht. Sie sind einfach da. Irgendwie sehe ich sie wohl.« Den meisten Leuten ist klar, daß man Intuition nicht rational erklären kann, sondern daß sie uns allen als eine Art sechster Sinn zur Verfügung steht. Meine Vermutung war richtig gewesen. Toms Intuition war hoch entwickelt. Die eigentliche Schwierigkeit bestand darin, ihm bei der Überwindung seines Zorns zu helfen. Seine Haltung war nun nicht mehr gebeugt, sondern er stand aufrecht. Er schien die Blindheit als Teil seines Lebens zu akzeptieren. Wir führten unsere Arbeit mit den anderen Teilnehmern zu Ende. Am Schluß fragte ich Tom, ob es irgend etwas Gutes am Blindsein gebe. Er antwortete:

»Ich stelle mir gerne vor, daß sich mein Stock in den Röcken von Frauen verfängt und sie hochhebt. Das macht Spaß. Ich bin ziemlich intuitiv in bezug auf das, was sie darunter haben.«

Christen Brown

Das kleine Buch, das es schaffte

Während andere kleine Mädchen mit ihren Puppen »Tee trinken« spielten, hielt ich meine im Arm und fragte mich, was ihre Lebensaufgabe war, wo sie herkam und wer sie wirklich war. Solange ich denken kann, hatte ich das tiefe Bedürfnis, die Mysterien von Leben und Tod zu verstehen, zu wissen, wer wir sind, wohin wir gehen – und, vor allem, wer und was Gott wirklich ist, und wie man ihm näherkommen kann. Dies und eine leidenschaftliche Liebe zum Schreiben waren die beständigen Faktoren meines Lebens, verbunden mit dem Wissen, daß es einen Grund gab, warum ich auf der Welt war, aber ich konnte mich einfach nicht erinnern, worin er bestand.

Meine Suche führte mich rund um die Welt, von Ashrams in Indien zu heißen Quellen in Kalifornien, immer in dem Bewußtsein, daß Gott mein Führer war, und daß ich letztlich darum betete, ihn zu verstehen. Auf meinem Weg erlebte ich viele Wunder, welche die religiösen Vorstellungen, mit denen ich aufgewachsen war, in Frage stellten: Heilige, die über erstaunliche Fähigkeiten verfügten; Menschen, die Dinge über mich wußten, die sie unmöglich wissen konnten, heilige Wesen, die mir im Halbschlaf erschienen und mir Anweisungen gaben.

1995 war ich alleinerziehende Mutter eines entzückenden Vierjährigen, den ich Elijah genannt hatte. Am Morgen des 11. November wachte ich um sechs Uhr auf, während Elijah noch schlief, und sah und hörte zugleich die Worte *God Made Easy* (»Gott leichtgemacht«). Mein erster Gedanke war: »Welch ein großartiger Titel für ein Buch. Wenn ich ein Buch unter dem Titel *God Made Easy* schreiben sollte, was würde ich darin sagen?« Mir kamen einige Ideen, und ich dachte: »Na ja, vielleicht werde ich eines Tages so ein kleines Buch schreiben.« Ich drehte mich um und versuchte weiterzuschlafen. Es ging nicht. Eine innere Stimme brüllte mich praktisch an: »Steh auf und schreib es!« Das war nicht gerade das, worauf ich Lust hatte. Als berufstätige Mutter war mir mein Schlaf wichtig, und ich wußte, daß ich noch etwa anderthalb Stunden hatte, bis mein Sohn aufwachen würde. Dennoch folgte ich zögernd dem Befehl.

Was dann passierte, war eine höchst außergewöhnliche Erfahrung. Die Worte strömten schneller aus mir heraus, als ich sie aufschreiben konnte. Es war, als würden sie mir aus meinem tiefsten Inneren diktiert: Kein Nachdenken, keine Pausen, kein Umschreiben. Nach nur einer Stunde war ich fertig.

Während ich auf meinem Bett saß und mich fragte, was um Gottes willen gerade passiert war, und las, was ich geschrieben hatte, bekam ich eine Gänsehaut an Stellen, von denen ich nicht geahnt hatte, daß man dort eine Gänsehaut bekommen kann. Entweder war ich jetzt meinen eigenen Wahnvorstellungen zum Opfer gefallen, oder ich hatte gerade einen Weltbestseller über Gott geschrieben.

Es war jetzt sieben Uhr und zu früh, um irgendwelche Freunde anzurufen und den Realitätstest zu machen. Mein Sohn schlief noch friedlich. Die Stimme sprach erneut: »Dies soll ein Buch sein, und es ist deine Aufgabe, dafür zu sorgen, daß es veröffentlicht wird.«

Dreieinhalb Wochen später saß ich in einem Restaurant in Venice Beach und unterschrieb meinen ersten Autorenvertrag bei De Vorss, einem mittelständischen Verlag in Marina Del Rey, Kalifornien. Zu sagen, daß ich mich »in Hochstimmung« befand, wäre stark untertrieben gewesen, aber die Geschichte wird noch erstaunlicher.

Nachdem ich meinen »Auftrag« erfüllt hatte, dachte ich mir, wenn ich nun schon so weit gegangen war, dann sollte ich bestimmt auch noch dafür sorgen, daß das Buch verkauft wurde. Ich besorgte mir ein Exemplar von *1001 Ways to Market Your Book*. Der erste Tip lautete, man solle versuchen, für die Rückseite des Einbands begeisterte Kritiken von Autorenkollegen (Mann, klang das toll: Autorenkollegen!) aus demselben Genre zu bekommen. Also schickte ich dieses kleine (64 Seiten) unbekannte Buch an die berühmtesten Protagonisten der spirituellen/New-Age-Kreise. Die Ergebnisse waren erstaunlich. Die Referenzen kamen aus allen Teilen des Landes. Leute, die ich immer bewundert hatte – Bernie Siegel, Gerald Jampolsky, Larry Dossey, Barbara De Angelis, Dannion Brinkley – liebten mein Buch!

Ich hatte auch ein Exemplar an die Bestseller-Autorin Marianne Williamson geschickt. Als der Umschlag mit dem Vermerk »falsche Adresse« zurückkam, wollte ich schon fast aufgeben. Schließlich hatte ich mehr Referenzen, als ich mir je erträumt hätte, aber irgend etwas bewog mich, weiterzumachen. Und das tat ich, indem ich ihren Assistenten (der mir sagte, Marianne schreibe überhaupt keine Referenzen mehr) überredete, mir Mariannes New Yorker Adresse zu geben. Ich schickte das Buch ab und vergaß die ganze Sache dann vollständig (wie gesagt, ich rechnete mir kaum eine Chance aus).

In der Zwischenzeit hatte ich gebetet, das Buch möge irgendwie in die Hände von jemandem gelangen, der es wirklich auf breiter Front in die Welt hinausbringen konnte. Ich begriff allmählich, daß ich zwar einen Vertrag über die Veröffentlichung hatte, das Buch jedoch nie die Chancen haben würde, die ihm ein größerer Verlag ermöglichen konnte.

Ich war an meinem Arbeitsplatz, als man mir sagte, da sei ein Anruf für mich. Es war der Agent von Marianne Williamson, einer der besten in New York. Er sagte mir, er habe noch nie auf einen Schriftsteller Jagd gemacht, aber ihm sei etwas Seltsames passiert. Während Marianne eine Gruppe von Leuten auf einer spirituellen Tour durch Ägypten führte, sei er zu ihrem Appartement in Manhattan gegangen, um ihre Post zu holen. Er sagte, *God Made Easy* »sprang mir in die Hände und rief: lies mich, lies mich, lies mich.« Nie werde ich seine nächsten Worte vergessen: »Schätzchen, ich denke, dieses Buch wird ein Bestseller sein, und ich möchte eine große Rolle in Ihrem Leben spielen!«

Die nächsten Wochen waren für mich eine Achterbahn der Gefühle: Furcht, Ängstlichkeit, Unglauben, Einsamkeit, Erregung, Hoffnung, Verlangen... nennen Sie ein Gefühl, ich empfand es. Eines Nachts war ich sehr deprimiert. Al, jetzt auch mein Agent, hatte mich nach seinen unglaublichen Versprechungen seit zwei Wochen nicht mehr angerufen. Das schien wie eine Ewigkeit, und ich hatte mir inzwischen eingeredet, das Universum treibe wieder einmal seinen Spaß mit mir, und alles sei nur ein weiteres Beispiel dafür, daß Gott mich im Stich lasse. Ich tat mir selbst unendlich leid, als ich ins Badezimmer ging, und, siehe da, dort strahlte mir ein golden-weißes Kreuz entgegen, das im Mondlicht glänzte. Ich konnte es beinahe singen hören: »Oh, du Kleingläubige!«

Ungläubig starrte ich es an. Wie konnte das sein? Wie konnte ein nettes jüdisches Mädchen, das auf einem Wohnwagengelände in Pacific Palisades lebte, eine göttliche Botschaft empfangen. Ich weinte vor Ehrfurcht, ich weinte vor

Demut. Ich weinte über das Leuchten – und ich weinte, weil ich mich so geliebt fühlte.

Am nächsten Tag rief Al an. Er wollte mein Buch auf einer Auktion den führenden New Yorker Verlagen anbieten. Einige Tage später ein weiterer Anruf: Warner hatte *God Made Easy* gekauft. Meine Gebete waren erhört worden.

Was dann kam, war ein einziges Wunder. Das Kreuz glänzt immer noch bei Tag in der Sonne und bei Nacht im Mondschein. Es hat weitere unglaubliche Zufälle und Gnadenbeweise gegeben, einen nach dem anderen. Die Türen haben sich weiterhin geöffnet und mein kleines Buch in die Welt hinausgeleitet.

Wenigstens einmal in meinem Leben habe ich Gottes Ruf gehört und beachtet. Er erwies mir die große Ehre, seine Botschaft an Menschen aller Glaubensrichtungen zu überbringen. Auch wenn ich sonst nichts mehr in diesem Leben tun sollte, ich fühle mich vollständig: Ich habe ein Kind in diese Welt gebracht, das Gott liebt, und ich habe ein Buch in diese Welt gebracht, das von seinen Wundern erzählt.

Patrice Karst

Glaubensprobe

Ich stand vor der Studiotür, umklammerte meine geliehene Violine und murmelte ein stilles Gebet für Mut und Erfolg. Von drinnen konnte ich David hören, einen der besten Violine-Studenten der Indiana University: Er spielte sicher, temperamentvoll und tadellos. Einen Augenblick lang wäre ich gerne um die nächste Ecke verschwunden und hätte diese ganze Probe einfach vergessen.

Doch von der Teilnahme an diesem Musikfestival hatte ich seit meinem ersten Studienjahr geträumt. Freunde, die schon dabeigewesen waren, hatten mir davon erzählt, daß man in einem Schloß in Deutschland wohnte, täglich Feinschmekker-Menues serviert bekam, in ausgezeichneten Orchestern junger Musiker aus aller Welt spielte und in den großen Konzertsälen Europas unter den weltbesten Dirigenten wie Leonard Bernstein und Sir Georg Solti auftrat. Ich konnte schon hören, wie das Publikum nach Zugaben rief ...

Die Studiotür öffnete sich, und ein kleiner deutscher Mann mit einer Hakennase rief meinen Namen. Ich schwebte hinein. Mit einem starken Akzent stellte er sich als Konzertmeister des Hamburger Symphonieorchesters vor. Da ich merkte, daß er mit der englischen Sprache seine Schwierigkeiten hatte, antwortete ich auf deutsch, das ich seit meinem achten Lebensjahr beherrschte. Er war überrascht und wurde plötzlich sehr viel freundlicher. Ich weiß nicht, ob es an der Kraft meines Mozart-Konzertes lag oder an meinem Deutsch, aber er ersparte mir die übliche Wartezeit nach meinem Vorspiel und informierte mich sofort, daß ich für das Festival angenommen war.

Ich hätte am liebsten getanzt, geschrien und den Mann umarmt – aber ich riß mich zusammen. Ich dankte ihm freundlich und ging sehr beherrscht zur Tür. Sobald ich sie hinter mir geschlossen hatte, stürzte ich zum nächsten Münztelefon und schrie meiner Mutter die gute Nachricht ins Ohr.

Doch als ich den Hörer eingehängt hatte und zu meinem Schließfach ging, kam mir eine ernüchternde Vorstellung in den Sinn: Ich dachte sehr klar und eindeutig, daß ich an dem Festival in diesem Sommer nicht teilnehmen sollte und nicht teilnehmen würde.

Ich verdrängte den Gedanken. Aber da ich solche Eingebungen schon vorher gehabt hatte, wußte ich, daß ich ihn nicht ignorieren sollte. Andererseits konnte ich ihn nicht ertragen, schließlich hatte ich mich drei Jahre lang auf diesen Augenblick vorbereitet. Wenn Gott nicht wollte, daß ich an dem Festival teilnahm, warum hatte er mich dann beim Vorspielen allen Schwierigkeiten zum Trotz gewinnen lassen?

Während der nächsten drei Monate ließ ich meine Muskeln vor Gott spielen und versuchte, eine Situation zu schaffen, die er in seiner grenzenlosen Güte unmöglich zerstören konnte. Ich schrieb Briefe an Freunde von nah und fern und auch an meine liebe alte Tante Sarah in London, der ich berichtete, ich würde mit Leonard Bernstein in der Royal Albert Hall auftreten. Der Ablauf stand fest, und die Erwartungen meiner Freunde in der ganzen Welt waren hoch: Ganz gewiß konnte Gott nicht so viele gute Menschen enttäuschen.

Aber wenn ich in stillen Momenten darüber nachdachte, was ich einpacken sollte, oder mich Tagträumen über meinen bevorstehenden Aufenthalt in einem deutschen Schloß hingab ... dann kehrte dieser ernüchternde Gedanke zurück. Er warf seinen Schatten über meine Pläne und forderte meinen Willen – und meinen Glauben – heraus.

Der Vertrag kam im Mai, und ich sollte ihn sofort unterschrieben zurückschicken. Ich schlug die letzte Seite auf, und während mein Stift buchstäblich über der gepunkteten Linie schwebte, brach mein innerer Konflikt so aus, daß ich es nicht fertigbrachte, meinen Namen auf das Papier zu setzen.

Ich brauchte ein Zeichen. Also machte ich Gott folgenden

Vorschlag: Ich war bereit, ein »nein« zu akzeptieren, aber ich wollte es mit meinen eigenen Ohren hören. Schluß mit diesen vagen Gefühlen. Ich erklärte Mr. French, den Leiter des Instrumentenverleihs an der Musikschule, zum Sprachrohr Gottes. Damals spielte ich auf einer Violine, die der Schule gehörte, und ich brauchte die Einwilligung von Mr. French, um sie mit ins Ausland zu nehmen.

Am nächsten Tag klopfte ich an seine Tür. Bereit, die Entscheidung zu akzeptieren, trug ich mein Anliegen vor ... und Gott sagte »nein«. Enttäuscht, aber erleichtert, ging ich nach Hause. Ich hatte nun einen guten Grund für meine Absage. Und so schickte ich wieder meine Briefe ab, an die Festivalveranstalter, an Tante Sarah, an alle meine Freunde: »Kann nicht teilnehmen. Keine Violine.«

Ich fuhr in diesem Sommer nach Hause in der Überzeugung, daß er, der mir etwas genommen hatte, meinen Verlust auch ausgleichen würde. Juni und Juli vergingen, ohne daß etwas geschah. Im August kehrte ich für die Sommerkurse nach Indiana zurück und erkrankte gleichzeitig an Lungenentzündung und Tuberkulose.

Während ich im Bett lag und die Risse an der Decke betrachtete, hatte ich das Gefühl, mich zum Narren gemacht zu haben, weil ich dem gefolgt war, was ich jetzt als »Stimme des Zweifels« bezeichnete. Ich hätte an dem Festival teilnehmen sollen – und ich hätte daran teilnehmen können! Nach meiner Absage hatten die Veranstalter und Freunde aus aller Welt angeboten, mir für den Sommer eine Violine zu leihen. Aber ich hatte an meinem Entschluß festgehalten – und nun lag ich hier, und es ging mir miserabel.

Im September begann das neue Semster. Einige Studenten, die am Festival teilgenommen hatten, erzählten Geschichten über ihre Erlebnisse. Ich konnte es nicht ertragen, ihnen zuzuhören. Doch schon bald hatte der studentische Alltag wieder begonnen, und alle Gedanken an das Festival wurden von Prüfungen, Semesterarbeiten und einem kodeinhaltigen Hustensirup verdrängt. Mein Zustand verschlechterte sich.

Es war Mitte Oktober, als der Brief kam. Ich war mittlerweile vollständig ans Bett gefesselt. Als Absender hatte Tante Sarah ihren Namen angegeben, aber als ich den Brief öffnete, wußte ich, daß er von Gott kam. »Es tut mir leid, daß du keine eigene Violine hast«, las ich, »und es tut mir leid, daß du nicht am Festival teilnehmen konntest. Beigefügt ist ein Scheck ...« Ich schaute in den Umschlag und zog einen Scheck über 20 000 Dollar heraus! Wie ich meine kostbare Vuillaume-Violine aus dem Jahre 1860 (Wert 40 000 Dollar) für genau den Betrag bekam, über den der Scheck ausgestellt war, ist ein ganz eigenes Wunder. Aber in dem Moment, wo ich den mit Samt ausgeschlagenen Geigenkasten öffnete, wußte ich, daß diese Violine mir gehören würde.

Was das Festival angeht, so nahmen meine Vuillaume und ich im folgenden Jahr daran teil. Als ich mein Privatgemach im Schloßturm bezog, packte ich meine Vuillaume aus, legte sie auf die frisch gestärkte Kissenhülle meines Federbettes und machte das erste Foto dieses denkwürdigsten Sommers in meinem Leben.

Shahin Kowarski

Eine lebendige Erinnerung

Ich war neunzehn, als ich zum ersten Mal ihren Namen hörte. Es war im Frühjahr 1971 an der University of Georgia. Mitten während der Übersetzung von Franz Kafkas Erzählung »Metamorphose« unterbrach der deutsche Literatur-Professor das Seminar.

»Fräulein Diamant, sind Sie mit Dora Diamant verwandt?«

Mein Nachname ist ungewöhnlich, und bis zu diesem Zeitpunkt hatte ich außerhalb der Familie niemanden getroffen, der denselben Namen trug.

»Das ist möglich«, antwortete ich hoffnungsvoll. »Wer ist sie?«

»Dora Diamant war Franz Kafkas letzte Geliebte«, erklärte der Professor. Kafka, so hatten wir bereits gelernt, war einer der wichtigsten und am stärksten mißverstandenen Dichter des zwanzigsten Jahrhunderts. »Dora und Kafka haben sich sehr geliebt«, fuhr Dr. Frederick fort. »Zum ersten Mal in seinem kurzen Leben war Kafka wirklich glücklich. Aber er litt an Tuberkulose und starb in Doras Armen.«

Dr. Frederick genoß die seltene Situation, daß alle Studenten ihm aufmerksam lauschten. »Und …« er machte eine Pause, griff nach dem Pult und beugte sich mit einem seltsamen Lächeln nach vorn »und sie hat sein Werk verbrannt!«

Nach dem Seminar lief ich in die Bibliothek. In Kafkas Biographien fand ich mehrere Hinweise auf Dora. Dora war eine Chassidim und Zionistin, die davon träumte, nach Palästina auszuwandern. Sie war noch jung, als sie 1923 Kafka an den Ufern des Baltischen Meeres kennenlernte: gerade neunzehn – so alt wie ich damals, und das erhöhte noch den

Reiz des Gedankens, ich könnte mit ihr verwandt sein. Es wurde allseits berichtet, Dora sei eine außergewöhnliche Frau gewesen, intelligent und voller Leidenschaft.

Wenn man Fragen stellt, muß man bereit sein, die Antworten zur Kenntnis zu nehmen. Die Familie meines Vaters war jüdisch und vor langer Zeit von irgendwo aus Europa in die Vereinigten Staaten gekommen.

Als ich meinen Vater anrief, um ihn zu fragen, ob wir mit Dora verwandt sein könnten, erfuhr ich entsetzt von den Briefen, die meine Großeltern Ende der dreißiger Jahre von Leuten namens Diamant bekommen hatten, die sie baten, ihnen bei der Flucht aus Europa zu helfen. Die Briefe waren nie beantwortet worden.

»Warum nicht?« wollte ich wissen.

»Wir waren nicht sicher, wer diese Leute wirklich waren, wie sie an unsere Adresse gekommen waren, und was sie eigentlich wollten«, erklärte Dad. »Wir konnten uns darauf nicht einlassen.«

Zum ersten Mal sprach mein Vater mit mir über den Antisemitismus, den er erlebt hatte, als er in New York aufwuchs, von den Schulen, Hotels und Clubs, in denen Juden »nicht zugelassen« waren. Ich gab die Bücher in der Bibliothek zurück und vergaß die Frage, ob ich mit Dora Diamant verwandt war.

An dieser Stelle hätte die Geschichte zu Ende sein können. Doch Dora weigerte sich, in Vergessenheit zu geraten. Während der nächsten dreizehn Jahre unterwanderte sie mein Leben. »Was würde Dora tun?« fragte ich mich, wenn ich vor einem Problem stand. »Wenn ich je eine Tochter habe, werde ich sie Dora nennen«, kündigte ich an. Bei meiner Heirat behielt ich den Namen Diamant, so wie Dora es getan hatte, als sie einige Jahre nach Kafkas Tod heiratete.

1984 änderte sich alles, als ich mich einer Gruppe von Leuten anschloß, die unter dem Motto »Lebe deinen Traum« Tagebuch schrieben. Eine elegante, silberhaarige Großmutter, Joyce Chapman, gründete die erste Gruppe von zwölf Frauen. Zunächst wollten wir durch Tagebuchschreiben unsere Lebensträume entdecken, um sie dann zu verwirklichen. Dabei kam es natürlich darauf an, zu wissen, was wir wollten.

Ich war zweiunddreißig Jahre alt und hatte das, was ich für den besten Job in der Stadt hielt. Als Co-Moderatorin einer populären morgendlichen Fernseh-Talkshow in San Diego, Kalifornien, stand ich im Rampenlicht. Jeden Tag traf ich faszinierende Leute aus dem Showgeschäft, Filmstars, Bestseller-Autoren, Sportidole und führende Politiker.

Aber durch mein Tagebuch und andere Schreibübungen erkannte ich, daß mein Leben eher auf Äußerlichkeiten als auf echter Substanz basierte, und daß meine vor fünf Jahren geschlossene Ehe gescheitert war. Nachdem ich sechs Wochen lang mein Tagebuch geführt hatte, war mein neuer Traum ein Leben mit mehr Magie und mehr Bedeutung. Was ich damit meinte, war mir jedoch noch nicht völlig klar.

Innerhalb eines Monats war Dora wieder da und ließ mich nicht mehr los. Seltsame, unerklärliche Zufälle geschahen, an denen sie Anteil hatte, und die wie Fingerzeige waren, die mich tiefer in das Mysterium unserer Verbindung führten. Wohin ich mich auch wandte, alles schien auf Dora zu deuten.

Während die Gedanken an sie mir nicht mehr aus dem Kopf gingen, stellte ich mir immer mehr Fragen über sie. Was geschah mit ihr nach Kafkas Tod? Warum verbrannte sie seine Werke? Hatte sie den Holocaust überlebt? Warum war ich so besessen von ihr?

Innerhalb eines Jahres fand ich mich in Prag wieder, an Kafkas Grab. Ich schien seine Beerdigung wiederzuerleben und wurde Zeugin von Doras untröstlicher Trauer. Eine weitere Serie von Zufällen führte mich in das kleine Zimmer des Sanatoriums außerhalb von Wien, wo Kafka 1924 starb. Ich reiste weiter zur hebräischen Universität von Jerusalem, um die Diamant-Sammlung zu besichtigen, eine Genealogie von über dreihundert verschiedenen Diamant-Familien. Fünf Jahre später spürte ich in London schließlich Marianna Steiner auf, Kafkas Nichte und älteste lebende Verwandte. Marianna war an Doras Seite, als sie starb. Sie sagte mir, Doras letzten Worte seien »Tu, was du kannst« gewesen.

Doch alle Antworten führten nur wieder zu neuen Fragen. Obwohl Kafka selbst Dora gebeten hatte, nach seinem Tod alle Arbeiten, die sie von ihm besaß, zu verbrennen – ein Detail, das mein Professor ausgelassen hatte – tat sie es nicht. Sie hob alles auf, verhinderte jedoch die Veröffentlichung. Warum? War das ihre Art, ihm seinen Wunsch zu erfüllen?

Inzwischen hatte ich 1988 begonnen, Zeitungsartikel zu schreiben, die auf meinen Interviews mit Berühmtheiten basierten. Zwei Jahre später wurde ich freie Schriftstellerin – um Doras Geschichte zu erzählen. Seitdem habe ich zwei Romanentwürfe, ein Schauspiel und ein Filmdrehbuch geschrieben, die alle von ihrer Liebesbeziehung zu Kafka und von den Ergebnissen meiner Suche nach ihr handelten.

Obwohl man sagen könnte, daß Dora »verantwortlich« für den Verlust der unveröffentlichten Kafka-Manuskripte war, könnte sie durch mich vielleicht verantwortlich für ihre Wiederentdeckung sein. Als die Nazis 1933 an die Macht kamen, wurde Doras Haus in Berlin geplündert und jeder Fetzen Papier gestohlen, einschließlich der unveröffentlichten Kafka-Manuskripte. Nach dem Fall der Berliner Mauer

1989 fand man in Bunkern, Kellern und Lagern überall in Ost-Berlin Berge von Dokumenten, welche die Gestapo konfisziert hatte. Allmählich werden diese Dokumente für die Forschung freigegeben, und ich habe kürzlich die Erlaubnis erhalten, für den Kafka-Nachlaß nach seinen verschollenen Werken zu suchen.

Dora hat den Holocaust überlebt. Sie entkam zunächst nach Moskau und dann, nach einer qualvollen zweijährigen Reise, nach London, wo sie 1952 starb, drei Monate nach meiner Geburt. Während ich mich in New York im Mutterleib entwickelte, lag Dora in einem Londoner Krankenhaus im Koma. Wer weiß, frage ich mich manchmal, welche Verbindungen wir in der Nebelwelt zwischen Leben und Tod eingegangen sind?

Trotz aller Suche in den Archiven in Jerusalem und anderswo habe ich nie herausgefunden, ob Dora und ich verwandt sind – aber es ist auch nicht mehr wichtig. Wir sind miteinander verbunden. Durch Dora bin ich der Mensch geworden, der ich heute bin. Und wer weiß, wo diese Geschichte enden wird?

Wie Kafka einst schrieb: »Ich bin eine lebendige Erinnerung.«

Kathi Diamant

3

Seelenromanzen

Fußspuren einer Seelengefährtin

Auf dem Heimweg von der Arbeit hatte ich eines Abends im Frühjahr 1986 gerade die Innenstadt von Miami hinter mir gelassen und war im typischen Freitagabend-Stoßverkehr auf dem Weg zum Coconut Grove.

Plötzlich überkam mich eine bemerkenswerte Vision – ich sah mich selbst, wie ich spielerisch eine Frau eine Wendeltreppe hinaufjagte. Obwohl ich ihr Gesicht nicht erkennen konnte, sah ich ihre Beine und vor allem ihre Füße kristallklar. Anschließend war ich wieder in der Gegenwart und stand mit meinem Auto im Stau.

Das Bild hinterließ in meinem Bewußtsein einen deutlichen Eindruck. Doch erst fünf Jahre später, genauer gesagt, fast auf den Tag fünf Jahre später wurde mir seine Bedeutung klar.

Es war im Jahre 1991, und ich arbeitete bei einem Chiropraktiker, Don Osborne, in San Diego. Ich hatte zahllose Geschichten über seine Nichte Danielle gehört, die als Model in L. A. lebte. Von diesen Geschichten hatte ich den Eindruck, daß sie für meinen Geschmack etwas zu arrogant war.

An einem Montagmorgen rief Don mich in sein Büro, um mich zum Mittagessen einzuladen. Er sagte mir, sein Masseur, der mich ziemlich gut kannte, behauptete immer wieder, ich müsse Danielle kennenlernen. Ich hatte zu diesem Zeitpunkt zwar eine Freundin, aber die Beziehung war nichts Ernstes. Also nahm ich die Einladung für das Mittagessen am Freitag an.

Als ich Dons Haus betrat, traute ich kaum meinen Augen. Danielle war zweifellos die schönste Frau, die ich je gesehen hatte. Als erstes fiel mir der durchdringende Blick ihrer tiefblauen Augen auf – und dann war ich plötzlich besessen von dem bizarren Verlangen, ihre nackten Füße zu sehen. Wir beschlossen, in ein nahe gelegenes Thai-Restaurant zu gehen. Auf dem Weg dorthin führten Danielle und ich ein tiefgründiges Gespräch über das Leben und die Spiritualität. Ich konnte kaum glauben, wie rasch ich eine Verbindung zu dieser Frau wachsen fühlte, doch am meisten staunte ich darüber, wie ich immer wieder auf ihre Füße herabsah. Ich begann zu hoffen, daß sie ihre Schuhe im Restaurant abstreifen würde. Doch ich hatte kein Glück.

Ich war völlig hypnotisiert von ihr und konnte es kaum erwarten, sie wiederzusehen. Wir telefonierten mehrmals miteinander, und schließlich konnte ich sie überreden, am folgenden Donnerstag nach San Diego zu kommen.

Wir verbrachten einen zeitlosen Tag miteinander, und zum Sonnenuntergang waren wir am Strand. Gut, dachte ich bei mir. Jetzt wird sie die Schuhe ganz sicher ausziehen.

Als wir aus meinem Auto stiegen, um ans Wasser zu gehen, sah ich auf ihre Füße herunter – und wurde augenblicklich an die Vision erinnert, die ich fünf Jahre zuvor gehabt hatte. Es waren Danielles Füße gewesen, die ich vor mir hatte die Treppe hinauflaufen sehen. Eine Welle von Emotionen überkam mich, zusammen mit dem Gefühl einer ruhigen Gewißheit, wer diese Frau für mich war.

Heute, da ich dies schreibe, sind wir seit zwei Jahren verheiratet.

Patrick L. Dorman

Rotschopf

Ich hatte mich immer für einen echten Kerl gehalten, denn ich zeigte typisch »männliche« Eigenschaften – einschließlich einiger Mängel. Als knallharter Chicago-Cubs-Fan liebte ich alle Sportarten, sah mir gerne sportliche Wettkämpfe an und trieb selber Sport. Und keine »Tussi«-Filme für mich. Ich war zweifellos eher logisch als emotional. Ich kann wohl sagen, daß ich so oft weinte, wie die Cubs Weltmeister wurden. Nur beim Klavierspielen konnte ich meine Gefühle zulassen, und das tat ich selten genug.

Vor ein paar Jahren sah ich den Film *Somewhere in Time*. Noch nie in meinem Leben hat mich ein Film so begeistert. Die Musik von John Barry und Rachmaninoff sprach Seiten in mir an, von denen ich nicht einmal gewußt hatte, daß es sie gab. Ich kaufte die CD und Klaviernoten. Ich war beinahe besessen davon, die Musik jeden Tag anzuhören und zu spielen. Eines Tages, als ich die Filmmusik auf dem Klavier spielte, begann mein Körper von selbst hin und her zu schwingen. Als ich mein Spiel beendet hatte, fühlte ich das Bedürfnis, zu meditieren und dabei die CD zu hören. Ich setzte mich hin, schloß die Augen und begann, mich auf meinen Atem zu konzentrieren. Während die Musik lief, schwang mein Körper wieder sanft hin und her.

Plötzlich tanzte ich mit einer eleganten Frau in einem großen Ballsaal im Stil des 19. Jahrhunderts. Ich konnte spüren, daß die Frau lange blonde Haare hatte und etwa so groß war wie ich. Das ganze Erlebnis fühlte sich vollkommen real an. Es fand statt, wenn auch offenkundig nicht im materiellen Sinne.

Die Musik lief noch eine Weile, und auch der Tanz ging

weiter. Erst nachdem ich völlig vergessen hatte, daß sich mein Körper in Wirklichkeit in einem Sessel in meinem Wohnzimmer in San Diego im Jahre 1987 befand, sprach die Frau mit mir. Sie sagte mir, ihr Name sei Paula, und in diesem Moment hüllte mich ein warmes, prickelndes Gefühl ein. Die Energie begann, in mir herumzuwirbeln, und der Druck wurde stärker, bis ich tief durchatmete.

Die Farbe Pink blitzte vor meinen Augen auf, und in diesem Moment brach ein Damm. Ich begann zu weinen – nein, es war mehr ein Schluchzen: Es fällt schwer zu atmen, Sie wissen schon, dieses unkontrollierbare Zeug, von dem »echte Kerle« glauben, es sei reine Frauensache. Ich hatte Weinen immer mit Traurigkeit und Schmerz in Verbindung gebracht. Doch dies hier war anders. Es war ein Wohlgefühl, es war eine Wiedervereinigung; ich spürte zum ersten Mal in meinem Leben bedingungslose Liebe.

Dann sagte sie mir, ich müsse sie gehen lassen. Ich hätte Beziehungsprobleme, weil ich in anderen Frauen immer sie gesucht hatte. Vordergründig waren deshalb alle Frauen, für die ich mich interessiert hatte, blond gewesen. Sie sagte, es gebe viele Seelen, mit denen ich mich verbinden könne. Wie auf ein Zeichen endete die Musik. Die Geigen wurden leiser, und ich spürte, wie die Energie der Frau mich verließ.

Während ich im ganzen Land Vorträge halte, sagen mir die Leute unweigerlich immer wieder, daß sie einen pinkfarbenen Schimmer um mich herum sehen, wenn ich von Paula spreche. Bei drei verschiedenen Gelegenheiten hat jemand eine Frau gesehen, die hinter mir stand. Alle Zeugen gaben dieselbe Beschreibung von ihr: eine blonde Frau in einem langen Kleid im Stil des 19. Jahrhunderts. Ich lächle dann nur und nicke zustimmend.

Paula ist mir seit ihrem ersten Besuch noch oft erschienen. Halb im Scherz, halb im Ernst bitte ich sie manchmal, sich zu materialisieren, und sei es nur für eine einzige Nacht. Ihre Antwort ist immer dieselbe: »Unsere Zeit wird kommen.«

Dann spüre ich ihr Lächeln und eine gewisse Wärme in meinem Herzen. Die Männer ziehen mich mit meinen Erlebnissen auf, aber das macht mir wirklich nichts aus.

Es ist schwer in Worte zu fassen. Ich habe einfach das Gefühl, daß ich mehr bin, als ich früher war. Ich fühle mich vollständiger.

Übrigens habe ich mich zum ersten Mal seit Jahren wieder verliebt. Es passierte vor etwa zweieinhalb Jahren. Ja, sie ist ungefähr so groß wie ich und eine elegante Erscheinung – aber sie ist ein Rotschopf.

Tom Youngholm

Ich kenne meine Frau aus einem früheren Leben

Meine Frau Josse und ich hatten immer eine ganz besondere Beziehung. Als wir uns kennenlernten, hatten wir sofort ein Gefühl des Wiedererkennens, und das ist so geblieben. Unsere Ehe ist durch eine große Liebe und spirituelle Gemeinsamkeit gekennzeichnet.

Doch vor etwa einem Jahr veränderte sich mein normalerweise ruhiger Gemütszustand, und ich hatte eine Reihe von Wutausbrüchen. Ich fühlte mich fast ständig voller Zorn und kämpfte um Selbstbeherrschung. Wie ein Vulkan stand ich stundenlang unter Druck, bis ich schließlich die Kontrolle verlor. Das schlimmste daran war, daß sich mein Zorn meist gegen Josse richtete. Alles, was sie tat, ärgerte mich – ohne jeden Grund. Ich konnte so wütend werden, daß ich am liebsten den nächsten zerbrechlichen Gegenstand genommen und hingeworfen hätte. Manchmal tat ich das sogar. Als Eckankar-Mitglied* weiß ich, daß Zorn eine der fünf Leidenschaften des Geistes ist. Wir lernen Selbstdisziplin durch spirituelle Übungen. Eine übergeordnete Perspektive zu finden war vorher für mich immer leicht gewesen. Im Grunde hatte ich bis dahin nie größere Probleme mit Zorn gehabt.

Ich fühlte mich verwirrt und peinlich berührt – ich, ein bisher ruhiger und ausgeglichener Mensch, verlor plötzlich die Beherrschung. Zwei Seelen schienen in meiner Brust zu leben: Die eine verlor langsam ihren Verstand, während die andere ruhig beobachtete, welche zerstörerischen Auswirkungen mein Zorn auf mich selbst und meine Angehörigen hatte. Ich setzte meine spirituellen Übungen fort. Ich bat meinen inneren Führer, den Mahanta, um Hilfe. Anfangs schien alles nur schlimmer zu werden. Bald fühlte ich gar nichts mehr. Ich hatte dichtgemacht. An jenem Abend, an dem ich mich um nichts mehr kümmerte, schickte mir der Mahanta zwei Träume.

Die ersten Eintragungen in meinem Traumtagebuch für jene Nacht lauten: »Ich schäume vor Wut. Schreiend werfe ich mit Gegenständen um mich. Josse ist in der Nähe. Ich bin in absoluter Rage.« Später in der Nacht träumte ich wieder. »Ich liege am Boden, schwer verwundet. Um mich herum ein wirbelnder Strudel von Männern und Pferden, die

---

* Eckankar, die »Wissenschaft des Seelenreisens« oder »kosmische Strömung«, ist eine mystische Religionsgemeinschaft, die 1964 von dem Amerikaner Paul Twitchell gegründet wurde (Anm. d. Ü.)

um ihr Leben kämpfen. Der rote Staub weht mir scharf ins Gesicht, während ich in einen Schock falle. Gewalt liegt in der Luft. Ich bin ein Sioux-Krieger in einem heftigen Stammeskampf.«

Ich hatte schon vorher lebhafte Erinnerungen an frühere Existenzen, aber sie traten immer nur auf, wenn ich einen Film sah.

Diesmal war es anders. Ich war im Film gefangen! Nichts hätte mich auf das Entsetzen, den Schmerz und die Furcht vorbereiten können, die ich in diesem Traum erlebte! »Ein großes weißes Pferd kreiste um mich herum. Mein Herz öffnete sich, als ich sah, daß mein Häuptling über mich wachte. Ich wußte, daß ich jetzt in Sicherheit war, und bemühte mich zu rufen. Doch während sein Pferd zurückwich, schleuderte der Häuptling seinen Speer – mit aller Kraft – auf die Stelle, wo mein Hals und meine Schultern ineinander übergingen.

Als mich die Waffe traf, waren mein Schock und mein Schmerz grenzenlos. Verzweifelt starrte ich ihn an, während meine Welt in glühender Schwärze dahinschmolz. In diesem Augenblick veränderte sich sein Gesicht, und ich erkannte Josse auf dem Rücken des großen, weißen Pferdes.

Ich verließ meinen Körper schnell, und rasende Wut überfiel mich. Der Häuptling, den ich über alles geliebt und dem ich grenzenlos vertraut hatte, hatte mich betrogen und getötet!«

Bedeckt mit kaltem Schweiß erwachte ich aus dem Traum. Ich konnte immer noch spüren, wie der Speer meinen Nakken durchbohrte. Ich fragte mich, ob ich je fähig sein würde, Josse zu vergeben, daß sie mich in jenem Leben betrogen hatte.

Bis dahin war meine Vorstellung davon, wie man Wunden

aus früheren Leben heilt, sehr oberflächlich gewesen. Wenn man die Ursache einer Situation erkannte, würde das Problem verschwinden und einem wunderbaren Gefühl von Liebe und Verständnis Platz machen. Doch ich fühlte mich gekränkt und voller Zorn. Ich erzählte Josse von dem Sioux-Traum und fühlte dabei, wie erneut die Wut in mir aufstieg.

Doch während wir darüber sprachen, begann das Licht des göttlichen Geistes zu leuchten.

Mit ihm kam die tiefere Einsicht in die Wahrheit meines Traums. Ich war in der Schlacht schwer verwundet worden. Wegen der heftigen Kämpfe gab es keine Möglichkeit, mich zu retten. Die entsetzlichen Qualen, die ich als Gefangener des feindlichen Stammes würde erleiden müssen, waren wohlbekannt. Also vollzog mein Häuptling einen Akt größter Liebe: Er tötete mich schnell und entließ mich in die Freiheit der inneren Welten. Nun verstand ich endlich. Die Erkenntnis war Balsam auf eine alte, alte Wunde.

Im Laufe der nächsten Wochen sickerte mein neues Verständnis der Ereignisse meines damaligen Lebens langsam durch in alle Ebenen meines Seins. Ich wurde entspannter in meinen Lebensanschauungen. Es war so, als sei eine schwere graue Wolke von mir genommen worden. Meine heftigen Stimmungsschwankungen legten sich. Ich konnte dem Leben wieder vertrauen. Zum ersten Mal seit vielen Monaten war ich glücklich.

Das schönste Geschenk war jedoch die neue Liebe, die ich für Josse empfand. Unsere liebevolle Verbindung als Sioux-Krieger erfüllte mich mit Ehrfurcht. Es war die Liebe zweier Seelen, die sich gegenseitig auf der Reise heim zu Gott halfen – eine Liebe, die immer noch wächst.

Ich habe durch diese Erfahrung viel gelernt. Doch die wirklich dauerhafte Lektion ist diese: Die spirituellen Eckankar-Übungen und der innere Führer, der Mahanta, können bei der Lösung aller Probleme helfen.

Daniel Tardent

Der Wendepunkt

Ich hatte mein Leben lang darauf gewartet, die Frau meiner Träume zu treffen, und dachte allmählich schon, es würde nie geschehen. Doch eines Tages begegnete ich ihr, und zum ersten Mal hatte ich das Gefühl, eine Seelengefährtin gefunden zu haben. In den folgenden Tagen und Wochen wurde deutlich, daß zwischen uns eine enorme Harmonie und Liebe herrschte.

Doch das Leben ist keineswegs perfekt. Durch Kindheitserfahrungen und andere alte Muster gab es eine Seite in ihr, die unserer Beziehung erheblichen Widerstand entgegensetzte. Ich bin sicher, daß auch ich meine eigenen Widerstände hatte.

Eines Abends erreichte ihr Widerstreben einen Höhepunkt, und wir begannen, offen über diese Ängste zu sprechen. Ihre Vorbehalte im Hinblick auf unsere Liebe schokkierten mich jedoch so, daß ich dachte, ich könnte diese zauberhafte Frau verlieren. Weinend lag ich in ihren Armen.

Als ich am nächsten Morgen aufwachte und sie neben mir spürte, wußte ich, daß ich sie wirklich für den Rest meines Lebens bei mir haben wollte. Während sie noch schlief, ging ich in mein Arbeitszimmer und schrieb auf einem kleinen Notizzettel die Worte auf, die aus mir herausströmten. Etwas unsicher gab ich sie ihr. Sie las, langsam und forschend, und während ihr die Tränen in die Augen stiegen, zog sie mich an sich und sagte: »Liebling, als ich aufwachte, war ich überzeugt, daß ich unsere Beziehung beenden würde. Aber diese Worte haben meinen Widerstand aufgelöst. Ich liebe dich so!«

Bis auf den heutigen Tag schätzen und respektieren wir einander. Mit jedem Tag wächst unsere Liebe und wird tiefer.

Dies waren die Worte, die den Wendepunkt herbeiführten:

Wenn Gefühle stark sind und voller Magie,
dann empfinden wir manchmal Furcht.
Denn im Leben herrscht die Ebbe, und die Liebe ist
eine Flut,
das Yin und das Yang – sie kommen und gehen.

Doch es gibt einen Zaubertrank, der alles heilt;
man nennt ihn Liebe, die ewig währt
wie das Licht von Sonne und Mond –
jenseits von Zeit und Raum heilt er alle Wunden.

Mit großer Leidenschaft und offenem Herzen
biete ich dir diesen Trank, den ich noch nie zuvor
verschenkt habe.

Freddie Ravel

Ein Gottesgeschenk

Dharma

Ein Mensch auf einem spirituellen Weg sorgt für seine Seele durch Sadhana oder eine regelmäßige spirituelle Praxis. Meine besteht darin, vor Sonnenaufgang aufzustehen und zu meditieren. Ich lese Japji, das erste der fünf täglichen Gebete eines Sikh, praktiziere eine halbe Stunde Kundalini-Yoga und verbringe eine weitere Stunde mit dem Rezitieren ausgewählter heiliger Mantras. Danach bin ich bereit für einen wunderbaren Tag.

Doch dieser Tag war anders. Nach dem Duschen und Anziehen setzte ich mich hin, um mich durch das Mantra »Ong namo guru dev namo« einzustimmen, welches bedeutet: »Ich verneige mich vor meinem höchsten Bewußtsein«. Anschließend spreche ich gewöhnlich einige stille persönliche Affirmationen und Schutzgebete für mich selbst, meine Familie und meine Patienten. Doch heute gehörten meine Gedanken nicht mir.

Während ich in einen angenehmen, zeitlosen Geisteszustand versank, erschien mir ein Bild. Ich sah, wie ein Gefäß voll reiner, weißer Milch auf einer flachen, schwarzen Oberfläche zerbrach. Dann wurde alles mit einem sehr großen, aber ansonsten ganz normalen Haushaltsbesen aufgefegt – um von einem wunderschönen Silberkelch ersetzt zu werden, während diese Worte in meinem Bewußtsein widerhallten: »Du hast jetzt die schönste, vollkommenste Frau der Welt für dich.«

Diese Sequenz wiederholte sich noch dreimal, bevor sie aufhörte und ich mit meinen Yogaübungen und mit meiner Meditation weitermachte. Aber am nächsten Tag passierte dasselbe und am darauffolgenden Tag ebenfalls. Am vierten Tag, Samstag, geschah nichts, und Sonntag war mein Geist wieder ruhig. Doch irgendwie hatte ich immer noch ein außergewöhnliches Gefühl.

An diesem Nachmittag rief mich ein Freund an, der sagte: »Der Siri Singh Sahib möchte, daß du nach New Mexico kommst.« Diesen Titel trägt mein spiritueller Lehrer, Yogi Bhajan, welcher der höchste religiöse und politische Führer der Sikhs im Westen ist.

»Wozu?« fragte ich ziemlich unwirsch, denn ich war gerade erst von dort zurückgekehrt.

»Um deine zukünftige Frau kennenzulernen.«

Nachdem ich mich wieder gefaßt hatte, rief ich Yogi Bhajans Sekretärin an, um etwas über die Frau zu erfahren, die ich heiraten sollte. »Sie ist reizend«, sagte sie. »Sie ist Italienerin.«

»Italienerin?« stammelte ich. »Spricht sie denn Englisch? Wie sieht sie aus? Wie alt ist sie?«

Die Sekretärin antwortete einfach: »Komm, sobald du kannst.«

Ich flog von Phoenix nach Albuquerque durch einen dieser entsetzlichen Gewitterstürme, die es nur in New Mexico gibt. Ich muß jedes Mantra, das ich kannte, rezitiert haben, während ich dachte: »Ich werde bei einem Flugzeugabsturz sterben, auf dem Weg zu einer Frau, die ich nicht einmal kenne.« Als wir landeten, zitterte ich so sehr, daß ich einen Freund bat, mich zu der anderthalb Stunden entfernten Ranch in Espanola zu fahren. Er tat mir den Gefallen, und wir kamen um elf Uhr abends an, genau vier Stunden nach der verabredeten Zeit für mein erstes Treffen mit Kirti, meiner zukünftigen Frau.

Ich wurde sofort in Siri Singh Sahibs gemütliches Wohnzimmer geführt. Ich sank auf das Plüschsofa, doch bevor ich es merkte, saß ich schon wieder auf der Kante, als Kirti in Begleitung einiger Freundinnen hereinkam.

Ich sah sie an und hatte rundherum ein gutes Gefühl. »Es wird in Ordnung sein«, dachte ich. Yogi Bhajan stellte uns vor, sah uns dann an und wollte wissen, ob wir irgendwelche Fragen hätten. Ich sagte: »Nein, für mich ist es okay.«

Doch Kirtis Gesicht wirkte erschrocken, als sie ausrief: »Moment, ich kenne diesen Kerl ja nicht mal!« Ihr Englisch war zweifellos gut.

Doch auf irgendeiner Ebene schien es eine Verbindung zwischen uns zu geben. Wir gingen hinaus in die angenehme Nachtluft, um zu reden, und die Energie zwischen uns war stark und wahrhaftig. Nach etwa einer Stunde des Gedankenaustauschs begaben wir uns in den privaten Tempel des Yogis, um gemeinsam zu meditieren. Das besiegelte unser Schicksal.

Wir gingen zurück ins Wohnzimmer, um zu Füßen des Meisters zu sitzen.

»Gibt es zwischen euch eine spirituelle Verbindung?« fragte er.

»Ja, Sir«, antworteten wir einstimmig.

»Dann habt ihr meinen Segen.«

Er lehnte sich in seinen Sessel zurück und schien sich weit zu entfernen. Kirti und ich begannen, über ein paar Einzelheiten unserer Pläne zu schwatzen, doch der Yogi sank tiefer und tiefer und sagte schließlich verträumt: »Das ist nicht mein Problem.«

Wir verbrachten den Rest der kurzen Nacht getrennt, und am nächsten Morgen fuhr ich meine Verlobte nach Albuquerque zum Flughafen. Ihre Zeit in Amerika war abgelaufen, und sie mußte zurück nach Hause, wo sie als leitende Angestellte für einen multinationalen Pharmakonzern in Rom arbeitete. Ich war stolz auf meine reizende, schöne, neunundzwanzig Jahre alte, blonde und blauäugige zukünftige Braut.

Kirti

Ich war keineswegs auf der Suche nach einem Ehemann. Aus irgendeinem Grund hatte ich in diesem Sommer im letzten Moment meine Urlaubspläne geändert. Eigentlich hatte ich vorgehabt, nach Südfrankreich zu fahren, beschloß jedoch statt dessen, in die Staaten zu fliegen und meine beste Freundin zu besuchen, die ebenfalls eine italienische Sikh war und in New Mexico lebte.

Nach der Ankunft in Espanola bat ich um eine Audienz bei Siri Singh Sahib. Es dauerte einige Tage, doch schließlich betrat ich sein Wohnzimmer auf der Ranch.

Als ich hereinkam, sah er mich seltsam an und erklärte: »Du mußt heiraten, und wir haben den perfekten Mann für dich im Sinn.« Dann wandte er sich an seine Sekretärin und sagte: »Ruf Dr. Dharma an.«

Ich erinnere mich, daß ich meine Augen schloß, um zu prüfen, ob ich träumte – dreimal. Als mir klar wurde, daß dies kein Traum war, war ich schockiert.

»Ich habe nicht um dieses Treffen gebeten, um verheiratet zu werden!«

Nachdem wir einige Momente über dieses Thema geredet hatten, erklärte mir Yogi Bhajan sehr direkt: »Es wird Zeit, daß du mit einem Mann zusammenarbeitest.« Er wandte sich ab, um seiner Sekretärin einige Anweisungen zu geben, sah mich dann erneut an und fragte ganz sanft und ohne jeden fordernden Unterton: »Bist du wenigstens bereit, ihn kennenzulernen?«

Ich zögerte lange, bevor ich sagte: »Okay, ich werde mich mit ihm treffen.« Ich wußte nicht, ob ich lachen oder weinen sollte.

Dharma

Auch mein eigener Weg zu dem Punkt, an dem ich bereit war, Kirti zu treffen, war nicht geradlinig. Ich könnte weiter ausholen und viele Ereignisse erwähnen, die zu jenem Tag führten, doch es reicht wahrscheinlich, drei Jahre zurückzugehen.

Es war weniger als vierundzwanzig Stunden her, daß ich einer sehr schönen Frau, die mir viel bedeutete, erklärt hatte, ich könne keine Beziehung mit ihr eingehen, weil unsere spirituellen Wege unterschiedlich seien. Ich war auf die Ranch gekommen und begab mich in Siri Singh Sahibs Räume, ohne genau zu wissen warum. Er hatte eine recht lebhafte Auseinandersetzung mit seinem jüngsten Sohn, Kulbir Singh.

»Du mußt dies tun, und du mußt das tun«, brüllte er, »und du mußt heiraten.« Noch im selben Atemzug drehte er sich herum, wies mit seinem ausgestreckten Zeigefinger direkt auf mich und sagte mit leuchtenden Augen: »Und du auch!«

Obwohl ich verständlicherweise ziemlich überrascht war, setzte ich mich still auf dieselbe Couch, auf der ich auch drei Jahre später sitzen sollte. Yogi Bhajan begann, mir alle Eigenschaften der Art von Frau zu beschreiben, die ich heiraten sollte: ihre Intelligenz, ihre geistige Stärke, ihren Liebreiz. Er beschrieb mir meine ideale Partnerin.

Nach einer kurzen Pause, damit ich seine Worte in mich

aufnehmen konnte, sagte er: »Ich habe da schon jemanden für dich im Sinn.«

»Ich weiß nicht, ob ich darüber glücklich bin«, flüsterte ich.

»Das macht nichts. Du drehst deine Runden und treibst dich herum, aber am Ende werde ich entscheiden.«

Das war's. Ich war so schnell draußen, wie ich hereingekommen war. Am nächsten Morgen rief ich seine Privatsekretärin an und fragte: »Wer ist es? An wen denkt er?« Seine rechte Hand erklärte mir einfach, ich solle mich gedulden. Eines Tages, wenn die Zeit reif wäre, würde ich einen Anruf erhalten.

Und tatsächlich kam dieser Anruf fast auf den Tag genau drei Jahre später. Nun stand ich am Flughafen und verabschiedete mich liebevoll von meiner zukünftigen Braut, die zurück nach Italien flog. »Zukünftige Braut«... aber wann und wie? Würde daraus wirklich etwas werden?

»Ich umarme dich«, sagte sie lächelnd und winkend, als sie ins Flugzeug stieg.

Wir blieben über Fax, Telefon und Briefe in Kontakt. Auf diese Weise lernten wir uns eigentlich recht gut kennen und vertieften unsere Beziehung.

Über einen Monat später war ich wieder auf der Ranch und saß zu Füßen von Yogi Bhajan. »Heirate sie, Doktor«, sagte er mit einer tiefen, dröhnenden Stimme. »Sie paßt zu dir wie ein Smoking.«

»Das werde ich tun, Sir. Ich muß nur noch herausfinden, wie und wann.«

»Sag ihr, sie soll nächste Woche kommen.«

Ich rief Kirti an. Und ich werde nie vergessen, was sie sagte:

»Ich habe mich heute entschieden, daß ich dich heiraten will.«

»Was hast du gesagt?« fragte ich leise und fast ungläubig.

»Ich möchte deine Frau werden.«

Und so geschah es. Unsere Hochzeit fand in dem wunderschönen, goldüberdachten Sikh-Tempel in Espanola, New Mexico, statt, ungefähr eine Meile von der Stelle entfernt, wo wir uns acht Wochen zuvor kennengelernt hatten.

Als wir nach der Zeremonie an einem wunderbaren Herbsttag draußen standen und unsere Freunde mit dem Hochzeitskuchen bewirteten, kam der Siri Singh Sahib, gekleidet wie ein König. Er trug einen pinkfarbenen Turban, welcher, wie ich anschließend erfuhr, das Glückssymbol für eine Hochzeit ist.

Wir alle schienen zu einer Einheit zu verschmelzen, als er seine Arme fest um uns beide legte. Dann sagte er mir leise ins Ohr, so daß vielleicht nur ich ihn hören konnte: »Sie ist ein Geschenk Gottes für dich.«

Dharma Singh Khalsa und Kirti Kaur Khalsa

Wünsche gehen in Erfüllung

Mit vierzig war ich mit meinem Leben sehr zufrieden. Ich hatte eine Beziehung zu einem Mann, der keine emotionale Bindung wollte, einen anderen Mann als besten Freund, der meine sozialen und emotionalen Bedürfnisse erfüllte und mir ein guter Kamerad war, und ich führte ein Leben ohne finanzielle Sorgen. Ich reiste viel und tat stets das, was ich wollte.

Ich interessierte mich für Kurse und Seminare, je mystischer, desto besser. Kurz zuvor hatte ich versucht, an einer Kabbala-Studiengruppe teilzunehmen, aber ich hatte kein

Glück – meine Anmeldung kam zu spät. Etwa drei Monate danach brachte mir jedoch mein Freund Manny eines Abends eine Ankündigung in hebräischer Sprache, daß ein neuer Kabbala-Kurs an einem Ort ganz in meiner Nähe stattfinden würde. Obwohl ich weder besonders »religiös« bin noch im jüdischen Glauben erzogen wurde, war ich weiterhin sehr interessiert an diesen für mich neuen mystischen Studien.

Der Kurs war faszinierend, und die Techniken, die ich dort lernte, trugen zu meiner persönlichen Entwicklung bei. Nach einigen Monaten rückten die jüdischen Feiertage näher, und das Kabbala-Zentrum lud zu einer jüdischen Neujahrsfeier in Somerset, New Jersey, ein. Ich fühlte mich für ein spirituelles Abenteuer gerüstet. Außerdem würde mir ein solches Wochenende wahrscheinlich Spaß machen.

Bei der Ankunft gab es einen Empfang mit Buffet. Ich stand in der Warteschlange, als ein Mann auf mich zukam und mir sagte, ich würde von den kommenden Erlebnissen überwältigt sein. Aus irgendeinem Grund war ich darüber wütend. Was bildete dieser Kerl sich ein, mir zu sagen, was ich erleben und wie ich mich dabei fühlen würde! Ganz gegen meine Gewohnheit erklärte ich ihm, ich sei gerne überwältigt, und wies ihn ostentativ ab. Er zog sich höflich zurück.

Wie soll ich nun berichten, wann und auf welche Weise ich wirklich überwältigt wurde? Nicht nur, daß mir die Feierlichkeiten nicht zusagten und ich keine Beziehung dazu fand, ich wäre sogar am liebsten gleich wieder abgereist. Doch ich bekam keinen Flug, und so beschloß ich, das Beste daraus zu machen. Ich ging während des Gottesdienstes ein und aus und beobachtete das Ganze sehr distanziert.

Kurz vor dem Ende des Gottesdienstes wurde ein Gebet

gesprochen, bei dem man sich etwas wünschen konnte. Man sagte uns, daß alles, was wir uns im rechten Bewußtsein wünschen würden, garantiert während des folgenden Jahres in Erfüllung ginge. »Was soll's«, dachte ich, »ich versuche es einfach.« Ich wünschte mir, »jemanden so glücklich zu machen, wie ich es gerne sein würde«.

Bald danach war der Gottesdienst beendet, und ich befand mich in Hochstimmung. Ich dachte nur noch daran, daß ich endlich heimfliegen konnte. Um mir die Zeit bis dahin zu vertreiben, ging ich mit einem Freund spazieren. Wir sprachen gerade über unsere Erlebnisse, als ich den Mann sah, der mir gesagt hatte, ich würde überwältigt sein. Höflich, aber sarkastisch fragte ich ihn, wie ihm das Wochenende gefallen hatte. Freundlich begann er zu erzählen, doch ich muß zugeben, daß es mir eigentlich gleichgültig war. Schließlich fragte er mich, ob ich gerne einen Drink hätte.

Nun, während wir unseren Drink einnahmen, redeten und redeten und redeten wir ... und mir wurde klar, daß ich mich noch nie mit irgend jemandem so wohl gefühlt hatte. Er strahlte Freundlichkeit aus, und ich spürte intuitiv, daß ich ihm vertrauen konnte. Ich war nicht wachsam, noch verfolgte ich selbst irgendwelche Absichten mit diesem Gespräch. Die Stunden vergingen, und wir redeten weiter und offenbarten uns einander. Wir wollten uns gerade verabschieden, als er mir sagte, alles, was er wolle, sei »jemanden so glücklich zu machen, wie er es gerne sein würde«.

Wortwörtlich mein Wunsch! Er hatte mich nicht nur »gekannt«, bevor er mich kannte, er drückte sogar in genau denselben Worten aus, was ich mir einige Stunden zuvor gewünscht hatte.

Nachdem wir sechs Monate zwischen meinem Heim in Florida und seinem in Kanada hin- und hergependelt waren, heirateten wir – etwas, wovon ich nie erwartet hätte, daß es mir passieren könnte. Ich hätte nie gedacht, daß ich einen Mann kennenlernen würde, der so gut zu meinem Charakter und zu meiner Seele paßt.

Täglich sehe ich nun, wie ein Wunder in meinem Leben geschieht – weil meine einzige Sorge darin besteht, meinen Mann so glücklich zu machen, wie ich es gerne sein würde.

Maxine Warsh

Gott, wen soll ich heiraten?

Im College lernte ich eine Frau kennen, bei der ich mir sicher war, daß ich sie heiraten würde. Vom ersten Moment an schien es so, als seien wir immer zusammengewesen. Aber nach dem Examen bekam sie einen Job in Chicago, und ich fand schließlich in Houston Arbeit. Unsere Beziehung blieb auch über diese große Entfernung bestehen.

Eines Tages erklärte ich dem Herrn während meiner spirituellen Übung, ich sei bereit zu heiraten.

Ich erklärte, daß ich mir eine Partnerschaft wünschte. Wenn der ECK (göttlicher Geist) dafür sorgen könne, und wenn es zum Besten des Ganzen sei, nun, dann sei es das, was ich mir wünsche.

Die Zeit verging, ohne daß sich die Situation änderte. Schließlich beschlossen meine Freundin und ich, auch mit anderen Männern beziehungsweise Frauen auszugehen. Es schien nicht wahrscheinlich, daß ich nach Chicago oder sie nach Houston ziehen könnte. Kurz darauf lernte ich Jaye kennen, und wir begannen, miteinander auszugehen.

Vier Monate später kündigte meine Firma an, sie würde

ein Büro in Chicago eröffnen, und ich würde dorthin versetzt werden. »Das ist perfekt«, dachte ich. Ich hatte die Dinge nicht mehr so eng gesehen, und der ECK hatte einen Weg gefunden, wie ich nach Chicago ziehen und meine Collegefreundin heiraten konnte.

Bevor ich Houston verließ, sprach Jaye mit mir über ihre Gefühle. Sie glaubte, daß wir zusammengehörten. Und sie war sich sicher, daß auch ich etwas für sie empfand – was stimmte. Doch im Kopf, in meinen Gedanken, fühlte ich mich meiner alten Freundin in Chicago verbunden.

Ich zog nach Chicago, und wir verlobten uns. Die Beziehung verlief ruhig und friedlich, als ob wir schon verheiratet gewesen wären. Doch dann schien alles plötzlich auseinanderzubrechen. Irgendwie hatten wir beide das Gefühl, es sei nicht richtig zu heiraten. Traurig lösten wir unsere Verlobung.

Erneut meditierte ich über die Situation. Die Botschaft, die ich empfing, war eindeutig: Folge deinem Herzen. Nimm mit Jaye Verbindung auf.

Ich war meinem Kopf gefolgt, und es hatte nicht funktioniert. Also rief ich Jaye an. Ein wunderbares Gefühl erfüllte mein Herz. Ich wußte, daß ich Jaye heiraten wollte, aber ich verstand immer noch nicht, warum. Ich traf eine wichtige Entscheidung allein aus meinem Herzen heraus.

Etwa einen Monat vor unserer Hochzeit fuhren Jaye und ich nach New Orleans. Während wir durch die Straßen gingen, sprachen wir über einige Hochzeitsdetails. Im französischen Viertel bogen wir um eine Ecke und erblickten einen atemberaubenden freien Platz.

In genau diesem Augenblick sah ich eins meiner früheren Leben vollständig vor mir.

Erstaunt drehte ich mich zu Jaye und erkannte, daß auch

mit ihr etwas geschehen war. Wir begannen zu reden und entdeckten, daß wir beide dieselbe Vision eines gemeinsamen früheren Lebens gehabt hatten! Während der damaligen Inkarnation war ich ein junger Mann in einem der Südstaaten der USA gewesen. Etwa 1859 zog ich nach Norden, um einen Job zu finden, mit dem ich mein Medizinstudium finanzieren konnte. Ich lernte eine Frau aus dem Norden kennen (meine Collegefreundin in diesem Leben), und wir heirateten. Ihre Eltern waren sehr reich und finanzierten meine Ausbildung.

Kurz danach brach der Bürgerkrieg aus, und ich ging zurück in den Süden, um bei den Konföderierten als Arzt zu dienen. Während ich in New Orleans stationiert war, lernte ich eine Frau kennen (Jaye). Wir empfanden eine tiefe Liebe füreinander. Da ich jedoch verheiratet war, gaben wir diesem Gefühl nicht nach.

Der Krieg ging zu Ende. Ich verließ New Orleans und kehrte zu meiner Frau in den Norden zurück. Jaye und ich sahen uns nicht mehr wieder. Ich verbrachte den Rest meines damaligen Lebens behaglich mit der Frau, die ich in diesem Leben fast geheiratet hätte.

Nach diesem flüchtigen Blick auf mein früheres Leben verstand ich, warum meine Beziehung zu meiner Collegefreundin so problemlos gewesen war. Wir waren schon einmal ein Ehepaar gewesen. Ich verstand auch, warum ich gedacht hatte, daß wir wieder heiraten sollten. Unser Verstand hält sich gerne an vertraute und bequeme Wege.

Doch in diesem Leben brauchte ich neue Erfahrungen und die Gelegenheit zu wachsen. Mein Herz wollte weiterziehen und suchte die Erfüllung jener Liebe, die ich in meinem vergangenen Leben in New Orleans zurückgelassen hatte. Jaye und ich führen eine sehr glückliche Ehe.

Wenn ich nun zwei Stimmen wahrnehme – die eine aus meinem Kopf und die andere aus meinem Herzen – dann weiß ich, mit welcher der göttliche Geist zu mir spricht. Das Herz ist oft enger mit der Seele, meinem wahren Selbst, verbunden. Die Gedanken werden vom Verstand hervorgebracht. Der Verstand ist ein guter Diener, aber ein schlechter Herr.

Meinen Freunden sage ich immer: »Folgt im Zweifelsfall eurem Herzen!«

Dennis Calhoun

Eine mystische Liebeserfahrung

Für mich ist das *Leben* eine mystische Erfahrung. Ich hatte immer das Gefühl, von unsichtbaren Kräften getrieben zu werden und die Dinge nie ganz unter Kontrolle zu haben, stets auf einem rätselhaften Weg, der jedoch magisch und deshalb mystisch war. Mein Gleichgewicht kam immer aus einem inneren Geist... man mag ihn als Hoffnung oder als Glück bezeichnen, ich nenne ihn Geist.

Die am stärksten mystische Erfahrung meines Lebens entsprang vielleicht dem größten aller Mysterien des Lebens: einer Liebesbeziehung. Da ich von Beruf Koch bin und immer Gewichtsprobleme habe – manchmal brachte ich 225 Pfund auf die verdammte Waage – ist Essen ein integraler Teil meines Lebens. Es ist ein integraler Teil meiner selbst. Warum also sollte eine Mahlzeit mich nicht zum Herzen meiner Liebsten führen?

Meine Frau Laurie wurde in den USA geboren, wuchs jedoch in Mexico City und in Brüssel auf. Bevor sie die Vereinigten Staaten als kleines Kind verließ, lebte sie sechs Monate in Des Moines, Iowa. Des Moines ist fünfundvierzig Meilen von Marshalltown entfernt, wo ich geboren wurde und aufwuchs. Damals wußten wir nichts voneinander, doch ihre Familie war mit einigen meiner Vettern bekannt, die in Des Moines lebten, und sie wurden Freunde. Meine Vettern besuchten Lauries Familie oft in Mexiko. Meine Familie hatte davon keine Ahnung, weil wir von dieser Bekanntschaft nie etwas erfuhren. So gingen wir alle unsere eigenen Wege.

Als die Collegezeit näherrückte, waren Lauries Eltern gerade nach Ft. Lauderdale, Florida, gezogen, und ohne mein Wissen versuchten meine Vettern, Lauries Eltern zu überreden, sie sollten Laurie zum Grinell College schicken, wo ich ein Jahr zuvor mein Studium begonnen hatte. Sie dachten, Grinell sei der ideale Ort für uns zum Kennenlernen. Wir hatten keine Ahnung von alledem. Laurie entschied sich für die Tufts-Universität in Medford, Massachusetts. Soviel zu den Kupplerqualitäten meiner Vettern!

Während meiner Jahre auf dem College verbrachte unsere Familie die Ferien oft in Südkalifornien. Wir fuhren immer an denselben Urlaubsort und hatten bald einige Familien kennengelernt, die es ebenso machten. Ich freundete mich mit einigen jungen Leuten an, die an der Tufts-Universität studierten. Als ich schließlich mein Grundstudium ein Jahr vor ihnen beendete, hielt ich es deshalb für ideal, meine Ausbildung im benachbarten Harvard fortzusetzen. Ich dachte, Harvard würde sich gut eignen, um mir die jüngeren Jahrgänge etwas genauer anzusehen. Zum ersten Mal in meinem Leben hatte ich auf Normalgewicht abgespeckt, und mich stach der Hafer.

Ich fühlte mich sofort vom ersten weiblichen Wesen angezogen, mit dem meine Tufts-Freunde mich bekanntmachten: eine reizende New Yorkerin von der Fifth Avenue, die für mich Bauerntölpel aus dem Mittleren Westen etwas ganz Neues war. Hochhackige Schuhe, Designerkleidung und Make-up – während man in Grinell schon Glück haben mußte, eine Frau zu finden, die bereit war, sich die Achselhaare zu rasieren.

Fifth Avenue und ich gingen den ganzen Herbst 1980 miteinander aus. Sie faszinierte mich. Sie war selbstsicher, hatte tolle Haare, und ihre Eltern fuhren einen Jaguar. Alles in allem ein guter Fang. Es ging aufwärts mit meinem Leben, jawohl Sir, ich wußte genau, wo es langging.

Nach den Winterferien hatten Fifth Avenue und ich uns mit einer größeren Gruppe von Kommilitonen in der besten Disco von Boston verabredet. Ich nippte an einem Martini und dachte gerade darüber nach, wie sehr Fifth Avenue mich inzwischen langweilte, als mir eine Frau auffiel, die gerade dabei war, sich aus ihrem knöchellangen Wintermantel zu schälen. Darunter befand sich ein Spandex-umhülltes, sonnengebräuntes, entzückendes Geschöpf mit wilden Haaren und feurigen grünen Augen. Es war wie eine außerkörperliche Erfahrung. Niemand anders existierte in diesem Moment. Sie sah mich nicht einmal an, aber ich war wie hypnotisiert von ihr.

Sie war zusammen mit irgendeinem Star aus dem Schwimmteam gekommen, und ich mit Fifth Avenue. Irgendwann streiften wir uns auf dem Weg zur Tanzfläche. Ich war den ganzen Abend wie benommen. Ich mußte sie kennenlernen.

Am nächsten Tag sprach ich mit einem der Studenten von Tufts, beschrieb sie ihm und bat ihn, uns miteinander bekannt zu machen. »Aber was ist mit Fifth Avenue?« fragte er, und fügte dann hinzu: »Wenn ich darüber nachdenke, dann finde ich, du und Laurie, ihr würdet gut zusammenpassen.« Nachdem ich ihn noch ein paarmal angerufen hatte, gab er mir ihre Telefonnummer. Sie hatte gesagt, ich könne sie anrufen. Es schien so, als ob sie und ihr Sportsfreund doch nicht so gut miteinander auskamen. Fifth Avenue fauchte wie eine Katze, kam jedoch bald darüber hinweg, und Laurie und ich verabredeten uns zum ersten Mal.

Reden wir über Mystik. Obwohl wir uns körperlich sehr anziehend fanden, kam die Liebe nicht in den ersten Minuten, die wir miteinander verbrachten. Aber mich überkam ein Gefühl: Ich wußte, daß Laurie die richtige Frau für mich war, von Anfang an. Ich wurde durch eine Kraft zu ihr hingezogen, die ich nicht unter Kontrolle hatte. Ich wußte, daß ich für immer mit ihr zusammensein mußte, weil es Dinge gab, die wir zu tun hatten und nur gemeinsam tun konnten. Es machte nichts aus, wie ähnlich oder wie verschieden wir waren.

Ich rief sie am Morgen nach unserer Verabredung an und bat sie, mich zu heiraten. Erstaunlicherweise war sie nicht völlig überrascht, wie ich es eigentlich erwartet hatte. Sie hatte jedoch das Gefühl, daß ein paar gemeinsame Stunden für sie nicht ausreichten, um sich zu entscheiden. Ich lud sie zum Abendessen ein und beschloß, selber zu kochen.

Da ich seit meiner Kindheit leidenschaftlich gern koche, war ein romantisches Abendessen für zwei kein Problem für mich. Aber es war eine ganz andere Sache, ein Menü zusammenzustellen, das die Energie für eine Entscheidung geben sollte, die ein Leben lang Bestand haben sollte. Ich machte mich an die Arbeit.

Als ich losfuhr, um Laurie abzuholen, hingen die handgemachten Spinatnudeln zum Trocknen über Stäbchen, die ich zwischen meine Küchenschränke geklemmt hatte. Eine süße Kalbfleisch-Basilikum-Sauce köchelte auf dem Herd, mein Caesar-Dressing war fertig und brauchte nur noch über den Roma-Salat gegossen zu werden, und ein Mandel-Käsekuchen stand im Kühlschrank. Ich war gelassen. Ich schuf Energie für den Geist, der mich führte. Ich kochte ein Menü für mein Vorhaben.

Wir sprachen während des Essens nur sehr wenig und auf dem Heimweg zu ihr noch weniger. Es gab auch nur wenig Anlaß zum Reden. Laurie war von derselben Kraft ergriffen. Das Mysterium war nicht länger ein Mysterium – aber es war zweifellos mystisch.

Am nächsten Morgen rief sie mich an und sagte ja. Wir begannen, unsere Freunde und Familien zu informieren.

Als meine Vettern, die Lauries Familie kannten, davon erfuhren, waren sie verblüfft. Wir hatten uns ganz von allein kennengelernt und waren von einer Macht ergriffen worden, die sie für uns schon vor langer Zeit gespürt hatten. Unsere Hochzeit fünfeinhalb Monate nach unserer ersten Verabredung war eine Art Familienzusammenführung, weil es zwischen beiden Seiten schon zuvor Verbindungen gegeben hatte.

Siebzehn Jahre später, nachdem wir der Welt eines ihrer schönsten Geschöpfe geschenkt haben, setzen Laurie und ich unseren magischen mysteriösen Weg fort. Mein Leben ist weiterhin mystisch, doch nun weist mir eine Partnerin, die mich angezogen hat, die Richtung.

Harry W. Schwartz

Schmetterling und Tiger

»Halten Sie sich diesen Sommer von China fern«, riet mir ein Astrologe. »Sie werden im Mai 1990 heiraten, aber nicht Ihren derzeitigen Freund. Sie werden Ihren zukünftigen Mann im nächsten Herbst während einer Reise kennenlernen.«

Da ich noch nie zuvor einen Astrologen konsultiert hatte, wußte ich nicht, was ich davon halten sollte. Es klang weit hergeholt. Bald vergaß ich die ganze Sache.

Mit dem Tienanmen-Massaker am 4. Juni 1989 zerbrachen meine idealistischen Hoffnungen für China, ein Land, das mich mein Leben lang fasziniert hatte. Ich machte mir keine Illusionen über die Menschenrechte in China, denn ich reiste seit fast zehn Jahren durch das Land und kannte die Verhältnisse. Doch nachdem ich mir wochenlang die ersten im Fernsehen übertragenen Demonstrationen der chinesischen Geschichte angesehen hatte, war es mir so vorgekommen, als sei der Wandel unvermeidlich. Wir alle glaubten, daß es neue Hoffnung für die Zukunft gab. Mit dem Tod der jugendlichen Demonstranten starb auch meine aufkeimende Hoffnung.

Am nächsten Tag bat ich meinen chinesischen Freund, mich auf einem Trauermarsch durch die Straßen von Hongkong zu begleiten, mit dem eine Million Menschen gegen das Massaker protestierte. Er antwortete, er müsse eine Mikrowelle kaufen. Also ging ich alleine. Ich hatte es zwar schon aufgegeben, an einen perfekten Partner zu glauben, doch seine Unfähigkeit, auf meine Trauer und das Entsetzen in aller Welt zu reagieren, traf mich ähnlich wie die distanzierte Arroganz der chinesischen Regierung. Bald danach wurde der Druck des China-Reiseführers, den ich gerade mitverfaßt hatte, eingestellt. Kein Amerikaner würde in ein derart brutales Land reisen.

Ich kehrte in die Staaten zurück, um an einem »psychologischen Aufbauseminar« teilzunehmen, das mich von meinen Depressionen befreien sollte, und um meine Familie und Freunde zu besuchen. Innerhalb weniger Tage sorgten meine Eltern dafür, daß ich mir *Harry und Sally, Crossing Delancy* und *Mondsüchtig* ansah – alles Filme über die Situation unverheirateter Frauen über Dreißig. Ich erinnerte mich an den Astrologen und kündigte an, ich würde im Mai 1990 einen Mann heiraten, den ich noch nicht kannte.

In New York City schien meine gute Freundin, eine malaysische Börsenmaklerin, ebenso besorgt um meine Zukunft zu sein wie meine Eltern. Sie bestand auf einer telefonischen Konferenzschaltung mit ihrer Wahrsagerin in Malaysia. »Sie werden Ihren zukünftigen Ehemann innerhalb der nächsten dreißig Tage kennenlernen«, sagte diese. »Er hat Ihren Namen bereits als den seiner zukünftigen Frau erkannt, als er ihn vor anderthalb Jahren hörte.« Statt mich zu freuen, entwickelte ich einen Verfolgungswahn im Hinblick auf fremde Männer, die meinen Namen kannten: der UPS-Mann, der Postbote, der Mann, der mir meine Einkäufe auslieferte, der Zeitungsbote.

Ich nahm an dem psychologischen Aufbauseminar teil, eine bunte Mischung von Übungen, die darauf abzielten, die Menschen für eine bewußte Gestaltung ihres Lebens zu öffnen. Abends arbeitete ich an einem riesigen Flügelpaar für ein Schmetterlingskostüm, indem ich Stücke von Glanzpapier zu einem Mosaik zusammenklebte. Es war für eine Halloween-Party in Washington, an der ich teilnehmen wollte. Dabei stellte ich mir vor, wie ich mich mit meinen neuen Flügeln aus einer Verpuppung herausschälte.

In L.A. hatte ein Drehbuchautor eine Einladung zu derselben Party erhalten. Sein Freund versprach ihm, die Frau mit »dem Namen« werde dasein. Der Drehbuchautor hatte sich ihren Namen immer wieder vorgesagt, seit er ihn vor anderthalb Jahren zum ersten Mal gehört hatte; das wirkte beruhigend auf ihn. Doch er hatte bereits einen Flug gebucht, um seine Familie in Illinois zu besuchen. Er war zwar enttäuscht, daß er an der Party nicht teilnehmen konnte, doch er tat es mit einem Achselzucken ab.

Als er nach Illinois kam, sagte seine Mutter: »Laßt uns alle zusammen mit dem Auto nach Washington fahren, um deinen Bruder zu besuchen.«

Erstaunt stimmte er dem Vorschlag gerne zu.

Die Party hatte schon vor drei Stunden begonnen, und ich war immer noch nicht dort. Obwohl ich schon mehrmals in diesem Haus gewesen war, hatte ich mich hoffnungslos verfahren. Als ich schließlich ankam, ging ich nervös wegen meiner Verspätung hinein.

»Ich habe mich schon lange darauf gefreut, Sie kennenzulernen«, sagte ein Mann mit einer samtigen Stimme. Er war als Fliegender Tiger verkleidet, eine Aufmachung, die ich von Fotos kannte, welche die heldenhaften Piloten des Zweiten Weltkriegs zeigten, die in einer meiner chinesischen Lieblingsstädte, Kunming, stationiert gewesen waren. Ich gab ihm die Hand. Es war der dreißigste Tag.

Vom Augenblick des Händedrucks an hüllte uns eine Blase der Ruhe ein – fast so, als hätten wir uns in die Luftblasen des Mineralwassers verwandelt, das wir tranken, und jeder Wortwechsel schien klar und prickelnd. Es gab kein Thema und keine Beobachtung, über die wir nicht sprechen konnten. Der Schmetterling und der Fliegende Tiger.

Als wir drei Tage später telefonierten, nachdem er wieder in L.A. war, sagte er: »Du weißt, daß wir heiraten werden, oder?« Rasch stimmte ich zu. Aber nachdem ich eingehängt hatte, schwanden mir, glaube ich, die Sinne. Solche Dinge passieren nicht so schnell!

Ein paar Tage später begann ich Wellen intensiven Wohlbehagens zu empfinden, die durch meinen Körper schossen, während ich in New York City meinen Geschäften nachging. Die Leute im Bus beugten sich zu mir hinüber und fragten: »Miss, ist alles in Ordnung?« Er sandte mir Liebe vom anderen Ende des Kontinents, und ich konnte sie spüren! Eines Abends, als ich in einem Bistro saß und gerade einem Freund beschrieb, was passierte, ließen drei in der Nähe stehende Kellnerinnen gleichzeitig ihre Tabletts fallen und brachen in perlendes Gelächter aus. »Er hat danebengezielt«, sagte mein Begleiter.

Binnen einer Woche flog ich nach L.A., wo wir uns verlobten. Wir haben im Mai 1990 geheiratet.

Lisa M. Chan

Auf Wiedersehen und Hallo

Seit Karls Tod waren fast auf den Tag fünf Jahre vergangen, aber ich hatte immer noch keinen Schlußstrich darunter ziehen können.

Ich nahm an einer Gruppenreise zu buddhistischen und hinduistischen Schreinen und Tempeln in Nordindien, Nepal und Sikkim teil. Bei einem früheren Besuch heiliger Stätten in Südamerika hatte ich schon festgestellt, daß ich mich auf die heilige Energie einstellen konnte, die an Orten herrschte, wo zuvor Tausende von Menschen gebetet hatten, und daß ich dann friedlich in einen anderen Bewußtseinszustand versank. Jetzt fühlte ich mich in Indien so wohl, daß alles möglich schien... aus jedem Aspekt des Lebens dort strahlte mir der göttliche Geist entgegen.

Wir waren schon über einen Monat unterwegs, als ich beim Blättern in einem Reiseführer die Beschreibung der Stadt Gaya fand, wo Feuerbestattungen zelebriert wurden. Intuitiv fühlte ich mich davon mächtig angezogen, doch die Zeit reichte nicht, um dort hinzufahren. Ich wußte nicht, womit dieser dringende Wunsch zusammenhing, doch ich wurde rastlos und unruhig und fühlte mich irgendwie angespannt. Als wir Varanasi erreichten – das ehemalige Benares, die heiligste Stadt am Ganges, wo die Hindus ihre letzten Tage verbringen möchten – fieberte ich vor Verlangen, daß »etwas« geschehen müsse, obwohl ich nicht wußte, was. Wir verstauten unser Gepäck rasch im Hotelzimmer. Dann begaben wir uns mit der aufkommenden Dämmerung an den Fluß hinunter, um die hochverehrten Ghats, die steinernen Treppen, zu besuchen, wo die Verbrennungen stattfinden.

Der Platz oberhalb des Flusses summte vor Aktivität. Er war voller Menschen. Überall Fackeln, Kerzen, Blumen und Musikinstrumente. Die Leute verkauften Räucherwerk, Nahrungsmittel, bunte Gewürze, Kosmetikartikel und Souvenirs; es gab heilige Männer und Touristen aus aller Welt.

Ich blieb vor einem großen Wall von Blumen stehen; einige waren hübsch arrangiert, andere lagen einfach bunt durcheinander oder quollen aus Körben heraus über die Straße. Sie erfüllten die Nacht mit einem zarten Duft, der mich berauschte. Ohne zu wissen warum, kaufte ich impulsiv eine Blumenmala – den rituellen »Rosenkranz«, den die Hindus opfern – aus einem wunderschön arrangierten Korb mit gelben, roten und weißen Ringelblumen und Nelken.

Unser mit einem Turban bekleideter Führer drängte uns weiterzugehen und schleuste uns durch gewundene, enge, stockdunkle Gassen. Hin und wieder erlaubte uns eine Kerze oder eine nackte Glühbirne, die von einer Decke hing, direkt in die Häuser und Wohnungen zu spähen, welche die Straßen säumten. Familien saßen beim Abendessen, oder man war gerade dabei, die Mahlzeit zuzubereiten. Die Leute dösten vor sich hin oder eilten geschäftig umher und achteten nicht auf unsere schüchternen Blicke. Wir wichen Kuhfladen und Pfützen aus, stiegen über Abfälle und schlafende Bettler, tasteten uns an den dunkelsten Stellen mit den Händen an der Wand entlang und stolperten weiter, begleitet von schrillen, schaurigen Melodien. Ich fühlte eine ängstliche Erwartung. Wo gingen wir hin?

Wir landeten schließlich auf der oberen Plattform des Ghat, das über steinerne Terrassen und Treppenstufen zum Fluß hinunterführte, wobei die untersten Stufen von den Fluten überspült wurden. Unter uns loderten die Bestattungsfeuer. Heiße, dichte Wolken von Asche, Funken und Rauch wirbelten um unsere Köpfe und machten uns das Atmen schwer, während wir hinunterblickten. Dort lagen die Leichen aufgestapelt. Die Körper der Männer waren in weiße Tücher gehüllt, die der Frauen in goldene oder rote Saris – ihre Hochzeitsgewänder.

Ich starrte in das Zentrum eines Feuers auf den steifen Körper eines Mannes, dessen Verbrennung von einem Ghat-Angestellten oder Priester beaufsichtigt wurde. Er stocherte mit einem Stock in den brennenden Überresten herum und schlug gelegentlich auf die Leichenteile, um sie in kleinere Stücke aufzuspalten, die schneller verbrannten. Ich war völlig hypnotisiert, aber ich erinnere mich auch, daß ich das Gefühl hatte zu ersticken und mir übel war, während ich schockiert nach unten blickte. Ohne zu überlegen warf ich die Mala in einer spontanen, weit ausholenden Bewegung hinunter in die Flammen. Als sie in eine Feuerwolke fiel, zerstob sie in winzige Lichtfunken.

Gefühle der Sehnsucht, der Trauer und des Verlustes durchströmten mich. Es war so, als sehe ich der Verbrennung meines eigenen Mannes dort unten zu.

Mit dieser Vorstellung glitt ich in eine freundliche Art defensiver Trance – die Psychologen nennen das Dissoziation – denn ich hatte keine andere Möglichkeit, die Flut der Gefühle abzuwehren. Ich weiß nicht mehr, wie ich zum Hotel zurück oder ins Bett gekommen bin.

Als ich am nächsten Morgen telefonisch geweckt wurde, fühlte ich mich benommen und begann, mich sehr langsam anzuziehen. Während ich allmählich meine Gedanken wieder sammelte, wurden meine Bewegungen schneller, und ich lief eilig nach draußen – doch der Bus mit meiner Reisegruppe war nirgendwo zu sehen. Die Morgendämmerung wartet nicht auf Touristen, und sie waren schon losgefahren, um zu beobachten, wie die Sonne über dem Ganges aufging.

Ich fragte mich zu einem anderen Bus durch, ebenfalls voll amerikanischer Touristen, der auch zum Fluß hinunterfuhr. Inmitten von Fremden fühlte ich mich verlegen und befangen. Ich sah aus dem Fenster auf einen Mann und eine Frau, die von einem schwitzenden Fahrer mit Höchstgeschwindigkeit in einer Fahrradrikscha befördert wurden, welche sich auf gleicher Höhe mit unserem Bus hielt. Die schönste Hindu-Frau, die ich je gesehen hatte, blickte mich aus der Rikscha heraus an: Wir sahen einander in die Augen, und ich fühlte einen Strom der Verbindung und Schwesterlichkeit.

In genau diesem Moment stießen unser Bus und die Rikscha zusammen, und die zerbrechliche Rikscha kippte zur Seite und brach zusammen. Die Frau und ihr Begleiter wurden auf die Straße geschleudert. Sofort sammelte sich eine Menschenmenge um sie herum, und als unser Bus zum Stehen kam, sah ich nichts als eine Masse aufgeregter Inder, die alle durcheinander riefen und sich stritten. Der Fahrer stieg rasch aus und schlug die Tür hinter sich zu.

Was war mit ihr passiert? fragte ich mich verzweifelt und rang nervös die Hände, während mir der Schweiß ausbrach. Nach ein paar Minuten kehrte der Fahrer zurück und verkündete knapp: »Alle sagen, der Rikschafahrer sei schuld, weil er dem Bus zu nahe gekommen ist.« Damit setzte sich der Bus auch schon wieder in Bewegung und reihte sich schwankend in den dichten Verkehr ein. Wir erfuhren nichts über das Schicksal der Rikschapassagiere; der Fahrer weigerte sich, darüber zu sprechen.

Ein Gespür für die Kostbarkeit jedes Augenblicks im Leben überkam mich, die Erkenntnis, daß Schönheit jeden Moment vergehen kann. Hatte ich es nicht gerade gesehen? Die Verbindungen, die Menschen zueinander haben, können von einer Sekunde zur anderen verletzt oder zerstört werden. Ich war von dieser Wahrheit so bewegt, daß ich nicht einmal weinen konnte.

Als wir am Fluß ankamen, nur ein paar Minuten vor dem Morgengrauen, kaufte ich eine weitere Mala. Während wir langsam die breiten Stufen zu einem Boot hinunterstiegen, wo vier Ruderer auf unsere Busladung warteten, konnte ich meine eigene Gruppe weit oben am Fluß in einem genau gleichen Boot sehen. Inmitten Hunderter von Hindus, die ihre morgendlichen Gebete und Waschungen verrichteten, sich die Zähne putzten, badeten und in das heilige Wasser eintauchten, stieg ich an Bord und setzte mich... entnervt von den Ereignissen des Morgens und dem Spektakel um mich herum.

Ein Händler trat an das Boot heran und bot uns zwei gleiche Gedenkopfer an: in Öl schwimmende brennende Dochte in winzigen Tonschalen, umgeben von frischen grünen Blättern. Ich griff in meine Tasche und fand zwei Rupien – genau die Summe, die er verlangt hatte.

Hinter mir fragte eine Männerstimme: »Für wen sind die?«

Ohne aufzusehen antwortete ich ruhig: »Das eine ist für meine verstorbenen Eltern. Und das andere ist für meinen Mann.« Ich hörte ihn spontan mit mir zusammen seufzen.

Als die bekränzten Kerzen auf dem Fluß trieben und ich meine Mala ins Wasser geworfen hatte, beobachtete ich, wie sie in die Tiefe sank und hatte dabei das Gefühl, als ob sich eine große Tür hinter mir schließen würde, während sich eine andere öffnete. Karl war tot. Ich war offen für die Zukunft.

Ich drehte mich um, um mich mit dem Mann bekannt zu machen, der eben gesprochen hatte. Sein Name war Philippe. Er erzählte mir, daß auch er jemanden verloren hatte: seine Frau und sein ungeborenes Kind.

Und diese Reise, so seltsam voll von Bildern des Todes und der Trauer, kennzeichnete nun den Beginn eines neuen

Weges. Philippe und ich blieben während der nächsten vier Jahre zusammen.

Wenn sich eine Tür schließt, öffnet sich immer eine andere.

Frances Heussenstamm

4

Spirituelle Heilung

Mein magisches Herz

»Herzstillstand auf Zimmer 6! Herzstillstand auf Zimmer 6!«

Zwei Tage nach meinem Herzanfall saß ich in meinem Bett auf der kardiologischen Station und frühstückte, als eine totale Stille meinen Körper erfüllte. Ein Blick auf den Monitor über dem Kopfende meines Bettes zeigte eindeutig, was geschehen war: Die EKG-Kurve war flach. Ich sah meinen ältesten Sohn an, der neben meinem Bett stand.

»Dad!« schrie Kevin. »Was ist los?«

Mit ganz normaler Stimme antwortete ich: »Mein Herz hat aufgehört zu schlagen.«

Die Stille in meinem Körper war überwältigend. Sie glich der Stille in einem Zimmer bei Stromausfall. Einen Augenblick lang bemerkt man plötzlich durch ihre Abwesenheit, welche Hintergrundgeräusche normalerweise die elektrischen Geräte im Raum erzeugen. So war es auch mit der unerwarteten totalen Stille in meinem Körper.

Umgehend füllte sich mein Zimmer mit Krankenschwestern und medizinischen Geräten. Kevin wurde rasch auf den Flur geführt. Vier Schwestern standen wie beim Appell um mein Bett herum und begannen zu arbeiten. Die ersten Worte, die ich hörte, waren: »Kein Blutdruck.« Dann:

»Kein Puls.«

»Kein Herzschlag.«

»Das EKG ist flach.«

Während ich in ihre Gesichter sah, ging ein wunderschönes Strahlen von ihnen aus, das immer intensiver wurde, bis ich nur noch vier wunderbare Augenpaare wahrnahm, die mein Bett umgaben. Sie waren warm und liebevoll, und jedes sandte eine stille Botschaft aus: Hab keine Angst – vertrau uns einfach.

Während ich in die Augen zu meiner Linken sah, fragte ich: »Was ist passiert?«

»Ein Herzstillstand«, antwortete die Schwester ruhig.

»Was tun wir dagegen?«

Lächelnd erwiderte die Schwester: »Wir versuchen, Ihr Herz wieder in Gang zu setzen.«

Ohne nachzudenken antwortete ich spontan: »Das wäre nett.«

Die Worte und Ereignisse waren so kristallklar, als seien sie in mein Gedächtnis eingegraben, um nie in Vergessenheit zu geraten. Während sich all diese wunderschönen Augen um mich bemühten, empfand ich keine Furcht.

Die Schwester zu meiner Linken fragte: »Ist es Ihnen recht, wenn ich auf Ihre Brust schlage, um Ihr Herz wieder in Gang zu setzen?«

Welch eine seltsame Frage. Natürlich war es mir recht. »Bitte, nur zu.«

Sie schlug mehrmals mit der offenen Hand auf meine Brust, doch die Stille in meinem Körper hielt an.

Während das Drama weiterging, rührten meine einzigen Schmerzen daher, daß ich die Anspannung wahrnahm, mit der die Schwestern sich bemühten, mein Herz wieder in Gang zu setzen. Doch es fiel mir schwer, ihre Sorge zu verstehen. Ich empfand meinen drohenden Tod als vollkommene Erleichterung, Frieden und Freude. Es war so, als würde mich ein warmer Kokon der Liebe einhüllen.

Allmählich merkte ich, daß ich verschiedene Dinge gleichzeitig sehen konnte. Es war so, als würde ich über dem Bett schweben und beobachten, was unter mir passierte, während gleichzeitig das Zentrum meiner Aufmerksamkeit im Inneren meines Körpers lag, durch meine Augen hinausblickte und die Schwestern an meinem Bett beobachtete.

Als ich noch diese beiden Szenen betrachtete, tauchte eine dritte auf: Ich war Zeuge meiner eigenen Beerdigung. Meine Kinder und Freunde saßen vor meinem Sarg.

Dann ein weiteres Bild: Meine drei Söhne, Kevin, Jon und Stephen, kehrten nach der Beerdigung weinend in unsere Wohnung zurück und räumten mein Zimmer aus. Gleichzeitig sah ich in einer anderen Szene, wie mein Geschäftspartner in mein Büro ging und das Durcheinander aufräumte, das mein Tod auf meinem Schreibtisch hinterlassen hatte. Jede dieser Szenen erschien auf einem transparenten Schirm, wo sie die vorhergehende überlagerte. Jede Szene war vollständig mit Emotionen, Dialogen und merkwürdigerweise mit Hintergrundmusik. Die Bilder schienen eher aus dem Raum zu kommen als aus meinem Bewußtsein.

Die Schwester zu meiner Linken hämmerte weiterhin auf meinen Brustkorb, während die Schwester zu meiner Rechten etwas in meinen Arm injizierte. Während die Schwestern ihren Bericht gaben, hallten ihre Stimmen in meinen Ohren wider:

»Kein Blutdruck.»

»Kein Puls.«

»Kein Herzschlag.«

»EKG immer noch flach.«

Die Gesichter und Gestalten der Schwestern waren nun nicht mehr von dem goldenen Schimmer zu unterscheiden, der sie umgab. Sie verströmten weiterhin Liebe und Fürsorge, so daß ich mich in der Umgebung dieser schönen, liebevollen Geschöpfe vollkommen sicher fühlte.

»Wenn mein Herz nicht mehr schlägt«, fragte ich die Schwester zu meiner Rechten, »wieso kann ich dann noch atmen und sprechen? Sehen Sie her.«

Ich atmete dreimal tief und geräuschvoll.

»Ich weiß es nicht.«

Nach einer scheinbar langen Zeit, während der ich bei Bewußtsein blieb, atmen und mit den Schwestern sprechen konnte, spürte ich eine Veränderung in meinem Inneren. Ich wandte mich an die Schwester zu meiner Rechten und sagte: »Sie sollten sich lieber beeilen. Der Raum beginnt sich zu drehen. Alles bewegt sich sehr schnell auf mich zu. Ich habe das Gefühl, als würde ich aus dem Inneren einer hohlen Stahltrommel sprechen.«

In einer neuartigen tiefinnerlichen Wahrnehmung erkannte ich die emotionale Anspannung der Schwestern deutlicher. Dann füllte sich der Raum mit Nebel. Die Geräusche klangen blechern. Die Bewegungen erschienen mir wie in Zeitlupe. Es war so, als würde ich verschiedene Filme und Filmmusiken, die alle mit halber Geschwindigkeit liefen, gleichzeitig sehen und hören.

Draußen auf dem Gang sah oder spürte ich eine weitere Schwester, die sich meinem Zimmer mit dem Defibrillatorwagen näherte. *Das sieht genauso aus wie in den Ärzteserien im Fernsehen. Ob es weh tut, wenn sie die Elektroden einschalten? Wie stark wird sich mein Körper aufbäumen?*

Durch den Nebel erkannte ich, wie aus den Augen zu meiner Linken Tränen strömten. »Was ist los?« fragte ich ruhig.

Eine gefühlvolle Stimme antwortete: »Wir wollen nicht, daß Sie sterben. Wir lieben Sie.«

Wärme und Verständnis erfüllten mich. Ohne nachzudenken antwortete ich: »Also gut. Ich werde nicht sterben.«

Während ich geräuschvoll und tief einatmete, schien mein Kopf am Scheitelpunkt aufzubrechen wie eine Blüte, die sich öffnet. Genau über dieser Öffnung befand sich eine strahlende Kristallkugel aus weißem Licht – und ein Tunnel aus weißem Licht erhob sich über der Kugel und schien sich unendlich weit bis ins Zentrum des Universums zu erstrecken. Während ich ausatmete, öffnete sich der Scheitelpunkt meines Kopfes vollständig, und ein Blitz aus weißem Licht schoß aus der Kristallkugel durch meinen Kopf und in mein Herz. Als das Licht in mein Herz eindrang, fühlte ich es schlagen.

Die Schwester zu meiner Linken rief: »Ich habe einen Herzschlag!«

Ich lächelte sie an und fragte: »Möchten Sie noch einen?«

»Ja!« antworteten alle Schwestern.

Als ich erneut einatmete, schimmerte die Kristallkugel wie beim letzten Mal über dem Scheitelpunkt meines Kopfes. Und von neuem schoß das Licht beim Ausatmen durch meinen Kopf und in mein Herz und löste einen weiteren Herzschlag aus.

Intuitiv wußte ich, was geschehen war. Ich hatte mich von der unbegrenzten Quelle des Lebens abgekoppelt. Die Kristallkugel genau über meinem Kopf war mein persönlicher Speicher der universellen Lebensenergie. Mein Herz hatte aufgehört zu schlagen, und der Scheitelpunkt meines Kopfes hatte sich geschlossen. Und in meinem Bemühen, die Verbindung aufrechtzuerhalten, war mein spiritueller Körper dabei gewesen, diese irdische Welt zu verlassen, um der sich zurückziehenden Lebensquelle auf ihrem Heimweg zu folgen. Nun waren mein spiritueller und mein materieller Körper wieder mit der unbegrenzten Quelle des Lebens – Gott – verbunden. Ich würde nicht sterben.

Aufgeregt und staunend wie ein Kind am Weihnachtsmorgen rief ich: »Paßt auf!« Ich fuhr fort, rasch das Licht aus der Kristallkugel in mein Herz zu atmen, und mit jedem Atemzug schlug mein Herz aufs neue. Nach mehreren aufeinanderfolgenden Herzschlägen hatte ich das Gefühl, daß mein Herz seine Verbindung zur unbegrenzten Quelle wieder aufgenommen hatte und wieder normal schlug.

»Ich habe einen Puls.«

»Blutdruck normal.«

»Das EKG ist normal.«

»Das Herz schlägt wieder.«

Wie durch einen Zauber verwandelten sich die vier warmen, liebevollen Augenpaare in vier strahlende, lächelnde Gesichter. Die Sorge, die sich in ihren Augen gespiegelt hatte, wurde durch Aufregung, Liebe und Staunen ersetzt.

Doch ihr Wesen strahlte immer noch einen goldenen Schimmer aus, der weiterhin das ganze Zimmer erfüllte und mich noch behaglicher in einen warmen Kokon aus Liebe hüllte.

Zur Feier des Augenblicks strömten die Worte aus meinem Herzen, ohne daß ich darüber nachdachte. »Wir haben es geschafft. Es war gut so. Also, wer umarmt mich jetzt und heißt mich nach meiner Rückkehr ins Leben willkommen?«

Die Schwester zu meiner Rechten schüttelte nur den Kopf, lächelte und sagte: »Ich kann's nicht fassen.« Sie drehte sich um und verließ den Raum. Die Schwester zu meiner Linken, die geweint hatte, beugte sich über mich, umarmte mich fest und gab mir einen Kuß. Dann lächelte sie und sagte: »Wir lieben Sie. Willkommen im Leben. Sie sind wunderbar!«

Als ich mich umschaute, sah ich, wie Kevin wieder ins Zimmer kam. In seinem Gesicht spiegelte sich eine Mischung aus entsetzlicher Furcht und Erleichterung. Ein kurzer Blick auf ihn ließ keinen Zweifel daran, daß dies kein Traum gewesen war.

Mein Gesicht und meine Seele strahlten wie ein Kind, das gerade ein großes Geheimnis entdeckt hat: die heilende Kraft meines magischen Herzens.

Während das Drama in meinen Gedanken noch einmal ablief, erkannte ich, daß diese Menschen sich wirklich um mich sorgten. Sie liebten mich, obwohl sie nicht wußten, wer ich war, was ich getan hatte, ob ich wichtig war oder nicht, oder wohin ich gehen würde. Und ich wußte nicht einmal ihre Namen und konnte mich auch nicht daran erinnern, wie sie aussahen.

Dann wurde es mir plötzlich klar: Wahrhaft bedingungslose Liebe ist weit mehr wert, als man mit Worten ausdrükken kann. Die Schwestern hatten ihre Liebe ohne irgendwelche Erwartungen verströmt. Es war eine reine Liebe gewesen, die gesagt hatte: »Wir lieben dich, weil du so bist, wie du bist, und wenn du stirbst, werden wir dich vermissen, obwohl wir dich gerade erst kennengelernt haben.« Die Wärme dieser Liebe und die goldene Aura, die sie schuf, bargen die Kraft eines Wunders. Und diese Energie war immer noch gegenwärtig.

Ich empfand Ehrfurcht angesichts der Erfahrung, daß die Kraft der bedingungslosen Liebe das Wunder des Lebens hervorgebracht hatte. An diesen Augenblick würde ich mich mein Leben lang erinnern.

Mit diesem Gedanken schloß ich Kevin fest in die Arme.

Während ich in dem jetzt stillen Zimmer im Bett lag,

wurde mir klar, daß in meinem Leben nichts falsch gelaufen war, denn ich befand mich genau dort, wo ich sein sollte. Mir wurde deutlich, daß alle Ereignisse in meinem Leben zusammenhingen; jedes hatte die Voraussetzungen für das nächste geschaffen.

Jedes Ereignis war ein weiterer Schritt auf dem Weg gewesen, der mich dazu geführt hatte, bedingungslose Liebe zur Grundlage meines Lebens zu machen, und alle diese Schritte gestatteten mir, die Lektionen von Zimmer 6 zu lernen, die Lektionen, sich dem Leben zu überlassen und die Türen zu meinem magischen Herzen geöffnet zu halten – denn solange sie offen sind, wird das Licht der Liebe immer meinen Lebensweg erleuchten.

David G. Cooper

Ein Engel namens Levi

Mein Erstgeborener, T.J., war vom ersten Atemzug an ein sehr schwieriges Kind. Er war neugierig, aufgeweckt, ein pausenloser Entdecker. Doch er neigte auch zu Koliken, war leicht frustriert und ausgesprochen hyperaktiv. Ich brauchte all meine Energie, um ihm als Mutter gerecht zu werden, und so war ich überfordert, als meine Tochter fast drei Jahre später geboren wurde. T.J. empfand alles in seinem Leben als Herausforderung: die Tagesmutter, die Vorschule, uns als Eltern, unsere gesamte Familie und vor allem die Tatsache, daß er nun eine Schwester hatte.

Im ersten Schuljahr wurde T.J.s Intelligenzquotient getestet, und es stellte sich heraus, daß er sehr hoch war. Trotzdem versagte unser Sohn in der Schule. Seine Frustrationstoleranz wurde immer geringer, und wir mußten mit ansehen, wie er auf einen Weg der Selbstzerstörung geriet. Im Unterricht schlug er seinen Kopf so hart gegen den Schreibtisch, daß der Lehrer Angst hatte, er könne bewußtlos werden. Bei der anschließenden Untersuchung hieß es, T.J. habe Aufmerksamkeits- und Konzentrationsstörungen und leide zugleich unter einer extremen Hyperaktivität. Wir mußten etwas unternehmen.

Sämtliche Experten glaubten, daß Medikamente helfen würden. Im Anfang erschienen uns die Mittel wie ein Gottesgeschenk, denn unser Sohn wurde ruhiger und bewältigte seinen Alltag besser. Ich dachte schon, er würde langsam wieder der alte werden.

Das war der Anfang von viereinhalb Jahren der Behandlung mit Medikamenten, der Beratungsgespräche, Arzttermine, psychologischen Tests, Verhaltenstherapien, Seminare ... all das ist Teil der Behandlung eines Kindes, das man sehr rasch als schwer emotional gestört abstempelt. Entgegen unseren Hoffnungen auf weitere Verbesserungen errichtete er immer höhere Mauern um sich. Trotz aller Bemühungen, T.J. zu helfen, konnte ich sehen, daß wir dabei waren, ihn zu verlieren. Er hatte keinen Lebenswillen mehr. Das Leben war zu schwierig für dieses Kind, das sich gegen jeden Therapieversuch wehrte und sich gegen jeden verschloß, der versuchte, ihm zu helfen. Ich war sein einziger Bezugspunkt im Leben, und ich begann allmählich zu verzweifeln.

All dies erreichte seinen Höhepunkt, als T.J. im Alter von zehn Jahren fast einen Monat lang in eine Klinik eingewiesen wurde. Ein Team von Spezialisten sollte ausführliche psychologische Tests und Gehirnuntersuchungen vornehmen sowie ein strenges verhaltenstherapeutisches Programm und eine tiefgehende psychologische Beratung durchführen, in der Hoffnung, meinem Kind auf die eine oder andere Weise bei der Bewältigung des Alltags zu helfen.

Mich von meinem weinenden Kind abzuwenden, wegzugehen und es hinter verschlossenen Türen zurückzulassen war das Schwierigste, was ich als Mutter je in meinem Leben getan habe. Ich werde nie den herzzerreißenden Schmerz vergessen, den ich dabei empfand. Niemand liebte dieses Kind so wie ich, niemand war so mit seiner Seele verbunden. Fünf Tage danach telefonierte ich zum ersten Mal mit ihm. Er bettelte, ich solle kommen und ihn dort herausholen. Schluchzend rief er, er gehöre dort nicht hin, er sei nicht so wie die anderen Kinder dort. Als ich ihm sagte, ich könne ihn noch nicht holen, legte er den Hörer auf und weigerte sich mehrere Tage lang mit mir zu sprechen. Ich war der einzige Mensch auf der Welt, dem er vertraute, und ich konnte nicht bei ihm sein und nichts für ihn tun.

Als ich ihn fast einen Monat später aus der Klinik abholte, erklärte mir sein Therapeut, sie hätten es nicht geschafft, T.J. zu erreichen. Er sagte mir, mein Sohn sei extrem manipulativ und müsse wirklich über lange Zeit stationär behandelt werden. Das konnten wir uns finanziell nicht leisten, und ich hätte ihn ohnehin nicht dort gelassen. Der Therapeut erklärte mir, wenn sich T.J. nicht ändere, dann würde er wahrscheinlich irgendwo in einer Jugendstrafanstalt enden.

Das Problem war anscheinend unlösbar. Wir versuchten es noch einmal mit anderen Medikamenten, und zwei Monate nach dem Klinikaufenthalt war ich auf dem besten Weg, die Schlacht zu verlieren. Mein Sohn verschwand in einem Dunst aus Medikamenten, unkontrollierbarem Verhalten, Negativität und Schmerz.

Dann geschah ein Wunder. Ich lernte eine Frau kennen, nennen wir sie Dove, die mit den Engeln spricht. Diese Frau, die ich noch nie zuvor gesehen hatte, hielt mich in ihren Armen und ließ bedingungslose Liebe in meine zerrüttete Seele strömen, während ich meinen Schmerz herausschluchzte. Sie machte mich mit einem Engel bekannt und erzählte mir auch etwas über T.J.s Engel.

Ja, sie waren bei uns und gaben uns Kraft. Ihre Botschaften an mich besagten, daß ich wußte, was das Beste für meinen Sohn war, und meinen Instinkten vertrauen mußte. An diesem Tag fand ich die Kraft, das Leben meines Sohnes wieder selbst in die Hand zu nehmen.

Mit Hilfe der Ärzte entwöhnte ich ihn von allen Medikamenten. Ich lernte ein nährstoffreiches, wildwachsendes, vollwertiges Nahrungsergänzungsmittel kennen, und wir begannen, mit T.J.s Körper zu arbeiten, um die Problemlösungen zu finden, nach denen wir suchten. Wir begannen, viele alternative Heilverfahren zu testen, und ich stellte fest, daß T.J. gesünder und glücklicher wurde.

Meine Instinkte im Hinblick auf meinen Sohn waren auf der richtigen Spur. Seine Augen, die so lange glanzlos gewesen waren, begannen wieder zu funkeln. Die ganze Zeit wußte ich, daß unsere Engel uns nahe waren und uns wenn nötig halfen.

Das Wunder, das mit T.J. geschah, war phänomenal. Eines Tages kam er zu mir und erzählte mir, er habe seinen Engel gesehen, und er beschrieb mir sehr genau, wie dieser Engel aussah. Wir nannten T.J.s Engel Levi. T.J. begann auch zu beschreiben, daß er Farben und Energie um Menschen, Pflanzen und Gegenstände herum sah. Mein Sohn hatte inzwischen wieder Vertrauen zu mir gefaßt, und er wußte, daß ich alles, was er mir erzählte, ernst nahm.

Ich erkannte allmählich auch, über welches erstaunliche Potential er verfügte, Dinge zu wissen und zu hören, die wir nicht mit unseren Sinnen wahrnehmen können. Manchmal verließ T.J. unsere Wirklichkeit. Dann wurden seine Augen starr, und sein Körper funktionierte automatisch. Er war irgendwo anders. Wenn er zurückkehrte, mit funkelnden Augen, dann erzählte er, wie er über allem geschwebt sei und auf die Ereignisse herabgeblickt habe. Er konnte diese Ereignisse sehr klar erkennen. T.J. begann auch zu beschreiben, wie er andere Wesenheiten und Geister wahrnahm, die sich in ihrem Charakter und ihren Wünschen deutlich unterschieden. Mein Weltbild wurde enorm erweitert.

Ich hatte beobachtet, wie mein Sohn aus den Abgründen der emotionalen Hölle wieder ans Licht kam. Er erwachte nicht nur für diese Welt, sondern auch für andere Welten, über die ich immer noch Neues lerne und die ich zu verstehen versuche. Er sieht diese Welt sehr klar, aber er ist so eng mit den anderen Dimensionen der Wirklichkeit verbunden, daß es ihm manchmal schwerfällt, hier bleiben zu wollen.

Doch er weiß jetzt, daß er diesmal eine wichtige Aufgabe hier auf der Erde zu erfüllen hat, und er hat sich entschieden, hier zu bleiben und zu sehen, wie sich diese Aufgabe entfaltet. Ich kann niemandem sagen, wie glücklich ich darüber bin.

T.J. ist noch immer eine Herausforderung für unsere menschlichen Überzeugungen, und das wird auch so bleiben. Das ist ein Teil seines Wesens. Doch ich habe nicht nur meinen aufgeweckten, gesunden Sohn zurückbekommen, sondern ich bin auch selbst aufgewacht und erkenne, welch eine großartige Seele und welch ein wertvolles Geschenk für die Menschheit er ist.

Als ich ihn fragte, ob er eine Botschaft an alle Menschen übermitteln wolle, sagte er einfach: »Hört auf die Kinder. Wir, die Kinder, tun alles, damit ihr uns hört.«

Becky Linderman

Und so erschien das Leben

Ich würde sterben. Alles deutete darauf hin.

Es war im Nobember 1987. Die Feiertage standen vor der Tür, aber ich konnte mich weder auf Weihnachten freuen noch auf meinen Geburtstag im Januar, weil meine Ärzte sich nicht sicher waren, ob ich ihn noch erleben würde.

Im April dieses Jahres, am Geburtstag meines Mannes, war festgestellt worden, daß ich Krebs hatte: einen Tumor in der linken Niere. Wie betäubt hatte ich mit der Chemotherapie begonnen und mich in die Gruppe von Menschen eingereiht, die von einer Behandlung zur nächsten leben. Wenn ich das Krankenhaus verließ, mußte ich mich oft schon auf der nur zehn Kilometer langen Fahrt nach Hause am Straßenrand übergeben. Dann bekam ich Leukämie als Nebenwirkung der Chemotherapie, die mein Immunsystem schädigte. Ich verlor immer mehr an Gewicht und war entsetzlich erschöpft. Mein ganzes Leben bestand aus Nadeln, Erbrechen und Schlaf. Ich verlor das Interesse an allem, am Leben selbst.

Nachdem dieser Zustand etwa einen Monat dauerte, rief mein Arzt an und sagte, er habe mich als mögliche Kandidatin für die Erprobung einer neuen Therapie vorgemerkt. Dieser neue Behandlungsansatz war eine sehr umstrittene und sehr gefährliche High-Tech-Methode. Es war sogar durchaus möglich, daß mein Gehirn dabei durch unkontrollierbare Schübe von extrem hohem Fieber lebensgefährlich geschädigt wurde. Für die Behandlung würde ich an vier Tagen in der Woche eine Strecke fahren müssen, die hin und zurück 240 Meilen betrug. Ich würde eine Vereinbarung unterzeichnen müssen, durch die ich mich in die Hände von Menschen begab, die ich noch nie gesehen hatte.

Doch plötzlich interessierte ich mich wieder für etwas, hatte den Wunsch zu überleben. Ich atmete tief durch, sprach ein Gebet und unterschrieb. Jede Behandlung erstreckte sich über den ganzen Tag und begann mit der Entnahme von Körperflüssigkeiten: literweise Blut, eimerweise Urin. Danach kam das, was ich als »Strahlenphase« bezeichnete. Ich wurde so oft durchleuchtet und geröntgt und bestrahlt, daß es in der Familie schon scherzhaft hieß, man könne mich als Nachtlicht einsetzen: meine »Glühwürmchenphase«.

Dann kam die Phase der Injektionen. Ich wurde an eine Infusion angeschlossen und bekam meine Dosis »Gift«. Alle fünfzehn Patienten, die an diesem Programm teilnahmen, lagen zusammen in einem großen Raum, hingen an der Infusion, sahen fern oder hörten Musik oder irgendwelche motivierenden Botschaften, mit denen man uns über Kopfhörer aufzuheitern oder zu ermuntern versuchte. Ich wurde regelrecht süchtig nach »Three Stooges« und »Dick und Doof«.

Dann kam die kritische Phase, in der wir einige Stunden abwarteten, um zu sehen, ob sich eventuell irgendwelche negativen Nebenwirkungen zeigten. Mein Mann und ich spielten Karten in der Cafeteria, gingen spazieren oder lasen. Wenn alles in Ordnung war, konnten wir bis zum nächsten Behandlungstag nach Hause fahren. Während der Heimfahrt schwiegen wir meist, dachten über die Ereignisse des

Tages nach und fragten uns, was die nächste Behandlung wohl bringen mochte.

Zu Beginn der Therapie hatte man mir gesagt, es bestehe für mich große Hoffnung auf Besserung; sogar eine Remission schien möglich. Und ich war tatsächlich die Star-Patientin. Doch im November verschlechterte sich mein Zustand, und sogar mein Arzt verlor die Hoffnung. Dr. Jack wurde depressiv, als meine Blutwerte in den Keller gingen.

In der Zwischenzeit hatten wir schon alles andere versucht, was an begleitenden Maßnahmen möglich war, um den Erfolg der Therapie zu fördern, einschließlich Nahrungsergänzungen, Akupunktur, positiver Visualisierungen und natürlich Gebeten. Als überzeugte Katholikin glaubte ich an Wunder. Ich hatte über Lourdes gelesen und den Schrein von St. Anne de Beaupré in Kanada besucht. Obwohl ich nicht entsprechend erzogen worden war, hatte ich als amerikanische Indianerin von Hellsichtigkeit und mystischen Erfahrungen gehört und glaubte daran. Doch solche Wunder und mystischen Erlebnisse waren immer nur anderen geschehen, nicht mir. Ich glaubte zwar, bezog diesen Glauben jedoch nicht auf mich selbst.

An dem Tag, an dem diese Überzeugungen von der Wirklichkeit korrigiert wurden, befand ich mich auf dem Tiefpunkt meines bisherigen Lebens. Von den ursprünglich fünfzehn Patienten unserer Gruppe lebten nur noch fünf. Und ich war nicht mehr die Star-Patientin.

Ich hatte die Entnahme der Körperflüssigkeiten und die Strahlenphase hinter mir und traf mich mit meinem Mann zum Mittagessen. Trotz meiner Viertausend-Kalorien-Diät wog ich weniger als neunzig Pfund, bei einer Größe von einsdreiundsiebzig. Ich sah aus wie ein Besenstiel mit einem Kopf.

Als der Aufzug begann, nach unten in die Eingangshalle zu fahren, gab er auf einmal ein seltsames Klicken von sich. Plötzlich blieb er mit einem Ruck stehen. Verägert sah ich mich sofort nach dem Notruf-Telefon um. Auf keinen Fall wollte ich während der Mittagspause alleine im Aufzug feststecken!

Dann öffnete sich die Tür hinter mir. Als ich mich umdrehte, war ich verblüfft, einen wirbelnden grauen Nebel zu sehen – und, durch diesen Nebel erkennbar, die größte »7«, die ich je erblickt hatte. Aus dem Nebel tauchte ein Mann auf. Er sah aus wie einer der vielen Obdachlosen, die es in der Stadt gab, doch er war makellos sauber. Er trat vor, überreichte mir ein kleines orangefarbenes Büchlein und sagte: »Sagen Sie Ihrem Arzt, daß er alles richtig macht und es Ihnen bald gutgehen wird. Er soll weder Sie noch sich selbst aufgeben.«

Dann verschwand er einfach. Die Aufzugtür schloß sich, und der Aufzug setzte sich wieder in Bewegung.

Beim Mittagessen erzählte ich meinem Mann, was ich erlebt hatte. Wir begannen, den Mann scherzhaft als meinen »Engel« zu bezeichnen. Wir blätterten in dem kleinen Büchlein, das sich als eins jener Traktate herausstellte, die auf der Straße verteilt werden. Keiner von uns konnte sich auf die Sache einen Reim machen.

Später am Nachmittag, während der Injektionsphase, teilte ich Dr. Jack mit, was geschehen war. Er wurde nachdenklich und fragte mich, ob ich sicher sei, daß ich die Zahl »7« gesehen hatte. Der Aufzug hätte sich unmöglich auf dem siebten Stock öffnen können, weil dort nur die Rückfront einer Bürowand an den Aufzugschacht grenzte. Doch ich wußte, was ich gesehen hatte.

Früh am nächsten Morgen rief mich Dr. Jack sehr aufgeregt an. Am späten Abend des Vortages war ihm in seinem Hotelzimmer derselbe »Engel« erschienen. Er war durch die abgesperrte Tür gekommen und hatte Dr. Jack gesagt, er solle nicht aufgeben, es würde mir bald gutgehen. Dann hatte er meinem Arzt das gleiche Büchlein gegeben und war veschwunden.

Danach wurde alles anders. Die Therapie begann tatsächlich zu wirken. Meine Blutwerte besserten sich, und ich fühlte mich nicht mehr so müde. Auch meine Einstellung veränderte sich. Ich war sicher, daß ich es schaffen würde. Und auch mein Arzt war davon überzeugt.

Wir beide veränderten unser persönliches Leben. Er versöhnte sich wieder mit seiner Frau und stellte sein Familienleben ganz obenan auf seiner Prioritätenliste. Und ich beschloß, mein Leben authentischer zu führen und mehr zu mir selbst zu stehen.

Im Januar war ich auf dem besten Weg, vollständig gesund zu werden. 1993 wurde ich für geheilt erklärt. Später hatte ich eine bei Frauen nicht ungewöhnliche Unterleibsoperation, bei der sich der Chirurg mein Inneres genau ansah: keine Tumoren, keine Leukämie, kein Anzeichen von Krebs. Ich lebe. Besser noch, ich bin geheilt.

Ich habe Dr. Jack seit Jahren nicht mehr gesehen, aber ich werde weder ihn vergessen, noch das, was wir gemeinsam durchgemacht haben. Und ich weiß, er wird niemals den Engel oder die Botschaft oder deren Bedeutung vergessen.

Ich empfinde heute einen neuen Respekt für alles, was lebt, und für die Schönheit der Schöpfung. Mein Mann und ich sind von Dankbarkeit erfüllt. Ich weiß, daß der Schöpfer mir und meinem Arzt eine mächtige Botschaft gesandt hat: »Wir müssen im Leben das Positive sehen. Heute

»glaube« ich nicht mehr an Wunder und an das Mystische. Ich habe den Beweis.

Carol Wilette Bachofner

Eine heilende Botschaft

Ich lernte Mrs. Esperanza 1984 bei einem Seminar kennen, das ich in Houston für die *Cancer Prevention and Control Association* geleitet hatte. Der Titel lautete: »Der innere Heiler«. Am Ende der Veranstaltung kam Mrs. Esperanza zu mir aufs Podium, mit einem Lächeln auf dem Gesicht, ihre Arme und ihr Herz weit geöffnet, bereit mich zu umarmen. Sie sagte mir, sie habe meine Darstellung sehr anregend gefunden – und sie selbst sei durch Gebete und die Botschaft eines Engels geheilt worden und suche nach einem Arzt, der für solche Erfahrungen Verständnis habe. Sie bat mich um meine Karte und umarmte mich zum Abschied noch einmal herzlich.

Am nächsten Tag erschien Mrs. Esperanza in meiner Klinik. Ich war erfreut, sie zu sehen: Sie hatte eine besonders offenherzige und wohlwollende Ausstrahlung. Während ich ihre medizinische Vorgeschichte aufnahm, erzählte sie mir über ihre wunderbare Heilung vom Krebs.

Vor fast fünf Jahren, als sie vierundsechzig war, hatte sie allmählich einen Husten mit blutigem Auswurf, Atemnot, Müdigkeit und Brustschmerzen entwickelt. Anfangs hielt sie es für eine Erkältung, dann für eine Lungenentzündung. Schließlich, als ihre Symptome sich nicht besserten, ging sie zum Arzt.

Sie war entsetzt, als sich herausstellte, daß sie unter fortschreitendem Lungenkrebs litt. Sie fühlte sich völlig überwältigt, verwirrt, verzweifelt und gedemütigt. Sie sagte mir, beim Rückblick auf ihr Leben habe sie das Gefühl gehabt, ihr Krebs sei die Folge davon, daß sie oft so lieblos gehandelt habe. Sie dachte an die Jahre voller Sorgen und Frustration, ihre Wutausbrüche und an die Beschuldigung anderer und hatte tief im Inneren das Gefühl, daß es einen Zusammenhang zwischen ihrer Lieblosigkeit und ihrem gegenwärtigen Gesundheitszustand gab.

Sie befand sich auf einem solchen Tiefpunkt, daß der bloße Gedanke an ihren Krebs ihr das Gefühl gab zu sterben. Selbstmordgedanken gingen ihr durch den Kopf. Sie wollte sich verstecken, einfach verschwinden, und niemand sollte wissen, was passiert war. Schließlich erkannte sie, daß ihre Gedanken von Schuldgefühlen und Furcht hervorgerufen wurden – und daß sie vor ihrem Tod vielleicht ihr Gewissen erleichtern sollte.

Der Arzt empfahl ihr eine Operation: völlige Entfernung der rechten Lunge. Er sagte ihr, aufgrund ihres Alters und schlechten Gesundheitszustandes könne es zu Komplikationen kommen. Es bestand sogar die Möglichkeit, daß sie die Operation nicht überlebte. Das vergrößerte natürlich ihre Verzweiflung und erhöhte ihre Entschlossenheit, sich mit ihren Kindern, Enkeln und anderen Angehörigen auszusöhnen.

Am Abend vor dem Operationstag empfing sie viele Besucher in ihrem Krankenzimmer. Sie begrüßte jeden mit einer herzlichen Umarmung und einem liebevollen Lächeln. Sie öffnete ihnen ihr Herz, sagte ihnen, daß sie tiefe Liebe für sie empfinde und dankbar für das sei, was der oder die Betreffende zu ihrem Leben beigetragen habe. Obwohl ihre Worte aufgrund ihrer Atemnot, ihrer Schwäche und der Heiserkeit schwer zu verstehen waren, kam die Botschaft aus ihrem Herzen eindeutig an. Sie schloß Frieden mit allen, die kamen, und bat sie, denjenigen, die nicht kommen konnten, ihre Liebe und Wertschätzung zu übermitteln.

Nachdem alle gegangen waren, lag sie im Bett und begann zu beten. Sie empfand mehr inneren Frieden und Dankbarkeit als je zuvor in ihrem Leben.

Etwa gegen ein Uhr morgens wurde sie von einem »Engel des Lichts« geweckt. Dieser Engel in Gestalt einer wunderschönen jungen Frau sagte ihr, alles würde gut werden – sie sei geheilt.

Als sie diese Botschaft hörte, begann Mrs. Esperanza vor Freude zu weinen. Nachdem der Engel verschwunden war, lag sie erregt die ganze Nacht wach. Erneut blickte sie auf ihr Leben zurück, aber diesmal sah sie gleichzeitig eine Zukunft vor sich. Sie sah, wie sie anderen ihre Erlebnisse mitteilte, denn sie hatte das Gefühl, dieser Engel habe sie dazu aufgerufen, anderen bei der Heilung zu helfen. Sie konnte den Morgen kaum erwarten.

Um sieben Uhr kamen zwei Schwestern in ihr Zimmer, zusammen mit einem Hilfspfleger, der sie nach unten in den Operationssaal bringen sollte. Mrs. Esperanza sagte ihnen, die Operation sei nicht mehr nötig, und sie wolle aus dem Krankenhaus entlassen werden. Alarmiert verständigten sie sofort ihren Chirurgen. Nach einiger Zeit (und weiteren Auseinandersetzungen mit den Schwestern) kam der Arzt. Er geriet fast außer sich, als sie ihm von dem Engel erzählte und ihre Bitte um Entlassung wiederholte. Zornig und verwirrt versuchte er, ihr diesen »Unsinn« auszureden – doch sie bestand darauf und sagte ihm, sie würde später gerne zu einer Nachuntersuchung zurückkommen. Aber jetzt wolle sie einfach nach Hause. Nichts konnte sie von diesem Entschluß abbringen. Schließlich wurde sie ein paar Stunden später entlassen.

In den folgenden Wochen, so erzählte sie mir, löste sich die Stauung in ihrer Lunge, und ihre Brustschmerzen verschwanden. Sie sprühte vor Energie wie schon seit Jahren nicht mehr. Und sie spürte, daß ihr Leben nun einen Sinn hatte.

Sie begann, allen Leuten, die sie kannte, von ihrer Erfahrung zu erzählen. Sie versammelte Freunde und Familienmitglieder um sich und erklärte allen, sie würde nun als Heilerin wirken. Obwohl einige von ihnen Zweifel hatten, wußte sie, daß dies ihre Aufgabe war.

So begann sie mit vierundsechzig ihre Arbeit, kümmerte sich um die Kranken und sprach mit jedem, der bereit war, ihre Botschaft der Hoffnung zu hören. Sie beschäftigte sich mit verschiedenen Aspekten der Heilung und eröffnete ein Zentrum für spirituelles Heilen, wo sie alles praktizierte, was sie gelernt hatte, von Bibeltexten über Kräuterheilkunde bis zur Ernährung. Außerdem besuchte sie weiterhin so viele Kurse wie möglich, und bei einer dieser Gelegenheiten hatte sie mich kennengelernt.

Mrs. Esperanza war eine wirklich von ihren Aufgaben beseelte Frau, eine Frau, deren Leben durch die richtungsweisende Botschaft eines Engels für immer verändert worden war. Ob ich an Engel glaube? Aber sicher. Ob ich persönliche Erfahrungen mit Engeln habe? Ganz gewiß. Können sie uns Wunderheilungen bescheren? Zweifellos.

Also erwarten Sie ein Wunder und seien Sie bereit für die Botschaft Ihres Engels. Ein Gebet voller Liebe und Dankbarkeit macht den Weg dafür frei. Möge Gott Sie mit einem solchen richtungsweisenden Boten des Lichts segnen.

John F. Demartini

Wie es sich anfühlt zu heilen

Als ich von einigen Hausbesuchen in meine Praxis zurückkehrte, wo ich durch Handauflegen heile, rief mich ein lieber Freund an. Er hatte eben erfahren, daß seine Verlobte an einem Gehirntumor litt – so groß, daß der Arzt ihn bei der Untersuchung hinter ihrem Trommelfell hatte sehen können. Sie würden am Freitag einen Spezialisten aufsuchen, aber sie wollten vorher zu einer Energiebehandlung kommen.

Sie kamen am Mittwoch. Mein Freund wartete im Nebenzimmer, während ich seine Verlobte behandelte.

Ich begann wie üblich mit einem Gebet, in dem ich darum bat, ein Werkzeug des Geistes sein zu dürfen. Ich spürte die vertraute Energie durch meinen Kopf in die Wirbelsäule fließen. Sie wirbelte durch mein Herzchakra in meine Arme und floß dann aus meinen Händen, als ich sie auf ihren Kopf legte. Hitze – sie strömte aus mir heraus in ihren Kopf.

Mich erfüllte ein überwältigendes Gefühl von Frieden und Liebe. Ich erinnerte mich daran, wie ich die beiden kennengelernt hatte, wie ihre Liebe füreinander gewachsen war. Ich fragte mich, ob dieser Tumor der Anfang ihres Abschieds vom Leben war. Was ihr Tod für ihn bedeuten würde. Ich dachte an mein eigenes Gefühl des Verlustes, falls sie sterben würde. Und ich spürte einen noch stärkeren Strom von Hitze, Liebe und Mitgefühl für so ein wundervolles menschliches Wesen.

Meine Hände standen unter Feuer, mein Körper zitterte unter dem Strom der Energie. Sie wirkte so voller Frieden und Ruhe. Ich wünschte, hoffte und betete für ein Wunder

der Heilung – für ihr Wohlergehen, wenn das zum Besten des Ganzen wäre; dafür, daß sie heiraten und weiterleben durfte. Ich wußte, daß ich nicht darüber zu entscheiden hatte, sondern eine höhere Instanz. Ich spürte eine enorme Liebe und Hoffnung.

Schließlich konnte ich fühlen, wie die Energie abkühlte, die Sitzung beendet war. Und plötzlich war ich traurig, zornig, hoffnungslos, als sei das alles wirkungslos gewesen. Ich fragte mich, warum mir diese Gabe verliehen war, wenn ich Menschen, die mir so viel bedeuteten, nicht helfen konnte. Ich ließ mir meine Sorge und Enttäuschung nicht anmerken und sagte ihr, wir müßten bis Freitag warten, um die Meinung des Spezialisten zu hören. Ich gab mich meinem Freund gegenüber optimistisch – verabschiedete mich, spürte ihre Dankbarkeit und wünschte mir, ich hätte mehr tun können. Doch man weiß nie, wie die Energie wirkt.

Der Freitag kam und mit ihm der Anruf. Ich hatte keine Veränderung ihres Zustands erwartet. Doch der Arzt hatte nicht die Spur eines Tumors gefunden. Nichts davon war geblieben.

Ich war schockiert und dankbar. Wunder geschehen, ganz gleich, wie hoffnungslos wir uns fühlen.

Ihre Hochzeit war herrlich. Ihre Liebe wächst und gedeiht weiter.

Rick Wright

Christophers Geschenk

Christopher war das schwarze Schaf seiner sehr traditionellen, bodenständigen, sportbegeisterten Mittelklassefamilie. Er wuchs in einem Viertel von Brooklyn auf, wo junge Männer harte Burschen zu sein hatten. Doch Christopher paßte nie ins Bild, weder in seiner Familie noch in der Nachbarschaft. Schon während seiner frühen Kindheit war es (sehr zum Mißfallen seiner Familie) offensichtlich, daß der sensible, kreative Junge sich von den anderen Kindern unterschied.

»Chrissy, das Mädchen«, wie ihn die anderen Jungen nannten, interessierte sich für Kunst – und das schickte sich einfach nicht in diesem Teil von Brooklyn. Die Sache wurde noch schlimmer, als die anderen Kinder herausfanden, daß er Tanzstunden nahm, und erst recht, als das Gerücht umging, er sei schwul. Sein Vater behandelte ihn besonders hart, und seine beiden älteren Brüder und seine Schwester waren nicht viel freundlicher. Doch als jüngstes Kind war er stets der Liebling seiner Mutter. Auch sie verstand ihn zwar nicht, aber sie liebte ihn bedingungslos, und Christopher fühlte sich ihr sehr nahe.

Als er sechzehn war, zog er aus und fand ein Zimmer in einer Wohngemeinschaft und einen Job in Manhattan. Seine gesamte Freizeit widmete er seiner Tanzausbildung. Mit achtzehn gehörte er zum Ballettkorps einer prominenten Tanztruppe. Mit zwanzig wechselte er zum modernen Tanz und war einer der führenden Tänzer einer vielversprechenden Gruppe. Jeder sagte, er habe eine große Karriere vor sich. Doch mit dreiundzwanzig verletzte er sich am Knie und mußte mit dem Tanzen aufhören. Zwei Jahre später zog er nach San Francisco.

Seit Christopher von zu Hause ausgezogen war, hatte er bis zu seinem Umzug nach San Francisco jede Woche seine Mutter besucht, hatte sich ins Haus hinein- und wieder herausgeschlichen, wenn die anderen nicht da waren. Er haßte die lange Fahrt mit der U-Bahn nach Brooklyn, und seine alte Nachbarschaft deprimierte ihn, doch er war ein pflichtbewußter Sohn und versäumte nur selten einen Besuch. Drei Jahre nachdem er das Haus verlassen hatte, starb sein Vater. In den folgenden Jahren zogen seine Geschwister einer nach dem anderen aus. Als er nach San Francisco ging, lebte seine Mutter alleine.

Wenn er nun nach Hause kam, stellte Christopher fest, daß es mit seiner alten Nachbarschaft dramatisch abwärts ging. Bei jedem Besuch versuchte Christopher seine Mutter zum Umzug zu überreden – wie es auch seine Geschwister taten –, doch die alte Dame wollte davon nichts hören. Dies war ihr Heim. Hier hatte sie ihre Kinder aufgezogen. Gleich vor ihrer Haustür lag ein wunderschöner Park. Sie kannte alle Ladeninhaber – auch wenn viele ihr Geschäft inzwischen geschlossen hatten und weggezogen waren. All ihre Freunde lebten hier – auch wenn es immer weniger wurden. Christopher besaß große Überzeugungskraft, doch nichts konnte seine Mutter zu einem Sinneswandel bewegen. Sie rührte sich einfach nicht von der Stelle.

Eines Tages bekam Christopher einen Anruf von seiner Schwester. Er hatte wenig Kontakt zu seinen Geschwistern, und ihre Stimme klang so dringlich, daß er sofort wußte, irgend etwas stimmte nicht. Seine Schwester war außer sich. Die Gegend, in der ihre Mutter wohnte, hatte sich dramatisch verschlechtert. Junkies waren eingezogen. Einer der Nachbarn ihrer Mutter war überfallen worden. Das Mehrfamilienhaus, in dem ihre Mutter wohnte, war verkommen und mutwillig beschädigt. Die Klingelanlage und das Schloß der Haustür waren kaputt. Seine Schwester fürchtete wirklich um das Leben ihrer Mutter, doch sie wußte sich keinen Rat.

Christophers Mutter war inzwischen über achtzig Jahre alt. Trotz eines Hörgerätes war sie fast taub. Gleichwohl blieb sie ein sehr unabhängiger, aktiver Mensch. Sie dachte nicht im Traum daran, zu einem ihrer Kinder oder gar ins Altersheim zu ziehen. Christophers Schwester hatte mehrere Heime mit ihr besichtigt, und das einzige, mit dem ihre Mutter einverstanden gewesen wäre, war eine Seniorenresidenz in Westchester, einer gehobenen Wohngegend etwa eine Stunde von New York entfernt. Sie hatte sich auf den ersten Blick in diese Einrichtung verliebt. Die Lage war sehr schön und das Personal freundlich und fürsorglich. Ihre Tochter lebte ganz in der Nähe, doch die Mutter würde hier ihre eigene Wohnung haben und müßte ihre Unabhängigkeit nicht aufgeben. Sie war bereit, auf der Stelle dorthin zu ziehen.

Doch leider waren die Plätze begrenzt, und es gab eine lange Warteliste: zwei Jahre, mindestens jedoch ein Jahr. Angesichts der unsicheren Situation in dem gegenwärtigen Wohnort ihrer Mutter befürchtete die Schwester, daß sie dort kein Jahr mehr überstehen würde. Aber leider war die alte Dame nicht bereit, auch nur vorübergehend woanders hinzuziehen.

Nach diesem Anruf wußte Christopher, daß er sofort nach New York fliegen mußte. Er hatte zwar keine Ahnung, was er tun sollte, aber er mußte einfach hin.

Während des gesamten Fluges betete er um Führung: »Bitte, Gott, sag mir, was ich tun soll.« Als er das Flugzeug verließ, hatte er die Antwort, doch er sah keinen Sinn darin. Er hatte die Botschaft erhalten, er solle alle Familienmitglieder im Haus der Mutter versammeln. Ihm leuchtete nicht ein, wieso das irgend etwas ändern sollte, aber im Lauf der Jahre hatte er begonnen, der göttlichen Führung zu vertrauen.

Da Christophers Geschwister kaum miteinander sprachen und es zwischen Tanten und Onkeln, Vettern, Nichten und Neffen soviel böses Blut gab, schien das Ansinnen, sie alle unter einem Dach zu versammeln, ungefähr so erfolgversprechend wie der Versuch, Frieden im Nahen Osten zu stiften. Außerdem lebten die Verwandten über das ganze Land verstreut. Doch Christopher war entschlossen. Mit viel Mühe sorgte er dafür, daß alle binnen einer Woche zu seiner Mutter kamen. Er verriet ihnen nicht, was los war, sondern sagte ihnen nur, es gehe um eine Heilung, eine Sache auf Leben und Tod, und wenn sie kämen, würden sie Zeugen eines Wunders werden. Am folgenden Sonntag um die Mittagszeit drängelten sich dreiundsechzig ängstliche, feindselige Familienmitglieder – von denen sich viele seit ihrer Kindheit nicht mehr gesehen hatten – im Wohnzimmer seiner Mutter.

Als Christopher aufstand und alle zum Schweigen brachte, hatte er keine Ahnung, was er jetzt sagen oder tun sollte. Während der ersten Minuten konnte er keinen klaren Gedanken fassen. Er spürte, wie allmählich Panik in ihm aufstieg.

Während er auf eine Inspiration wartete, sah er die Leute einfach an. Viele von ihnen hatten sich ihm gegenüber ziemlich unfreundlich verhalten. Doch statt sich unangenehmer Erinnerungen hinzugeben, spürte er, wie sich sein Herz mit Liebe und Mitgefühl füllte. Ihm wurde klar, daß auch ihr

Leben nicht leicht gewesen war. Plötzlich wußte er, was er zu sagen hatte.

Zunächst sprach Christopher darüber, welch ein liebevoller Mensch seine Mutter war, daß sie nie über irgend jemanden etwas Schlechtes gesagt hatte, daß sie trotz der Familienfehden jeden einzelnen von ihnen immer willkommen geheißen, daß sie jeden Gast stets freundlich bewirtet hatte. Dann erklärte er in groben Zügen das Problem. Er betonte, daß es ihm nicht um Lösungsvorschläge gehe. Nein, das sei nicht der Sinn des Treffens. Christopher glaubte fest an die Macht der Liebe, und deshalb bat er alle Anwesenden, ihren Streit und Groll beiseite zu legen und die kollektive Macht der Liebe zu aktivieren, um ein Wunder herbeizuführen. Es spielte keine Rolle, ob sie daran glaubten oder die ganze Sache für blanken Unsinn hielten – sie sollten lediglich mit einem warmen Gefühl in Berührung kommen und ihre Herzen öffnen.

Um ihnen dabei zu helfen, bat er jeden, der den Wunsch dazu verspürte, sich zu erheben und über ein liebevolles Erlebnis mit seiner Mutter zu berichten. Mehr als die Hälfte der Anwesenden stand einer nach dem anderen auf und erzählte eine Geschichte. Es hätten sogar noch mehr gesprochen, aber weil so viele da waren, wurde es spät, und Christopher gebot den Erzählern schließlich Einhalt.

Während dieser ganzen Zeit hatte seine Mutter, obwohl sie kaum etwas hören konnte, ein unglaubliches Strahlen in ihren Augen gehabt. Sie mochte die Worte nicht verstanden haben, aber sie spürte die liebevollen Gefühle, die ausgedrückt wurden.

Bevor Christopher die Heilung mit einem stillen Gebet beendete, sagte er den Anwesenden, sie selbst seien das Wunder, das zu erleben sie gekommen waren. Ihre Bereitschaft, seiner Mutter zu helfen, sei ein Zeichen der Liebe in ihrem Herzen, und diese Liebe, ihre Liebe sei das Wunder. Er sagte, der liebevolle Ausdruck in ihren Gesichtern zeige klar, daß der Haß und der Zorn, mit dem sie gekommen waren, aus ihren Herzen verschwunden war. Er sagte, er habe stets gewußt, wenn sie ihre Meinungsverschiedenheiten beiseite ließen, würden sie einander einfach lieben. Daß Liebe die Wirklichkeit sei, und Streit und Trennung eine Illusion. Wie alle anderen auch war Christopher von seinen eigenen Worten überrascht.

Als er sein Gebet beendet hatte, umarmten und küßten sich Verwandte, die seit dreißig Jahren nicht miteinander gesprochen hatten. Kinder, die sich normalerweise gegenseitig verspotteten, spielten friedlich miteinander. Es gab kaum ein trockenes Auge im Raum.

Aber noch immer konnte Christopher nicht erkennen, was er Gutes erreicht hatte. Sicher, der Familienfrieden war wiederhergestellt, und sei es auch nur für einen Nachmittag. Aber wie sollte das dazu beitragen, seine Mutter aus dieser Wohnung herauszubekommen. Als er am nächsten Tag das Flugzeug zurück nach San Francisco bestieg, war er soweit, das Ganze als Zeitverschwendung zu betrachten.

Zwei Wochen später rief ihn seine Schwester an, um ihm mitzuteilen, daß seine Mutter einen Platz in der Einrichtung in Westchester bekommen hatte. Sie verstand nicht wieso, aber es war ein Platz freigeworden, und Mutters Name hatte plötzlich oben auf der Liste gestanden.

Christophers Mutter verbrachte dort die nächsten zehn Jahre. Jedesmal, wenn Christopher sie besuchte oder mit ihr telefonierte, sagte sie ihm, dies seien die glücklichsten Jahre ihres Lebens.

Bei seinem letzten Besuch nahm sie Christopher beiseite und sagte ihm, selbst wenn niemand es bemerkt haben sollte, sie wisse, daß er derjenige gewesen sei, der ihr diesen Platz in der Residenz ohne lange Wartezeit verschafft habe. Sie nannte ihn »mein Wunderwirker«. Zwei Monate später, an ihrem einundneunzigsten Geburtstag, starb sie friedlich im Schlaf.

Alexandra Light und S. A. Forest

Ein Tod und eine Heilung

An diesem Sonntagmorgen wurde ich durch einen Anruf meiner Schwester Barb geweckt, die gerade zu ihrem wöchentlichen Besuch in Dads Pflegeheim angekommen war. Sobald ich ihre Stimme hörte, ergriff eine kalte Furcht mein Herz.

»Chaz?«

»Barb... wie geht's?« antwortete ich vorsichtig. Ihre Stimme sagte mir alles. Die Pause dauerte nur ein paar Sekunden, doch meine Furcht ließ sie endlos erscheinen.

»Nicht so gut.«

Barb und ich wußten von unseren letzten Besuchen, die wir alleine gemacht hatten, daß für unseren Vater die Todesstunde näherrückte. Nun war er in einen halb bewußtlosen Zustand hinübergeglitten. Wie in Trance fuhr ich zum Pflegeheim, praktisch ohne etwas anderes wahrzunehmen als das Bild meines Vaters und meiner Schwester im Krankenzimmer.

Als ich ankam, konnte ich Barb nur umarmen und eine Weile mit ihr zusammen weinen. Allmählich spürte ich, wie sich etwas tief in meinem Inneren entspannte und ich mich auf ihre traurige und akzeptierende Haltung einlassen konnte. Wir kümmerten uns um Dad, hielten seine Hand, streichelten seinen Kopf und lasen ihm vor, bis Mom ankam.

Doch während der ganzen Zeit fragte ich mich immer wieder, warum ich keine Trauer empfand, warum ich keinen Schmerz fühlte, wenn er das Gesicht verzog, warum ich beim Anblick seines ausgezehrten Körpers nicht weinte. Ich fühlte mich zwischen zwei Wirklichkeiten hin- und hergerissen. Die eine Seite war das, was ich tatsächlich sah; auf der anderen Seite standen meine Gedanken darüber, was geschehen sollte, und was ich empfinden sollte. Also versuchte ich, etwas zu tun, das Richtige zu sagen und das Richtige zu fühlen.

Erst spät am Abend, als ich zurückkehrte, um meine Nachtwache zu übernehmen, verblaßten diese Gedanken, und ich begann, die Gnade zu akzeptieren, die sich während der ganzen Zeit entfaltet hatte. Nun wurde ein einziger machtvoller Prozeß aus dem, was ich als drei getrennte Stadien im Ablauf dieses Dramas wahrgenommen hatte: die Besuche bei meinem Vater während der letzten Monate und der innere Aufruhr sowie die anschließende Aufklärung; die Gebete, die ich am Vorabend in der Schwitzhütte gesprochen hatte; und meine gegenwärtige Anwesenheit in diesem Zimmer.

Meine Besuche während der letzten Monate hatten mich davon überzeugt, daß mein Vater sterben würde. Indem ich diese Tatsache voll akzeptierte, mußte ich auch akzeptieren, daß ich ihm nur dann Trost und die dringend benötigte Fürsorge schenken konnte, wenn ich bereit war, meine Kindheitswunden, die aus der Beziehung zu meinem Vater entstanden waren, zu überwinden. Wenn ich jetzt nicht die Gelegenheit dazu ergriff, würde sie sich nie wieder bieten.

Diese Wunden hatten verhindert, daß ich das von ihm bekam, was ich so dringend brauchte. Ich fühlte ein grundlegendes Bedürfnis nach einer echten Verbindung zu ihm, einer Verbindung von Herz zu Herz. Ich wußte, daß ich diese alten Wunden längst verdrängt hatte, und daß ich nur an sie herankommen würde, wenn ich sie tiefer in meinem Inneren suchte als je zuvor. Also suchte ich.

Und zusammen mit der Qual der Wunden kam ein alles zerschmelzendes Gefühl der Vergebung. Ich spürte, daß etwas in mir weich wurde und sich öffnete. Nach einigen Monaten der stillen Meditation und der Besuche bei meinem Vater konnte ich die Vergangenheit loslassen. Und gleichzeitig strömte die Liebe herein. Sie erfüllte mein Herz und ließ meine Augen bei seinem Anblick überfließen, sie ließ mich Worte finden, die ihn beruhigten, und sie strömten durch meine Hände, die seinen Kopf streichelten. Das war, wie ich jetzt erkannte, das erste Stadium gewesen.

Am Abend zuvor hatte ich mit einigen Freunden an einer traditionellen indianischen Schwitzhüttenzeremonie teilgenommen. In dieser heiligen Atmosphäre hatte sich das zweite Stadium entfaltet.

Indianische Schwitzhütten sind sehr feierlich und darauf ausgerichtet, die Ahnen und die Geister der Ahnen zu ehren. Wir betraten die Schwitzhütte und beschworen dabei die Geister der Ahnen mit dem Wort *Witakawasi* (»all meine Verwandten«). Eingehüllt von feuchter Hitze, Dunkelheit und Stille hatten wir Gelegenheit, allem und jedem Respekt zu erweisen, das oder den wir durch Worte und Gedanken in diesen geheiligten Raum einbringen wollten. Im Schein der feurigen »Großväter« – der Steine, die die Hütte aufheizten und die Geister der Ahnen symbolisierten – ergriffen die Männer das Wort und segneten ihre eigenen Ahnen, ihre Freunde, die Natur und einander. Während die heilige Atmosphäre mein Herz zum Schmelzen und meinen Geist zur Ruhe brachte, kamen mir diese Gedanken:

»Ich verehre dich, Vater. Ich verehre dich für deine Liebe, für dein Herz, für deine Schmerzen und deine Mühe. Ich verehre dich für die vielen Geschenke, die du mir gemacht hast. Und ich lade dich ein und bitte dich, deinen Platz unter den Ahnen einzunehmen. Du hast dort einen Ehrenplatz. Es gibt dort nichts zu fürchten. Du hast viel Segen empfangen und zu geben. Laß los und nimm deinen Ehrenplatz unter den Ahnen ein.«

Erst am darauffolgenden Abend, als ich allein mit meinem Vater in diesem sterilen Zimmer saß, erkannte ich, warum ich mich bei meiner Heimkehr nach dem Schwitzhüttenritual so gereizt und unruhig gefühlt hatte. Es war so, als sei irgendeine Furcht in meinem Inneren in Bewegung geraten. Es war eine Energie freigesetzt worden, welche Kräfte hervorgebracht hatte, die sehr real waren und die ich doch mit meinem Verstand nicht erfassen konnte.

Allmählich wurde mir bewußt, daß ich mich im Grunde davor gefürchtet hatte, meine Beziehung zu meinem Vater aufzugeben. Es gab so viele ungelöste Fragen, so viele Dinge, die ich ihm sagen wollte, und so viele Dinge, die ich von ihm hören wollte. Doch während dieser intensiven Momente im heiligen Raum der Schwitzhütte hatte ich, ohne es selbst zu merken, wieder einmal losgelassen.

Dieses Loslassen ermöglichte eine entscheidende Veränderung. Da mein Vater nun im Koma lag und ich nicht mehr auf einer verstandesmäßigen, rationalen Ebene mit ihm in Verbindung treten konnte, hatte ich mich hilflos gefühlt, weil ich mir so verzweifelt wünschte, ihm Trost spenden zu können. Nun wurde mir plötzlich klar, daß ich ihm und er mir Trost spendete, durch mein Herz und mein Bewußtsein, einfach indem ich bei ihm war und seine Hand hielt.

Während ich dort am späten Abend saß – seine knochige, fest zupackende Hand hielt und in sein gespenstisch eingesunkenes Gesicht blickte –, wußte ich plötzlich, warum ich nicht Trauer und Zorn empfand, sondern Mitgefühl und Dankbarkeit. Ich wußte, daß ich ihn körperlich vermissen würde; sein Herz, seinen Charme, seinen Witz, ja sogar seine gelegentlich brutale Seite. Und ich wußte, daß ich zur rechten Zeit mit großem Schmerz diesen Verlust betrauern würde.

Doch in diesem Augenblick empfand ich nur Frieden, Gewißheit und Dankbarkeit. Denn ich wußte tief im Innersten meines Herzens, daß mein Vater zum Licht zurückkehrte. Und indem er das tat, erleuchtete er meinen Weg.

Chaz Burton

Weil Gott mich geschaffen hat

Der Schmerz in meinem linken Schulterblatt fühlte sich immer so an, als stecke ein Eispickel in meinen Knochen. Jahrelang war er ein zuverlässiger Maßstab für meine Streßbelastung gewesen. Ich hatte gelernt, mich von ihm daran erinnern zu lassen, daß es noch andere Dinge im Leben gab als die Mühen einer alleinerziehenden Mutter und die Arbeit, die nötig war, um uns alle zu ernähren. Dann waren die Kinder aus dem Haus, aber mein Arbeitsstil blieb derselbe: Ich muß tun – mehr tun – alles tun!

Ich hatte den vertrauten Eispickel mit in ein Yoga-Wochenende genommen, bei dem sowohl individuelle therapeutische Yoga-Behandlungen als auch Meditationen und Gruppenübungen stattfinden sollten. Am dritten Tag erklärte meine Yoga-Therapeutin, es sei jetzt Zeit, »etwas dagegen zu tun«. Sie half mir in eine Stellung, die sich auf meine Schultern konzentrierte, indem sie meine Arme zurückzog und dort festhielt, viel länger, als ich selbst sie dort hätte halten können, und fragte mich, wie sich das anfühlte. Es fühlte sich großartig an.

Nach einer Weile schien der Eispickel tiefer zu graben. Es tat weh… aber zugleich hatte ich das Gefühl, als würde etwas geschehen, also beschloß ich, den Schmerz auszuhalten. Ich atmete lang und tief, während mir der kalte Schweiß ausbrach. Die Stimme der Therapeutin wurde allmählich leiser, während ich intensiver in die Erfahrung eintauchte, bis ich mich in einer Art tiefer Meditation befand.

Plötzlich war ich ein Vogel. Ich saß mit zwei anderen Vögeln auf einem hohen Ast, hatte meine Flügel zusammengelegt und saß ganz still. Ich konnte den Boden unter mir, den Himmel über mir und die Wipfel der niedrigeren Bäume in meiner Nähe sehen.

Einer der anderen Vögel breitete seine Flügel aus und flog fort, um Futter zu suchen. In mir kam der Gedanke auf: »Ich werde nicht fliegen, um Futter zu suchen.« Und ich wußte, was diese Worte bedeuteten: daß Hunger und Not mich nicht länger in mein altes Muster unablässiger Aktivitäten zwingen würden. Ich blieb weiterhin in der Nähe des anderen Vogels auf meinem Ast sitzen.

Dann flog ein Schwarm Vögel über uns hinweg, und mein

Nachbar schloß sich ihnen an. In mir stieg der Gedanke auf: »Ich werde nicht fliegen, um Gesellschaft zu finden.« Ich kannte die tiefere Bedeutung: Ich würde nicht länger von dem Bedürfnis nach Gesellschaft – im Sinne sexueller Kontakte oder sozialer Bindungen – getrieben werden.

So saß ich allein auf meinem Ast. Ich war mit meinem Alleinsein zufrieden, doch irgend etwas war noch unvollständig.

Unter mir lief ein Kind in das Beet, in dem mein Baum stand. Es begann, mich zu rufen und gab menschliche Geräusche von sich, die ich nicht verstand. Zwei ältere Kinder kamen hinzu. Ich fragte mich: »Soll ich fliegen?« und die Antwort kam ganz entspannt. »Nein, sie sind keine Bedrohung. Sie sind nur neugierig.«

Die Kinder lachten und redeten unablässig miteinander, bis einige Erwachsene kamen. Die Erwachsenen begannen zu diskutieren, und mir wurde klar, daß sie mich fangen oder töten wollten. Sie schleppten Netze und Seile herbei. Doch ich wollte immer noch nicht fliegen. Sie warfen Steine nach mir, aber ich saß zu hoch, und die Steine erreichten mich nicht. Es gab keinen Grund für mich zu fliegen, denn ich war in Sicherheit.

Schließlich kam jemand mit einem Auto herbei und lud Gewehre aus. Für mich sahen sie aus wie lange Stöcke, aber ich wußte, daß diese Stöcke weit nach oben reichten und mich töten konnten. Doch das unbesorgte Gefühl in meinem Inneren blieb, bis es sich in Worten ausdrückte: »Ich werde nicht aus Angst fliegen.«

Die Erwachsenen sprachen miteinander und legten schließlich ihre Gewehre an. Ein paar Kugeln zischten an mir vorbei. Ich wußte, daß ich sterben konnte, doch ich bewegte mich nicht. Mir war es wichtiger zu wissen: »Ich werde nicht aus Angst fliegen.« Angst würde in meinem Leben keine Triebkraft mehr sein. Aber würde ich sterben?

Ich hatte die Wahl, doch ich blieb sitzen, eher bereit zu sterben als zu fliegen. Nach einem scheinbar endlosen Augenblick sprach eine Stimme tief in meinem Inneren, die sich von der vorherigen unterschied. Es war eine tiefe Stimme, mit der Gott zu mir sprach und sagte: »Flieg. Weil ich dich geschaffen habe.«

In diesem Moment schoß ich in die Luft. Mit großer Freude stieg ich zum Himmel empor und folgte meinem inneren Impuls: »Ich fliege, weil Gott mich geschaffen hat! Ich fliege, weil Gott mich geschaffen hat!«

Ich flog über die Bäume auf den Horizont zu. Ich ließ meine Flügel schneller schlagen und flog über die Gipfel der Berge und weiter zum Meer. Von Freude angetrieben stieg ich immer höher in den Himmel und flog heimwärts zu Gott.

Ich wußte, ich würde mich nie wieder in der Hektik des Lebens gefangen fühlen. Ich wußte, daß ich nun alles tun würde, weil ich es selbst wollte. Nun lebe ich aus dem einzigen Grund, der lebenswert ist. Weil Gott mich geschaffen hat!

Und meine Schulterschmerzen sind verschwunden.

Rama Berch

Mein Auge

Während meiner gesamten Kindheit und Jugend hatte ich alle paar Jahre denselben Alptraum. Ich konnte nicht sehen. Ich war nicht wirklich blind: Die Traumbilder flimmerten, als ob ich meine Augen nicht offenhalten könnte. Ich bemühte mich mit aller Kraft darum, aber es dauerte nie länger als ein oder zwei Sekunden, bis wieder alles schwarz wurde. Im Traum fühlte ich mich immer sehr machtlos und furchtsam, während ich versuchte, trotz dieser schweren Behinderung mein Leben zu bewältigen und etwas zu leisten.

Einer der letzten Träume war besonders furchterregend. Diesmal war ich in einer neuen Schule, unfähig etwas zu sehen, und versuchte verzweifelt, durch ein Meer von Schülern und einen Irrgarten von Gebäuden und Treppen mein Klassenzimmer zu finden.

Sehr zu meinem Erstaunen wurde dieser Traum Wirklichkeit, als ich achtzehn Jahre alt war.

Es war der erste Monat meines ersten Jahres im College. Ich war zum ersten Mal weg von zu Hause und gab mich eifrig den Aktivitäten einer frischgebackenen, begeisterten Studentin hin. Ich hatte mich gerade einer Studentinnenvereinigung angeschlossen, lebte gemeinsam mit verschiedenen anderen Studenten in meiner ersten eigenen Wohnung und hatte eine Menge Lehrveranstaltungen belegt.

An einem Sonntagmorgen wachte ich mit unglaublichen Schmerzen in meinem linken Auge auf. Ich trug seit Jahren weiche Kontaktlinsen und benutzte damals gerade eine Sorte, die man zwei Wochen ohne Unterbrechung und auch während des Schlafs tragen konnte. Ich ging sehr diszipliniert mit ihnen um und nahm sie stets pünktlich heraus, um sie zu reinigen. Ich war gerade erst zu Semesterbeginn zur Kontrolle beim Optiker gewesen, und er hatte mir gesagt, es sei alles in Ordnung. An diesem Morgen nahm ich sofort beide Linsen heraus und versuchte wieder einzuschlafen, aber die Schmerzen waren zu qualvoll. Ich machte mir solche Sorgen, daß ich einen meiner Zimmernachbarn bat, mich zum

Jules-Stein-Augenzentrum der Universitätsklinik, einer weltberühmten Einrichtung, zu bringen.

Einer der Ärtze erklärte mir, meine Kontaktlinse habe irgendwie eine Hornhautabschürfung verursacht. Doch das Auge sei der am schnellsten heilende Teil des Körpers. Er würde es einfach mit einer Klappe abdecken, und in vierundzwanzig Stunden wäre alles verheilt. Erleichtert kehrte ich nach Hause zurück.

Am nächsten Tag entfernte der Arzt meine Augenklappe. Er plauderte gerade gutgelaunt mit mir, als ich bei einem Rundblick durchs das Zimmer feststellte, daß ich auf dem einen Augen nichts sehen konnte. Es war so, als läge ein Vaseline-Film darüber. Ich konnte hell und dunkel unterscheiden, aber das war auch schon alles. Als ich dem Arzt sagte, was los war, wurde er sofort ernst. Er untersuchte mein Auge, hörte dann plötzlich auf und sagte: »Oh... ich bin gleich zurück.«

Sekunden später kamen fünf Ärzte ins Zimmer. Einer nach dem anderen untersuchte mein Auge mit verschiedenen Instrumenten, aber keiner von ihnen sagte ein Wort. Nach ein paar Minuten meinte einer: »Oh... wir sind gleich zurück«, und schon waren sie draußen, um sich auf dem Gang zu beraten.

Warum konnten sie nicht in meiner Gegenwart reden? Was war mit meinem Auge los? Ich machte mir große Sorgen.

Nach einer scheinbaren Ewigkeit kamen sie zurück und erklärten mir, die vermeintliche Abschürfung sei in Wirklichkeit ein Geschwür, das sich seit gestern vergrößert hatte und nun infiziert war. Sie verschrieben mir Augentropfen, die ich tagsüber stündlich und während der Nacht alle zwei Stunden anwenden sollte. Außerdem mußte ich jeden Tag zur Kontrolle in die Klinik kommen.

Während der nächsten Monate wurde mein Augenproblem zum Mittelpunkt meines Lebens. Tag und Nacht nahm ich meine Tropfen; jeden Tag ging ich zur Untersuchung in die Klinik. Aus der Art, wie mich die Ärzte behandelten, konnte ich schließen, daß sie sehr besorgt waren. Das Wartezimmer war jeden Tag voll, doch ich brauchte nie länger als ein paar Minuten zu warten. Sobald mich einer der Ärzte sah, wurde ich in den Untersuchungsraum geführt.

In der Zwischenzeit versuchte ich, ein normales Leben zu führen. Ich nahm an allen Unterrichtsveranstaltungen teil und erfüllte meine Aufgaben in der Studentinnenvereinigung, stets mit meinen Augentropfen in der Tasche. Doch ich stellte erschrocken fest, daß meine Sehfähigkeit sich genauso entwickelte wie in meinen Alpträumen. Ich konnte mit dem linken Auge nichts sehen, und das rechte wurde durch die Kompensation so lichtempfindlich, daß ich es nicht offenhalten konnte. Ich sah alles nur »flimmern«. Und hier war ich in einer neuen Schule und versuchte meinen Weg durch ein Meer von Studenten und einen Irrgarten von Gebäuden und Treppen zu finden.

Die Ärzte konnten die Ursache der Infektion nicht feststellen. Sie machten eine Reihe von Tests mit mir. Sie nahmen sogar Gewebeproben von der obersten Zellschicht des Auges. Keiner der Tests brachte ein Ergebnis. So wußten sie einfach nicht, wie sie mich behandeln sollten, und das Geschwür bildete sich nicht zurück.

Nach drei Wochen sagten sie mir endlich, was los war und erklärten mir, worüber sie so besorgt waren: Etwa dreißig andere Patienten hatten durch das Tragen der Kontaktlinsen, wie ich sie benutzt hatte, denselben Augenschaden bekommen. Diese Leute hatten ihre Sehfähigkeit nicht wiedererlangt – schlimmer noch, sie hatten ihre Augen verloren.

Eine weitere Woche verging, und es gab immer noch keine Verbesserung. Calvin, der Arzt, der mich hauptsächlich betreute, sagte mir, wenn es am nächsten Tag immer noch keine Fortschritte gäbe, wolle man mich stationär aufnehmen, um mich rund um die Uhr überwachen zu können.

Ich war noch nie zuvor in einem Krankenhaus gewesen. Diese Aussicht und die Vorstellung, daß ich mein Auge verlieren könnte, veranlaßten mich, etwas für mich sehr Ungewöhnliches zu tun: Ich beschloß zu beten.

Ich ging nach Hause, legte beruhigende Klaviermusik von George Winston auf und betete, wie ich noch nie zuvor gebetet hatte. Ich sah weißes Licht in mein Auge dringen und stellte mir vor, wie das Geschwür abheilte. Das tat ich während der ganzen Nacht. Ich geriet in einen Zustand erweiterten Bewußtseins, denn ich fühlte mich von Ruhe und Frieden erfüllt, und meine Angst verschwand vollständig.

Am nächsten Tag betrat ich voller Sorge das Untersuchungszimmer, um Calvins Entscheidung zu hören. Ein Blick auf mein Auge ließ ihn ungläubig staunen.

»Was haben Sie gemacht?« rief er. »Das Geschwür ist um die Hälfte kleiner geworden!«

Ich erzählte ihm von meiner Nacht. Er war sehr zufrieden. Ich konnte nach Hause gehen und mein Studium fortsetzen. Eine Woche später war das Geschwür völlig verschwunden. Es hinterließ nicht einmal eine Narbe. Und nachdem ich meinen Alptraum durchlebt hatte, träumte ich ihn nie wieder.

Carol Tisch

Ich habe seit vielen Jahren eine Leitungsfunktion in einer nicht gewinnorientierten Organisation, die sich »The New Warrior Training« nennt. Unser Vereinsziel lautet: »Wir sind ein Bund von Männern, die sich aufgerufen fühlen, der heiligen Kraft des Männlichen in unserer Zeit durch Initiation, Übung und Handeln in der Welt wieder zu neuer Bedeutung zu verhelfen.«

Bevor ich zu einer Übung nach San Diego aufbrach, sprach ich am Donnerstag, den 12. August 1994 mit meiner vierundachtzig Jahre alten Mutter Ida. Sie war seit Jahren sehr krank und lag in einem Krankenhaus in Melbourne. Sie hatte sich große Mühe gegeben, ihre Krankheit zu überwinden, doch nun war ich alarmiert, weil ihre Stimme sehr schwach klang, und ich hatte den Eindruck, daß ihr Lebenswille nachließ. Ich sagte ihr, ich würde am Wochenende nicht zu Hause sein und sie bei meiner Rückkehr anrufen. Als ich den Hörer aufgelegt hatte, begann ich zu weinen, weil ich dachte, daß ich ihre Stimme vielleicht gerade zum letzten Mal gehört hatte.

Eine meiner spirituellen Erfahrungen, die auch zum »New Warrior Training« gehört, ist das heilende Schwitzhüttenritual, eine der ältesten Reinigungszeremonien der Menschheit. Wir haben diese Tradition von unseren indianischen Brüdern übernommen. Für uns haben diese Schwitzrituale keine religiöse Grundlage, aber sehr wohl eine spirituelle Bedeutung. In der Schwitzhütte werden Dankbarkeit und Verehrung ausgedrückt. Die Männer ehren Mutter Erde, mit der unsere nackten Körper verbunden sind. Dankbar erweisen wir ihren Pflanzen und Tieren Respekt, die unser Überleben sichern. Wir sprechen Dankgebete für unsere Frauen, Kinder, Eltern und Familien.

Als ich diesmal in der Dunkelheit saß, betete ich schweigend für meine Mutter. Vor meinem geistigen Auge sah ich ihr sorgenvolles Gesicht und wünschte ihr Befreiung von ihren Leiden. Ich sah mich selbst als kleinen Jungen mit ihr in einem Park, irgendwo in einer Vorstadt von Melbourne. Ein schwarzer Hund kam auf uns zu und schien mich beißen zu wollen. Mutter verscheuchte ihn und nahm mich beruhigend in die Arme. Ich dachte daran, daß ich bis auf den heutigen Tag ihre schützende Fürsorge gespürt hatte. Mutter dachte immer zuerst an die anderen. Das entsprach ihrem herzlichen Wesen. Im inneren Dialog des Gebets sagte ich ihr, daß ich sie liebte, und daß sie das Recht hatte, ihre Entscheidung nach ihren eigenen Wünschen zu treffen.

Dann bat ich die Männer in der Schwitzhütte, meiner Mutter heilendes Licht zu senden. Sie drängten sich zusammen und brachten einen spontanen Klang hervor, anfangs ein leises, sanftes *»Om«*, das lauter wurde, bis daraus ein freudiges *»Ah«* hervorging. Die Hütte vibrierte vor Energie, und als der Klang verhallt war, fühlte ich mich belebt und voller Frieden. Als ich abends nach Hause zurückkam, rief ich meinen Bruder Geoff in Australien an, um mich nach unserer Mutter zu erkundigen. Zu meiner Überraschung und Freude erzählte er mir, daß es ihr wesentlich besser ging.

Rasch rief ich das Krankenhaus an und ließ mich mit Mutter verbinden. Ihre Stimme war kräftiger, und sie klang gutgelaunt. Ohne daß ich ihr etwas über die Schwitzhütte gesagt hatte, erzählte sie mir von sich aus, daß sie einen unglaublichen Energiezuwachs gespürt habe. Vorher habe sie den Wunsch gehabt zu sterben – doch nun entschied sie sich für das Leben. Ich berichtete ihr, wie etwa vierzig Männer für sie gebetet und ihr heilendes Licht für eine rasche Besserung gesandt hatten. »Nun«, antwortete sie nonchalant, »es hat doch gewirkt, oder? Und bitte richte all diesen Männern meinen Dank aus.«

Ein Jahr später starb meine Mutter. Doch ich betrauerte ihren Tod nicht so, wie es üblich ist. Ich beschloß einfach, mich über das zu freuen, was sie mir geschenkt hatte, und ihre Bedeutung für mein Leben dankbar anzuerkennen. Ich beschloß, mich bei der Erinnerung an meine Mutter auf ihr Denken und Handeln und auf das Vermächtnis der Liebe, das sie mir hinterlassen hatte, zu konzentrieren.

In der abschließenden Bewertung ihres Lebens halte ich ihre Fähigkeit, mich und andere bedingungslos zu lieben, für ihr größtes Geschenk. Ihr verdanke ich den Glauben daran, daß meine Gedanken und mein Handeln etwas in der Welt bewirken. Und ich glaube, daß die Männer in der Schwitzhütte an diesem Tag etwas bewirkt haben.

Les Sinclair

Wenn ich auf einer Wolke säße

Wenn ich auf einer Wolke säße und den Planeten nach genau der richtigen Person absuchen würde, der ich eine der seltensten Gaben im Universum verleihen könnte, dann wußte ich nicht, ob ich unter all diesen vielen gerade auf mich mit dem Finger zeigen und sagen würde: »Ihm! Gib sie ihm.« Und vielleicht ist es ja auch nicht auf genau diese Weise geschehen. Aber es fühlt sich genauso an.

Ich hatte zwölf Jahre damit verbracht, eine der größten

chiropraktischen Praxen in Los Angeles aufzubauen. Nun besuchte ich Venice, Kalifornien, mit meinem Assistenten – der plötzlich darauf bestand, ich solle mir von einer Frau am Strand die Karten legen lassen.

»Ich will mir aber nicht am *Strand* die Karten legen lassen«, lachte ich. »Wenn diese Frau so großartig wäre, dann würden die Leute zur ihr kommen, und sie müßte sich ihre Kunden nicht am Strand suchen.«

»Ich habe sie auf einer Party kennengelernt und ihr gesagt, daß wir hinkommen«, gestand mein Assistent. »Es wäre mir sehr peinlich, wenn Sie jetzt nicht mitmachen würden.«

Also ließ ich mir für zehn Dollar die Karten legen und eine schöne, aber wenig bemerkenswerte Zukunft vorhersagen. Am Ende erklärte die Frau: »Sie brauchen diese spezielle Behandlung. Man nennt sie axiatonale Ausrichtung. Sie verknüpft die Meridiane Ihres Körpers wieder mit den Energiebahnen des Planeten, die uns mit den Sternen und anderen Planeten verbinden.«

»Wieviel?«

»Dreihundertdreiunddreißig Dollar.«

»Nein, danke.«

Das hätte das Ende der Affäre sein sollen, aber mich verfolgte der Gedanke an diese »axiatonale Ausrichtung«. Schließlich gab ich nach und schlachtete mein Sparschwein.

Es sollte zwei Sitzungen im Abstand von zwei Tagen geben. Am ersten Tag dachte ich, »ich kann es nicht glauben, daß ich dieser Frau 333 Dollar gebe, damit sie mit ihren Fingern Linien über meinen Körper zieht«. Doch während ich dort lag und an all die Dinge dachte, für die ich mein Geld besser ausgegeben hätte, hörte ich in meinem Inneren eine Stimme sagen: »Du hast doch schon alles bezahlt. Also kannst du genausogut mit diesem negativen Geplapper aufhören.« Und so lag ich still da, bereit und offen, während sie an die Arbeit ging. Ich spürte nichts. Aber ich hatte schließlich beide Sitzungen bezahlt, und so würde ich am Sonntag für den zweiten Teil zurückkommen.

An jenem Abend, etwa eine Stunde nachdem ich ins Bett gegangen war, schaltete sich meine Nachttischlampe von selbst an, und ich erwachte mit dem sehr realen Gefühl, daß sich Leute in meinem Haus befanden. Bewaffnet mit einem Messer und einer Dose Pfefferspray suchte ich gemeinsam mit meinem Dobermann alles ab, doch wir fanden niemanden.

Teil zwei der Behandlung schien zunächst genauso wenig bemerkenswert zu verlaufen wie Teil eins, doch bald wurde deutlich, daß dies keineswegs so war. Anfangs konnte ich meine Beine nicht stillhalten, und bald war der Rest meines Körpers genauso ruhelos, und von Zeit zu Zeit schüttelten mich fast unerträgliche Frostschauer. Doch ich wagte nicht, mich zu rühren. Warum? Weil ich 333 Dollar bezahlt hatte und das Optimum aus meinem Geld herausholen wollte.

Bald war es vorüber. Es war ein heißer Augusttag, und wir befanden uns in einer Wohnung ohne Klimaanlage, aber ich fühlte mich fast wie erfroren. Meine Zähne klapperten, während diese freundliche Frau mich eilig in eine Decke hüllte, wo ich fünf Minuten blieb, bis meine Köpertemperatur allmählich wieder normal wurde.

Ich verstehe nicht, was passiert ist, und ich habe keine Erklärung dafür, aber ich war nicht mehr derselbe Mensch wie noch vor wenigen Tagen. Irgendwie fand ich mein Auto auf dem Heimweg.

Nach chiropraktischen Behandlungen lasse ich meine Patienten immer noch für ein oder zwei Minuten mit geschlossenen Augen auf dem Tisch liegen, damit sich die Dinge »setzen« können. Am nächsten Tag fragten mich sieben Patienten, ob während der Zeit, die sie dort lagen, jemand ins Zimmer gekommen sei. Drei von ihnen sagten, sie hätten das Gefühl gehabt, als ob Leute um den Tisch herum gelaufen seien, während zwei verlegen zugaben, es sei ihnen so vorgekommen, als seien Leute um den Tisch herum geflogen. Derweil sagten andere Patienten und meine Mitarbeiter Dinge wie: »Sie sehen so anders aus. Ihre Stimme klingt so anders. Was ist am Wochenende mit Ihnen geschehen?«

Bald berichteten Patienten, daß sie meine Hände spüren konnten, wenn sie noch zwanzig oder dreißig Zentimeter von ihrem Körper entfernt waren. Es wurde zu einem Spiel zu sehen, aus welcher Entfernung sie zu spüren waren. Dann wurde das Spiel ernst, als immer mehr Menschen über ihre Heilung berichteten.

Anfangs schien es sich vorwiegend um leichtere Schmerzen und ähnliche geringfügige Beschwerden zu handeln. Nach den chiropraktischen Maßnahmen bat ich die Patienten, ihre Augen zu schließen und bewegte meine Hände ein oder zwei Minuten über ihnen hin und her. Wenn sie aufstanden, waren ihre Schmerzen verschwunden, und sie fragten mich, was ich getan hätte.

»Nichts... und erzählen Sie niemandem davon«, wurde meine Standardantwort. Das war ungefähr so wirksam wie Nancy Reagans Anti-Drogen-Motto »Sag einfach nein«. Bald kamen die Leute wegen dieser »Heilungen« von überall her – und ich hatte immer noch keine Ahnung, was los war.

Ich erkundigte mich bei der Frau, die mir die axiatonale Ausrichtung gegeben hatte: »Es muß etwas sein, was Sie schon in sich hatten«, sagte sie. »Ich kenne niemanden, der je auf diese Weise reagiert hat. Es ist faszinierend.«

Anfang Oktober kam es zur »Manifestation«. Ich hatte meine Hände über das Knie einer Frau gehalten, das ihr als Folge einer Knochenkrankheit in der Kindheit Probleme machte. Als ich meine Hände entfernte, ging es ihrem Knie besser. Meine Hände waren mit winzigen Blasen bedeckt, die nach drei bis vier Stunden wieder verschwanden. Das passierte viele Male. Dann geschah es. Meine Handfläche blutete. Das ist kein Witz. Das Blut floß zwar nicht in Strömen wie in alten Filmen oder im *National Enquirer,* aber es war mehr, als wenn ich mich mit einer Nadel in die Handfläche gestochen hätte.

»Das ist eine Initiation«, behaupteten einige Leute.

Aber in was?

Im November saß ich im Büro eines weltbekannten Hellsehers. Er legte seine Karten sehr professionell aus und hielt seine Gesichtszüge sorgfältig unter Kontrolle. Dann sah er mir mit einem leicht wissenden Ausdruck direkt in die Augen und fragte: »Was machen Sie beruflich?«

»Ich bin Chiropraktiker.«

»Oh, nein, Sie tun sehr viel mehr«, sagte er. »Etwas strömt aus Ihren Händen, und die Menschen werden geheilt. Sie werden im Fernsehen auftreten«, fuhr er fort, »und Menschen aus dem ganzen Land werden zu Ihnen kommen.« Dann erklärte er mir noch, ich würde Bücher schreiben. »Lassen Sie sich eins gesagt sein«, erwiderte ich mit wissendem Lächeln, »wenn ich eins ganz sicher weiß, dann, daß ich keine Bücher schreiben werde.«

Ich hatte mit Büchern nie etwas anfangen können. Bis zu diesem Zeitpunkt meines Lebens hatte ich vielleicht zwei Bücher gelesen, von denen ich eins immer noch ausmalte.

Doch dann veränderte sich viel in meinem Leben. Hellseher, Heiler und Channeler kamen aus allen Landesteilen und sagten mir, sie hätten in ihren Meditationen den Auftrag erhalten, unentgeltlich mit mir zu arbeiten. Meine Liebe zum Alkohol kühlte sich zu einer gelegentlichen Freundschaft ab, worüber niemand mehr staunte als ich selbst. Und das Merkwürdigste: Meine Fernsehsucht wurde durch – ich wage es kaum zu sagen – Bücher ersetzt. Ich konnte gar nicht genug lesen: Östliche Philosophie, Leben nach dem Tod, Channeling von Informationen, ja sogar UFO-Erlebnisse.

Derweil vibrierten meine Beine, wenn ich mich abends ins Bett legte. Meine Hände fühlten sich an, als stünden sie unter Strom. Auch meine Schädelknochen vibrierten, und meine Ohren summten. Später hörte ich Töne und ganz selten auch etwas, das wie Chorstimmen klang.

»Das war's«, sagte ich mir. »Jetzt habe ich den Verstand verloren.«

Und meine Patienten? Sie sahen Farben in Weiß-, Gold- und Purpurtönen, die sie noch nie zuvor gesehen hatten, Farben von unaussprechlicher, ja sogar überirdischer Schönheit.

Und ja, es gab Patienten, die Engel sahen. Anfangs gab ich nicht viel auf diese Engel-Geschichten ... bis die Leute anfingen, dieselben Engel zu beschreiben, dieselben Botschaften, dieselben Namen. Hier ist nicht etwa die Rede von bekannten Engeln wie Michael oder Ariel, auch nicht von Moses oder Buddha, obwohl viele Leute behaupteten, sie sähen Jesus. Nein, hier ist die Rede von Namen wie Parsillia und George.

George erscheint Kindern und anderen Menschen, die vielleicht die Nerven verlieren würden, wenn sie einen Engel sehen. Sehen Sie, George erscheint zuerst als kleiner Papagei.

Der erste Mensch, der George gesehen hat, war ein elfjähriges Mädchen. Jaime und ihre Mutter waren aus New Jersey gekommen, weil das Kind an einer Verformung der Wirbelsäule litt, die dieses ungewöhnlich intelligente und ansonsten sehr attraktive Mädchen stark entstellte. Am Ende ihrer Sitzung erzählte Jaime ihrer Mutter und mir: »Ich habe gerade diesen winzigen, bunten Papagei gesehen. Er hat mir gesagt, er heißt George. Und dann war er überhaupt kein Pagagei, er war nicht einmal eine Lebensform.« *Lebensform* – welch ein seltsamer Ausdruck für ein elfjähriges Mädchen. »Und dann ist er einfach mein Freund geworden.«

Danach erschien George häufiger. Die anderen Patienten wußten nichts über ihn. Ich habe weder seinen Namen genannt noch eine Beschreibung von ihm gegeben, so wie bei allen anderen Engeln auch, denn ich wollte die Leute nicht beeinflussen. Sogar für diese Geschichte habe ich die Namen geändert.

Parsillia erscheint mit bestimmten Botschaften. Zuerst erklärt sie den Patienten oft, daß sie geheilt sein werden. Dann sagt sie ihnen, sie hätten den Auftrag, »das Wort zu verbreiten.«

Der erste Mensch, der Parsillia sah, war Michele, eine Frau aus Oregon. Sie litt unter dem chronischen Müdigkeitssyndrom und einer schmerzhaften Muskelerkrankung, war appetitlos und wog nur noch etwa achtzig Pfund. Sie konnte kaum aus eigener Kraft vom Stuhl aufstehen. Um ihre Schmerzen wenigstens etwas zu lindern, mußte sie bis zu viermal pro Nacht unter die heiße Dusche getragen werden. Natürlich war sie nicht in der Lage zu arbeiten. Oft mußte ihr sechsjähriger Sohn seinem drei Jahre alten Bruder etwas zu essen machen: Brot mit Erdnußbutter.

Wie die meisten meiner Patienten hatte Michele noch nie zuvor einen Engel gesehen oder Stimmen gehört. Sie brauchte drei Tage, bis sie den Namen des Engels verstanden hatte. Parsillia sagte ihr, sie würde geheilt werden – und sie habe den Auftrag, das Wort über das Fernsehen zu verbreiten.

Ungefähr ein Jahr später trat Michele zusammen mit mir in einer Talkshow auf. Sie lächelte über das ganze Gesicht – und vergoß gelegentlich ein paar Tränen. Ihr Gewicht ist wieder normal, und sie sieht gesund aus. Sie hat einen Vollzeitjob und treibt regelmäßig Sport. Und sie bereitet jeden Abend für die Familie das Essen zu. Es gibt keine Brote mit Erdnußbutter mehr.

Ein weiterer Besucher ist ein Mann mit weißem Haar, einem weißen Schnurrbart und einem weißen Mantel. Gelegentlich erscheint er auch in einem Talar und mit bedecktem Kopf. Debbie, eine Mutter von drei Kindern aus Südkalifornien, hat als erste diesen Engel gesehen.

Im März 1995 litt Debbie unter Bauchspeicheldrüsenkrebs im Endstadium, und sie hatte vielleicht noch zwei Monate zu leben. In unserer ersten Sitzung sah Debbie den Mann in seinem Talar und mit bedecktem Kopf. Er berührte ihr Handgelenk und schickte eine Welle von Energie durch ihren Körper. Dann verneigte er sich und ging fort, während sie in einem sehr hellen, freundlichen Licht zurückblieb. Sie hatte Tränen in den Augen. Dann fand sie sich in einem Tunnel auf einer Reise durch das Universum wieder, wobei sie das Gefühl hatte, daß irgendwelches »Zeug« ihren Körper durch ihre Füße und den Kopf verließ.

Als sie zur dritten Sitzung kam, war Debbies Tumor zu achtzig Prozent verschwunden. Acht Monate später meinten die Ärzte, es sei jetzt Zeit, die restlichen zwanzig Prozent durch eine Operation zu entfernen. Direkt vor dem Operationstermin kam sie noch einmal zu einer Sitzung. Anderthalb Tage später begab sie sich ins Krankenhaus. Nach einigen Untersuchungen schickte man sie jedoch wieder nach Hause. Offensichtlich war der Tumor in der Zeit seit unserer Sitzung vollständig verschwunden. Es blieb nichts außer Narbengewebe zurück.

Den Patienten erscheint auch häufig ein Kreis von Ärzten, die weiße Mäntel tragen. Man kann sehen, wie sie sich beraten, aber sie sind nicht zu hören. Außerdem besucht uns regelmäßig eine junge Indianerin, die den Patienten ein Lederband mit glänzenden quadratischen Ornamenten auf die Stirn legt. Oft kommt auch ein männlicher Indianer und steht im Raum. Ein weiterer Besucher ist ein hübscher Engel. Die Patienten beschreiben, er sei etwa drei Meter groß und trage riesige, dicht gefiederte weiße Schwingen. Sie sagen mir, er stehe hinter mir, seine Arme um meine Taille gelegt, während er mir über die rechte Schulter sehe und schweigend meine Hände führe.

Jered war vier, als ihn seine Mutter zum ersten Mal zu mir brachte. Seine Beine waren bis über die Knie geschient, weil sie ihn sonst nicht mehr trugen. Aus seinem Mund kamen keine Worte mehr, sondern nur noch ein endloser Strom von Speichel. Seine Augen rollten in ihren Höhlen hin und her, ohne daß er mit seinem Blick ein Objekt hätte fixieren können. Ihr Glanz war einem leeren Ausdruck gewichen, der kaum noch einen Schimmer seiner inneren Schönheit erkennen ließ.

Als er bewegungslos und fast ausdruckslos auf dem Tisch lag, sagte mir seine Mutter, er leide an einem Abbau der Myelinschicht seiner Nervenzellen, so daß die Nervenimpulse nicht mehr weitergeleitet werden konnten. Er hatte pro Tag etwa fünfzig schwere epileptische Anfälle gehabt, die durch Medikamente auf durchschnittlich sechzehn reduziert werden konnten. Ein Jahr lang hatte sie hilflos zugesehen, wie es ihm immer schlechter ging, bis aus dem Kind, das sie einmal gekannt hatte, etwas geworden war, das sie nur noch als »Amöbe« bezeichnen konnte.

Jedesmal wenn ich meine Hand der linken Seite seines Kopfes näherte, vesuchte Jered danach zu greifen. »Sehen Sie, er weiß, wo Ihre Hand ist. Er versucht danach zu greifen. Das tut er sonst nie«, hob seine Mutter eilig hervor. »Das ist die Seite, wo das Myelin fehlt.« Zum Ende der Sitzung wurde Jered so aktiv, daß seine Mutter sich zu ihm auf den Tisch setzen mußte, um seine Hände leicht zu halten und ihm zur Beruhigung etwas vorzusingen.

An diesem Tag hörten Jereds heftige Anfälle auf. Vollständig. In der zweiten Sitzung griff er nach den Türknäufen und begann, sie herumzudrehen. Er konnte seinen Blick gezielt auf Gegenstände richten. Auf dem Weg zu meinem Büro zeigte er auf einen Blumenstrauß. »Blumen«, sagte er lächelnd. Seine Mutter begann zu weinen.

An diesem Abend wiederholte Jered die Buchstaben des Alphabets mit Vanna White, als er im Fernsehen *»Wheel of Fortune«* sah. Und vor dem Einschlafen blickte dieser vorher sprachlose Cherub seine Mutter an und sagte: »Mami, sing mir was vor.« Fünf Wochen später ging Jered wieder in die Schule. Und er fing Bälle auf dem Spielplatz.

Doch nicht alle Patienten wurden erkennbar geheilt. Warum konnte ich nicht vorhersagen, wie jemand auf die Behandlung reagierte? Warum geschah dies alles?

Ich hatte mich immer verantwortlich gefühlt. Andere nahmen vielleicht eine abwartende Haltung ein; ich versuchte, den Therapieerfolg zu kontrollieren.

Stellen Sie sich also vor, wie überrascht ich war, als mir dämmerte, daß ich beiseite treten und meine Kontrolle aufgeben mußte, um diese Heilungen wirklich zu beschleunigen. Ich mußte zurückstehen und einer höheren Macht die Führung überlassen.

»Wer sagt das?« dachte ich – aber verdammt noch mal, es stimmte. Nicht nur, daß die Energie ohne mein Zutun wußte, wohin sie fließen und was sie tun mußte, sondern je mehr ich mich zurücknahm, desto mächtiger war die Reaktion. Einige meiner besten Heilungen geschahen, als ich über meine Einkaufsliste nachdachte.

Dann hörte ich eines Tages eine Stimme:

»Du sollst aufnehmen, nicht ausstrahlen.«

»Wer hat das gesagt?« fragte ich. »Du bist mit diesem Rat an der falschen Adresse. Mein Ego ist noch dabei, sich von ›geh aus dem Weg und überlaß die Führung einer höheren Macht‹ zu erholen. Wie soll ich diese heilenden Kräfte an die Menschen weitergeben, wenn ich sie nicht ausstrahle?«

»Du sollst aufnehmen, nicht ausstrahlen.«

»Ich habe dich schon beim ersten Mal gehört. Aber nun beantworte meine Frage«, entgegnete ich in Gedanken.

Schweigen.

Ich ging hinein zu meiner nächsten Patientin. Dankbar, daß sie meine Unsicherheit nicht erkennen konnte, begann ich mit geöffneten Handflächen an ihren Füßen.

Aber diesmal nahm ich – irgendwie – durch meine Hände Energien von der Patientin auf. Zugleich nahm ich durch den Scheitelpunkt meines Kopfes Energien des Himmels auf. Ich empfand Liebe, Demut und Verwirrung. Es fühlte sich unangenehm an. Und dann sah ich, wie die Patientin zu reagieren begann – und es fühlte sich richtig an. An diesem Punkt übernahm ich wirklich die Vorstellung, der ich mich verschrieben hatte, ohne sie bisher vollständig zu verstehen: Nicht ich bin der Heiler. Nur Gott ist der Heiler. Und aus irgendeinem Grund darf ich dabeisein.

Die Sitzung war vorüber. Meine Patientin stand auf und bedankte sich.

»Danken Sie nicht mir«, erwiderte ich. »Ich habe nichts getan.«

»Aber natürlich haben Sie!«

Plötzlich dachte ich, daß vielleicht der Alte dort oben auf seiner Wolke am Ende gar keinen so großen Fehler gemacht hatte. Vielleicht wurde ich für dieses Geschenk auserwählt, weil ich weder Talar noch Turban trage, keine Wandteppiche aufhänge und kein Räucherwerk verbrenne, nicht barfuß herumlaufe und nicht schüsselweise makrobiotischen Kram mit Stäbchen esse. Vielleicht wurde ich auserwählt, weil ich zugänglich bin und mich relativ verständlich ausdrücke.

»Es ist so«, erklärte ich. »Es ist so, als hätten Sie gerade eine wunderbare Schokoladenmilch getrunken... und würden sich nun beim Strohhalm bedanken.«

Sie lachte.

Ich denke, wir hatten es beide verstanden.

Eric Scott Pearl

Eine Geistheilung

Bob war fünfundzwanzig, hatte eine gelbliche Gesichtsfarbe und war sehr krank. Nachdem erst vor achtzehn Monaten, wie er uns sagte, die Diagnose HIV-positiv gestellt worden war, zeigte er inzwischen unverkennbar das Vollbild von AIDS. Sein hübsches Gesicht war bereits von den charakteristischen Flecken des Kaposi-Sarkoms entstellt. Ich weiß nicht, wie Bob von unserer Studie erfahren hatte, aber eines Dienstagmorgen stellte er sich in der Klinik vor.

Wir untersuchten ein Phänomen, das oft als »Energieheilung« bezeichnet wird. Wir hatten vierzehn Männer und Frauen eingeladen – sieben erfahrene Heiler, von evangelischen Christen, die traditionelles Handauflegen praktizierten, bis hin zu Channelern, und außerdem sieben Freiwillige, die so etwas noch nie zuvor versucht hatten – um vierzehn Patienten, Männer und Frauen, zu behandeln, die an den verschiedensten Krankheiten von Migräne bis Krebs litten.

Obwohl wir hofften, daß echte Heilungen stattfinden würden, interessierten wir uns als Forscher für etwas anderes. Unser Projekt folgte einem einfachen Konzept. Die Physik sagt uns, daß alle Materie eine Form von Energie ist, und daß der Strom der Energie durch die Materie eine zumindest theoretisch meßbare materielle Spur hinterläßt. Folglich sollten »heilende Energien« (was immer das war), wenn sie existierten, ihre eigene Spur hinterlassen – vielleicht meßbar in den einfachsten chemischen Elementen. Während der Heilbehandlungen sollten unsere Freiwilligen deshalb kleine Fläschchen mit dreifach destilliertem Wasser um ihre Hände binden. Wir wollten den Inhalt dieser Fläschchen vor und nach der Behandlung analysieren und mit Kontrollfläschchen vergleichen, deren Inhalt aus derselben Probe stammte, jedoch nicht der heilenden Energie ausgesetzt war. Wenn sich zeigen ließe, daß sich das Wasser der verschiedenen Proben voneinander unterschied, dann hätten wir zumindest einen Hinweis darauf, was heilende Energie – und »Energieherstellung« – ist.

Unsere Aufmerksamkeit konzentrierte sich folglich auf das Wasser. Unsere achtundzwanzig Versuchspersonen hatten natürlich ihre eigenen Sorgen. Die vierzehn Patienten, die geheilt werden sollten, wurden durch eine Zufallsauswahl per Computer den vierzehn Heilern zugeteilt. Auf diese Weise geriet Bob an Ben, einen vierzig Jahre alten Filmproduzenten mit einem fundamentalistisch-christlichen Hintergrund, der noch nie zuvor versucht hatte zu heilen. Selbst bei den ersten Gesprächen mit den Kandidaten hatte Ben eine fast aggressive Männlichkeit an den Tag gelegt, und er hatte auch aus seiner ausgeprägten Homophobie keinen Hehl gemacht.

Angesichts dieser Zufallspaarung war uns klar, daß wir vor einem Dilemma standen. Die Heiler erfuhren nichts über den Gesundheitszustand der Person, die sie heilen sollten – und in den meisten Fällen hatten sie auch keine Möglichkeit, ihn zu erkennen. Doch bei Bob mit seinen damals schon wohlbekannten Kaposi-Tumoren war das eine andere Sache. Wir mußten davon ausgehen, daß Ben seinen Zustand sofort erkennen würde, und wir wußten, daß Ben nicht nur Schwierigkeiten im Umgang mit Homosexuellen hatte, sondern auch entsetzliche Angst vor AIDS: Das hatte er in einem Auswahlgespräch ausdrücklich betont. Konnten wir, bei aller Fairneß, Ben nicht warnen, daß wir ihn bitten mußten, seinen schlimmsten Ängsten buchstäblich ins Gesicht zu sehen? Und war es fair, Bob einem Heiler zuzuteilen, der nicht nur seinen Lebensstil widerwärtig fand, sondern auch eine tödliche Angst vor seiner Krankheit hatte?

Während Bob und Ben unzählige Fragebögen ausfüllten, rangen wir mit diesen Problemen. Am Ende beschlossen wir, daß wir zumindest mit Ben sprechen sollten. Wenn wir aus seiner Reaktion den Eindruck gewannen, daß er seine Ängste unter Kontrolle halten konnte, ohne daß Bob etwas merkte, dann konnten wir immer noch überlegen, die beiden an dem Experiment teilnehmen zu lassen.

Als Ben die Neuigkeit erfuhr, wurde er blaß und bat uns, ihn allein zu lassen. Er ging in einen der kleinen Räume, die für die Heilungssitzungen vorbereitet waren, und schloß die Tür – wobei er offenbar ebenso wie wir vergaß, daß alles in diesen Räumen von Videokameras aufgezeichnet wurde. Das Band zeigte später, wie Ben im Zimmer auf und ab lief, während er mit seinen inneren Ängsten und Dämonen kämpfte. Nach etwa fünf Minuten kam er heraus und sagte: »Wir sind hergekommen, um zu heilen. Also los.«

Ben verzog keine Miene, selbst als er sah, daß Bob sich kaum von dem Stuhl erheben konnte, auf dem er beim Ausfüllen der Fragebögen gesessen hatte. »Es ist nur meine Arthritis«, sagte Bob. »Immer wenn ich länger als zehn Minuten sitze, ist mein Körper blockiert.« Ben lächelte und half Bob ins andere Zimmer.

Bob stützte sich stark auf Ben, während er mühsam versuchte, sich auf einen der Massagetische zu legen, die wir benutzten. »Tut mir leid«, war alles, was er sagte.

Einen Augenblick lang schwiegen beide. Dann begann Ben, seine Hände langsam über Bob zu bewegen, etwa zwölf Zentimeter über seinem Körper.

»Wie lange hast du das schon?« fragte Ben.

»Wahrscheinlich bin ich ein paar Wochen nach meinem

Coming-out HIV-positiv geworden«, antwortete Bob. »Anfangs habe ich gedacht, es sei wie eine Art Strafe.« Die beiden Männer blickten sich in die Augen und sahen dann weg.

»Was sind die Hauptbeschwerden?« fragte Ben, der sich offenkundig bemühte, professionell zu klingen.

»O Gott, ich weiß nicht. Es sind so viele Dinge. Im Moment ist es aber, glaube ich, die Arthritis. Früher war ich Tänzer... vor all dem. Und ich friere. Gott, ich friere ständig.«

»Du frierst?«

»Ja, ich werde einfach nicht warm. Es ist dieses AIDS«, sagte Bob und sah Ben fest an. »Der Kreislauf macht dabei schlapp. Ich bin seit bestimmt vier Monaten nicht mehr richtig warm geworden. Selbst wenn ich ein heißes Bad nehme, hält das nur ein paar Minuten. Ich friere einfach tief im Inneren, die ganze Zeit.«

Während der nächsten dreißig Minuten arbeitete Ben an Bob mit einer Konzentration, die jedes Gespräch überflüssig machte. Selbst durch die dreieinhalb Meter entfernte Videokamera wurde sehr deutlich, daß diese Behandlung für Bob ein sehr intensives Erlebnis war. Seine Augen waren geschlossen, und sein Körper entspannte sich allmählich. Er atmete durch den geöffneten Mund, als ob er schlafen würde, aber er war wach und sprach so leise, daß nur Ben ihn hören konnte.

Ben arbeitete sorgfältig und bewegte seine Hände immer wieder über Bobs Körper hin und her. Manchmal sah es so aus, als würde er etwas Unsichtbares, aber Zähes und Klebriges aus Bobs Körper herausziehen; er zog es heraus und warf »es« mit einer raschen Handbewegung weg. Schließlich hörte er auf. Er trat vom Tisch zurück und blickte auf Bob herab. Tränen liefen über seine Wangen.

Nach ein oder zwei Minuten öffnete Bob die Augen und sah sich leicht verblüfft um. Er brauchte einen Moment, um sich zu sammeln. Dann erhob er sich anscheinend mühelos und mit leichter Grazie vom Tisch – und hatte den Raum schon halb durchquert, bevor er plötzlich stehenblieb. Er sah Ben an und blickte dann hinunter auf seine Füße.

Mit breitem Lächeln machte er einen kleinen Tanzschritt. Beide Männer begannen zu lachen. Ben ging zu Bob und umarmte ihn.

»Danke, Ben. Vielen Dank.«

»Ich glaube nicht, daß Gott Menschen mit AIDS bestraft«, sagte Ben. »Vielleicht habe ich das früher einmal gedacht, aber jetzt denke ich, daß er seine Strafe vielleicht für Menschen aufhebt, die ihr Herz vor dem Leiden ihrer Brüder verschließen.«

Als Bob aus dem Raum kam, wandte er sich an den Forscher, der das Experiment aufzeichnete, und sagte: »Mir ist warm. Zum ersten Mal seit vier Monaten ist mir innerlich warm.«

War das alles nur subjektiv, eine Art von Placebo-Effekt?

Eine Stunde später, als wir die Fläschchen aus den Heilungssitzungen untersuchten, stellten wir fest, daß der Inhalt tatsächlich verändert war. Natürlich war es immer noch Wasser, aber die Art, wie sich die Sauerstoff- und Wasserstoffatome zu Molekülen verbanden, war anders als bei den Kontrollproben. Doch das ist eine andere Geschichte.

Bob blieb mit uns in Verbindung. Während der nächsten Wochen berichtete er, daß seine Arthritis zurückgekehrt war, wenn auch nicht so schlimm wie vorher. Für ihn bestand der wichtigste Effekt seiner Heilungssitzung mit Ben jedoch darin, daß er nicht mehr fror. Was er als »Grabeskälte« bezeichnet hatte, war nicht zurückgekehrt und quälte ihn nicht mehr. Er hatte ein Gefühl wiedererlangt, von dem er geglaubt hatte, es sei für immer verloren.

Drei Monate später bekam Bob eine Lungenentzündung. Nach einer Woche war er tot.

Bob wurde letztlich nicht »geheilt«. Doch Bobs Tod zwang mich, all meine bisherigen Vorstellungen von Heilungen zu überdenken.

Wir alle erwarten das große Finale, das gelähmte Kind, das seine Krücken wegwirft und wieder gehen kann. Aber manchmal, so erkannte ich, ist Heilung einfach Wärme und eine Veränderung des Gefühls.

Stephan A. Schwartz

5

Hilfe von oben

Engel zur Hilfe

Der Aufzug fuhr rasch die vier Stockwerke hinunter, und ich trat hinaus in den kleinen Raum in der Mitte der Tiefgarage. Es gab zwei Aufzüge und zwei Türen. Ich ging auf die Tür zu, durch die der kürzeste Weg zu meinem Parkplatz führte, und begegnete dabei einem Mann, der die Uniform eines Aufsehers trug. Als ich ihm kurz in die Augen sah, sagte eine Stimme in meinem Kopf: »Lauf!«

»Lauf?« wiederholte ich innerlich. »Warum sollte ich laufen?«

Plötzlich fühlte ich einen Arm um mein Genick und sah ein Messer vor mir, das auf meinen Hals gerichtet war. Er hielt mich so fest, daß ich nicht atmen konnte. Es gelang mir, mich so weit aus seiner Umklammerung zu befreien, daß ich Luft bekam, und sagte: »Beruhigen Sie sich. Sie tun mir weh.« Ich versuchte, selbst ruhig zu bleiben. Ich konnte nicht glauben, was da passierte.

Er hatte das Messer jetzt auf meinen Rücken gerichtet und schob mich zum anderen Ausgang, als die Glocke des zweiten Aufzugs erklang und die Tür sich öffnete. Zwei Männer stiegen aus und blieben überrascht stehen. Der Aufseher stach mir das Messer in den Rücken und stieß mich zu den beiden hin. Dann lief er durch die Tür in die Tiefgarage und floh.

Die beiden Männer zogen mich in den Aufzug. Ich spürte, wie meine Lunge in sich zusammenfiel. Unter unerträglichen Schmerzen sank ich auf den Boden. Ich glaubte zu sterben.

»Wenn du mich überleben läßt«, bat ich Gott tief im Inneren meines Herzens, »dann laß mich ein Werkzeug deines Friedens werden. Ich will dir bis ans Ende meines Lebens dienen.« Ich konnte spüren, wie das Blut in meine Brusthöhle strömte und mir die Sinne schwanden.

Im Erdgeschoß dieses sehr eindrucksvollen Gebäudes am Wilshire Boulevard in Los Angeles saß ich am Schreibtisch des Pförtners, gehalten von einem Fremden. Er versicherte mir immer wieder, alles würde gut werden, während Polizeibeamte vor mir saßen, Formulare ausfüllten und immer wieder fragten: »Was ist passiert?« Schließlich kam der Rettungswagen, und ich wurde ins Krankenhaus gebracht, wo sie ein Loch in meinen Brustkorb schnitten und einen Schlauch einführten, damit meine Lunge sich wieder mit Luft füllen konnte. Es dauerte mehrere Wochen, bis ich wieder gesund war, und ich fühlte mich sehr ängstlich und verwirrt.

Als ich schließlich wieder arbeiten konnte, besuchte ich die beiden Männer, die mir das Leben gerettet hatten. Sie waren Rechtsanwälte und arbeiteten für eine Firma im dreizehnten Stock des Gebäudes. Sie erzählten mir ihre Version der Geschichte.

An jenem Abend hatten sie in einem kleinen Bistro etwas gegessen und wollten anschließend ins Büro zurück, um noch einige dringende Arbeiten zu erledigen. Sie wollten den Aufzug nach oben nehmen, als sie plötzlich das Gefühl hatten, etwas würde sie dort heraus und auf der gegenüberliegenden Seite in den Aufzug drängen, der abwärts fuhr: »Oh, ich denke, wir könnten auch gleich unsere Trikots aus dem Auto holen«, sagten sie zueinander, um ihr merkwürdiges Verhalten zu erklären: Sie wollten später am Abend noch Baseball spielen. Als sich die Aufzugtür öffnete, stand ich ihnen gegenüber, in der Gewalt des Aufsehers.

Ich fragte sie, was sie bewogen hatte, den Aufzug zu wechseln. »Wir hatten ursprünglich nicht die Absicht, in die Tiefgarage zu fahren«, sagte einer von ihnen. »Es fühlte sich so an, als würden wir gezogen und geschoben. Es war wie eine mächtige Energie überall um uns herum.«

»Wie meinen Sie das?«

Er wurde still und sah ein wenig verlegen aus. »Es fühlte sich seltsam, warm und einladend an ... als ob uns Engel rufen würden.«

Der andere Anwalt sah seinen Partner an und blickte sich dann im Raum um, ob auch niemand zuhörte. Errötend nickte er langsam mit dem Kopf und sagte dann still: »Ja, ich habe es auch gefühlt. Vielleicht wollten die Engel, daß wir Ihr Leben retten.«

Viele Jahre sind inzwischen vergangen, und mein Gelöbnis, ein Botschafter des Friedens zu sein, war mir seitdem immer das Wichtigste. Ich konnte zu vielen sinnvollen Projekten meinen Beitrag leisten und wurde gebeten, überall in der Welt zu lehren. Mit Liebe, Demut und tiefer Wertschätzung für die letzten fünfundzwanzig Jahre meines Lebens danke ich den Engeln, diesen mächtigen Botschaftern Gottes.

Verlaine Crawford

Willst du leben?

»Martin, komm ins Studio, du hast noch fünf Minuten«, brüllte Bill durch die Gegensprechanlage und versetzte mir damit den vertrauten Adrenalinstoß, der dafür sorgte, daß sich einem der Magen umdreht. Bill war ein knallharter, preisgekrönter Produzent einer Nachrichtensendung, und er haßte es, wenn ein »Talent« zu spät kam. Wie üblich war ich noch dabei, sorgfältig mein Augen-Make-up aufzutragen, nur Minuten, bevor ich Long Island mit einem strahlenden Lächeln und den Abendnachrichten begrüßen würde. An diesem Tag hatte ich damit jedoch Probleme, weil ich gleichzeitig schluchzend mit meinem Freud und Fernseh-Mentor Allie telefonierte.

»Judy, hörst du mir zu? Du bist gut«, sagte Allie verärgert. »Verdammt, ich habe dich ausgebildet!«

Ich arbeitete jetzt seit etwa drei Jahren als Nachrichtenreporterin. Ich hatte Blut gesehen, über politische Stümpereien berichtet... und ich wurde allmählich genauso abgestumpft wie die Profis. Irgendwie fühlte ich mich leer, trotz allem, was ich erreicht hatte.

Am Vortag hatte mich ein anderer Lokalsender angerufen und mich um Probeaufnahmen gebeten. Ich war mit meinem gegenwärtigen Job nicht glücklich, es war Zeit für eine Veränderung – aber ich hatte das Gefühl, nicht gut genug zu sein. Am liebsten hätte ich aufgegeben und alles hingeworfen.

»Judy, wo ist dein Gottvertrauen? Hör auf, dich selbst zu bemitleiden.« Allie machte mich fertig. Als Sohn eines lutherischen Pfarrers strahlte er immer soviel Freude aus und war stets geduldig. Im Grunde störte mich das immer, und daß er sich heute so untypisch verhielt, fand ich durchaus erfrischend und amüsant.

»Martin, komm ins Studio, sofort!« Bill war ärgerlich. Sogar Allie konnte ihn über das Telefon schreien hören.

»Allie, ich liebe dich. Danke.«

Ich legte den Hörer auf, atmete tief durch und dachte darüber nach, was er gesagt hatte. Hatte ich wirklich kein Gottvertrauen? Wenn ich morgens über die Gehwege in Long Beach joggte, betete ich die ganze Zeit zu Gott und allen Heiligen und bat um Frieden in meiner Arbeit und in meinem Leben. Ich lief, bis sich mein Gesicht taub anfühlte und ich den kalten Wind nicht mehr spürte. Es fiel mir nicht schwer, taub und abgestumpft zu werden, auch innerlich. Meine Arbeit als Nachrichtenreporterin machte mich krank. Ich hatte nicht das Gefühl, produktiv zu sein. Meine Eltern hatten mich gelehrt, daß man Gutes tun mußte, und ich sehnte mich danach, über Themen wie Gesundheit, Kinder und Frauenfragen zu berichten, oder über irgend etwas anderes, das den Leuten in ihrem Leben weiterhelfen könnte.

Ich rannte ins Studio, steckte schnell die Hörmuschel ins Ohr, den Lippenstift in der einen Hand, das Manuskript in der anderen. Als ich mich auf den Stuhl setzte, rutschte ich hin und her, um es mir auf dem Telefonbuch bequem zu machen, das sie dort immer für mich hinlegten. Ich las die ersten Meldungen perfekt, und dann fühlten sich die Scheinwerfer plötzlich heißer an als sonst. Mir wurde schwindlig, und ich konnte nicht mehr stillsitzen. Als ich auf mein Manuskript herunterblickte, stellte ich fest, daß sich meine Hände tiefrot gefärbt hatten. Ich hatte plötzlich das Gefühl, als würden sie brennen, und das Feuer kroch meine Arme hinauf. Wir blendeten Werbung ein. »Nur noch ein paar Meldungen«, dachte ich.

Dann war ich wieder auf Sendung. Als sich die Nachrichten dem Ende näherten, zeigte sich der Ausschlag nicht nur auf meinen Händen und Armen, sondern auch am Hals. Mein Kameramann trat von dem riesigen Gerät zurück, das auf mein Gesicht gerichtet war, um zu prüfen, ob ich vielleicht nur durch die Kamera so seltsam aussah. Er blickte mich erschrocken an, sagte jedoch nichts über mein Aussehen, sondern versuchte mich mit ein paar Worten aufzumuntern: »Jude, in dreißig Sekunden ist es vorbei«, flüsterte er. »Das schaffen wir schon.«

Als die Sendung zu Ende war, rannte ich direkt in den Waschraum. Im Spiegel sah ich mein Pekinesengesicht. Meine Augen waren so zugeschwollen, daß sie nur noch Schlitze in meinem Gesicht waren, das die Farbe von roter Bete angenommen hatte. Auf meinen Händen und Armen bildeten sich Knoten, die mehrere Quadratzentimeter groß waren. Als ich meine Bluse hob, sah ich, daß sie sich auch auf meinem Bauch bildeten. Mein ganzer Körper brannte.

Bill hämmerte an die Tür und fragte: »Jude, bist du okay?« Ich sagte ihm, es gehe mir gut und ich würde jetzt nach Hause fahren; dann krümmte ich mich weinend auf dem Boden zusammen. Die zweite Hälfte der Sendung lief; meine Aufgabe war erledigt.

Ich hielt das Ganze für eine allergische Reaktion, aber ich hatte nichts Außergewöhnliches gegessen. Ich stürzte aus dem Badezimmer, griff mir meine Tasche aus dem Nachrichtenraum und raste mit dem Auto in Richtung South Shore, wo meine Mutter wohnte.

Während ich um halb acht abends den Long Island Expressway entlangfuhr, stand mein Körper nun nicht nur unter Feuer, sondern juckte auch wie verrückt. Überall wo ich kratzte, riß die Haut auf. Ich grub meine Nägel so heftig in meine Oberschenkel, daß sie zu bluten anfingen. Ich sah bei jeder Gelegenheit in den Rückspiegel und beobachtete besorgt, wie die kleinen Beulen auf meinem Hals sich zu riesigen Striemen vereinigten. Laut weinend und betend stellte ich fest, daß meine Stimme heiser wurde und mir das Schlucken schwerfiel.

»Das war's«, dachte ich. Mein Leben ging zu Ende.

Meine Gelenke waren so geschwollen, daß sie steif wurden, ich konnte kaum noch etwas sehen, und mein Hals schwoll zu. Jetzt steuerte mich mein automatischer Überlebenswille. Das Auto fuhr anscheinend von selbst und nahm die Ausfahrt zum nächsten Krankenhaus.

Plötzlich wurde ich ganz ruhig. War es nicht genau das, was ich wollte? Diesen Planeten verlassen, damit ich nichts mehr mit dem Leben zu tun hatte? Irgendwie überschattete der psychische Schmerz meines gegenwärtigen Unglücks den körperlichen Schmerz, den ich empfand. Der Tod schien leichter zu sein. Ich betete weiter, während ich auf den Krankenhausparkplatz einbog. Ich weiß nicht, wofür. Ich wollte nur, daß die Schmerzen aufhörten.

Die Schwester warf nur einen kurzen Blick auf mich, bevor sie mich gemeinsam mit einem Hilfspfleger praktisch in die Notaufnahme trug und auf einen Behandlungstisch legte. Ich begann mich ein wenig zu beruhigen. Die Decke des Zimmers war so weiß. Über mir glänzendes, schimmerndes Metall. Um mich herum standen etwa vier Ärzte und Schwestern. Sie rissen meine Bluse auf und befestigten diese klebrigen EKG-Elektroden auf mir.

Ich hörte eine Stimme knurren: »Judy, sagen Sie uns, was Sie genommen haben. Haben Sie irgendwelche Pillen genommen?«

»Toll«, dachte ich. »Sie halten mich für drogensüchtig.«

»Haben Sie etwas Außergewöhnliches gegessen?«

»Nichts«, dachte ich, aber ich konnte nicht sprechen. Ich hatte jedes Gefühl und jede Kontrolle verloren.

Ohne Vorwarnung hatte ich plötzlich den Eindruck, unter der Decke zu schweben. Ich spürte das Stoßen, die Schmerzen und das Jucken nicht mehr. Ich starrte einfach an die Decke. Es war eine Art stumpfsinniger Ekstase.

Im nächsten Moment jedoch brachte mich eine Infusion mit Adrenalin und anderen Medikamenten wieder zu Bewußtsein. All die unangenehmen Gefühle waren wieder in meinem Körper – doch die Spannung in meinem Hals ließ nach, und es schien so, als würde ich überleben.

Nachdem ich über Nacht zur Beobachtung im Krankenhaus geblieben war, fühlte ich mich bei meiner Mutter zu Hause wie im Mutterleib. Ich schlief in meinem alten Zimmer. Gedanken an meine Kindheit, an das angenehme Gefühl, von meiner Mutter umsorgt zu werden, gingen mir durch den Kopf.

Die Schwellungen hatten sich deutlich zurückgebildet. Ich schlief ein paar Stunden. Dann weckte mich meine Mutter, gab mir Medikamente und ließ mich wieder allein, um in die Küche zu gehen.

Innerhalb von Minuten begann es von neuem. Diesmal trat die Schwellung in Rekordgeschwindigkeit auf, ließ das Beulenstadium aus und verbreitete sich gleich in Striemen über meinen ganzen Körper. Mein Hals schwoll rasch zu. Ich schaffte es nicht mehr, nach meiner Mutter zu rufen.

Ich hörte, wie eine Stimme – meine Stimme – sagte: »Willst du sterben?« Ein Prickeln erfüllte jeden Zentimeter meines Körpers, so ähnlich wie das Kribbeln, wenn einem der Fuß einschläft. Irgendwie gelang es mir, aus dem Bett zu kommen, und ich hatte das Gefühl, als würde ich die Treppe hinunterschweben.

In der Küche war meine Mutter dabei, doppelseitig gebackene Spiegeleier zu machen. Ich dachte, »das tut sie nie. Sie mag lieber Rührei.« Nun streute sie Knoblauchsalz über die Eier. Ein Snack, nahm ich an, den sie essen wollte, während sie im Fernsehen »General Hospital« ansah. Ich erkannte, daß die Serie gerade im Nebenzimmer lief. Ich schlenderte durch das Eßzimmer, wo verschiedene Heiligenbilder an der Wand hingen.

Mein Körper fühlte sich seltsam an. Ich blickte auf meine Hand. Sie war transparent.

Es kam mir vor, als würde ich träumen, daß ich durch das Haus schwebte. Anders kann ich es nicht beschreiben.

Plötzlich war ich ruckartig wieder in meinem Schlafzimmer. Erneut ging ich auf die Tür zu. Wahrscheinlich wollte ich wirklich nicht leben. Doch es gab andere Pläne für mich.

In dem Moment, wo ich zur Tür wollte, spürte ich eine starke Kraft hinter mir. Ich drehte mich um und lag zu meiner Überraschung dort im Bett. Mein materieller Körper war die ganze Zeit im Bett gewesen, während ich meine Mutter in der Küche beobachtet hatte und durch das Haus gewandert war.

Das beunruhigte mich nicht. Eigentlich fühlte ich mich ganz normal. Ich wollte erneut weggehen, aber dann fühlte ich diese ruckartige Bewegung hinter mir und fiel auf den Rücken. Mein Körper lag immer noch im Bett, und daneben stand strahlend in einem wunderschönen weißen Kleid … ich. Mir fiel auf, daß mein Haar braun war, ohne die Strähnchen, die ich mir kürzlich eingefärbt hatte.

Wer war diese Person, die so aussah wie ich? Nach langem Nachdenken erkannte ich, daß sie mein höheres Selbst sein mußte, zu dem ich auf dem Gehweg, im Studio und in der Notaufnahme gebetet hatte.

Sie lächelte mich an und machte mir ein Zeichen, ich solle mich wieder ins Bett legen.

Zurück in meinen Körper gescheucht starrte ich sie an, während sie mich ins Bett packte und mich mit einer Decke aus weißem Licht zudeckte. Wenn ich sie nur ansah, fühlte ich mich geborgen und geliebt. Sie drohte mir mit dem Finger, als wolle sie sagen: »Nein, nein, nein! Deine Zeit ist noch nicht gekommen, du hast eine Aufgabe hier.«

Ich sah auf die Uhr an der Wand und konnte die Musik hören, mit der »General Hospital« endete. Ich lief nach unten, um meiner Mutter zu erzählen, was passiert war.

Als ich das Zimmer betrat, sagte ich: »Du hattest also Eier zum Lunch. Doppelseitig gebackene Spiegeleier mit Knoblauchsalz.«

Sie lachte verwundert: »Woher weißt du das?«

Ich wußte jetzt, daß meine Zeit, dieses Leben zu verlassen, noch nicht gekommen war. Statt dessen war es Zeit für mich, dieses Leben selbst in die Hand zu nehmen und mutig die nächsten Schritte zu tun.

In der folgenden Woche ging ich ins Studio und kündigte, nahm jedoch das Angebot an, als freie Mitarbeiterin so viele Aufträge zu bekommen, daß es zum Überleben reichte.

Die Sache funktionierte. Meine freie Mitarbeit bei News 12 Long Island führte zu einer Vollzeitbeschäftigung. Ich wurde Redakteurin für den Bereich Bildung und Soziales.

Durch meinen Glauben an Gott und mein Vertrauen in mein höheres Selbst habe ich einen Sprung ins Ungewisse gewagt und dabei eine neue Aufgabe und einen neuen Lebenssinn gefunden.

Judy Martin

Die Anfänge der Weisheit

Es war drei Uhr nachts im Sommer 1968. Eine magische, südkalifornische Nacht. Ich war sechzehn Jahre alt und hatte das Wochenende, ohne meine Erschöpfung zu bemerken, auf einer Party im Hause einer Freundin in Santa Monica verbracht. Die weichen, warmen Santa-Ana-Winde fegten durch die Eukalyptusbäume und trieben trockene Blätter durch die ausgestorbenen Straßen der Stadt. Diese Winde waren verlockend, beunruhigend und vermittelten einem ein leichtes Gefühl der Gefahr.

Wir befanden uns in der Second Street, zwei Häuserblocks vom Strand entfernt, wo meine Freunde und ich in einem kleinen Holzhaus herumlungerten. Wir waren wie Tiere, die sich eng aneinanderkuschelten, weil sie sich vor den vermeintlichen Bedrohungen der Außenwelt fürchteten. Von der Decke hingen Madras-Bettücher in leuchtenden Farben, und auf dem Boden flackerten Kerzen in leeren Rotweinflaschen. Ich hatte mich barfuß auf der Couch ausgestreckt und lauschte Bob Dylans »Girl from North Country«. Ich war rastlos. Ich wollte etwas unternehmen. Ein blonder junger Mann, den ich erst eine Stunde zuvor kennengelernt hatte, lud mich zu einer Spritztour in die Berge ein. Er war ein James-Dean-Typ, cool und sexy, braune Lederjacke und Cowboystiefel, und aus der Gesäßtasche seiner ausgeblichenen Jeans lugte eine Packung Camels heraus. Er war genau einer dieser Typen, auf die ich flog, die sich jedoch meist nicht für mich interessierten. Um nichts in der Welt hätte ich diese Gelegenheit verpassen wollen.

Wir gingen nach draußen und stiegen dabei über Paare, die sich auf ein paar Matratzen vergnügten, die strategisch günstig auf dem Wohnzimmerteppich ausgelegt waren. Wir sprangen in meinen grünen Austin Mini Cooper, mein Begleiter am Steuer, und machten uns auf den Weg Richtung Tuna Canyon, einen der dunkelsten, verlassensten Flecken in der Gegend um Santa Monica, ein einsamer Ort, der den Churchmash-Indianern heilig war.

Die Straße wand sich bis in eine Höhe von etwa fünfhundert Metern bergauf; wir sahen die gesamte Malibu-Küste hell erleuchtet vor uns liegen, von Point Dume bis hinunter zur südlichsten Spitze der Palos Verdes Halbinsel. Die sanfte Nachtluft blies mir durch das Haar und füllte meine Nase mit dem Duft von scharfem Salbei und frischer Erde. In der Ferne heulten ein paar einsame Koyoten.

Einen Augenblick lang sah mein Begleiter zu mir herüber, und ich fühlte, wie sich in meinem Inneren etwas rührte. Seine sanfte Stimme und die Leichtigkeit seiner Bewegungen versetzten mich in Erregung, doch ich gab mir große Mühe, es nicht zu zeigen, entschlossen, so zu tun, als würde ich mir nichts aus ihm machen. Die Hitze, die sein Arm ausströmte, breitete sich über meinen Körper aus, während seine Hand nun auf meinem Bein lag. Ich streckte meine Hand nach seiner aus und streichelte langsam seine Fingerspitzen eine nach der anderen. Ich fühlte mich berauscht. Er war ein Fremder, mir völlig unbekannt. Es war das absolute Risiko. Je näher wir unserem Ziel kamen, desto aufgeregter wurde ich. Ich stellte mir vor, was geschehen würde, wenn wir die atemberaubende Aussicht auf dem Berggipfel erreicht hätten.

Je höher wir kamen, desto tückischer wurden die Kurven. Doch wir achteten kaum darauf, sondern redeten unablässig, denn wir waren high von den starken Amphetaminen, die wir eine Stunde zuvor im Haus genommen hatten. In der letzten Kurve vor dem Gipfel reagierte er nicht schnell genug, und der rechte Vorderreifen pflügte sich in den weichen Kies am Straßenrand. Das Auto schleuderte wild, während er hektisch gegensteuerte, um den Wagen wieder unter Kontrolle zu bekommen. Er stieg in die Bremsen. Ich hörte die Reifen quietschen, und dann rutschten wir vom Asphalt herunter, rasten über die Kante des Kliffs und stürzten in die Dunkelheit unter uns.

Was danach geschah, weiß ich nur noch in Bruchstücken. Ich erinnere mich genau, daß die Zeit plötzlich langsamer verging und ich verschiedene Dinge wahrnahm. Der Nachthimmel wirbelte plötzlich nicht mehr über mir, sondern unter meinen Füßen. Ich hörte seltsame Geräusche, die so ähnlich klangen, als würden Autoscooter auf der Kirmes gegeneinanderkrachen. Völlig ohne Emotionen stellte ich fest, daß mir irgend etwas sehr seltsam vorkam, aber ich konnte nicht genau ausmachen, was es war. Meine entsetzliche Lage – mein drohender Tod – war mir nie wirklich bewußt. Statt dessen gab es plötzlich eine Veränderung. Ich fand mich in einer Art von Tunnel wieder, wo ich mich absolut sicher fühlte. Es kam mir gar nicht in den Sinn zu fragen, wo ich war oder wie ich dort hingekommen war. Obwohl ich aus weiter Ferne hörte, wie der Wind an den offenen Autofenstern vorbeirauschte, befand ich mich nun an einem friedlichen Zufluchtsort, während wir durch den leeren Raum auf den tiefen Grund des Canyons herabstürzten.

Ohne das Bedürfnis, mich zu bewegen oder irgendwo anders zu sein als ich war, blickte ich mich in dem Tunnel um, der mich nun umgab. Es war ein erstaunlich stiller, langer, zylindrischer Raum, dessen graue Farbe strahlte, als würde sie von außerhalb durch eine schimmernde Lichtquelle erhellt. Obwohl der Tunnel nicht fest zu sein schien, wie er es normalerweise gewesen wäre, hatte ich den Eindruck, daß sich seine durchsichtigen Wände endlos in beide Richtungen erstreckten. Sie schienen aus einem wirbelnden Dunst zu bestehen, in dem sich Billionen von Atomen mit enormer Geschwindigkeit bewegten. Außer mir gab es nichts und niemanden in dieser surrealen Welt, die ich jedoch als behaglich und beruhigend empfand. Es gab keine scharfen Kanten, und der ganze Tunnel schien sanft zu vibrieren. Auch mein ganzer Körper wirkte nun durchsichtig und vibrierte, als ob ich meine äußere Gestalt verändert hätte, um mich dieser neuen Umgebung anzupassen. Ich empfand nichts als Frieden und Geborgenheit an einem Ort, der grenzenlos und ewig zu sein schien.

Plötzlich erinnerte ich mich daran, wie ich als kleines Mädchen auf dem Dach gesessen und in den Raum hineingeschaut hatte, fasziniert vom Himmel und den Planeten, deren unsichtbare Gegenwart ich spürte. Stundenlang starrte ich auf das, was ich nicht sehen, aber stärker als alle materiellen Formen spüren konnte. Seit ich denken kann, habe ich stets an Gott geglaubt. Nicht so sehr an den Gott der jüdischen Religion, in der ich erzogen wurde, oder an den Gott irgendeiner anderen Religion, sondern an ein gestaltloses, ewiges Wesen, das durch alle Dinge hindurchschimmerte und liebevoll über mich wachte. Dasselbe Wesen fühlte ich jetzt auch bei mir im Tunnel, sogar noch vertrauter und näher, als es mir in meiner Kindheit gewesen war. Es hüllte mich ein wie eine warme Kaschmirdecke in einer kalten Winternacht, und ich fühlte mich dadurch vollkommen ausgeglichen, unverletzlich, geschützt von einer unsichtbaren, aber doch spürbaren lebenserhaltenden Kraft.

Die Zeit stand jetzt still; jeder Augenblick wurde zur Ewigkeit. Aus scheinbar großer Entfernung blickte ich durch die zertrümmerte Windschutzscheibe und sah das milde Mondlicht durch den Canyon strömen. Der Wagen wurde gegen riesige Felsbrocken geschleudert und überschlug sich immer wieder, während wir den Berg hinunterstürzten. Und doch empfand ich nicht die geringste Gefahr; nicht einen Moment hatte ich Angst. Kühl wie ein distanzierter Beobachter zählte ich, wie oft sich der Wagen überschlug. Eins, zwei, drei, vier, immer weiter, bis zum achten Mal. Geborgen in meinem schützenden Tunnel blieb ich in der Leere des freien Falls, ohne zu wissen, ob dies das Leben oder der Tod war.

So abrupt, wie ich hineingezogen worden war, wurde ich wieder aus dem Tunnel heraus und in die Gegenwart geschleudert, genau in dem Moment, als der Wagen auf festen Boden krachte. Mit einem gräßlichen Aufprall knirschte Stahl auf Stein, und der Wagen kam torkelnd zum Stillstand, wobei die Vorderräder über eine schmale Kante ragten. In einem labilen Gleichgewicht schwebten wir förmlich über dem Abgrund.

Durch die Wucht des Aufpralls waren mein Begleiter und ich beide auf dem Rücksitz gelandet. Überall im Auto lagen Glassplitter herum, aber wie durch ein Wunder war keiner von uns verletzt. Doch uns wurde rasch klar, daß wir immer noch in Gefahr schwebten. Jeden Moment konnte der Wagen nach vorn rutschen und in die tiefe Schlucht unter uns stürzen. Wir mußten hier schnell herauskommen.

Die Äste einer Eiche, die durch das Fenster ins Auto ragten, schienen unser einziger Ausweg zu sein. Ohne mich umzusehen, griff ich nach einem von ihnen und zog mich daran aus dem zertrümmerten Wagen. Mein Begleiter hielt sich dicht hinter mir, und so kletterten wir den steilen Abhang hoch, zwängten uns durch das Dickicht aus Bärentrauben und wildem Senf, nahezu undurchdringliche Büsche und wilden Chaparral. Wir versuchten, trotz der lockeren Erdklumpen und der glitschigen Blätter unter unseren Füßen nicht den Halt zu verlieren und zogen uns an den Büschen auf den Hügel hinauf. Während wir uns zentimeterweise nach oben kämpften, fragte ich mich immer noch, wieso wir überlebt hatten. Wir hätten tot sein müssen. Statt dessen waren wir fast ohne einen Kratzer davongekommen. Und schon jetzt verfolgte mich das Bild des Tunnels.

Sehr erleichtert, wieder festen Boden unter den Füßen zu haben, fanden wir bald einen Wagen, der uns mit zurück in die Stadt nahm. Die Berge wurden allmählich in blasse Strahlen einer rosigen Morgendämmerung getaucht. Ich glaube nicht, daß wir in der ganzen Zeit auch nur ein einziges Wort gesagt haben, aber ich bin mir nicht sicher. Ich kann mich kaum an die Rückfahrt erinnern. Während ich nach draußen starrte, ließ ich den Unfall wieder und wieder vor meinem geistigen Auge ablaufen, unfähig zu verstehen, wieso wir noch lebten. Nur ein Wunder konnte uns gerettet haben.

Lange Zeit verdrängte ich die Einzelheiten des Absturzes und behielt nur ein paar unzusammenhängende Bilder im Kopf. Ich erinnerte mich genau daran, wie der Wagen über die Klippen gerollt war, und auch wie es sich angefühlt hatte, in schwindelerregender Leichtigkeit unkontrolliert nach unten zu stürzen. Es war so wie auf einer gigantischen Achterbahn, wenn man den ersten Berg erklommen hat und in rasender Fahrt abwärts schießt. Ich erinnerte mich auch noch daran, wie jede einzelne Zelle meines Körpers im Augenblick unserer kreischenden, markerschütternden Landung voller Protest geschrien hatte. Mit dem Tunnel wußte ich nichts anzufangen. Er war ein Rätsel, ein Mysterium, das ich noch lange Zeit nicht zu deuten wußte.

Judith Orloff

Die Geburt eines Wunders

Ich war dreiundzwanzig Jahre alt und erwartete in den nächsten Tagen die Geburt meines ersten Kindes. Obwohl meine Freundinnen und Verwandten es kaum erwarten konnten, mir die Horrorgeschichten über die Geburten ihrer Kinder zu erzählen, hatte ich keine Angst. Ich fühlte mich nicht etwa stärker oder besser als sie. Ich machte mir nur nicht allzu viele Gedanken über den tatsächlichen Geburtsvorgang. Ich war naiv, denn ich hatte noch nie zuvor qualvolle Schmerzen erlebt. Als ich las, daß die Geburt beim ersten Kind durchschnittlich achtundzwanzig Stunden dauerte, glaubte ich, daß ich einen Tag meines Lebens dafür geben könnte. Schließlich wußte ich genau, daß ich es schaffen würde. Einfach so. Ich war unbesorgt.

Jede Nacht betete ich um die Kraft, die nötig war, um mit allem fertig zu werden, was die Geburt eines Kindes mit sich bringt. Ich betete um den Mut, mich auf jede Wehe einlassen zu können, dankbar dafür, daß mein Körper sich öffnete, um mein Kind nach draußen und in meine Arme zu treiben. Ich bat Gott und Jesus und die Mutter Maria, mir Kraft zu geben. In dem Glauben, daß Gott vielleicht über Geburtshelfer verfügte, betete ich zu Engeln und Göttinnen um die Stärke und den Mut, die ich mir wünschte.

Am 25. März um 1.20 Uhr morgens erwachte ich von einem knallenden Geräusch. Ich konnte diesen Knall wirklich spüren. Als ich zur Toilette gehen wollte, merkte ich, daß Wasser an meinen Beinen herunterlief. Aufgeregt rief ich meine Mutter an, um ihr zu sagen, daß meine Fruchtblase geplatzt war. »Irgendwann im Laufe des Tages wird das Baby kommen.«

Als ich im Krankenhaus ankam, wurde ich sofort untersucht und aufgenommen. Ich verlor tatsächlich Fruchtwasser. Als sie mich im Geburtsvorbereitungsraum allein ließ, sagte mir die Schwester: »Versuchen Sie noch ein bißchen zu schlafen, bevor die richtigen Wehen anfangen.« Während ich es mir bequem machte, sah ich auf die große Uhr an der Wand. Es war 2.00 Uhr morgens. Ich schloß die Augen.

Plötzlich spürte ich in meinem Bauch die anhaltendsten, intensivsten Schmerzen, die ich je erlebt hatte. Mein ganzer Körper bestand nur noch aus diesem Schmerz. Ich griff nach dem Bettgestell und umklammerte es so fest, daß meine Knöchel weiß wurden.

Dann spürte ich eine unendlich zarte Berührung. Die weiche Hand einer Frau begann mein Haar zurückzustreichen. Ich blickte zu ihr auf. Sie war so hübsch, mit weichen, rötlichbraunen Haaren und zärtlichen, liebevollen Augen.

»Das ist meine erste Wehe«, sagte ich, »und es werden noch viele weitere folgen. Ich weiß nicht, was ich tun soll. Können Sie mir helfen?«

»Es gibt einen Platz im Inneren Ihres Körpers, wo Sie atmen und Ihr Kind gebären können. Gehen Sie dorthin, und Sie werden nicht leiden.«

Ich atmete tief ein und schloß meine Augen.

Als ich sie nur einen Moment später wieder öffnete, sah ich, daß sie nicht mehr da war. Als ich auf die Uhr blickte, erschrak ich – es war 4.20 Uhr. Zwei Stunden und zwanzig Minuten waren vergangen!

Ich wußte, daß mein Körper jetzt bereit war, das Baby herauszupressen. Ich klingelte nach der Schwester. Dieselbe Schwester, die mich bei meiner Ankunft aufgenommen hatte, erschien und fragte, ob ich gut geschlafen hätte. Da ich mir nicht bewußt war, geschlafen zu haben, ignorierte ich ihre Frage und sagte: »Ich bin jetzt soweit. Das Baby kommt.«

Natürlich amüsierte sie sich, weil ich bisher noch keine Wehen gehabt hatte. Sie lachte und sagte: »Sie müssen wahrscheinlich zur Toilette. Seit die Fruchtblase geplatzt ist, drückt das Baby auf die Blase.«

»Nein«, sagte ich, »ich bin sicher, daß ich pressen muß.« Sie warf mir einen so verächtlichen Blick zu, daß ich sehr ängstlich fragte, ob sie vielleicht wenigstens zur Sicherheit nachsehen könne.

Zögernd tat sie das – und auf der Stelle änderte sich ihr Verhalten! Wortlos verließ sie den Raum. Sie kam mit einer zweiten Schwester zurück, und beide fuhren mich schnell in den Kreißsaal.

Bald darauf kam der Arzt, untersuchte mich und stellte fest, daß der Muttermund voll geöffnet war und ich bei der nächsten Wehe anfangen konnte zu pressen. Als ich ihm sagte, ich hätte nur eine Wehe um zwei Uhr gehabt und danach keine mehr, sah er die Schwestern an. Sie zuckten ratlos mit den Schultern. Er nahm meine Patientenkarte und fragte scherzhaft, welche Schmerzmittel sie mir gegeben hätten.

»Keine«, antworteten sie einstimmig. Eine von ihnen sagte: »Sie hat die ganze Zeit geschlafen.«

Also sagte der Arzt mir einfach, ich solle anfangen zu pressen, sobald ich das Bedürfnis hätte. Ich preßte drei- oder viermal, und mein Baby war geboren.

Ich bin Mutter! Ich habe einen neugeborenen Sohn. Als er mir auf den Bauch gelegt wird, strecke ich meine Hände nach ihm aus. Ich küsse seinen Kopf, sein Gesicht, seine

Ohren und rieche seinen frischen Babyduft. Himmlisch. Er ist perfekt. Still bete ich zu Gott: »Danke, Danke.« Es ist 4.41 Uhr morgens, und ich bin gesegneter, als sich mit Worten ausdrücken läßt.

Im Laufe des Tages traf ich eine andere Schwester von der Station, die mich nach meinen Wehen fragte. Es war merkwürdig, darüber zu sprechen. Ich erzählte ihr, ich hätte nur eine Wehe gehabt, berichtete von der zärtlichen Schwester, die mir geholfen hatte, und daß es trotz der hundertvierzig Minuten, die verflogen waren, mir nur wie ein kurzer Augenblick bis zur Geburt vorgekommen war. Sie bat mich, die Schwester, die mir geholfen hatte, zu beschreiben, und ging dann.

Später kam sie zurück und rollte meinen Sohn Shane Michael in seinem Bettchen ins Zimmer. Sie reichte ihn mir und sagte: »Ich habe mit den anderen Schwestern über das gesprochen, was Sie letzte Nacht erlebt haben. Wir haben acht Schwestern auf der Geburtshilfe-Station, einige arbeiten Vollzeit, andere Teilzeit. Aber auf keine von ihnen paßt die Beschreibung, die Sie mir von der Schwester gegeben haben, die an Ihrem Bett stand. Sie arbeitet nicht hier, deshalb können wir uns nicht erklären, was Sie bei der Geburt Ihres Sohnes erlebt haben. Wir reden alle darüber. Ich wollte Ihnen das nur sagen.«

Dreiundzwanzig Jahre sind seit jenem Tag vergangen. Sehe ich die Dinge heute klarer? Nein. Ich weiß nicht, wie ich es erklären soll. Ich bin lediglich dankbar für das Geschenk, daß meine Gebete auf der tiefsten Ebene erhört und beantwortet worden sind.

Mein ganzes Leben wollte ich nichts weiter als Mutter

werden. Das war mein einziges Lebensziel. Es erfüllte sich siebenmal, und als Frau, die sieben Kinder geboren hat, kann ich ehrlich sagen, daß die Mutterschaft meine größte Freude ist. So wie jedes Kind einzigartig ist, ist auch jede Geburt einzigartig. Ich respektiere jede einzelne Erfahrung – aber die Geburt meines ersten Kindes war ehrfurchtgebietend, mystisch. Dreiundzwanzig Jahre später wachse ich immer noch in diese Erfahrung hinein.

Ich habe das Gefühl, daß Gott mir gestattete, die eine Wehe zu fühlen, um mir der Bedeutung seines Geschenkes bewußt zu sein. Ich bat um Kraft und Mut. Er schenkte mir statt dessen eine glückliche Geburt und ersparte mir die Schmerzen.

Ich bin auf ewig dankbar, auf ewig demütig. »Bitte, und dir wird gegeben werden...« Vergiß nicht zu bitten.

Marcelene Dyer

Greg Davis, komm nach Hause

Wir sind in den späten siebziger Jahren in die Hauptstadt gezogen. Als ich mich erst einmal auf die neue Situation eingestellt hatte, war das eine sehr aufregende Phase unseres Lebens. Mein Mann hatte einen angesehenen Job im Büro des Gouverneurs, und wir lebten in einer schönen Umgebung mit freundlichen Nachbarn. Ich war Hausfrau und hatte Gelegenheit, an verschiedenen Kursen, Seminaren und Workshops teilzunehmen. Ich besuchte unter anderem einige Kurse über mediale Wahrnehmung und Silva Mind Control. Meine neuerworbenen telepathischen Fähigkeiten praktizierte ich, indem ich versuchte, den Leuten allein durch Gedankenübertragung Botschaften zu senden oder beim Klingeln des Telefons zu raten, wer gerade anrief.

1981, in unserem letzten Jahr dort, schloß unser Sohn Greg die High-School ab. Mein Mann hatte sich mit ihm verabredet, um als Abschlußgeschenk gemeinsam mit ihm eine Stereoanlage zu kaufen.

Am Abend vor der geplanten Einkaufstour schlief Greg bei einem Freund. Am nächsten Morgen rief er mich an, um zu fragen, ob er mit den anderen Jugendlichen zu einem See in einem Indianerreservat fahren durfte, um dort zu schwimmen. Wir hatten beide vergessen, daß er mit seinem Vater verabredet war; also gab ich ihm die Erlaubnis und wünschte ihm viel Spaß.

Als ich meinem Mann davon erzählte, war er verärgert, um es gelinde auszudrücken. Er stürmte aus dem Haus und murrte: »Wenn ihm die Sache nicht mehr bedeutet, dann zur Hölle damit.«

Angesichts der ganzen Situation und der Spannung zwischen den beiden Männern in meinem Leben fühlte ich mich miserabel. Ich war dabei, die Küche zu putzen, und während ich den Boden fegte, wiederholte ich in Gedanken immer wieder: »Greg Davis, komm nach Hause. Greg Davis, bitte komm nach Hause.«

Ungefähr eine halbe Stunde später, während ich immer noch in der Küche war, stürmte Greg ins Haus. Ich konnte es kaum glauben. Ich fragte ihn, warum er so früh zurückgekommen sei, obwohl er doch eigentlich den größten Teil des Tages am See hatte verbringen wollen. Er sagte, während des Schwimmens habe er mich gesehen, wie ich ihm Zeichen machte, nach Hause zu kommen. Er hatte seinen Freunden gesagt, er müsse sofort heim, weil seine Mutter ihn brauche. Ich war außer mir vor Erstaunen und Freude darüber, daß meine Gedankenübertragung wirklich funktionierte.

Mein Mann kam kurz darauf nach Hause. Als ich ihm sagte, Greg sei da, meinte er: »Wahrscheinlich hast du ihn angerufen.« Ich sagte, ja, aber ich hätte dafür kein Telefon gebraucht. Die beiden zogen los und verbrachten eine schöne Zeit miteinander. Sie kauften eine tolle Stereoanlage, und einen Augenblick lang war die Welt in Ordnung.

Pam Davis

Danke, Anna

Kürzlich habe ich eine junge Frau kennengelernt, die Engel sehen und ihre Botschaften empfangen kann. Sie sagte mir, ich hätte viele Engel um mich, und einer von ihnen heiße Anna. Sie erklärte, Anna sei einer meiner »Hauptengel«, und wenn ich der Führung bedürfe, solle ich mich an sie wenden.

Eines Abends konnte mein achtjähriger Sohn nach einem Allergieausbruch nicht einschlafen. Seine Allergien wirken sich auf sein Gehirn aus und lassen ihn hyperaktiv und zornig werden. Ich wußte, er mußte etwas gegessen haben, was er nicht vertrug. Um ihm mit dem passenden Medikament helfen zu können, mußte ich wissen, was er gegessen hatte, aber er wollte es mir nicht sagen.

Schließlich hörte ich auf zu fragen. Während ich neben ihm lag, damit er sich beruhigte und endlich einschlief, dachte ich daran, daß meine Freundin gesagt hatte, ich könne Engel um Hilfe bitten. Ich begann Anna zu bitten, sie möge die Engel meines Sohnes bitten, dafür zu sorgen, daß er mir sagte, was er gegessen hatte.

Noch bevor ich mein Gebet beendet hatte, sagte mein Sohn mit sanfter, ruhiger Stimme: »Mami, ich möchte dir etwas sagen.«

»Was denn?« fragte ich.

»Ich habe etwas gegessen.« Und er sagte mir, was es war.

Ich war erstaunt über das, was gerade geschehen war. Ich hob meine Hand und bedankte mich still bei Anna.

Genau in diesem Moment sagte mein Sohn: »Was ist das?«

»Was meinst du?«

»Da drüben.«

Es war vollständig dunkel, aber als ich mich umdrehte und in die Richtung blickte, in die er zeigte, sah ich ein weißes Licht in der Nähe der Wand neben der geschlossenen Zimmertür. Es hatte ungefähr die Größe und Gestalt eines Erwachsenen, abgesehen davon, daß die Schultern und die Oberarme breiter waren.

Ich nahm die Taschenlampe, die mein Sohn immer neben seinem Bett hatte, und ging auf das Licht zu, blieb jedoch auf der gegenüberliegenden Seite des Zimmers stehen – obwohl ich mich nicht davor fürchtete. Ich stellte fest, daß kein Licht durch das Fenster hereinkam und daß es so dunkel war, daß ich nichts anderes im Raum erkennen konnte.

Als ich dem Licht direkt gegenüberstand, knipste ich die Taschenlampe an. Alles, was ich sah, war die Wand, wie gewöhnlich. Dann knipste ich die Taschenlampe wieder aus, und nun war das Licht verschwunden. Ich erklärte meinem Sohn, es sei wahrscheinlich eine Spiegelung von draußen gewesen. Er glaubte es nicht – und ich auch nicht – doch ich versicherte ihm, es sei so, damit er sich nicht fürchtete. Bald schlief er ein.

Ich hatte das Gefühl, es war Anna, die mir zeigen wollte, daß sie in der Nähe war, wenn ich sie brauchte. Doch ich wollte sichergehen, daß ich mich nicht täuschte, und so legte ich mich in den folgenden Monaten mehrmals in das Zimmer meines Sohnes, um zu sehen, ob das Licht wieder erschien. Doch weder die Außenbeleuchtung am Haus noch die Scheinwerfer vorbeifahrender Autos oder der Mondschein brachten diese Art von Licht hervor.

Danach habe ich meinem Sohn gesagt, das Licht sei ein Engel gewesen, und wir hätten etwas ganz Besonderes erlebt. Jetzt weiß er, daß seine Engel da sind, um ihm zu helfen und ihn zu beschützen.

Laura Goerlitz

Endlich frei

Ich war seit zehn Tagen im Palm Beach Institut für Drogenforschung, um an einer Suchttherapie teilzunehmen, und ich hörte die vertraute Stimme in meinem Kopf sagen: »Du mußt hier raus!« Ich war todunglücklich. Dies war das vierte Therapiezentrum, in dem ich versuchte, von den Drogen loszukommen, und schon wieder mußte ich der demoralisierenden Möglichkeit ins Auge sehen, daß ich es vielleicht nie schaffen würde. Ich hatte Angst, daß ich den Teufelskreis vielleicht nie durchbrechen könnte.

An jenem Tag überwältigten mich in der Gruppe Gefühle der Verzweiflung und des Versagens. Ich ging in den Waschraum, um alleine zu sein. Ich war mir sicher, daß ich den Entzug niemals durchstehen würde. Überwältigt von Hoffnungslosigkeit fiel ich auf Hände und Knie und betete zum ersten Mal in meinem Leben zu Gott, er möge mir helfen, noch einen Tag auszuhalten. Ich muß etwa zehn Minuten oder länger dort gekniet haben, ich weiß es nicht. Als ich aufstand, fühlte ich mich zum ersten Mal seit Jahren sicher. Ich war zuversichtlich, daß ich den Rest des Tages durchstehen konnte, und ging wieder zurück in die Gruppe. Die nächsten Wochen waren hart. Ich hatte ständig den unerträglichen Drang zu flüchten, vor den Schmerzen wegzulaufen. Aber jedesmal, wenn dieses Gefühl aufkam, ging ich in den Waschraum, fiel auf die Knie und betete.

Ich hielt die vierwöchige Therapie durch. Ich war schockiert und begeistert. Dies war die längste Zeit, die ich in den letzten fünfzehn Jahren ohne Drogen durchgehalten hatte.

Meine Mutter holte mich vom Therapiezentrum ab und fuhr mich zu meiner Wohnung. Ich war so aufgeregt, so glücklich, wieder zu Hause zu sein; ich fühlte mich lebendiger als seit Jahren. Ich griff in meine Tasche und zog den Hausschlüssel heraus – und mit ihm eine Percodan, das Mittel, nach dem ich während der letzten Jahre süchtig gewesen war.

Mein Mut sank. Dies war eine Prüfung, und ich würde sie nicht bestehen. Diese Pillen hatten immer Macht über mich gehabt. Meine Wohnung war durchsucht worden, damit ich nicht sofort in Versuchung geriet. Sie hatten im Therapiezentrum sogar meine Tasche gefilzt, um sicher zu sein, daß sie clean war – und doch hatte ich nun hier in meiner Hand diese eine kleine Pille. Ich wußte, wenn diese Pille in meinen Körper gelangte, würde ich wieder genau da sein, wo ich angefangen hatte.

Während ich dort auf der Schwelle zu meiner Wohnung stand, begann ich hysterisch zu weinen. Ich wußte genau, was geschehen würde, sobald ich drinnen war. Ich hatte es schon so oft getan...

Und erneut fand ich mich auf meinen Händen und Knien wieder. Ich sprach ein Gebet, das ich im Therapiezentrum gelernt hatte:

> Gott, ich bringe mich selbst als Opfer dar – damit du
> mit mir nach deinem Willen verfährst.
> Erlöse mich von den Fesseln des Selbst, damit ich deinen
> Willen besser erfülle.
> Befreie mich von meinen Schwierigkeiten, damit mein
> Sieg über die anderen,
> denen ich helfen möchte, deine Macht, deine Liebe und
> deinen Weg zeigen kann.
> Laß mich stets nach deinem Willen handeln!*

Das nächste, woran ich mich erinnere, ist, daß ich in meinem Badezimmer auf dem Boden lag und wußte, daß ich die Percodan in der Toilette weggespült hatte. Ich hatte das Gefühl, als habe mich eine Kraft dorthin getragen, die stärker war als ich selbst oder meine Sucht, und daß ich mir nie mehr Sorgen darüber machen mußte, damit allein gelassen zu werden. Was oder wer auch immer mich von der Türschwelle zum Badezimmer getragen hatte, würde stets bei mir sein.

Heute, da ich dies schreibe, bin ich seit elf Jahren drogenfrei.

Deborah Ford

---

* Aus *Alcoholics Anonymous,* S. 63, mit Erlaubnis von Alcoholics Anonymous World Service, Inc., New York, New York.

Der mächtige Schutz von HU

Direkt neben meiner Garage liegt ein öffentlicher Parkplatz. Eines Nachmittags wollte ich in meine Garage fahren und drückte den Knopf der Fernbedienung, um das Tor zu öffnen, doch es funktionierte nicht. Das war rätselhaft. Der Öffner hatte immer funktioniert.

Als ich ausstieg, um das Garagentor von Hand zu öffnen, sprang ein Mann, der auf dem Parkplatz in einem Auto gesessen hatte, heraus und rannte auf mich zu.

Ich hörte eine innere Stimme, die ich als den Mahanta, meinen spirituellen Führer, erkannte, klare Anweisungen geben: »Zurück ins Auto. Verriegele die Tür.«

Ich gehorchte sofort.

Der Mann drehte ab und lief in eine andere Richtung. Er wollte offenbar den Eindruck erwecken, als sei er nicht wirklich hinter mir her.

Erneut drückte ich den Knopf der Fernbedienung, und diesmal öffnete sich das Garagentor. Ich fuhr den Wagen hinein, stieg aus und sah hinter mich. Dann drückte ich den Knopf, um das Tor wieder zu schließen. Eilig verließ ich die Garage durch die Seitentür und lief über den Hof zu meinem Haus. Während ich versuchte, die Tür aufzuschließen, sah ich den Mann in den Hof rennen. Ich erstarrte. Es war sonst niemand in der Nähe, und der Mann schien Böses auszustrahlen. Ich wußte, daß er mir etwas antun wollte.

Ich begann, sehr ruhig »HU« zu singen. Das ist ein alter Name für Gott, dem die Kraft innewohnt, einen Menschen spirituell so zu erheben, daß er direkten Kontakt mit dem Heiligen Geist aufnehmen kann. Gleichzeitig rief ich den Mahanta zu Hilfe.

Mein Verfolger sah mich direkt an. Doch ich war jetzt von einem klaren Licht umgeben, und er konnte mich nicht erkennen. Ich war unsichtbar! Der verblüffte Mann blickte weiterhin in meine Richtung. Er hatte mich beobachtet und wußte, daß ich dort sein mußte. Er drehte sich immer wieder um die eigene Achse, erstaunt, daß er mich nicht sehen konnte, obwohl er wußte, daß ich dort stehen mußte. Schließlich lief er um das Haus herum, um mich zu suchen.

Ich versteckte mich inzwischen neben der Garage. Ich beobachtete, wie er zu seinem Auto zurückkehrte, hineinsprang und rasch wegfuhr.

Verblüfft und entsetzt von diesem Erlebnis beeilte ich mich, ins Haus zu kommen.

Eine Minute später kam mein Mann früher als gewöhnlich von der Arbeit nach Hause. Ich lief zu ihm und erzählte ihm, was passiert war.

Mein Mann sagte, er sei bei der Arbeit gewesen, als der Mahanta ihn durch einen starken inneren Impuls gedrängt habe, sofort heimzufahren. Er hatte alles stehen und liegen lassen und war zu seinem Wagen gerannt, weil er gespürt hatte, daß ich in Gefahr war. Wenn mein Verfolger mich angegriffen hätte, wäre mein Mann rechtzeitig dagewesen, um mir zu helfen. Wir umarmten uns und dankten Gott dafür, daß er uns die Macht von HU geschenkt und den liebevollen Schutz des Mahanta gewährt hatte.

Als ich bei der Polizei Anzeige erstattete, berichtete ich alles bis auf die Tatsache, daß ich unsichtbar geworden war. Ich nahm an, daß der Polizist diesen Teil meiner Aussage nicht glauben würde. Und doch war es so. Und mein Verfolger fragt sich wahrscheinlich immer noch, wie sein potentielles Opfer so plötzlich verschwinden konnte.

Linda C. Anderson

Mein Name ist Nena Esparza. Ich bin seit zehn Jahren Witwe. Ich lebe allein in dem Haus, in dem ich seit dreißig Jahren wohne und in dem ich gemeinsam mit meinem Mann unsere fünf Söhne aufgezogen habe. Ich arbeite seit vielen Jahren als Küchenchefin in der Schul-Cafeteria in unserer Stadt. Die Arbeit ist zwar schwer, doch ich koche gut und gerne. Ich habe eine große Familie, in der sich alle eng miteinander verbunden fühlen. Meine Schwester wohnt im Nebenhaus, und ich bekomme oft Besuch von meinen Söhnen und ihren Familien und von meinem Bruder. Bei mir gibt es immer frischen Kaffee und Freunde, die am Tisch sitzen.

Das Ereignis, von dem ich erzählen möchte, trug sich kurz nach dem Tod meines Mannes Ernie im Jahre 1968 zu.

Eines Abends kam ich von der Arbeit nach Hause. Der Tag war gut verlaufen, aber ich war müde. Wie gewöhnlich ging ich durch die Küchentür ins leere Haus, wo alles still war. Alles, was ich mir wünschte, war ein heißes Bad, und anschließend wollte ich mich auf die Couch legen, mich entspannen und vielleicht ein bißchen lesen.

Zu dieser Zeit waren meine Söhne dabei, das zweite Schlafzimmer im Haus, das extrem groß war, zu einem Appartement umzubauen. Obwohl ich nicht vorhatte, meine Arbeit aufzugeben, dachten die Jungs ständig darüber nach, wie sie mir die Zeit des Ruhestandes, wenn es soweit war, erleichtern konnten. Die Miete für das Appartement würde ein schönes finanzielles Polster sein und meine Rente aufbessern.

Doch im Moment war das Haus eine Baustelle. Die Wohnzimmerwand, die an das zukünftige Appartement angrenzen sollte, war noch im Rohbau und bestand lediglich aus Balken und Plastikplanen.

Während ich durch das Haus ging, um nachzusehen, daß alle Türen abgeschlossen waren, bevor ich mein Bad nahm, stellte ich fest, daß meine Cousine Justina im Laufe des Tages hier gewesen war. Wie vereinbart hatte sie zwei große Matratzen mitgebracht, die jetzt an der einen Wand des Appartements lehnten. Ich wußte, daß sie am Wochenende vorbeikommen würde, um die Matratzen in ihr Haus nach Tijuana, Mexiko, mitzunehmen. Nachdem ich mich überzeugt hatte, daß alle Fenster und Türen verschlossen waren, trödelte ich eine Weile im Bad herum. Dann zog ich mir ein warmes Nachthemd an. Ich wollte mich vor dem Abendessen noch auf der Couch im Wohnzimmer entspannen.

Als ich das Wohnzimmer betrat, hörte ich, wie jemand meinen Namen rief – nicht nur einmal, sondern öfter, als würde er mich suchen. Die Stimme schien aus dem Appartement zu kommen.

Ich ging hinein und erwartete, dort jemanden zu sehen, obwohl ich das Haus vorher abgesperrt hatte. Ich hatte das Gefühl, jemand müsse hier sein, weil die Stimme so nah klang. Ich suchte den Raum ab und fand niemanden. Ich suchte weiter im ganzen Haus – vergeblich. Ich kam mir ziemlich töricht vor und kuschelte mich auf die Couch, wo ich natürlich einschlief.

Ich wurde von der Stimme geweckt. Sie klang diesmal viel dringlicher, sogar verzweifelt. Ich dachte ständig, es sei die Stimme meines Mannes, obwohl sie gar nicht wie Ernie klang.

Ich stand auf, um das Haus noch einmal abzusuchen. Als ich das Appartement betrat, sah ich Rauch. Sofort verstand ich, warum die Stimme so eindringlich geklungen hatte. Die

Matratzen, die Justina am Morgen gebracht hatte, lehnten an einem Heizkörper. Sie schwelten und konnten jeden Moment in Flammen aufgehen. Ich öffnete die gläserne Schiebetür, und mit einer Kraft, die ich mir selbst nicht zugetraut hätte, zerrte ich die Matratzen nach draußen und löschte das Feuer, indem ich mit dem Schlauch Wasser darüber spritzte.

Mein Haus ist schon älter und aus Holz gebaut. Hätten die Matratzen Feuer gefangen, während ich schlief, wäre alles bis auf die Grundmauern abgebrannt. Ich weiß bis heute nicht, wessen Stimme mich vor diesem entsetzlichen Schicksal bewahrte, aber ich möchte gerne glauben, daß es Ernie war, der mich von oben beschützt hat.

Elena M. Esparza

Löwe Gottes

Es war ein kalter Abend im Dezember 1993, und ich war mit meinem ersten Kind im achten Monat schwanger. Mein Mann und ich hatten gerade eine Dinner-Party verlassen und waren auf dem Heimweg zu unserem Haus in den Bergen. Während ich fuhr und mein Mann auf dem Rücksitz schlief, dachte ich über mein Leben nach und betete zu Gott, mir den Weg zu zeigen, der mir bestimmt war.

Ich hatte ihn gerade gebeten, mir eine Erfahrung zu ermöglichen, die mich ihm näher bringen würde, als ich auf dem vereisten Boden einer schneebedeckten Brücke ins Rutschen geriet. Ohne nachzudenken stieg ich in die Bremsen, und der Wagen begann zu schleudern und überschlug sich am Ende. Da mein Mann auf dem Rücksitz lag und nicht angeschnallt war, wurde er im Wagen hin- und hergeworfen, während mein Gurt mich sicher hielt.

Als der Wagen zum Stehen kam, hörte ich undeutlich, wie sich mein Mann bewegte und fragte, ob mit mir alles in Ordnung sei. Ich wagte nicht, mich zu rühren, sagte ihm jedoch, ich dächte, es sei alles okay. Er kroch durch die zerdrückte Hecktür unseres Geländewagens nach draußen und begann um Hilfe zu rufen, doch niemand hörte ihn. Also kroch er wieder zurück in den Wagen und zu mir hin. Er bat mich, ich solle versuchen, meinen Kopf zu heben, und erst als ich das tat, wurde mir klar, daß mein Kopf aus dem zerbrochenen Wagenfenster herausragte und draußen im Schnee lag. Als ich meine Hand ausstreckte, um festzustellen, wovon mein Gesicht bedeckt wurde, bemerkte ich, daß die Sonnenblende nach vorn gekippt war und mich geschützt hatte.

Wir hatten in unseren Autos immer Anstecker, die Schutzengel darstellten, angebracht. In diesem Wagen war der Engel an die Sonnenblende geheftet und wurde nun genau gegen meine Stirn gedrückt. Als ich die Blende wegschob und meinen Kopf hob, sah ich, daß mein vorstehender Bauch vollständig geschützt gewesen war.

Mein Mann löste meinen Sicherheitsgurt und zog mich vorsichtig in den hinteren Teil des Autos und dann durch die Hecktür. Als wir draußen waren, konnten wir sehen, daß der Wagen einen Totalschaden hatte und an einem so steilen Abhang lag, daß es unmöglich schien, daß er nicht weiter abwärts in das Flußbett gerollt war.

In diesem Moment wurde uns klar, daß eine göttliche Kraft unseren Wagen zum Stehen gebracht haben mußte. Mein Mann sagte mir, er habe den Geist seiner verstorbenen Mutter gespürt, während ich die Gegenwart eines Engels gefühlt hatte.

Wir liefen zur Straße und winkten Hilfe herbei. Wir wurden von Sanitätern untersucht, die feststellten, daß wir vollkommen unverletzt waren. Keiner von uns hatte auch nur einen Kratzer abbekommen. Sie schickten uns nach Hause.

Dort angekommen bat ich Gott, mir das Gesicht des Engels zu zeigen, der uns gerettet hatte. Zu meiner Überraschung und Verwirrung stieg vor meinem geistigen Auge das Bild eines riesigen, wunderschönen Löwengesichts auf.

Darin sah ich überhaupt keinen Sinn. Ich hatte noch nie von einem löwengesichtigen Engel gehört. Gleichwohl empfand ich Dankbarkeit. Ein paar Stunden später schickte mich mein Arzt ins Krankenhaus, um überprüfen zu lassen, ob mit dem Baby alles in Ordnung war. Ich erzählte den Schwestern dort von unserem unglaublichen Erlebnis und wie sicher ich war, daß uns ein Engel gerettet hatte – doch ich sagte nichts über das Löwengesicht, weil ich mir immer noch nicht sicher war, was es bedeutete.

Sie staunten alle, und eine der Schwestern war von der Geschichte so ergriffen, daß sie anfing zu weinen. Dann erzählte sie mir von verschiedenen Engeln, die in der Bibel beschrieben werden und die Gott uns in Zeiten der Not zu Hilfe schickt. Sie sprach von Engeln, die auf großen rollenden Rädern zur Erde kommen, während andere uns als Licht oder Klang erscheinen. Etwa fünf Gestalten finden sich sowohl im Alten wie im Neuen Testament: ein geflügelter Mann oder Engel, ein geflügeltes Kalb, ein Adler … und ein geflügelter Löwe.

Ich war verblüfft. In diesem Moment war alles klar. Ein absolutes Wunder Gottes war geschehen, und unser Leben hatte sich für immer verändert.

Brynn Amber Rials

Die Hand eines Engels

Jede Woche fahre ich nordwärts nach Santa Rosa, um eine Radiosendung zu moderieren. Die Fahrt dauert etwa eine Stunde, und der Weg über die Autobahn ist ziemlich monoton. An einem Sonntagabend im letzten Frühjahr beschloß ich, eine andere Strecke zurückzufahren, die weiter, aber landschaftlich reizvoller war und an blühenden Bäumen und Weinbergen vorbeiführte.

Es wurde früher dunkel, als ich erwartet hatte. Da die Straße nicht gut beleuchtet war, achtete ich sorgfältig auf den Verkehr vor mir und fuhr unterhalb der erlaubten Geschwindigkeit. Trotzdem war ich geschockt, als ich plötzlich nur wenige Meter vor mir einen Oldtimer-Cadillac sah, der quer über die zweispurige Fahrbahn geparkt war, mit der Nase auf einen Graben zu, der auf meiner Fahrbahnseite lag.

Sofort wurde alles extrem unwirklich. Ich spürte ein seltsames Gefühl großen Friedens, während ich voll in die Bremsen stieg. Ich war ganz ruhig und hoffte, daß ich die Sache ohne schlimmere Verletzungen überstehen würde.

Mein großer alter Mercedes hat normalerweise einen längeren Bremsweg als kleinere Autos. Doch diesmal stoppte er nahezu augenblicklich und kam einige Zentimeter vor dem Hindernis zum Stehen. Hinter mir wichen einige Autos zur Seite aus, rutschten entweder in den Graben oder hinüber auf die andere Gegenfahrbahn. Doch der Wagen direkt hinter mir folgte mir so dicht, daß ein Auffahrunfall nach menschlichem Ermessen nicht zu vermeiden war. Aber auch er berührte mich nicht und landete im Graben. Niemand war verletzt und nicht der geringste Schaden entstanden.

Genau in dem Moment, als ich wußte, daß ein Zusammenstoß drohte, sah ich eine überlebensgroße ätherische »Hand« zwischen meinem Wagen und dem Cadillac auftauchen. Mein Auto kam mit quietschenden Bremsen zum Stehen.

Dann tauchte plötzlich zwischen den beiden Wagen die Gestalt eines weiblichen Engels auf. Sie nickte mir lächelnd zu, als ob sie sagen wolle, es sei alles gut. Benommen sah ich zu, wie sie zum Fenster auf der Fahrerseite kam.

Als sie auf mich zuschwebte, hörte ich sie klar wie mit einer menschlichen Stimme sagen, daß mir nichts geschehen würde und ich heimfahren könne. Sie war wunderschön. Sie hatte lange, gefiederte Flügel und trug ein schimmerndes, durchscheinendes Gewand, das bis auf den Boden reichte, und in dem sie verschwand.

Ich beobachtete, wie der Fahrer des Cadillac, der neben seinem Wagen gestanden hatte, gemächlich wieder einstieg, den Motor anließ und wegfuhr, als sei nichts Besonderes geschehen. Ich werde nie verstehen, warum er sein Auto quer über die Straße gestellt hatte.

In tiefer Trance kam ich zu Hause an. Ich empfand nicht die geringsten Emotionen. Obwohl es noch früh am Abend war, zog ich mich ruhig aus und ging sofort ins Bett. Ich schlief auf der Stelle ein.

Als ich am nächsten Tag erwachte, fühlte ich mich normal und ausgeruht. Ich war über die Ereignisse des Vortages weder schockiert noch erstaunt, auch nicht beim Gedanken daran, wie nahe ich einem möglicherweise fatalen Unfall gewesen und wie ich gerettet worden war. Merkwürdig genug – selbst bis auf den heutigen Tag habe ich nie wirklich das Gefühl gehabt, daß tatsächlich etwas Ungewöhnliches geschehen ist.

Mehrere Wochen später erwachte ich eines Morgens und wußte, daß ich gerade von einem ähnlichen Unfall geträumt hatte, der 1978 in Hongkong geschehen war. Ich war eben aus einem Doppeldeckerbus gestiegen und fühlte mich wirklich müde. Da Busse an dieser Stelle gewöhnlich nur alle zwanzig oder dreißig Minuten vorbeikamen, dachte ich nicht, daß hinter dem ersten sofort ein zweiter folgen könnte. Irgendwie schaffte ich es, noch rechtzeitig zur Seite zu springen.

Nun hatte ich diese Situation im Traum noch einmal erlebt – doch diesmal sah ich, wie eine riesige ätherische »Hand« mich buchstäblich von der Stelle, wo ich in einer Kurve über die Straße gehen wollte, zur Seite stieß. Ich war etwa dreißig Zentimeter in die Luft und etwa zwei Meter nach hinten geschleudert worden, doch weder gestrauchelt noch hingefallen; ich landete auf den Füßen und hatte meine Einkaufstaschen noch in der Hand. Auch damals war ich vollkommen ruhig geblieben. Ich hatte nicht einmal das Gefühl, daß irgend etwas Ungewöhnliches geschehen war.

Ich habe immer an Wunder geglaubt, dachte jedoch, daß sie sich nur gelegentlich und zu einem bestimmten Zweck ereignen. Ich bin nur nicht sicher, warum ich zweimal vor einem solchen Unfall bewahrt wurde. Ich weiß jedoch genau, daß es einen Grund dafür gibt, und daß es dabei um etwas geht, was ich auf dieser Welt noch zu tun habe.

Und irgendwie habe ich das Gefühl, wenn es soweit ist, werde ich es wissen.

Victoria Bullis

Zusammenstoß

Es war im März 1985, ein heißer, tropischer Tag an der Nordküste von Oahu. Ich war mit meiner Freundin Cathy in Waikiki gewesen, wo wir uns am Strand und im Meer vergnügt hatten. Nun wurde es Abend, und Cathy wollte zu Hause bleiben und früh ins Bett gehen. Mein Freund Darrell fragte mich, ob ich Lust hätte, mit ihm zur Brigham Young University zu fahren, wo ich aufs College gegangen war, und dort einige Freunde zu besuchen. Begeistert sagte ich zu.

Unterwegs hielten wir, um etwas zu essen. Als wir aus dem Restaurant kamen, hatte es angefangen zu nieseln, und so schlossen wir das Verdeck von Darrells Cabrio.

Wir fuhren über den Kam Highway, eine schmale, zweispurige Straße, lachten und tauschten Erinnerungen über unsere College-Zeit aus, als wir plötzlich verstummten und auf ein entgegenkommendes Auto starrten. Der Fahrer würde doch wohl bemerken, daß er auf der falschen Spur war? Er würde doch sicher wieder auf die andere Spur wechseln? Ich weiß nicht mehr genau, wie weit der Wagen entfernt war, als ich ihn bemerkte, aber von diesem Moment an ging alles in Zeitlupe. Der letzte Gedanke, an den ich mich erinnere, war angesichts des Pazifiks zu unserer Rechten und der Berge zu unserer Linken die Frage, nach welcher Seite wir ausweichen sollten. Dann weiß ich nur noch, daß es krachte.

Als ich wieder zu mir kam, befand sich mein Gesicht unten zwischen den Sitzen. Darrell rief meinen Namen. Ich rappelte mich hoch und versuchte, die Tür zu öffnen, doch es gelang mir nicht. Darrell begann, mich über die Vordersitze zu ziehen, und ich griff noch schnell nach meiner Tasche. Ich stand auf und betrachtete Darrells Auto. Es sah aus wie eine Ziehharmonika. Völlig zerquetscht wirkte sein Chrysler wie ein Spielzeugauto.

Während ich mich bemühte, um unseren Wagen herumzugehen, sah ich, wie Darrell versuchte, den Leuten in dem anderen Auto zu helfen. Es war ein VW-Käfer. Auf dem Heck des Wagens waren Wassertropfen vom Regen, und ich wischte mit meinen Händen darüber. Ich wollte mir das Gesicht waschen. Ich hatte das Gefühl, daß etwas auf mein Gesicht tropfte – und ich verstand nicht warum. Ich griff in meine Tasche und holte meinen kleinen Spiegel heraus, um zu sehen, was los war.

Meine untere Zahnreihe hatte sich in meiner Unterlippe verbissen, und meine oberen Zähne waren mitten durchgebrochen. Wahrscheinlich liegen sie bis heute auf diesem Armaturenbrett. Nun wußte ich, warum meine Kleidung rot war, wie ich schon vorher bemerkt hatte. Aber ich begriff immer noch nicht, was da vor sich ging.

Also befreite ich meine Lippe von den Zähnen und ging hinüber, um Darrell zu helfen. Ich sah zwei junge Polynesier von etwa neunzehn Jahren in dem Auto. Der Beifahrer war bewußtlos und sah wirklich schlimm aus. Der Fahrer schrie. Ich konnte sehen, daß sein Oberschenkelknochen mitten durchgebrochen war, durch die Haut stach und nach oben durch das Steuerrad ragte.

Ich sah auch Unmengen von Bierdosen, die überall im Wagen verstreut lagen. Die Wut traf mich härter als der Unfall, und ich begann zu schreien: »Ein Betrunkener ist mit uns zusammengestoßen! Frontal!« Dann hatte ich das Gefühl, daß ich mich nicht mehr aufrecht halten konnte, und setzte mich auf einen Reifen, der von einem der Autos weggeflogen war. Bald merkte ich, daß das nicht reichte. Ich mußte mich hinlegen.

»Mein Körper läßt mich im Stich«, dachte ich. »Das Gras ist ganz naß. Es regnet. Ich liege am Straßenrand. Wird uns irgend jemand helfen?«

Einige Reisebusse kamen aus dem polynesischen Kurzentrum.

Offensichtlich forderten sie über Funk Hilfe an.

Ich schloß meine Augen und hörte zu, wie Darrell versuchte, den Fahrer zu beruhigen. Dann hörte ich Schritte durch das Gras näher kommen, und eine Männerstimme fragte mich: »Wohin wollen Sie?« Ich öffnete die Augen. »Gott sei Dank«, dachte ich, ein Feuerwehrmann. »Er muß ein Feuerwehrmann sein. Er trägt die gelbe Uniform.«

Ich versuchte zu sprechen, konnte jedoch meinen Mund kaum bewegen. Ich hauchte: »B-Y-U.«

Er stellte sich als Stanley vor und fragte mich mit einem wissenden Lächeln, ob ich einen himmlischen Segen haben wolle. Ich nickte zustimmend. Dann hörte ich Sirenen näher kommen, und schaute in die entsprechende Richtung. Es war merkwürdig, dachte ich, daß dieser Feuerwehrmann schon hier war. Ich wollte mich nach ihm umsehen, doch er war verschwunden. »Nein!« Ich wollte ihn wieder bei mir haben. Ein Sanitäter untersuchte mich. Dann legte er mich auf eine Trage aus Holz und ging hinüber zu den anderen. Erneut hörte ich, wie sich Schritte näherten.

Plötzlich begann sich der Himmel zu öffnen. Ich fühlte eine grenzenlose Ruhe und eine vollkommene Liebe, perfekt und überwältigend. Ich empfand keine Schmerzen mehr, sondern nur die reine Liebe Gottes. Ich wußte, daß ich sterben und in den Himmel kommen würde.

Ich fühlte, wie Stanley seine Hände auf meinen Kopf legte. Er sagte mir, daß mein Körper vollständig geheilt werden würde und daß mein himmlischer Vater mich liebte und ich noch viel auf der Erde zu tun hätte. Der Himmel schloß sich wieder. Statt der Wärme spürte ich erneut den tropischen Nieselregen.

Stanley sagte: »Ich habe einmal hier in der Gegend gelebt.«

Ich schloß die Augen. Stanley war verschwunden.

Im Krankenhaus überzeugten sich die Ärzte, daß für mich keine Lebensgefahr bestand, und kümmerten sich dann um den Beifahrer aus dem VW. Später erfuhr ich, daß er Jessie hieß.

Ich konnte sein Gesicht zwischen den Ärzten und Schwestern erkennen, die hektisch an ihm arbeiteten. Er drehte den Kopf, sah mich an und lächelte. Ich lächelte zurück.

Dann wurde seine EKG-Kurve flach. Jessie starb dort vor meinen Augen. Die Ärzte schickten mich zum Röntgen. Die ersten Aufnahmen ließen keine eindeutige Diagnose zu. Als die zweiten Aufnahmen zurückkamen, waren die Ärzte verwirrt. In dem Bericht der Sanitäter hatte es geheißen, mein Kiefer sei gebrochen, ebenso meine Finger und möglicherweise auch mein Bein... doch die Röntgenbilder zeigten nichts davon. Sie setzten sich sogar über Funk mit den Sanitätern in Verbindung, um sicherzugehen, daß sie nicht einen falschen Bericht bekommen hatten.

Einer der Ärzte sagte mir, es habe mich ziemlich erwischt, aber ich sei in »bemerkenswert guter Verfassung«. Er meinte, ich müsse einen Schutzengel gehabt haben.

»Heute abend hatte ich sicher einen«, erwiderte ich.

Einige Zeit nachdem sie mich in ein Krankenzimmer gebracht hatten, kam Darrell herein. Er war nicht ernsthaft verletzt, sondern hatte nur ein paar gebrochene Rippen und

Prellungen. Ich bat ihn, die Nummer meiner Mutter in San Diego für mich zu wählen.

Ich erzählte ihr, ich hätte einen Unfall gehabt, und einer der Jungs aus dem anderen Wagen sei gestorben. Dann begann das Demerol zu wirken. Als ich wieder aufwachte, saß sie neben meinem Bett.

Als ich wieder soweit hergestellt war, daß ich nach Hause fliegen konnte, bat ich meine Mutter, mich im Rollstuhl in das Krankenzimmer zu bringen, in dem der Fahrer des anderen Wagens lag. Er hieß Walter.

Ich sagte ihm, wie wütend ich in der Unfallnacht gewesen sei. Aber nun könne ich ihm vergeben, und es tue mir leid um seinen Freund.

Ich habe immer noch jede Menge Narben im Gesicht und am Körper, die mich an den Unfall erinnern. Doch auf der anderen Seite habe ich dadurch auch viel gelernt: Vergebung und Mitgefühl.

Robyn Burton-Tura

6

Visionen

Spirituelle Familienzusammenführung

Alles, was ich jetzt erzähle, ist absolut wahr. Da es sich um einen sehr persönlichen Bericht handelt, in dem es um eine heilige indianische Zeremonie geht, möchte ich ausdrücklich darauf hinweisen, daß keine bewußtseinsverändernden Mittel, gleich welcher Art, dabei eingesetzt wurden. Während des gesamten Ablaufs befand ich mich in einem überaus klaren, hellsichtigen und friedlichen Geisteszustand, ohne irgendwelche Befürchtungen oder Erwartungen.

Mein erster Kontakt mit Duke Joseph Big Feather war telefonisch. Ein gemeinsamer Freund namens Danny erwähnte, daß er jemanden kenne, mit dem ich seinem Empfinden nach eine Verbindung haben könnte, und gab mir die Telefonnummer. Als intuitiver Astrologe dachte ich, es könnte reizvoll sein, das Geburtshoroskop eines indianischen spirituellen Führers wie Big Feather zu erstellen und zu interpretieren. Also rief ich ihn eines Abends aus einer Laune heraus an. Die Verbindung war sofort deutlich, denn ich empfand Big Feather als sehr vertraut. Außerdem ließ er mich gleich wissen, welche Lebensthemen seiner Ansicht nach bei mir gerade aktuell waren. Daran bin ich nicht gewöhnt, denn normalerweise bin ich derjenige, der etwas über die Leute weiß. Die Tatsache, daß er umgehend den Kern verschiedener persönlicher und psychologischer Angelegenheiten traf, und dies mit großer Leichtigkeit und Genauigkeit, überraschte mich und zwang mich zum Nachdenken. Am Ende unseres Gesprächs fragte er mich, ob ich sein Horoskop erstellen, für einige spezielle Zukunftsfragen Vorhersagen treffen und in vier Tagen bei ihm vorbeikommen könne. Natürlich sagte ich ja.

Vier Tage später saß ich Big Feather am Tisch gegenüber, zahlreiche Horoskope zwischen uns ausgebreitet. Ich war in eine Art »Bewußtseinsstrom« eingetaucht, hatte Zugriff auf die fließenden Energien und interpretierte sie, wobei ich das meiste, nachdem ich es ausgesprochen hatte, nicht im Gedächtnis behielt. Das entspricht meiner Art zu arbeiten. Als ich fertig war und die Energien sich zu zerstreuen begannen, blickte ich auf und sah, daß Big Feather seine Augen unverwandt auf mich gerichtet hielt. Ohne mit der Wimper zu zucken nickte er zweimal und sagte nur: »Aho.« Als ich mich wieder in die Gegenwart versetzt hatte, wußte ich, daß es nun an mir war, einige Fragen zu stellen.

Ich erfuhr, daß Duke Joseph Big Feather das spirituelle Oberhaupt einer stammesübergreifenden Gruppe ist, die sich »Two Feathers Medicine Clan« nennt. Sie wurde Anfang des neunzehnten Jahrhunderts gegründet, obwohl ihre ursprüngliche Arbeit und ihre Traditionen mehrere Jahrhunderte zurückreichen. Die Gruppenmitglieder wurden von einigen berühmten Indianern ihrer Zeit zusammengeführt, wozu auch Medizinmänner und -frauen sowie spirituelle Stammesältere gehörten, um die alten Riten, Zeremonien, Traditionen, Medizinen, Grabstätten und so weiter zu bewahren, die für zukünftige Generationen und Erdzyklen unbedingt geschützt werden mußten.

Mir ist inzwischen klar, daß meine eigenen spirituellen Traditionen, einschließlich meiner inneren Familie und meiner spirituellen Führer im wesentlichen dem tibetischen Buddhismus zuzuordnen sind. Und so fand ich, daß die Parallelen und mein sofortiges Gefühl der Vertrautheit durchaus einen Sinn ergaben. In vieler Hinsicht haben die amerikanischen Indianer und die Tibeter mit denselben Problemen und Herausforderungen zu kämpfen.

Am Ende unseres Treffens bat mich Big Feather erneut, in vier Tagen zu ihm zu kommen, und ich sagte wieder ja.

Es war der Abend des 26. Januar 1996. Einer jener unglaublichen Chicago-Blizzards fegte über das Land, und der Wind heulte im wahrsten Sinne des Wortes. Schneetreiben und Sturm zerrten an meinem Wagen, so daß ich Mühe hatte, ihn auf der Straße zu halten. Und ständig fragte ich mich, was ich hier eigentlich tat.

Als ich bei der Ankunft aus dem Wagen stieg, wurde ich sofort von einem Windstoß erfaßt, der mich beinahe umwarf. Es war stockfinster, bis auf einige große Stücke von Glutasche, die aus dem Schornstein flogen. Offensichtlich brannte drinnen ein Feuer, und der Anblick der wirbelnden glühenden Aschestücke, die sich gegen den schwarzen Winterhimmel abzeichneten, ließ in mir einmal mehr das Gefühl aufkommen, daß sich etwas Außergewöhnliches ereignen würde. Es herrschte eine sehr hohe Erdenergie von einer Art, die ich seither nicht wieder erlebt habe.

Sobald ich das Haus betrat, bemerkte ich, daß etwas Ernsthaftes vor sich ging. Die Atmosphäre war völlig anders als bei meinem ersten Besuch. Vor allem waren diesmal noch andere Indianer anwesend. Sie saßen einfach da und beobachteten mich mit einer Art von nonchalantem, uninteressiertem Interesse; es war keine Neugier, sondern etwas anderes. Alle schienen auf jegliche Beurteilung zu verzichten, und alle hatten einen Gesichtsausdruck, der mir wie ein leichtes Grinsen vorkam. Ich war überhaupt nicht ängstlich, sondern bloß neugierig – anders als sie. Ich mußte jedoch zugeben, daß mir dieses Grinsen nicht besonders gefiel.

Duke Joseph Big Feather stellte mich der Gruppe lediglich mit den Worten vor: »Das ist der, von dem ich euch erzählt habe.« Das verunsicherte mich ein wenig, und so grinste ich bloß zurück. Dann stellte er mir die Anwesenden vor: Cindy Crow Woman (Präsidentin und Clan-Mutter), Jomary Wildflower (Clanmitglied), She Dog (ein weibliches Clanmitglied im Alter von etwa sieben Jahren, das als Medizinfrau ausgebildet wurde), und Roger (der Trommler für diese Zeremonie und ein Mitglied der erweiterten Familie).

Ich wußte nicht, daß ich dort war, um an einer bedeutsamen spirituellen Zeremonie teilzunehmen. Genausowenig wußte ich, daß ich die Hauptperson bei dieser Zeremonie sein sollte. Ich hatte zwar fast damit gerechnet, aber ich dachte, es sei am besten, mich dem Strom der Energie zu überlassen. Wenn ich nicht hätte dort sein sollen, dann wäre ich nicht dort gewesen.

Nach einigen kurzen Bemerkungen und Erklärungen stand Big Feather auf und sagte: »Nun gut, dann laßt uns anfangen.«

Wir gingen ins Nebenzimmer, das etwa die doppelte Größe hatte. Dort herrschte eindeutig die Atmosphäre eines heiligen Raumes, in dem spirituelle Handlungen praktiziert wurden.

Anfangs konnte ich kaum etwas erkennen, denn es gab nur ein schwaches rotes Licht in der Ecke. Als erstes bemerkte ich jedoch, instinktiv leicht alarmiert, daß auf dem Boden ein besonderer Platz für mich hergerichtet worden war. Es gab dort eine Decke, auf der ich liegen konnte, einen geschmückten Büffelschädel genau oberhalb des Kissens, auf das ich meinen Kopf legen sollte, und viele andere Dinge: vermutlich heilige Gegenstände.

Ich legte mich hin. Auf meinem Körper und unter meinen

beiden Armen wurden nun verschiedene Gegenstände verteilt, die den Geistern gehörten, wenn sie körperlich auf der Erde anwesend waren, ebenso wie andere alte Dinge, welche die eine oder andere Bedeutung hatten. Anschließend wurde ich vom Kinn bis zu den Zehen mit einem schweren Hirschfell zugedeckt, und ein großes, schweres Halsband wurde über das Hirschfell und um meine Schultern und meine Brust herum gelegt. Dann sagten sie mir, daß sie einige Aufnahmen traditioneller und heiliger Gesänge abspielen würden, während Roger die Trommel schlug, und daß ich nichts weiter zu tun hatte als zu schlafen. Ich hatte das Gefühl, daß genau dies im Augenblick nicht unbedingt eine Tätigkeit war, nach der mir der Sinn stand.

Die Gesänge wurden sehr laut abgespielt und kamen aus Lautsprechern, die in den vier Ecken des Zimmers unter der Decke hingen. Während die Musik und das Trommeln lauter wurden, bemerkte ich, daß die Frauen meinem ganzen Körper vom Kopf bis zu den Zehen mit einer Art Federn rasch Luft zufächelten. Was sich wie ein unglaublicher Wind anfühlte, wurde um mich herum immer stärker, wofür zweifellos das heftige Fächeln mit den Federn verantwortlich war.

Und nun beginnt es.

Die inneren Visionen fangen an. Dies sind keine Visualisierungen oder Tagträumereien, sondern es sind detaillierte, überlebensscharfe Bilder. Ich kann mich in ihnen bewegen und sie, wie ich will, aus jedem Blickwinkel untersuchen. Sie enthalten auch jeweils ihre eigenen Informationen und Emotionen. Bild und Ton, Information und Emotion sind sehr klar – nicht voneinander getrennt, sondern alles ist eins.

Mir werden viele Dinge gezeigt. Zunächst sehe ich die Indianer der nordamerikanischen Plains vor der Ankunft der Europäer: Tipis so weit das Auge reicht. Rauch steigt in den wolkenlosen blauen Himmel auf. Kinder spielen, Frauen lachen, Männer reden miteinander in verschiedenen Teilen der Stadt, und es ist wirklich eine Stadt.

Das vorherrschende Gedankenmuster ist hier Harmonie. Harmonie mit den Gesetzen des Universums, miteinander und besonders mit Mutter Erde. Es gibt buchstäblich keine Trennung zwischen den Menschen und ihrer Umgebung. Obwohl ich versuche, das alles möglichst genau darzustellen, gibt es keine Worte, die diese Schönheit wirklich beschreiben können. Dann passiert etwas sehr Seltsames.

Von meiner rechten Seite her nähert sich eine Gruppe spiritueller Führer, die ich sofort als Tibeter erkenne. Sie tragen ihre traditionellen Gewänder, und wir erkennen uns auf der Stelle. Im selben Moment sehe ich auf meiner linken Seite eine ähnlich gekleidete Gruppe spiritueller Führer der Indianer. Auch sie sind traditionell gekleidet.

Die beiden Gruppen begrüßen einander und beginnen, rasch Informationen auszutauschen. Es sieht so aus, als würden sie sich kennen.

Während ich sie beobachte, beginne ich körperlich zu spüren, wie eine ältere Frau mit ihren Fingern langsam meine rechte Schulter berührt. Es ist so, als wollten sie mehr über mich erfahren, ohne mich dabei irgendwie zu ängstigen. Die Berührung ist so sanft und leicht, als würde eine Spinne über meine Schulter kriechen, und sie ist unendlich wissend und trägt die Schwingungen dieser älteren Medizinfrau.

Weil Crown Woman sich rechts von mir befand, nehme ich an, daß sie es ist, und daß die Berührung zur Zeremonie gehört. Dann fällt mir jedoch ein, daß ich von einem schweren Hirschfell bedeckt bin, während sich die Finger so anfühlen, als würden sie direkt meine nackte Haut berühren. Langsam öffne ich mein rechtes Auge einen Spalt breit und blicke hinüber. Nichts zu sehen. Dort ist absolut nichts, außer dem Gefühl, daß die alte Frau mich mit den Fingern berührt.

Dann drücken die Finger, erst nach unten, dann nach oben. Wieder ist die Berührung sanft, als ob jemand mit einem weichen zylindrischen Gegenstand drücken würde. Erst meine Brust, dann meinen Bauch, unten, dann oben, unten, dann wieder oben. So geht es etwa zehn Minuten weiter. Erneut öffne ich die Augen, um zu sehen, wer auf meinen Solarplexus und mein Herzchakra drückt, doch genau wie zuvor ist niemand zu sehen.

Gegen Ende der Zeremonie hörte ich, wie ein Satz immer wiederholt wurde, lauter und lauter: »Wir sind viele, wir sind stark« – und die Geister verschwanden.

Es war, als sei eine sehr alte Abmachung zur verabredeten Zeit wieder zum Leben erweckt worden.

Bis heute weiß ich nicht, was damals genau vor sich ging, doch die Wirkung trat zum richtigen Zeitpunkt ein. Vor kurzem bat mich ein wichtiger spiritueller Führer der Indianer um die Telefonnummer des persönlichen Repräsentanten des Dalai Lama bei den Vereinten Nationen in New York. Er allein ist berechtigt, den Terminplan Seiner Heiligkeit in den Vereinigten Staaten zu koordinieren. Es sieht so aus, als würden sich die amerikanischen Indianer und die Tibeter zusammenfinden, um sich gegenseitig in ihrem spirituellen Wirken zu unterstützen.

Wie oben, so unten.

Ich kann nur sagen, daß ich mich wahrhaft demütig und

geehrt fühle, weil ich Zeuge dieser spirituellen Familienzusammenführung sein durfte.

Tashi Delek.
Mitakuye Oyasin.

Thomas Pecora

Eine spirituelle Taufe

Es klang so, als würde ein heftiger Sturm auf mich zubrausen. Er war so gewaltig, daß ich mich winzig klein fühlte. Dann herrschte absolute Stille. Ich hörte eine tiefe, ehrfurchtgebietende Stimme irgendwo aus der Ferne sagen: »der Meister aller Erkenntnis«. Während diese Worte wie eine Welle über mir zusammenschlugen und in meinem Inneren widerhallten, erkannte ich, daß Hochwürden Della Reese mich gerade in die Gegenwart Gottes eingeführt hatte.

Ich war im September 1996 zur Understanding Principles Church von Della Reese gekommen, um sie für ein Buch unter dem Titel *Answered Prayers* zu interviewen, das ich gerade schrieb. Ich war sowohl vom Reichtum ihres Gotteshauses als auch von der Wärme innerhalb ihrer Religionsgemeinschaft beeindruckt. Es war jedoch die Botschaft ihrer Predigt, die eine Saite in mir zum Klingen brachte und mich veranlaßte, Sonntag für Sonntag in ihre Kirche zu kommen.

Diese Jazz-Legende aus *Touched by an Angel* sprach von Gott als lebendiger Gegenwart, zugänglich für alle, die ihm ihre Herzen öffnen. Sie sprach von Gott mit der Autorität und Liebe eines Menschen, der über seinen liebsten und engsten Freund und Gefährten spricht, einen allmächtigen und allwissenden Partner, mit dem man spricht und von dem man jederzeit Rat und Hilfe bekommt.

Mit Leidenschaft und Überzeugungskraft erklärte Hochwürden Reese, daß jeder von uns mit Gottes Hilfe seine Herzenswünsche erfüllen und jedes selbstgesetzte Ziel erreichen könne. »Der Heilige Geist wird euch Gedanken bringen, die direkt von Gott kommen«, sagte sie. »Er wird zu euch sprechen, sich dann umwenden und für euch sprechen und nach den besten Lösungen suchen, damit ihr bekommt, was ihr braucht und euer Leben vollkommen wird. Er wird euch reinigen, führen, trösten und für euch sorgen, und er wird euch mit einem Frieden erfüllen, der größer ist als alle Vernunft. Er zeigt euch die tiefen Urgründe Gottes, und ihr werdet Gott erkennen und erleben, nicht als intellektuelles Ideal, sondern spirituell, in eurem Herzen und in eurer Seele, und ihr werdet für immer verwandelt sein.«

Sie erzählte, wie »der Vater« sie körperlich geheilt hatte, als die Ärzte die Hoffnung schon aufgegeben hatten; wie er ihr wieder zu Geld verholfen hatte, nachdem ihr ehemaliger Manager sie mittellos zurückgelassen hatte; wie er ihr im Alter von zweiundsechzig Jahren zu einer höchst erfolgreichen Fernsehshow verholfen und sie sogar zu ihrem Seelengefährten geführt hatte, mit dem sie nun verheiratet war. Sie sprach darüber, wie es war, im Geist getauft zu werden und die Gegenwart Gottes auf der tiefsten spirituellen Ebene zu erfahren – etwas, wonach ich mich immer gesehnt hatte, wovon ich jedoch geglaubt hatte, es sei für mich unerreichbar und nur Mystikern, Heiligen und Menschen in akuten Krisen vorbehalten. Als sie ankündigte, sie würde eine spirituelle Taufe für alle zelebrieren, die bereit seien, den ganzen Geist Gottes anzunehmen, planten mein Mann und ich begeistert, daran teilzunehmen.

Am Tag des Gottesdienstes trafen sich die Geistlichen von Hochwürden Reese zunächst mit allen Täuflingen in einem Raum neben der Kirche. Wir hielten uns bei den Händen und beteten, alles möge nach Seinem Willen geschehen. Anschließend führte uns eine der Geistlichen in eine gelenkte Meditation, indem sie uns lediglich bat, unsere Herzen für Gott zu öffnen. Mit lieblicher Stimme dankte sie Gott dafür, daß er bei uns war, und bat uns, bereitwillig alles zu akzeptieren, was auch kommen möge.

Als der Gottesdienst begann, stieg ein fast elektrisierendes Gefühl von Erwartung aus meinem tiefsten Inneren auf. Wie eine Welle breitete es sich über meinen Körper bis zu den Fingerspitzen aus. Ich erkannte, daß ich nun an der Reihe war, aufzustehen und nach vorn zu gehen, wo Hochwürden Reese die Hände auflegte und die Anwärter taufte. Ich atmete tief ein, um wieder zur Ruhe zu kommen.

Als Hochwürden Reese ihre Hände auf meine Brust und meinen Rücken legte und betete, der Geist Gottes möge mich erfüllen und segnen, schloß ich die Augen und versuchte, mich auf ihre Worte zu konzentrieren, doch ihre Stimme schien sich immer weiter zu entfernen. Nichts, was ich je gelesen oder gehört hatte, hatte mich auf das vorbereitet, was nun geschah. Nichts auf der Welt hätte mich darauf vorbereiten können.

In diesem Moment vernahm ich, wie ein gewaltiger Sturm auf mich zubrauste. Dann herrschte absolute Stille – ich hörte nur die Stimme von Hochwürden Reese. Ich wußte, ich befand mich in der Gegenwart Gottes. Die ehrfurchtgebietende Macht jenes Klangs und die Weite der Gegenwart Gottes fanden ihre Entsprechung in der Zärtlichkeit, mit der sie mich vollkommen einhüllten, die sich in mir entfaltete, mich erfüllte und durch mich hindurchströmte. Ich fühlte mich so, als würde sie mein innerstes Herz behutsam in ihren Händen halten.

Und während dies geschah, wurde die Last der unzähligen Verletzungen, Enttäuschungen und Ängste von mir genommen. Bilder, Szenen und Gesichter von Menschen, die einst mit diesen Gefühlen verbunden gewesen waren, zogen blitzartig durch mein Bewußtsein, und ich erkannte, daß ich keinen Schmerz mehr empfand.

Tränen der Befreiung, der Erleichterung und des Jubels strömten über mein Gesicht. Ich hatte das Gefühl, meine Seele würde behütet und voller Liebe erhöht, durch die göttliche Liebe selbst. Jede Zelle meines Körpers wurde erhöht, und ich fühlte, wie sich meine Seele ausdehnte, meinen ganzen Körper erfüllte und ihn schließlich einhüllte. Mein Sein war eins, im Inneren wie im Äußeren. Jede sinnliche Wahrnehmung meines Körpers und meiner Umgebung fiel von mir ab.

Ich war eins mit Gott, und Gott war in mir und in allem um mich herum. Alles, was außerhalb von mir war, war zugleich in mir und war ich. Es gab keine Trennung. Es gab keine Grenzen. Es gab kein Gefühl von Individualität. Nur Einssein. Ich war Teil eines grenzenlosen Bewußtseinsstroms. Alles war Gott, und es existierte nichts außer Gott. In diesem Moment erinnerte ich mich daran, wer ich war und wem ich gehörte, und ich wußte, daß ich zu Hause war. Die Freude dieser Erkenntnis vibrierte durch mein ganzes Sein, als sei ich die Freude selbst. Es gab weder Anfang noch Ende, weder Vergangenheit noch Zukunft: Alle Zeit war jetzt und ewig.

Ich wußte, dies war die Ewigkeit. Es gab keinen Tod, nur Leben. Ich wußte, das Leben ist Gott, und Gott ist Liebe, und ich war im Inneren jener Liebe, die Gott ist. Ich wußte, daß alles Weltliche – alle Traurigkeit, Krankheit, Armut, aller Reichtum, Erfolg und Ruhm – eine Illusion war. Ich erkannte, daß das, was ich gerade erlebte, die einzige Wirklichkeit war, die es gibt.

So sanft und vollständig, wie sie mich ergriffen hatte, verließ mich dann Gottes Gegenwart. Ich fand mich auf dem Boden der Kirche wieder, von Freudentränen überströmt und geborgen im Schoß eines der vielen freiwilligen Helfer, welche sich bereit erklärt hatten, sich um die Täuflinge zu kümmern. Während er mir Tränen und Schweiß aus dem Gesicht wischte und mich zu meinem Platz zurückführte, blickte ich in sein Gesicht und sah Liebe. Und ich erkannte, daß sie das ist, was wir alle in unserem Innersten sind.

Dina Tevas Ingram

Botschaften und Berge

Für meinen verstorbenen Mann, Michael Kriegler

Ich hatte ein erholsames Wochenende außerhalb von New York geplant, das ich gemeinsam mit meiner Schwester in Palm Springs verbringen wollte. Ich hatte das Bedürfnis nach einer ruhigen Zeit weg von zu Hause, um über das vergangene Jahr nachzudenken. Mein Mann Michael war im Juli im Alter von neunundvierzig Jahren an einem plötzlichen Herzanfall gestorben.

Michael war ein bemerkenswerter Mann: brillant, leidenschaftlich, voller Energie, alles hinterfragend. Er liebte neue Ideen, Technologie, Filme, seine Freunde, und am meisten liebte er mich und unsere Töchter. Im Alter von zweiundzwanzig Jahren war er an Lymphdrüsenkrebs erkrankt, gegen den er sich während der nächsten zehn Jahre immer wieder zur Wehr setzte. Seine Lebensfreude entsprang aus dem Gefühl, nie zu wissen, wieviel Zeit ihm noch blieb. Mit einundvierzig Jahren hatte er persönlich und beruflich das erreicht, was nur wenige von uns im Laufe eines langen Lebens erreichen. Vielleicht liegt eine Antwort auf die Frage, warum er so jung starb, in einem Zitat aus einem seiner Lieblingsfilme, *Blade Runner*: »Die Flamme, die doppelt so hell brennt, brennt nur halb so lang.«

Neun Monate bevor Michael starb, erkannte ich – durch die Analyse von drei wiederkehrenden Träumen, die zu einem einzigen Traum verschmolzen –, daß ich nach einem Gefühl von Spiritualität und einer Verbindung zu Gott suchte. Seitdem habe ich mich mit Yoga-Meditationen und -Haltungen, Traumanalyse und Astrologie beschäftigt und mich mehr mit dem Judentum verbunden. Dadurch hat sich für mich eine andere Welt geöffnet. Meine Wünsche werden Wirklichkeit, und die Ereignisse sind keine Zufälle mehr, denn ich kann darin eine tiefere Bedeutung erkennen. Ich glaube, daß auch Michaels Tod für sein und mein Leben eine tiefere Bedeutung hatte. Als er starb, gab mir meine Spiritualität Kraft für mich und unsere kleinen Töchter, Emma und Sophie.

Meine Schwester mußte unsere geplante Reise absagen, doch ich hatte das Gefühl, ich könnte ein paar Tage für mich brauchen und hielt deshalb die Zimmerreservierung aufrecht. Kurz zuvor hatte mir ein Freund von der Siddha-Yoga-Meditation erzählt. Ich hatte mit ihm über mein spirituelles Erwachen und die weitere Entfaltung meiner Spiritualität nach dem Tod meines Mannes gesprochen. Er dachte, die Gegenwart eines Siddha Guru könnte mir vielleicht weiterhelfen.

Ein Siddha Guru hat die Macht, anderen zur inneren Gotteserfahrung zu verhelfen. Während einer spirituellen Einkehr, dem wichtigsten Ereignis im Siddha Yoga, überträgt der Guru den Anwesenden die Gnade, die als *Shaktipat* bezeichnet wird: das Erwachen der eigenen schlafenden spirituellen Energie. Wenn man *Shaktipat* empfangen hat, stärkt die erwachte Energie die eigene tägliche Praxis und verhilft einem zu Klarheit, Inspiration und inneren Einsichten. An genau dem Wochenende, das ich in Palm Springs verbringen wollte, sollte die Siddha Guru Swami Chidvilasananda, bekannt als Gurumayi, dort ein zweitägiges Seminar leiten. Ich beschloß, daran teilzunehmen.

Als ich am frühen Samstagmorgen zu der Veranstaltung kam, stellte ich überrascht fest, daß sich mehr als zweitausend Leute dort versammelt hatten. Da der Platz in der Haupthalle nicht ausreichte, saß ich zusammen mit anderen Teilnehmern in einem Nebenraum, in den die Veranstaltung über Videomonitore übertragen wurde.

Während der ersten Stunden sprachen verschiedene Referenten und erklärten die Siddha-Yoga-Meditation. Dann betrat Gurumayi die Halle und ließ sich würdevoll auf dem Podium nieder. Sie war eine wirkliche Schönheit, und ihre Gegenwart erfüllte sogar den Nebenraum. Sie begann damit, die Gruppe in die Rezitation von *Om Nama Shivaya* zu führen, ein Mantra, welches eine Hommage an das Göttliche in uns darstellt. Ihre Stimme klang so rein. Ich hatte meine Augen geschlossen, öffnete sie jedoch kurz, um auf den Videomonitor zu sehen. In diesem Moment schien es mir so, als blicke Gurumayi mich direkt an, und ich spürte, wie eine starke spirituelle Nähe zu ihr sich in mir entfaltete.

Nach der Rezitation begann Gurumayi mit einem Vortrag, einem von vielen, die sie während der nächsten zwei Tage halten würde. Ich war verblüfft, daß sie als erstes über die Liebe sprach, die man einem sterbenden Menschen schenken kann. Durch das Zusammensein mit einem Sterbenden kann man ihm umfassende, selbstlose Liebe geben, die dazu beiträgt, daß die Seele friedlicher auf eine höhere Ebene und näher zu Gott gelangt.

Während ich zuhörte, wie sie über eine Erfahrung sprach, die mir noch so nahe war, strömten Tränen über meine Wangen. Michael hatte sich seit der ersten Krebsdiagnose davor gefürchtet, allein zu sterben. Doch er lag in meinen Armen, als sein Herz aufhörte zu schlagen, und unsere beiden kleinen Töchter waren mit uns zusammen im Zimmer. In diesem Augenblick empfand ich eine grenzenlose Liebe zu ihm. Gurumayis Botschaft bestätigte mir, was ich bereits gespürt hatte, daß ich nämlich Michael, als ich ihn beim Sterben hielt, die Erlaubnis gab, in Würde und in Frieden mit Gott zu gehen.

Gurumayi sagte auch, daß das Zusammensein mit einem sterbenden Menschen einen selbst näher zu Gott bringt. Die Kraft, die ich nach Michaels Tod gespürt hatte, konnte nur von Gott gekommen sein. Diese Botschaften von Gurumayi zu hören, ließ mich daran glauben, daß es einen Grund dafür gab, warum ich an diesem Kurs teilnahm, und daß diese Veranstaltung noch etwas für mich bereithielt.

Gurumayi leitete dann eine Gruppenmeditation, die über eine Stunde dauerte. Während dieser Meditation hatte ich das Gefühl, als würde etwas in meinem Kopf und in meinen Schultern summen. Energie durchströmte mich, und es kam mir so vor, als sitze ich auf dem Podium direkt neben Gurumayi. Es gab nur sie und mich: Ich konnte sonst niemanden sehen und fragte mich kurz, wo die anderen zweitausend Leute im Raum geblieben waren. Die Nähe, die ich zu ihr empfand, war bemerkenswert. Sie legte ihre Hand auf meine, und wir saßen dort zusammen. Ein Gefühl von Großartigkeit rührte sich in mir, als sei dort eine Kraft, die zu erwachen begann. Ich war überwältigt.

Während wir am nächsten Morgen rezitierten, spürte ich, wie sich mein Herz in absolutem Vertrauen öffnete. Ich fühlte, wie ich mich Gurumayi ergab und hörte die Botschaft: »Gott ist Liebe… von oben«, in meinem Kopf. Nach der Rezitation sprach Gurumayi über Furcht und Stolz als Elemente, die uns von Gott fernhalten. Da ich mich ihr ergeben hatte, konnte ich auf meine Skepsis verzichten und die Erfahrungen aufnehmen, die dabei waren, sich zu entfalten.

Gurumayi begann, uns in eine Meditation zu führen. Als erstes spürte ich, wie ich meinen Körper verließ. Ich fand mich in der Nähe von Gurumayis Stuhl wieder, neben ihr sitzend, und dann schwebte ich aufwärts um ihren Kopf herum. Anschließend saß ich wieder auf meinem eigenen Stuhl. Es kam mir so vor, als stehe jemand hinter mir, an den ich mich anlehnen konnte. Mein Kopf war leicht zurückgebeugt, meine Kiefer entspannten sich, und mein Mund öffnete sich. Gurumayi sagte in meiner Meditation zu mir: »Trinke den süßen Nektar des Lebens.« Ich schloß meinen Mund und schmeckte die milde, sinnliche, liebliche Süße darin. Das Gefühl war sehr angenehm, und ich spürte, wie Wärme und Freude meinen Körper erfüllten.

Als nächstes fand ich mich auf einem Berg stehend wieder, eingehüllt in denselben Gebetsschal, den ich auch während der Meditation trug. Der Berg lag in einer kargen Gegend, braun, kahl und steinig, mit einem schneebedeckten Gipfel. Es war windig, aber mein Schal wärmte mich. Ich spürte die

Gegenwart von Gurumayi, die zu mir sagte: »Du brauchst den Berg und die Erde, die dir Kraft und Unterstützung geben. Nutze sie, denn du brauchst sie. Und du brauchst den Wind, sei er warm oder kalt, denn er verleiht dir Mut und Energie. Gottes Liebe braucht dir niemand mehr zu geben, denn du trägst sie bereits im Herzen. Sie ist dort. Trinke den süßen Nektar des Lebens.«

Ein Gefühl von überwältigendem Glück, Freude, Liebe und Frieden füllte meine Seele, ein Gefühl von Vollkommenheit, wie ich es noch nie zuvor empfunden hatte. Ich spürte wahrhaftig Gottes Liebe in meinem Herzen.

Als ich am Ende dieser Vision wieder zu mir kam, befanden sich alle anderen im Raum noch in der Meditation. Ich erkannte, daß dies ein ganz besonderer spiritueller Ort war, an dem mich eine enorme spirituelle Energie umgab. Ich beschloß, sie zu nutzen. Wenn es je eine Zeit gegeben hatte, in der ich meinen Mann Michael erreichen konnte, dann war es dieser Augenblick.

Ich rief seinen Namen hinaus in den Himmel. Ich fühlte, daß sich der Raum nach oben hin geöffnet hatte, ein Fenster zum Himmel. Ich bat darum, daß meine Liebe zu Michael geschickt werden möge. Ich suchte den Himmel mit meiner Liebe zu ihm ab, suchte nach seiner Seele.

Schließlich fand ich mich erneut auf demselben Berg wieder und hörte eine Stimme sagen: »Ich kann nicht der sein, der ich früher war. Ich kann nicht als Mensch zu dir kommen.«

Als ich zum Gipfel des Berges blickte, sah ich, wie ein Tiger erschien. Es war ein sehr großer, mächtiger Bengalischer Tiger. Er kam herbei und legte sich zu meinen Füßen nieder; ich setzte mich hin und streichelte ihn. Ich richtete keine Bitten an ihn. Ich erzählte ihm, wie sehr die Mädchen und ich ihn liebten, wie sehr wir mit unseren Herzen und unseren Gedanken immer noch bei ihm waren. Sein Fell war dick und weich, und er schnurrte voll tiefer Zufriedenheit. Wir saßen dort einfach nur friedlich zusammen.

Dann sprang er auf, wie Tiger es tun – oder wie Michael es getan hätte – und wir liefen spielerisch eine kurze Zeit hin und her. Anschließend sagte eine Stimme in der Ferne: »Ich muß jetzt gehen«, und der Tiger lief den Berg hinauf. Ich hörte mich selbst, wie ich ihm auf Wiedersehen sagte. In diesem Augenblick wußte ich genau, daß ich mit Michael zusammengewesen war, und daß ich mich gerade von ihm verabschiedet hatte – etwas, das ich vorher nicht hatte tun können, weil er so plötzlich gestorben war. Tränen stiegen mir in die Augen und strömten über mein Gesicht. Es fühlte sich so an, als würden sie meine Seele reinigen. Ich beobachtete, wie der Tiger über den Bergkamm verschwand.

Ich wickelte mich fest in meinen Schal und stieg den Berg hinunter, und nun erschien ein üppiger Garten vor mir. Es war Frühling: Die Rosen blühten auf, es wuchsen reichlich wilde Blumen, und die Bäume waren voll zarter, weißer Blüten. Die Sonne schien, und die Luft war warm. Ich ging durch den Garten, genoß die verschiedenen Düfte und nahm das ganze Erlebnis in mich auf. Ich war nicht mehr traurig. Ein Gefühl des Friedens überkam mich.

Schließlich gelangte ich zu einem grünen Rasen unter Bäumen mit einem angrenzenden Rosengarten. Ich erkannte, daß es mein Garten zu Hause war. Ich breitete meinen Schal auf dem warmen Gras unter einem Baum aus und legte mich darauf. Ein Mann kam auf mich zu. Es war ein Mann, den ich schon früher am Tag im Kursus getroffen und in einem kurzen Gespräch anziehend gefunden hatte. Er legte sich neben mich und begann mich zu küssen. Es fühlte sich so an, als würde ich wirklich »den süßen Nektar des Lebens trinken«: Der Kuß war absolut wundervoll und köstlich und vermittelte mir erneut das Gefühl, das ich im Mund gehabt hatte, als Gurumayi jene Worte zu mir sagte. Wir liebten uns unter den Bäumen.

Bald darauf hörte ich den Klang der Glocken, die anzeigten, daß die Meditation beendet war. Ich ging daraus mit dem überwältigenden Gefühl hervor, daß ich gesegnet worden war.

Ich kam am Silvesterabend nach Hause. Ich legte mich zu meiner vierjährigen Tochter Emma ins Bett und begann Mantras zu rezitieren, um ihr beim Einschlafen zu helfen (etwas, das ich häufig tue). Meine Stimme klang so rein und so schön, wie ich sie noch nie vorher erlebt hatte. Es war, als ob ihr Klang aus einem anderen Ort in meinem Inneren käme und zu sehr viel größeren Höhen aufstieg als je zuvor.

Bevor sie einschlief, sah Emma mich an und sagte: »Mami, es fühlt sich so an, als würde die Musik in meinem Herzen singen.«

»Ja, Emma«, antwortete ich. »Genauso soll es sein.«

Jan Tuttleman

Treffen mit Tabuk

Wenn der Suchende reif ist für mystische Lehren, so heißt es, dann taucht der passende Lehrer auf.

Ich war sechsundzwanzig Jahre alt und arbeitete in New York City in einem Immobilienbüro zusammen mit Toni Mack, einer offenherzigen, temperamentvollen Frau von

Ende Vierzig. Sie war groß und drall, mit dicken roten Haaren und langen roten Fingernägeln. Sie war auch eine praktizierende Mystikerin, aber das wußte ich nicht. Wenn sie beobachtete, wie ich von Verwirrung und Ängsten geschüttelt wurde, bot sie mir gelegentlich eine subtile spirituelle Führung an, doch ich reagierte nicht darauf und erkannte auch nicht ihre innere Tiefe.

Eines Tages, nachdem wir fünf Monate zusammengearbeitet hatten, waren wir alleine in unserem Büro, und ich hatte das Bedürfnis, ihr eine spirituelle Frage zu stellen. Ihre Antwort berührte eine grundlegende Wahrheit, die in meinem Inneren geschlafen hatte, und entzündete in mir eine Leidenschaft, die Gesetze des Universums und meine Beziehung zu ihnen zu verstehen. In diesem Moment erschien mein Lehrer.

Sieben Jahre bevor wir uns kennengelernt hatten, war bei Toni ein unheilbarer Krebs festgestellt worden. Nach einer radikalen Brustamputation und Chemotherapie hatte man ihr noch zwei bis fünf Monate gegeben. Sie begann, sich fähige Lehrer zu suchen und vertiefte sich bald in grundlegende spirituelle und mystische Studien. Durch eine Reihe tiefer Meditationen und die Teilnahme an spirituellen Heilungsgruppen wurde ihr Krebs geheilt – zur Verblüffung der Ärzte, die in ihrem Körper keine Spur mehr davon fanden.

Toni suchte weiterhin Wissen und Weisheit bei den Mysterienschulen. Sie tat es so diskret, daß es nur wenigen Menschen auffiel.

Ich glaube wirklich, daß Toni und ich in einem früheren Leben eine Vereinbarung getroffen haben: Sie würde vor mir erwachen und anschließend mich zum Erwachen führen. Sie wurde meine Lehrerin, Führerin und Mentorin. Von ihr empfing ich die Lehren über Gott, die Liebe und das Universum. Am wichtigsten war jedoch, daß sie mir beibrachte, mich selbst zu beobachten und zu verstehen und mich in einen lebendigeren, bewußteren, liebevolleren und stärkeren Menschen zu verwandeln. Im Laufe der Jahre wurde sie auch meine beste Freundin, Mutter, Tochter und gelegentlich meine Schülerin.

Nachdem sie mich ein Jahr lang fast täglich unterrichtet hatte, sagte sie: »Du kommst nicht weiter, solange du nicht nach innen gehst.«

»Was meinst du damit?«

»Bisher hast du etwas über das Universum gelernt, indem du Verständnis für die Gesetze des Universums entwickelt und gesehen hast, wie sie sich in der äußeren Welt auswirken. Jetzt mußt du dich zeitweilig von dieser äußeren Welt abschotten, deine Augen schließen, tief atmen und andere Dimensionen erkunden.«

Wir stellten die Telefone in unserem Büro ab, und sie führte mich in eine Meditation. Sie zeigte mir, wie ich Schutz heraufbeschwören und dann in andere Dimensionen der Wirklichkeit reisen konnte, um dort nach spirituellen Meistern und Lehrern zu suchen. Wenn ich die Arbeit mit dem ersten Lehrer vollendet hatte, so sagte sie mir, würde mich dieser in eine höhere Dimension begleiten, wo ich den nächsten Lehrer treffen würde.

Mein zweiter Lehrer in diesen Reichen nannte sich Tabuk. Wir trafen uns in einer ländlichen Gegend auf einem schönen grünen Hügel in der Nähe eines großen alten Baumes. Er war ein kleiner Mann mit grauem Haar und einem weißen Bart, und er hatte eine ruhige, freudige Ausstrahlung. Seine funkelnden Augen waren die eines Weisen, klar und tief.

Als wir in der Nähe des Baumes standen und miteinander sprachen, begann ich ihm über eine Situation bei der Arbeit zu erzählen, die mir starke emotionale Schmerzen bereitete. »Mein Chef hat etwas gegen mich. Er verhält sich neuerdings extrem kritisch und respektlos. Ständig sucht er bei mir nach Fehlern, damit er auf mir herumhacken und mich bei seinen Vorgesetzten anschwärzen kann. Was soll ich tun? Wie soll ich mit ihm umgehen? Ich versuche, seinen nächsten Schritt vorherzusehen, damit ich mich schützen kann, aber das ist ausgesprochen anstrengend.«

Statt eine Antwort zu bekommen, hatte ich das Gefühl, ich würde hochgehoben und in das Innere von Tabuks Körper versetzt. Es war eine phänomenale Empfindung. Ich war tatsächlich in seinem Inneren und blickte durch seine Augen in die Welt hinaus. Ich war mir meiner selbst bewußt und konnte doch alles fühlen und erleben, was er tat. Ich spürte seine ruhige Gegenwart und Kraft. Indem ich mit seinen Augen sah, fühlte ich die Weisheit, mit der er seine Umgebung betrachtete. Vor allem aber spürte ich die grundlegende Liebe, die sein ganzes Wesen erfüllte, und die er mit jedem Atemzug verströmte. Dann sprach er:

»Spüre mich. Ich bin stark und wild, aber zugleich sanft und freundlich. Ich habe viel Kraft, doch ich bin friedlich und liebevoll. Ich kann mich selbst verteidigen, doch ich bleibe freundlich und freigebig. Spüre, wer ich bin. Ich bin voller Freude und Leidenschaft, aber nicht dramatisch. Ich gebe mich keinen negativen Gefühlen hin.«

Während er sprach, spürte ich, wie die Wahrheit und Weisheit seiner Worte durch meinen ganzen Körper widerhallte. Ich lernte und verinnerlichte seine Lehren auf einer Schwingungsebene. Es kam mir so vor, als würden meine Zellen einen Abdruck seiner Energien aufnehmen.

»Versuche nicht, deinen Chef auszutricksen. Wende deine Aufmerksamkeit und deine Energie von seinem Handeln ab. Konzentriere dich statt dessen darauf, dich selbst zu erkennen. Werde dir deines Wesens, deiner ›ICH BIN Gegenwart‹, bewußt. Während du dich darauf konzentrierst, dein Selbstwertgefühl aufzubauen, deine Selbstliebe und deine Fähigkeit, andere zu lieben, wird er dir nichts anhaben können.

Beobachte, wie er in der Welt agiert – unehrlich, angetrieben von Furcht und Gier. Es zeugt von großer Charakterschwäche, wenn ein Mensch so handelt. Habe Mitgefühl mit ihm.

Vertrete deine Interessen, ja, aber tu es mit Liebe und Mitgefühl. Es geht darum, dein Herzchakra zu spüren, und deine Stärke und Kraft durch das Herz hereinzulassen, aus Liebe, und nicht aus Angst. Deine Ängste machen dich zerstreut, impulsiv, heftig und übermäßig dramatisch. Die Kraft der Liebe in deinem Herzen gestattet dir, tief und langsam zu atmen – innezuhalten und dann zu antworten, statt zu reagieren.

Niemand hat Macht über dich, sofern du sie ihm nicht gibst. Hol dir deine Macht zurück. Hör auf nachzudenken und dich zu fürchten und deine Energie auf die Frage zu konzentrieren, wie er dich verletzen könnte. Auf diese Weise gibst du deine Macht aus den Händen. Segne ihn statt dessen. Segne das Ergebnis der Situation. Und schließlich, nach dem rechten Handeln und dem Segnen der Ergebnisse, lege alles in Gottes Hand... und verliere nicht deinen Sinn für Humor. Du nimmst die Dinge zu ernst. Tu nicht so, als ginge es um Leben und Tod. Dramatisiere nichts, sondern fang an, das Leben und dein Wachstum zu genießen.

Segne das Gute, das der Umgang mit ihm in dein Leben bringt. Du wirst dabei lernen und wachsen. Das Universum hat ihn aus gutem Grund genau an diese Stelle in deinem Leben gesetzt. Diese Situation, von der du glaubst, daß sie dich schwächt, ist in Wirklichkeit genau das, womit du arbeiten mußt, um stärker zu werden. Wenn es ihn nicht gäbe, hättest du eine andere Situation oder eine andere Person angezogen, die dich auf dieselbe Weise behandeln würde, damit du genau diese Lektion lernst und dadurch heilst. Nutze die Erfahrung also entsprechend. Und hör auf, dich dagegen zu wehren, wie er ist, versuche nicht, ihn zu verändern. Ändere statt dessen dich selbst.«

Dann hob mich Tabuk aus seinem Körper heraus und stellte mich wieder vor sich hin. Ich weinte Freudentränen und war erfüllt von großer Liebe zu ihm.

Lächelnd sahen wir uns in die Augen. Er nahm meine Hände in seine und sagte: »Es ist so eine großartige Reise. Genieße sie!«

Ich empfand eine überwältigende Dankbarkeit, als ich mich von ihm verabschiedete – ohne daß er es mir sagen mußte, wußte ich, daß er mir stets als Lehrer und Führer zur Verfügung stehen würde.

Danke Toni, daß du mir die Magie des Universums erschlossen und mir die Schönheit und Kraft der Liebe gezeigt hast. Danke Tabuk und allen wunderbaren Lehrern auf meinem Weg.

Ellen Lieberman Weil

Zum Gleichgewicht finden

Ich hatte alles im Leben erreicht, wovon unsere Gesellschaft meint, es würde einen erfüllen: Ich hatte das College abgeschlossen, geheiratet, einen guten Job gefunden, und ich war anerkannt. Ich hatte Freude in mein Leben gebracht, aber auch einige harte Realitäten: eine zerbrochene Ehe, unglückliche Beziehungen, ich war fast von einer Bombe getötet worden, hatte erlebt, wie ein Gewehr auf mich gerichtet wurde, wie mein nicht versichertes schwimmendes Restaurant auf den Grund des Golfs von Mexiko sank, und nun wurde ich bald vierzig und arbeitete als Kellner. Ich hatte das Gefühl, daß mir, obwohl ich alles ausprobiert hatte, doch irgend etwas fehlte. Ich wußte nur nicht, was es war. Und noch weniger wußte ich, daß die fehlenden Teile innerhalb der nächsten Stunde auftauchen und mein Leben und mein Weltbild vollkommen verändern würden.

Ich arbeitete in einem Restaurant in San Diego. Als ich nach einer anstrengenden Schicht nach Hause kam, setzte ich mich in meinen Lieblingssessel und begann zu meditieren.

Ich hatte einfach zur Entspannung mit der Meditation begonnen. Obwohl meine alten Freunde in Chicago dachten, ich sei »kalifornisch geworden«, waren Yoga und Meditation für mich einfach nur Techniken zur Streßbewältigung. Ganz sicher suchte ich nicht nach einer spirituellen Verbindung. Ich hatte jeden Gedanken an Spiritualität und jedes Gespür dafür vor etwa zwanzig Jahren zusammen mit meiner Religion aufgegeben. Gott, Engel und alle nichtmateriellen Wirklichkeiten lagen weit außerhalb meiner Interessen.

Ich setzte meine Meditation fort. Alles, was ich hörte, war

das entfernte Geräusch meines Atems, als würde er aus einer nahen Quelle emporsteigen. Mein Körpergefühl begann zu zerfließen. Ich konnte nicht mehr sagen, wo mein Körper endete und der Stuhl anfing. Ich hatte das Gefühl, als würde ich fallen und zugleich immer kleiner werden. Das war ein erheblicher Unterschied zu meinen bisherigen Meditationen.

Ich hatte keine Ahnung, wie lange ich mich schon in diesem Zustand befand, als ich eine Hand auf meiner rechten Schulter fühlte. Was mich dabei wirklich überraschte, war nicht die Tatsache, daß außer mir niemand in der Wohnung war – wem hätte diese Hand gehören können? –, sondern daß ich nicht überrascht war. Die Hand fühlte sich warm, freundlich und vor allem liebevoll an. Sie schien sich mehr in meiner Schulter als darauf zu befinden. Ich machte mir zu diesem Zeitpunkt überhaupt keine Gedanken. Ich war einfach da und fühlte.

Wer auch immer es war, begann, mich sanft von einer Seite zur anderen zu schaukeln. Der Rhythmus führte mich zu einem Ort; nicht zu einem Ort in der materiellen Welt, sondern zu einem Ort des Bewußtseins, einem Ort des »Wissens«. Es kam mir so vor, als sei ich ein Schwamm, der Ideen, Emotionen und Informationen aufsaugte, ohne sich bewußt zu sein, um was es sich handelte.

Als mein Ego sich schließlich doch meldete, fragte es: »Bilde ich mir das alles ein?«

Ganz plötzlich schien hinter mir, aus dem Inneren meines Kopfes und aus meinen Lungen eine Stimme zu rufen: »Nein!«

Mit einem Ruck sprang ich aus dem Sessel. Von diesem Moment an war mein Leben verändert. Ich wußte, daß ein Engel oder geistiger Führer Kontakt zu mir aufgenommen hatte.

Während der nächsten drei Wochen meditierte ich täglich und wurde allmählich mit vier verschiedenen Engeln vertraut. In den folgenden Jahren spürte ich ihre Gegenwart auf vielfältige Weise. Manchmal empfand ich sie als Prickeln auf meiner Kopfhaut oder auf der Nase. Wenn sie mit mir sprachen, sah ich gelegentlich Worte, die wie auf dem Lochstreifen eines Fernschreibers durch meinen Kopf zogen, oder ich hörte tatsächlich ihre Stimmen. Manchmal empfing ich eine Einsicht auch direkt ohne das Medium der Sprache. Die Geistführer/Engel zeigten sich mir als blaue oder weiße Lichtblitze oder als winzige Lichtfunken. Vor allem aber spürte ich ihre Gegenwart als Liebe – Liebe, die durch jede Zelle meines Körpers strömte.

Sie halfen mir herauszufinden, was ich in meinem Leben vermißte: Gleichgewicht. Sie sagten mir, mir fehle das Gleichgewicht von »P.E.I.S.«: zwischen den physischen, emotionalen, intellektuellen und spirituellen Aspekten meines Lebens. Ich hatte mich selbst im wesentlichen immer als physisch/materielles Wesen wahrgenommen – aber jetzt weiß ich, daß ich ein spirituelles Wesen bin, das eine materielle Erfahrung macht.

Meine spirituellen Führer ließen mich allmählich wissen, was meine zukünftige Aufgabe sein würde: Ich sollte lehren. Sechs Monate später wurde ich als Wirtschaftsberater eingestellt, und einige Monate danach begann ich zu lehren, was ich von meinen Führern gelernt hatte.

Oft sagten sie mir, ich solle schreiben, aber das haßte ich. Sie versicherten mir, Schreiben sei nur eine andere Form des Lehrens, und alles werde sich wunderbar entwickeln. Ich konnte es zwar nicht erklären, aber auch ich empfand in meinem Inneren diese Zuversicht und Gewißheit. Nachdem sie mich sieben Jahre angespornt hatten, nahm ich mir wider Erwarten ein Jahr Zeit und belieh mein Haus und meine Rentenversicherung. Mit fünfzigtausend Dollar Schulden veröffentlichte ich im Selbstverlag ein Buch, *The Celestial Bar*, über meine Erlebnisse und Erkenntnisse, die mir meine Geistführer/Engel vermittelt hatten. Drei Monate nachdem ich es im Selbstverlag herausgebracht hatte, wurde dieses Buch von einem der größten New Yorker Verlage gekauft, und ich bekam einen ordentlichen Vorschuß, der mehr als nur meine Kosten deckte. Das Buch ist mittlerweile in zweiundzwanzig Sprachen übersetzt worden.

Nun bin ich überzeugt davon, daß jeder Tag uns die Möglichkeit von lebensverändernden Momenten, mystischen Erfahrungen und Wundern bringen kann. Wir müssen nur daran glauben.

Tom Youngholm

Kundalini-Erwachen

Dies geschah im Winter 1975, als ich vierundzwanzig Jahre alt war. Wie viele bedeutsame Ereignisse in meinem Leben wurde es in einem hellsichtigen Traum mehrere Nächte zuvor angekündigt.

Ich lag in meinem Bett, als ich mich plötzlich auf dem Rücken eines riesigen weißen Hengstes wiederfand. Als das Pferd sich aufbäumte und versuchte, mich abzuwerfen, geriet ich in Panik. Zunächst versuchte ich, mich an seiner Mähne festzuklammern, doch ich erkannte bald, daß das vergeblich war.

Irgendwie kam mir der Gedanke, daß das Tier sich vielleicht beruhigen würde, wenn ich mich selbst entspannte und ruhiger wurde. Zu meinem Erstaunen reagierte der Hengst sofort. Durch einen leichten Druck meiner Knie konnte ich ihn offenbar lenken. Meine Panik verwandelte sich in Begeisterung.

Als ich aufwachte, staunte ich darüber, wie lebhaft die Traumbilder gewesen waren. Was hatten sie zu bedeuten?

Ich war damals Seminarist und bereitete mich darauf vor, »Priester« zu werden – doch nicht im Sinne der katholischen Kirche, nach deren Grundsätzen ich auf der High-School erzogen worden war, wo man mir beigebracht hatte, in mein Herz zu blicken, um zu sehen, ob Gott mich rief. Es stellte sich heraus, daß er das wirklich tat, aber nicht auf die Weise, wie die Kirche oder irgend jemand anders sich das vorstellte. Statt dessen besuchte ich ein Kriya-Yoga-Seminar, wo ich zum Kriya-Yoga-Lehrer ausgebildet wurde, in einer spirituellen Technik, die Paramahansa Yogananda nach Amerika gebracht hatte. Goswami Kriyananda aus Chicago war unser spiritueller Führer.

Einen beträchtlichen Teil meines Tages verbrachte ich in individuellem *Sadhana*, spirituellen Übungen. Jeden Morgen nach dem Aufstehen meditierte ich und experimentierte mit den Techniken, die ich gelernt hatte. Außerdem verschlang ich Bücher über die spirituellen Traditionen des Ostens einschließlich eines seltsamen Wälzers mit dem Titel *Die Schlangenkraft,* verfaßt von einem Engländer, der viele Jahre in Indien gelebt hatte.

Darin wurde in allen Einzelheiten eine göttliche Kraft beschrieben, die angeblich zusammengerollt wie eine Schlange im untersten Chakra oder Energiezentrum am Grund der Wirbelsäule ruht. Yogis versuchen durch ihre spirituelle Disziplin diese Kraft zu erwecken, damit sie durch einen feinstofflichen Kanal entlang der Wirbelsäule zum höchsten Bewußtseinszentrum am Scheitelpunkt des Kopfes aufsteigt, das als »tausendblättriger Lotus« bezeichnet wird. Daraus sollte eine direkte Gotteserfahrung und eine unbeschreibliche Glückseligkeit resultieren.

Bis zu jenem Morgen waren meine Meditationserfahrungen gut, aber nicht bemerkenswert gewesen. Ich hatte Transzendentale Meditation (TM) praktiziert, wie sie von Maharishi Mahesh Yogi gelehrt wurde. Mit dieser Technik hatte ich eine tiefe körperliche Entspannung erreicht, meine Gedanken zur Ruhe gebracht und oft Gefühle großen inneren Friedens und Wohlbefindens erlebt. Dennoch…

An jenem Morgen praktizierte ich nach einer halben Stunde TM einen der Kriya-Atemzüge, die ich im Seminar gelernt hatte. Er beinhaltet eine Kombination aus *Pranayama* oder Atemkontrolle mit einem Mantra. Nachdem ich dies einige Male praktiziert hatte, wurde mein Geist sehr ruhig, und ich spürte, wie sich meine Aufmerksamkeit weiter und weiter nach innen richtete. Ich hatte den Impuls, das Gayatri Mantra zu rezitieren, das auch als *Maha* oder »großes« Mantra bekannt ist und zur vedischen Tradition gehört, die ich studierte.

Als ich das tat, geschah es.

Ich spürte das unbeschreibliche Gefühl von flüssiger Hitze, die aus dem tiefsten Grund meiner Wirbelsäule hervorbrach. Zugleich schien sich mein gesamtes Sein zu erweitern und vorübergehend zu beleben. Die Wahrnehmung der äußeren Welt verschwand, und zusammen mit dem intensiven Gefühl im unteren Teil meiner Wirbelsäule erschien ein genauso intensives, strahlend weißes Licht auf dem inneren Bildschirm meines Bewußtseins an dem Punkt zwischen meinen Augenbrauen.

Es kam mir so vor, als hätte ich aufgehört zu atmen. Einen

endlosen Augenblick lang wurden Einatmen und Ausatmen durch eine Art elektrischen Strom ersetzt, der in meiner Wirbelsäule wellenartig aufstieg und wieder fiel. Mit jeder neuen Wellenbewegung stieg auch die flüssige Hitze hoch und sank wieder – doch nur bis zur Höhe meines Solarplexus, wo sie offenbar durch eine Blockade behindert wurde.

Obwohl dieses Erlebnis einerseits fast unerträglich schön war, löste es andererseits Furcht in mir aus. Irgendwie hatte ich das Gefühl, wenn die Energie die Blockade durchbrechen würde, gäbe es kein Zurück mehr. Mich ergriff eine Art primitiver Selbsterhaltungstrieb, und diese Furcht begann zu dominieren.

Die Energie in meiner Wirbelsäule verschwand, und das Erlebnis war rasch beendet. Ich spürte, wie mein Atem wieder normal wurde.

Aber ich war euphorisch. Ich erinnere mich, daß ich dachte: »Es stimmt. Es ist wahr. Gott im Himmel, es ist alles wahr«. Ich weinte vor Freude, von Ehrfurcht ergriffen, und ich lachte unter Tränen.

Das war vor vielen Jahren. Ich praktiziere immer noch mein tägliches Sadhana, und ich habe gelegentlich gespürt, daß ich wieder an der Schwelle zu einem solchen Erlebnis war. Doch obwohl ich mich so sehr nach dieser intensiven spirituellen Glückseligkeit sehne, ist sie leider nicht wieder eingetreten.

Dennoch bin ich nicht entmutigt. Ich fühle mich gesegnet, daß ich zumindest einen kleinen Vorgeschmack haben durfte. Denn mein Weg steht nun fest, mein Glaube ist unerschütterlich. Obwohl ich wie jeder andere durch mein Karma, meine unerfüllten Wünsche und die endlosen Reize der äußeren Welt auf diesen Weg gezogen werde, weiß ich im tiefsten Inneren meines Herzens, daß nichts Äußeres mich je befriedigen wird. Ich hatte das Glück, aus erster Hand die Wahrheit zu erfahren, die Gott Krishna in der *Bhagavad Gita* ausdrückt, wenn er Arjuna sagt:

> Wer gezügelt ist, der wacht, wo Nacht ist für die anderen Wesen alle; dann, wenn die andern Wesen wachen, gilt dies als Nacht für einen Schweiger, der durchschaut. (Kapitel 2, Vers 69)

Für einen kurzen Augenblick war ich wirklich wach. Und obwohl ich weit davon entfernt bin, ein »Schweiger, der durchschaut« zu sein, bezweifle ich doch nicht, daß dies möglich ist.

Und auch niemand anders sollte es bezweifeln. Diejenigen, die erleuchtet worden sind, haben uns in ihrem Mitgefühl den Weg gezeigt, der aus unserem Leiden herausführt.

Marc Boney

Geburtstagsmeditation

Jack Romanos, Herausgeber bei Bantam, und der Pressesprecher Stuart Applebaum, die mich im vergangenen Sommer auf meiner Lesereise begleitet hatten, kamen auf uns zu. »Alles ist fertig«, sagte Jack. »Laßt uns jetzt zu deiner Geburtstagsvorstellung hineingehen.«

Ich ging in den großen Konferenzsaal, wo mehrere Dutzend intelligenter Literaturfreunde mit Champagnergläsern in der Hand darauf warteten, mich in Augenschein zu nehmen.

Jack stand auf einem Stuhl und sprach darüber, welche großen Bedenken einige Leute bei Bantam gehabt hatten, bevor *Out on a Limb* (*Die Reise nach Innen*) erschien. Dann sagte er, wenn die Reaktion auf das Buch irgendeinen Hinweis darauf gebe, was die Leute heutzutage lesen wollten, dann sei die Öffentlichkeit in diesem Fall dem Verlag weit vorausgewesen. Lou Wolfe, der Präsident von Bantam, überreichte mir dann ein Dutzend Rosen und zwei wunderschöne ledergebundene Bände, jeweils eine gebundene und eine Taschenbuchausgabe meines Buches, die in einem prächtigen Schuber steckten. Die Bantam-Mitarbeiter applaudierten und baten mich dann um eine kurze Ansprache.

Ich blickte auf meine Uhr. Es war 15.55 Uhr. In zwei Minuten war meine Geburtszeit. Ein spiritueller Führer hatte mir gesagt, daß die Energie, die man an seinem Geburtstag erhält, sehr mächtig ist, weil die Sonne und ihre Planeten dieselbe Energie wie im Augenblick der Geburt ausstrahlen. Wir sind »Eigentümer« dieser Energie. Sie gehört uns, damit wir sie auf das projizieren, was wir uns für die kommenden Jahre wünschen. 1983 war ich auf einen Berggipfel in Colorado gestiegen und hatte diese Energie auf meine Wünsche »projiziert«: den Erfolg von *Terms of Endearment* (*Zeit der Zärtlichkeit*), den Oscar, *Out on a Limb* und meine Broadway-Show. Ich hatte mich bemüht, keine Zweifel oder Ängste in meinem Bewußtsein zuzulassen. Ich brauchte das »Wissen«, daß meine Projektionen Wirklichkeit werden würden. Und tatsächlich war alles so eingetreten.

Als ich nun vor den Bantam-Mitarbeitern stand, erinnerte ich mich an meine Projektionen vom Vorjahr. Diesmal gab es keinen Berg, und ich konnte nicht allein sein, also stellte ich mich auf einen Stuhl und dankte allen. Ich erklärte, was ich im vergangenen Jahr genau um 15.57 Uhr an meinem

Geburtstag getan hatte, und bat alle Anwesenden, eine Minute lang gemeinsam ihre positiven Gedanken über das Buch auszustrahlen, das ich zu schreiben beginnen würde, sobald ich dieses Haus verließ. Niemand senkte den Kopf, aber fast alle schlossen die Augen. Einige hielten mich wahrscheinlich für verrückt, doch sie übten Nachsicht mit mir, und ich hatte mit dieser Art Publikum oft genug zu tun gehabt, um zu wissen, daß sie mir von ganzem Herzen Gutes wünschten.

Ich saugte die guten Wünsche, die ich im Raum spüren konnte, in mich auf, und wir schwiegen eine Minute miteinander.

Als die Minute vergangen und ich offiziell ein Jahr älter war, spendete ich ihnen Beifall, weil sie meinen Wunsch erfüllt hatten, dankte ihnen und ging hinaus, um ein paar Spiralblocks und neue Kugelschreiber zu kaufen.

Shirley MacLaine

Begegnung mit meiner göttlichen Mutter

Etwa seit meinem fünfzehnten Lebensjahr habe ich spirituelle Übungen praktiziert und Bücher über das Leben der Heiligen und spirituellen Meister des Ostens gelesen. Ich war in die Meditationspraxis und den Kriya-Yoga der »Self-Realization Fellowship« eingeweiht, praktizierte häufig *Mantra Japa* und übte die Anwendung verschiedener spiritueller Affirmationen, alles mit dem Ziel, das »Licht« zu suchen und mir der Gegenwart Gottes in meinem Leben ständig bewußt zu sein.

Ich setzte Gott mit diesem »Licht« gleich. Für mich war

er im Bewußtsein als kristalline Eigenschaft einer transzendenten Stille gegenwärtig, unberührt von allen materiellen oder mentalen *Formen*... der freie Raum in der Meditation, wo der Atem aufhören wollte und das vollkommen erfüllte Bewußtsein sich machtvoll auf einen einzigen ekstatischen Punkt konzentrierte. Irgend etwas anderes als diesen Bewußtseinszustand zu erleben, bedeutete nach meiner Meinung während der meisten Jahre meiner spirituellen Praxis, daß ich etwas sah, was weniger *rein* war und keine letztgültige Erfahrung darstellte.

Um mich in diesen meditativen Zustand zu versetzen, praktizierte ich ein Mantra, zu dem ich intuitiv gefunden hatte. »Krishna« beim Einatmen, »Om« beim Ausatmen. Nachdem ich dies jahrelang gemacht hatte, genügten einige wenige Wiederholungen des Mantras, um die Welt in eine leuchtende Christuserfahrung zu verwandeln – wo alle Gegenstände, die ich sah, eine Aura des Göttlichen annahmen. Krishna wurde für mich nicht nur zur Person, sondern zur eigentlichen Erfahrung des tranzendenten Vaterprinzips hinter der gesamten Schöpfung.

Dazu kam es jedoch nur im günstigsten Fall. Oft genug erlebte ich trotz meiner spirituellen Bemühungen überall nur Dunkelheit und Negativität. Ich betete und schrie nach Gott. Jahrelang reagierte ich so empfindlich auf die Energien in meiner Umgebung, daß ich die meisten Menschen und Orte mied und sehr zurückgezogen lebte – und zugegebenermaßen fast immer depressiv war. Ich konnte mich auf keinen Stuhl setzen, auf dem vorher jemand in einer negativen Stimmung gesessen hatte, und ich wagte nicht einmal, jemandem die Hand zu geben, weil ich Angst davor hatte, negative Energien aufzunehmen, von denen ich mich nur schwer wieder würde befreien können. Ich war ein sehr bemitleidenswertes und armseliges Exemplar eines sogenannten »spirituell bewußten« Menschen. Die Zweiteilung meines Lebens in Licht und Dunkel, Gott und Nicht-Gott war für mich täglich spürbar gegenwärtig. In meinem Bestreben, die Vision des Lichts zu bewahren und in allem das Göttliche zu sehen, war ich nur zeitweise erfolgreich, weil ganz unvermeidlich immer wieder Situationen eintraten, in denen mein urteilender Verstand oder die Negativität eines anderen Menschen dazu führten, daß ich aus dem Zustand der Gnade herausfiel.

Siebzehn Jahre lang dauerte dieser Kampf, der nur allmählich Fortschritt brachte, bis ich an einen großen Wendepunkt in meinem Leben kam. Es war im Jahre 1992, als eine große Heilige die Gegend um die San-Francisco-Bucht besuchte. Sie trug den Namen Mata Amritananda Mayi. Im Westen kennen wir sie unter der Kurzform »Amma« oder »Ammachi« (die Heilige Mutter). Viele Menschen hielten sie für eine der größten Erleuchteten unserer Zeit, eine selbstverwirklichte Meisterin, die ohne Ego war und uns durch ihr Leben ein Beispiel bedingungsloser göttlicher Liebe gab.

Ich hatte ihren Segen schon bei mehreren ihrer Kurse empfangen, als sie 1991 und 1992 auf ihren Reisen um die Welt auch die Gegend um San Francisco besucht hatte, und ich war von ihr außerordentlich beeindruckt gewesen. All ihre Veranstaltungen waren für jeden Interessenten offen, und sie begegnete jedem Besucher mit einer scheinbar unerschöpflichen göttlichen mütterlichen Liebe und spirituellen Energie.

Ich beschloß, die Verwirrung (Yoganandas Ausdruck dafür war »spirituelle Verdauungsstörung«) zu beenden, die aus den vielen verschiedenen Wegen resultierte, mit denen ich mich beschäftigt und die ich zu integrieren versucht hatte. Also begab ich mich diesmal zur heiligen Mutter und fragte sie im vollen Vertrauen darauf, daß ihre Antwort allein die göttliche Wahrheit ausdrücken würde: »Wer ist mein Guru?«

Nachdem sie mich mit ihren funkelnden Augen angesehen und mir einige schelmische Fragen zu meiner Person gestellt hatte, von denen ich wußte, daß sie die Antworten bereits kannte, erwiderte sie lächelnd: »Ich werde mich um dich kümmern.«

Und so begann die Phase meines Lebens, die mir die größten Verwandlungen bringen sollte. Nach fast zwanzig Jahren gezielter Suche nach einem spirituellen Meister hatte ich endlich meinen Guru gefunden. Da ich in der Vergangenheit dreimal den Versuch unternommen und es auf mysteriöse Weise nicht geschafft hatte, nach Indien zu reisen, fragte ich sie mit angehaltenem Atem: »Wünscht Amma, daß ich als Arzt in ihrem Ashram in Indien arbeite?«

Sie sagte: »Oh, ich glaube nicht, daß es dir dort gefallen wird. Aber wenn du willst, kannst du für zwei Monate kommen. Danach weißt du aus erster Hand, wie das Leben dort aussieht, und wenn es dir gefällt, kannst du bleiben.«

Ich war von Ehrfurcht ergriffen und hatte Tränen in den Augen. Mein langersehnter Traum, von einem spirituellen Meister angenommen zu werden und eines Tages in Indien zu leben, war nun in greifbarer Nähe. Es lag allein bei mir, mich für eine bestimmte Zukunft zu entscheiden. Um eine lange Geschichte abzukürzen: Nachdem ich während Ammachis Reise durch die USA so viele ihrer Veranstaltungen besucht hatte, wie meine beruflichen Verpflichtungen es zuließen, sorgte ich dafür, daß ein anderer Arzt meine Praxis übernahm, und brach Mitte September nach Indien auf, wo ich zweieinhalb Monate bleiben wollte.

In den Wochen vor meiner Abreise sagten mir mehrere Leute, sie würden vorhersehen, daß ich in Indien eine einzigartige Erfahrung machen würde, die meinen Lebensweg grundlegend beeinflussen sollte. Im Grunde war mein ganzer Aufenthalt dort eine einzige Folge wunderbarer, machtvoller Ereignisse. Kaum ein Tag verging, an dem ich nicht wiederholt zu Tränen gerührt war von der göttlichen Gnade, die sich so deutlich in der Möglichkeit zum Dienst an anderen zeigte, und durch die Gnade, unter deren mächtiger Führung wir lernten, angesichts der ständigen unglaublichen Synchronizitäten und Wunder, die in der Gegenwart unserer spirituellen Meisterin geschahen, uns Gott zu ergeben.

Ich möchte vor allem von einer besonders beeindruckenden Begebenheit erzählen. Ich vermute stark, daß es sich dabei um diejenige handelt, die einige meiner intuitiv begabten Freunde vorhergesehen hatten, und die in der Tat mein spirituelles Verständnis entscheidend verändern sollte.

Große Lehrer wie Amma messen den mystischen Erfahrungen ihrer Anhänger wenig Bedeutung bei und betonen dagegen sehr viel mehr das größere Wunder einer stetigen Transformation unseres egozentrischen Bewußtseins hin zu einem Bewußtsein, in dessen Mittelpunkt die selbstlose Liebe steht. Gleichwohl habe ich beschlossen, über dieses Erlebnis zu berichten, weil es als wesentlicher Bestandteil zu dem Transformationsprozeß gehört, der mich dazu geführt hat, die allumfassende Liebe in meinem Leben stärker wahrzunehmen.

Es war ungefähr einen Monat nach meiner Ankunft in Indien, und neben all meiner Arbeit im Ashram bemühte ich mich, regelmäßiger mit einem Mantra zu üben, das Amma mir gegeben hatte (ein Jahr zuvor auf meine Bitte hin). Es war ein Mantra, mit dem die göttliche Mutter angerufen wurde, und ich hatte Schwierigkeiten mit der unangenehmen brennenden Energie gehabt, die es in mir aufsteigen ließ. Also bat ich Amma um Rat in der Hoffnung, sie würde mit meiner mißlichen Lage ein Einsehen haben und mir gestatten, wieder zu meinem früheren Mantra »Krishna-Om« zurückzukehren, das mich nach den langen Jahren der Praxis fast mühelos in einen Zustand der Glückseligkeit versetzen konnte.

Ammas Antwort war liebevoll, aber sehr enttäuschend: Sie riet mir, weiter mit dem Mantra zu üben, das sie mir gegeben hatte, und mein altes Mantra überhaupt nicht mehr zu benutzen.

Ich verließ sie mit schwerem Herzen. Warum sollte ich nicht ein Mantra benutzen, das mich so leicht zu Gott erhob? Warum empfand ich dieses Mantra der göttlichen Mutter als so brennend und schwer? Was machte es für einen Unterschied, ob ich Krishna oder die göttliche Mutter anrief, da es sich doch in beiden Fällen um Namen Gottes handelte?

Diese Schwere in meinem Herzen führte zu einer großen Depression, welche den ganzen Tag über anhielt und sich bis in unsere abendlichen Chorgesänge erstreckte. Gewöhnlich nahm Amma jeden Abend im Ashram daran teil und inspirierte jeden von uns durch die herzzerreißenden Anrufungen Gottes, die sie beim Singen mit uns inbrünstig herausschrie. Während eines Krishna *bhajan* (religiöses Lied) rief sie wiederholt nach ihm und nannte ihn bei seinen zahlreichen liebenswerten Namen: »Krishna!« »Shyama!« »Chitta-chora!« Es wirkte erhebend auf mich, diese Namen zu hören, weil ich so viele Jahre mein Mantra rezitiert hatte, das in mir fast unmittelbar die göttliche Vision aufsteigen ließ. Doch wenn wir ein *bhajan* für die göttliche Mutter sangen, und Amma einen ihrer vielen Namen rief: »Ma ... Ma ... Ma ...!«, »Kali ... Kali ... Kali ...!«, »Radhe!« hatte ich dabei bisher keine Verbindung zu Gott spüren können. Für mich hatte die Schwingung dieser Namen nichts Göttliches.

An jenem Abend war ich beunruhigt. Wenn der Name Krishna mich so sehr bewegte, warum konnte ich dann nicht mit diesem Mantra weitermachen? Während des nächsten Gesangs an die göttliche Mutter bemühte ich mich innerlich zu fühlen, »wer ist Ma?«, während Amma ihren Namen ausrief. »Amma, wenn du mir Krishna wegnimmst, dann zeig mir, wer diese Ma ist!«

In diesem Augenblick fühlte ich eine Art hohles Knacken am Grund meiner Wirbelsäule und wurde auf der Stelle von einem unbeschreiblichen Meer ekstatisch vibrierender Energie überflutet, die durch meine Wirbelsäule aufstieg und jedes Atom meines Seins mit dem kosmischen Klang OM schwingen ließ. In meiner inneren Wahrnehmung wurden der Tempel, alle Menschen und alle Dinge um mich herum von diesem grenzenlosen Meer einer bewußten, zutiefst persönlichen, liebevollen Energie durchdrungen und erfüllt. Ich wußte, daß ich ein für allemal meine Mutter gefunden hatte – die Mutter, nach der ich immer auf der Suche gewesen war!

Drei Tage lang befand ich mich in einer Art von verändertem Bewußtseinszustand. Wo ich auch hinsah, stets konnte ich mich auf den heiligen Klang OM einschwingen, der von allen Lebewesen und unbelebten Gegenständen rund um den Ashram ausgestrahlt wurde. Mein Gottesbild änderte sich: Nachdem ich ihn zwanzig Jahre lang nur als transzendente Stille und Licht des formlosen Absoluten – des göttlichen Vaterprinzips – wahrgenommen hatte, wurde daraus jetzt auch die vibrierende, reiche, liebevolle Energie aller Formen – die in meiner Wahrnehmung manchmal sogar dunkel wirkten –, das Prinzip der göttlichen Mutter. »Negative« Energie zu spüren war für mich früher oft nicht damit vereinbar gewesen, daß ich auf das Licht des göttlichen Vaterbewußtseins konzentriert blieb, während ich nun fähig war, diese Energie der göttlichen Mutter darzubieten, welche sie mühelos umfing und aufnahm, ohne daß dadurch meine enge Verbindung mit meinem neuen, umfassenderen Gottesbild gestört wurde.

Im Laufe der Jahre hat mein Mantra der göttlichen Mutter mich mehr und mehr gereinigt und für einen völlig neuen Aspekt Gottes geöffnet, den ich vorher nie wirklich gesehen hatte. Die Begegnung mit Ammachi und diese Erfahrung, die sie mir geschenkt hat, war der Beginn einer neuen Phase von Wachstum und Transformation: Nach all den Jahren der spirituellen Praxis, die dem Weg zum Licht geweiht war, begab ich mich nun auf die gleichermaßen herausfordernde Reise, auf der ich lernte, liebevoll die Dunkelheit zu umarmen, die immer noch in meinem Inneren zurückgeblieben war.

Michael Ackerman

Eine Pilgerreise

Vor einigen Jahren, als ich in Washington, D.C., lebte, war ich eines Abends zu Hause und hatte gerade ein wunderschönes Buch unter dem Titel *Die Nebel von Avalon* zu Ende gelesen. Irgend etwas in meinem Inneren sagte mir, ich solle auf das Dach des Gebäudes steigen, in dem ich wohnte. Es war eine warme Sommernacht, also dachte ich: »Warum nicht?«

Während der Vollmond am Himmel stand, tanzte ich langsam herum und sang leise: »Ich bin frei zu sein, ich bin frei zu sein.« Mein rationaler Verstand hielt das für absurd, aber dem Rest von mir gefiel es. Das Ganze dauerte etwa zwanzig Minuten.

Ich ging in meine Wohnung zurück und hatte Lust auf ein Bad. Ich zündete einige Kerzen an, legte mich in die Wanne, um mich zu entspannen – und begann, diese seltsame Stimme in meinem Kopf wahrzunehmen, die das Wort »Shasta« sagte. Ich wunderte mich, wieso mir der Name eines alkoholfreien Getränks in den Sinn kam.

Nach meinem Bad holte ich mir ein Lexikon und schlug den Begriff »Shasta« nach. Ich fand eine Beschreibung des Mount Shasta in Nordkalifornien. Ich beschloß, meine medial veranlagte Freundin und Priesterin Barbara Hamilton anzurufen, die sich in solchen Dingen auskennt. Sie wurde sehr aufgeregt, erzählte mir, sie habe ein außerordentlich mystisches Erlebnis auf diesem Berg gehabt, und schlug vor, ich solle dort hinfahren. »Ja, sicher«, dachte ich.

Am nächsten Tag erhielt ich ein kostenloses Ticket nach Kalifornien. Okay, ich erkenne solche Fingerzeige und übe mich darin, Zeichen wahrzunehmen. Ich überredete meine beste Freundin aus Los Angeles, mich auf der Reise zu begleiten. Sie sagte ihrem Mann, sie würde mit mir eine zweiwöchige Abenteuerreise unternehmen.

Noch bevor es mir selbst richtig klar war, erläuterte ich ihr bei einem Treffen in San Francisco, es gehe bei dieser Reise darum, meine magischen Kräfte wiederzugewinnen. Ich bin mir nicht sicher, ob ich wußte, was ich damit sagte, oder ob ich es selber glaubte, doch bald darauf waren wir schon unterwegs.

Wir nahmen uns vier Tage Zeit, um an der Küste entlangzufahren, obwohl wir diese Strecke in etwa sieben Stunden hätten bewältigen können. Auf der ganzen Fahrt meditierten wir, lachten, schrieben Tagebuch und genossen heiße Bäder. Wir spielten sogar mit Tarotkarten herum, obwohl wir beide nicht allzuviel davon verstanden. Ich war eine angesehene Geschäftsfrau aus Washington. Ich tat so etwas nicht. Und doch, hier war ich, und ich tat es.

Als wir zu dem Berg kamen, waren wir von seiner Größe überwältigt. Wir brauchten noch zwei Tage, bis wir den Aufstieg wagten. Schließlich machten wir uns am 4. Juli auf den Weg.

Während ich still auf dem Berg saß, hatte ich diese erstaunliche Erinnerung. Ob sich das alles wirklich ereignete oder nicht, spielt keine Rolle. Wichtig war die Bedeutung, die es für mich hatte.

Ich erinnerte mich daran, wie ich auf dem Berg explodierte. Es war so, als hätte ich die Suppe etwas zu scharf gewürzt, und der ganze Berg explodierte, mich eingeschlossen. Es kam mir so vor, als sei ich eine Art Zauberin und stünde über einem Kessel.

Ich interpretierte das Erlebnis so, daß ich Mist gebaut hatte, daß man mir nicht vertrauen konnte, und daß meine Kraft zu stark für mich war. Ich schloß daraus auch, daß man sich auf Gott und das Universum und das Leben insgesamt nicht verlassen konnte.

In diesem Moment empfand ich eine extreme Traurigkeit. Wie viele Jahre meines Lebens, so fragte ich mich, hatte ich diese Überzeugung mit mir herumgeschleppt? Wie lange hatte ich meine innere Kraft, meinen Selbstausdruck und meine Magie unterdrückt? Ich schrie heraus, so laut ich konnte: »Nie wieder! Ich fordere meine Kraft zurück, hier und jetzt!« Meine Freundin sagte, ich hätte so laut geschrien, daß ihr die Ohren davon weh taten.

Und ich glaubte, als Antwort ein leises Flüstern zu hören, das sagte: »Sie, die sich erinnert, ist frei.«

Sie, die sich erinnert, ist frei. Indem wir uns daran erinnern, wer wir sind, mächtige und magische Menschen, werden wir für immer frei sein. Welch ein Geschenk hatte ich am Unabhängigkeitstag erhalten!

Ist das wirklich geschehen? War das alles symbolisch oder vielleicht ein Traum? Es spielte keine Rolle, aber die tiefe Lehre jenes Tages war von Bedeutung.

Hatte ich das wirklich erlebt? Nun, als wir vom Berg herunterkamen, stellte ich fest, daß ich nun die Tarotkarten ohne die Interpretationen des Anleitungsbuches verstehen konnte. Ich erkannte die Archetypen und Symbole und erinnerte mich an Informationen, die ich nicht in diesem Leben gelernt hatte. Zunächst schockiert, erkannte ich, daß ich nun Klarheit gefunden hatte und mich in gewisser Weise magisch fühlte.

Also tat ich so, als sei das Erlebnis Wirklichkeit gewesen. Ich erklärte den Tag zu einer wichtigen Einweihungserfahrung und werde ihn immer in diesem Sinne im Gedächtnis behalten und ehren. Als wir nach San Francisco zurückkamen, hatte ich beschlossen, nach Kalifornien zu ziehen. Ich war bereit, von jetzt an ein ganz anderes Leben zu führen.

Marcia Wieder

Meine Wahl

Ich lebte unterhalb meiner Möglichkeiten, und ich wußte es. Was ich nicht wußte, war, wie ich aus dem Trott herauskommen sollte, in dem ich mich festgefahren hatte. Ich war mir sicher, daß in meinem Gehirn eine Synapse oder ein anderes wichtiges Teil fehlte.

Eines Nachts wachte ich auf und befand mich inmitten von etwas, das ich für einen Traum hielt... doch er setzte sich fort, während ich wach im Bett lag. Ich führte ein Gespräch mit einem höheren Aspekt meines Selbst, und mir wurde die Gelegenheit geboten, an Brustkrebs zu erkranken.

Eins war klar: Es hing von mir ab. Offenbar gab es einige Dinge, die eine Krebserkrankung mich lehren konnte, aber ich hatte die Wahl, diese Lektionen auf andere Weise zu lernen. Es gab verschiedene Gründe, warum ich den Krebs anzog, aber der wichtigste bestand wahrscheinlich darin, daß ich zu diesem Zeitpunkt, ohne mir dessen bewußt zu sein, ein sehr schwaches Selbstwertgefühl hatte.

Ich fragte mich, wie meine Lebensqualität nach einer Bestrahlung aussehen würde, und diese Überlegung war für meinen rationalen Verstand außerordentlich verwirrend, denn ich erkannte, daß ich tatsächlich in Erwägung zog, krank zu werden. Aber das war *nicht* mein Ziel, und ich bezog Position, indem ich mich auf die anderen Aspekte meiner Persönlichkeit besann und sie anflehte, mir zuzuhören.

Dann fand ich mich auf einer Liege in einem schönen Behandlungszimmer wieder. Dort gab es einen Arzt aus Kanada, der Energienadeln in meine Brüste stach – was er übrigens später noch häufiger tat. Die Wesen, die sich dort gemeinsam mit mir aufhielten und meinen Freunden in dieser Welt sehr ähnlich waren, sagten mir, der Arzt sei einer der besten für diese Art von Heilbehandlung. Ich erinnerte mich, daß ich erwiderte: »Er sollte der beste sein. Schließlich ist das mein Körper, um den es hier geht!« Obwohl ich das ernst meinte, lachten wir alle ein wenig.

Der Arzt gab mir ein Mantra, das ich mit »zurücknehmen« sollte. Dann muß ich für einige Momente bewußtlos geworden sein, denn ich fand mich – wie Dorothy aus Oz – in meinem Bett wieder –, wo ich stets aufs neue vor mich hinmurmelte: »Ich zähle. Ganz gleich, was ich tue oder nicht tue, ich zähle. Ich bin wichtig.«

Ich stand auf, und ich brauche wohl nicht zu sagen, daß ich mich sehr gestreßt fühlte. Ich dachte, ich würde Krebs bekommen, weil ich dem, was gerade geschehen war, nicht ganz vertraute.

Später am Tag meinte der Mann, mit dem ich damals zusammenlebte und der keine Ahnung hatte, was in mir vorging, ich solle mir Dr. Gershon Lessers Radiosendung anhören. Ich weigerte mich, weil ich dachte, ich würde das alles schon kennen, aber er schaltete das Gerät trotzdem an. Was ich dann hörte, veränderte mich für immer, als ob ich nicht ohnehin schon für immer verändert gewesen wäre!

Dr. Lesser erklärte, jedes Jahr würden Millionen von Frauen sinnlos an Brustkrebs sterben, nur weil sie sich selbst nicht für wichtig oder wertvoll hielten. Energie durchströmte meinen Körper, während ich dasaß und ihm verblüfft zuhörte. Rasch schlug ich das Buch *Heile dein Leben* von Louise Hay auf und sah unter dem Stichwort Brustkrebs nach. Auch hier wurde auf ein geringes Selbstwertgefühl hingewiesen. In beiden Fällen handelte es sich um spirituelle Fingerzeige, die mich darauf aufmerksam machen sollten, was in meinem Körper vorging, und das bestätigen sollten, was in meinem Inneren geschah.

Eine weitere Lektion, die ich noch zu lernen hatte, und die mir durch eine innere Erfahrung vermittelt wurde, war Mitgefühl. Ich denke, es gibt nichts Besseres als ein bißchen Krebs, um einem das Herz zu öffnen. »Gibt es einen anderen Weg, auf dem ich das lernen könnte?« fragte ich. »Ja«, lautete die Antwort. Aber niemand sagte mir, welcher Weg das war, oder zumindest erinnere ich mich nicht daran. So hatte ich Gelegenheit, in einem Zustand des Entsetzens zu verharren – der, wie ich gelernt habe, sofort Mitgefühl hervorruft.

Kurz danach hatte ich noch ein ähnliches Erlebnis. Ich war ein kleines Mädchen von fünf Jahren, und mein Vater stand neben mir. Ich fragte ihn: »Welche Art von Krebs soll ich bekommen, Daddy?« Das versetzte mich in Panik, weil ich erkannte, daß ich mich noch nicht entschieden hatte. Mir wurde auch klar, daß ich schon in sehr jungen Jahren zugestimmt hatte, die Krankheiten meines Vaters zu übernehmen – aber daß ich genausogut fähig war, diese Vereinbarung aufzukündigen. (Bemerkenswert genug: Mein Vater bekam tatsächlich Krebs. Doch glücklicherweise leben wir heute beide noch und sind gesund.)

Verzweifelt fragte ich die Wesen, die mich umgaben: »Was ist hier los? Ich brauche Hilfe. Ich will nicht sterben.«

Die Antwort kam ganz ruhig: »Mitgefühl.« Offensichtlich verstand ich die Botschaft nicht.

Aber wie sollte ich Mitgefühl entwickeln? So etwas kann man schließlich nicht einfach aus einem Buch lernen. Ich hatte das Gefühl, für etwas bestraft zu werden, wußte aber nicht genau, wofür.

Während der nächsten Monate litt ich unter Todesängsten – und glauben Sie mir, während dieser Zeit lernte ich Mitgefühl. Ich wußte nicht, was ich lernte, doch ich stellte fest, daß die ständige Furcht vor meinem eigenen Tod mich andere Menschen mit neuen Augen sehen ließ.

Aber warum litten so viele Menschen auf diesem Planeten, und warum litten so viele von ihnen unter Krebs? Ich mußte noch eine weitere innere Erfahrung machen, die irgendwie alles miteinander verknüpfte. Und so sah sie aus:

Ich gehe durch eine wunderschöne Landschaft. Smaragdgrünes Gras, weich wie Samt, umschmeichelt meine Füße. Berge in Purpur-, Lila- und Violettönen erheben sich majestätisch vor mir. Ich blicke mich um und erkenne, daß ich mich auf einem Friedhof befinde. Ich stoße auf einen Grabstein, auf den eine Darstellung des gepeinigten, ans Kreuz genagelten Jesus gemeißelt ist. Sein Gesicht ist in Agonie und Ekstase verzerrt. Ich falle auf die Knie und schreie in höchsten Tönen: »Nein!« Meine Stimme hallt wie ein Echo über den Friedhof.

Dann erscheint meine Tante, die an Brustkrebs starb, vor mir auf einem weißen Pferd – doch sie sind beide transparent. Sie bietet mir aus einem Arzneifläschchen zu trinken an. Sofort weiß ich, daß sie mir ihr Lebensrezept geben will, doch für mich hat es den Gestank des Todes. Ich wende mich scharf ab und sage: »Hebe dich hinweg, Satan!« Das Pferd und meine Tante verschwinden augenblicklich.

Jesus kommt vom Kreuz herunter, steht vor mir und streichelt meine Wange. »Es war alles Einbildung, Rachel. Sei guten Mutes. Geh und sage es den anderen.«

Und dann löst er sich in Millionen winziger Lichtfunken auf.

Rachel Naples

Die Freude der Welten

Wie ein Krokus, der sich durch den letzten harten Frost ans Licht kämpft, tauchte ich im März 1995 aus meinem eigenen tiefen Winter auf: einer Depression, nach der ich nun unstet am Rande des Abgrunds schwebte, ständig davon bedroht, wieder zurückzutaumeln.

Meine Gedanken drehten sich um Begriffe wie »jahreszeitlich bedingte affektive Störung«, »existenzielle Depression« und »Melancholie«, die alle als mögliche Diagnosen für meinen Zustand im Gespräch waren. Psychopharmaka, Elektroschocktherapie und Verhaltenstherapie waren als mögliche Behandlungen diskutiert worden. Ich hatte die meisten ausprobiert, doch nichts hatte mir geholfen. Nun ging es mir etwas besser, ich kämmte mein Haar und schminkte mir gelegentlich die Lippen in verrückten, blutroten Farben, zu dunkel für meine blonden Haare und meine helle Haut. Und ich drohte nicht länger damit, mir das Leben zu nehmen.

Dennoch fand ich nirgendwo die Antworten, nach denen ich suchte. Warum sind wir hier? Welchen Sinn hat unsere Existenz, wenn das Leben unvermeidlich Leiden beinhaltet? Warum wird die Welt immer kälter und gewalttätiger? Gibt es einen Gott? Warum hat er uns diesen materiellen Körper gegeben, in dem wir uns verlieren, der uns ablenkt und unseren göttlichen Geist behindert? Fleisch und Geist erscheinen mir wie eine seltsame Ehe. Ich sehnte mich danach, das eine abzuwerfen und als das andere aufzusteigen, wenn es denn einen Gott gab, und wenn er mich haben wollte.

»Ich denke, Sie haben die klassische Künstlerkrankheit«, sagte mein Therapeut eines Tages. »Virginia Woolf, Ernest Hemingway, William Styron. Es hat sie alle erwischt.«

Ich nickte, aber es war mir egal. »Ich muß die Sonne auf meinen Schultern spüren«, sagte ich ihm.

Mitte März schwappte eine Grippewelle über den Campus der Universität, wo ich Botengänge erledigte, Artikel fotokopierte und sonstige Hilfsarbeiten erledigte, um damit mein Leben als Schriftstellerin zu finanzieren. In meinem psychisch und körperlich geschwächten Zustand wurde ich ein Opfer des Virus. Eine Woche glühte ich vor Fieber, das schließlich fünf Tage lang nicht unter 39,5 Grad sank. Nachdem er durch den Kampf gegen meine andere Krankheit bereits ausgelaugt und in großer Sorge war, drängte mich mein Partner, ins Krankenhaus zu gehen. Ich weigerte mich. Um ihn zu beschwichtigen, trank ich die heiße Brühe, die er mir anbot, und schaufelte noch mehr Aspirin in mich hinein, während ich ihm versicherte, es gehe mir schon besser.

Insgeheim glaubte ich, meine Gebete seien erhört worden. Es *gab* einen Gott, der mich haben wollte, und er würde mich bestimmt so sterben lassen, daß sich niemand Vorwürfe machen mußte. In hellsichtigen Träumen konnte ich bereits spüren, wie mein Geist den Körper verließ, paradoxerweise durch einen physikalischen Vorgang vom physischen getrennt wurde: Das brennende Fieber ließ mich frei über meinem schlafenden Körper schweben, während ich mich langsam von der traurigen Frau im Bett unter mir verabschiedete.

Als ich an jenem fünften Abend des Fiebers ins Bad gehen wollte, wurde ich ohnmächtig. In der kurzen Zeit, die es dauerte, bis mein Partner meinen bewußtlosen Körper entdeckte, fand ich mich selbst am Grunde eines hohen, sanft ansteigenden Erdhügels wieder. Ich wußte, daß ich den Abhang hinaufklettern mußte, um die Öffnung zu erreichen, die ich auf dem Gipfel sehen konnte… doch dann hielt ich mir die Hand vor den Mund und blickte verlegen und lachend nach unten.

Die Öffnung hatte die Form einer Vagina, und ich zögerte, in die Gebärmutter einer anderen Frau einzudringen. Gleichwohl fühlte ich mich dazu gedrängt, und so machte ich einen Schritt nach oben, um mich plötzlich im Eingang zur Gebärmutter wiederzufinden. Der Platz reichte gerade aus, daß ich in dieser fleischigen Pforte stehen konnte, die sich, wie ich jetzt sah, in eine neue Dimension öffnete.

Dort hindurch, irgendwo Welten entfernt, gab es ein warmes Licht, das halb hinter einem Horizont verborgen war. War es der Sonnenaufgang oder der Sonnenuntergang? Ich konnte es nicht sagen. Als ich meinen Arm und mein Bein aus der Pforte, in der ich stand, herausschwang, verloren sie alle Masse und jedes Gewicht und schwebten frei. Die Zeit fiel von mir ab. Ich kicherte, während ich beobachtete, wie Lichtpunkte an mir vorbei in die alte Welt flogen, deren eigenes Lachen ich als hohe, musikalische Schwingung in meinem Ohr wahrnahm. Das warme Licht aus entfernten Welten fiel auf meine Schultern, und ich konnte fühlen, wie seine Weisheit meinen Körper erleuchtete, während ich auf die Welt hinunterstarrte, aus der ich gekommen war.

Dort sah ich die Dinge, wie sie wirklich waren, in einem neuen Licht. Ich sah Sorgen und Probleme, die meine Freunde vor mir verborgen hatten; ich sah die Antworten auf ihre Probleme. Wenn ich ihre Antworten erkennen konnte, war ich dann vielleicht auch fähig, meine eigenen zu finden? Ich wandte mich wieder der neuen Welt zu, spürte die Wärme auf meinem Gesicht und stellte meine Fragen. Ich brauchte sie nicht einmal zu formulieren, sondern die Antworten kamen ganz einfach.

»Es gibt das Böse in der Welt.«

Ich drehte mich um und sah dunkle Flecken, die wie schwarzer Pfeffer über die Landschaft verstreut waren. Ich sah sie zu einer Masse zusammengerollt vor dem Tor, durch das sie nicht hindurchgelangen konnten. Dann sah ich, wie Lichtpunkte diese schwarzen Flecken berührten und sie dabei verwandelten, so daß ihre Farbe weiß wurde.

»Dein Körper ist eine Lektion.«

Und ich erkannte, wie die Not meiner materiellen Existenz zum Motor des Wachstums in meinem Leben wurde. Ich sah, wie meine Kraft und mein Gewahrsein allmählich Fortschritte machten.

So kamen die Antworten eine nach der anderen.

Als ich mich während der folgenden Tage zu erholen begann, dachte ich voller Staunen und Entzücken über diesen Traum nach. Ich war mir absolut sicher, daß ich Dinge wußte, die ich vorher nicht gewußt hatte. Ich hatte alles bekommen, worum ich gebeten hatte. Dann schälte sich eines Morgens unter der Dusche meine Haut in langen, durchsichtigen Streifen vom Körper – wahrscheinlich eine Folge des langanhaltenden Fiebers. Ich empfand auch dies als einen Segen, eine Verwandlung, eine symbolische Antwort auf meine Sehnsucht, mein körperliches Selbst abzustreifen, damit mein Geist aufsteigen konnte.

In den folgenden Wochen besuchte ich meine Freunde, um ihnen zu erzählen, was ich gesehen hatte, und ihnen Lösungen für ihre Probleme anzubieten, von deren Existenz ich vorher keine Ahnung gehabt hatte. »Wie konntest du das wissen?« fragten sie, denn sie glaubten, sie hätten ihre Geheimnisse sorgfältig gehütet. Zögernd und ein wenig verlegen erzählte ich ihnen von meinem Traum. »Es war kein Traum«, sagten mir einige von ihnen: »Es war eine Vision.«

Wenn ich heute an dieses Erlebnis zurückdenke, ist es für mich die Nacht, in der mein altes Ich starb, meine Feuertaufe. Ich habe genug über das Thema gelesen und genug Therapien mitgemacht, um zu wissen, daß die Experten sagen würden, mein hohes Fieber habe zu Halluzinationen geführt, mein Unterbewußtsein habe meinem Bewußtsein lediglich die subtilen Informationen enthüllt, die es im Laufe der Monate und Jahre unterdrückt hatte. Sie würden sagen, daß es mir Dinge erzählte, die ich bereits wußte.

Vielleicht. Doch im letzten Herbst, der Jahreszeit, die immer meine größeren Depressionen angekündigt hatte, wartete ich gespannt darauf, ob es mir wirklich besser ging. Ich wartete darauf, daß der Rabe sich auf meinen Kopf hockte, seine schwarzen Flügel vor meinen Augen ausbreitete und mir die unvermeidliche Dunkelheit brachte. Doch er kam nicht. Statt dessen arbeitete ich, schrieb wieder, lachte, lebte einen Tag nach dem anderen im Licht und blinzelte wie ein runzliges, rosiges Neugeborenes, das zum ersten Mal seine Augen öffnet.

Mitten bei der Arbeit, während ich für einen Essay recherchierte, stolperte ich über ein Gemälde von Cecil Collins aus dem Jahre 1937, das den Titel »Die Freude der Welten« trug. Es zeigt einen nackten Pilger mit einem Heiligenschein um den Kopf im Eingang zu einer Gebärmutter. Auf der anderen Seite der Welt schweben weiße Lichter vorüber. Ich erinnere mich, daß ich atemlos nach meinem Partner rief, um ihm zu zeigen, daß bereits vor mir jemand dasselbe gesehen hatte wie ich.

Wenn ich heute dieses Bild betrachte, kann ich die hohen, musikalischen Schwingungen des Lichts fast hören, und meine Arme und Beine fühlen sich wieder schwerelos an. Ich wollte an Cecil Collins schreiben und ihm Fragen über das Bild stellen. Doch leider mußte ich feststellen, daß er 1989 gestorben war. Aber ich rede trotzdem mit ihm. Denn ich bin überzeugt, daß er mich auf der anderen Seite hören kann. Hatten Sie dieselbe Vision wie ich, Mr. Collins? Haben Sie, wie so viele von uns, an der Künstlerkrankheit gelitten? Und ich lache, weil es keine Rolle spielt, daß die Lektionen, die wir zu lernen haben, uns leiden lassen. Das Leiden ist so vorübergehend wie unser körperliches Dasein.

Oft gehe ich nun hinaus, angetrieben von aufkeimender Hoffnung und Gewißheit, um Zeuge jenes Phänomens zu werden, das in unserer Welt jenem strahlenden Licht am nächsten kommt – der Sonnenaufgang. Oder ist es der Sonnenuntergang? Das Alpha? Oder das Omega?

Deborah Chenault

Weihnachten in der Oase

Ich hatte das Gefühl, bald völlig ausgebrannt zu sein. Ich fühlte mich körperlich und emotional ausgelaugt, und mir wurde plötzlich klar, daß ich seit etwa drei Jahren ohne Pause durchgearbeitet hatte. Wenn ich mir nicht bald eine echte Erholung gönnen würde, so dachte ich, würde ich meine Gesundheit aufs Spiel setzen.

Ich beschloß, in die Wüste zu fahren, wo es eine kleine Quelle gab, von der ich schon seit Jahren gehört hatte. Es war ein kleiner idyllischer Ort, der wegen der Heilkraft seines Wassers bekannt war.

Die ersten paar Tage verbrachte ich schweigend und redete nur, wenn es absolut notwendig war. Ich verbrachte meine Zeit in den heißen Quellen, ließ mich massieren, aß nahrhafte Speisen, las einige spirituelle Bücher und schlief in meiner kleinen Hütte.

Jeden Tag meditierte ich am frühen Morgen und späten Nachmittag. An meinem letzten Abend beschloß ich, mir zusätzlich zu meiner üblichen Mantra-Meditation eine Meditationskassette anzuhören. Innerhalb weniger Sekunden, nachdem ich meine Augen geschlossen hatte, geschah etwas sehr Merkwürdiges.

Ich sah ein sehr großes weißes Kaninchen in der Nähe meiner Füße sitzen. Sobald ich es bemerkt hatte, hüpfte es durch einen wunderschönen Wald mit hohen, exotischen Bäumen davon. Als ich ihm folgte, hüpfte es schneller und schneller. Bald rannte ich, um auf gleicher Höhe mit ihm zu bleiben, und bevor ich es recht wußte, flog ich durch die Luft. Ich folgte dem Kaninchen bis an den Rand des Waldes, wo es verschwand – und ich flog weiter.

Vor mir erhob sich ein schneebedeckter Berg. Dort floß ein Bach herunter, neben dem sich eine kleine hölzerne Plattform befand. Ich landete auf der Plattform und stand plötzlich einem Mönch gegenüber, der ein burgunderrotes Gewand trug.

Er war ein freundlicher, mitfühlender Mann. Er dankte mir, daß ich mir die Zeit genommen hatte, ihn zu besuchen. Ich erinnere mich nicht mehr an alles, was er sagte. Nach einer Weile erklärte er mir, es sei nun Zeit für mich, meine Reise fortzusetzen.

Und wieder flog ich durch die Luft auf einen anderen Berg zu. Er war grün und tropisch mit felsigen Gipfeln. Ich bemerkte einen kleinen goldenen Tempel neben einem Wasserfall. Ich landete vor der Tür des Tempels und ging hinein.

Drinnen war es ziemlich dunkel, aber durch ein Dachfenster fiel Licht auf eine riesige Orchidee in der Mitte des Raumes. Während ich dort stand und versuchte, mich zurechtzufinden, kam eine ältere Frau mit sehr langen grauen Haaren hinter der Orchidee hervor und ging auf mich zu. Ich sah sie an und erkannte, daß sie mein sehr viel älteres Ich war.

Im selben Moment kam hinter ihren Röcken ein kleines Mädchen hervor. Sie war mein Ich im Alter von drei Jahren. Sie trug ein schwarz-weiß getupftes Partykleid und pinkfarbene Schnallenschuhe.

Beide umarmten mich, dankten mir für mein Kommen und lobten mich, weil ich mir trotz meiner vielen Termine die nötige Zeit genommen hatte, um mich zu erholen und zu erneuern. Beide schienen sich zu freuen, daß ich da war, und ich genoß die Liebe, die sie verströmten.

Dann sagte die alte Frau, es sei Zeit für mich zu gehen. Sie zeigte mir eine Tür auf der Rückseite des Tempels und sagte mir, wenn ich bereit sei, solle ich diese Tür öffnen und hindurchgehen. Es war ziemlich dunkel. Ich schloß meine Augen, öffnete die Tür und machte einen großenSchritt nach vorn. Als ich festen Boden unter meinem Fuß spürte, öffnete ich die Augen wieder.

Ich brauchte eine Minute, um es herauszufinden, aber es gab keinen Zweifel, daß ich in der Mitte eines riesigen Weihnachtsbaumes stand. Überall um mich herum sah ich funkelnde Lichter und Weihnachtsschmuck, an den ich mich sofort erinnerte, weil ich ihn als Kind bei anderen Leuten gesehen hatte (wir waren Juden und hatten keinen Weihnachtsbaum). Und direkt vor mir saß der Nikolaus auf einem riesigen geschmückten Stuhl.

Er winkte mir, näher zu kommen und mich auf seinen Schoß zu setzen. Ich ging hinüber, setzte mich und legte meine Arme um seinen Hals. Als ich sein Gesicht betrachtete, fielen mir seine Augen und Augenbrauen auf, und mir wurde klar, daß ich in meine eigenen Augen blickte. Dann fragte er mich, was ich mir zu Weihnachten wünschte, und ich begann sofort, eine lange Liste von Dingen aufzuzählen, die ich mir immer schon gewünscht hatte.

»Du sollst das alles haben.«

In diesem Moment bemerkte ich ein großes Kreuz aus weißem Licht, das von der Spitze des Baumes herabkam. Als es etwa auf Schulterhöhe schwebte, nahm ich meinen Arm vom Hals des Nikolaus und legte ihn um das Kreuz. Das Kreuz hob mich nun langsam höher und höher und höher … durch die Spitze des Baumes und hinauf in den Nachthimmel.

Während wir über den mitternächtlichen Himmel flogen, verwandelte sich das Kreuz in Jesus, und plötzlich lag ich in Jesu Armen, und er flog mit mir über den Himmel. Ich blickte in seine Augen und sagte: »Es ist also wahr. Es gibt dich wirklich. Du bist Wirklichkeit.«

Jesus sah mich unglaublich liebevoll an und lächelte nur.

Einen Moment später fand ich mich auf meinem Stuhl in meiner Hütte wieder.

Arielle Ford

Die Medizinfrau

Vor einigen Jahren steckten meine Freundin Andrea und ich mitten in einer meiner Lieblingsübungen. Ich nenne sie »in die Seele blicken«: Man sieht einander für eine scheinbare Ewigkeit nur wortlos in die Augen und beobachtet die Gefühle, Gedanken und Bilder, die dabei auftauchen.

Irgendwann während dieser kleinen Ewigkeit überkam mich eine starke Erinnerung, daß ich Andrea aus einem anderen Leben kannte. Sie war die geachtete Medizinfrau unseres Indianerstammes, und ich war ein schüchterner und ehrfürchtiger junger Krieger. Sie war furchterregend und allmächtig. Ich war ehrfürchtig und hatte Angst vor ihr.

Während die Erinnerungen Gestalt annahmen, wurde mein Blick in Andreas Augen immer durchdringender. Ich wußte, daß sie sehen konnte, was ich sah, und ich begann, mich zu fürchten und sehr klein zu fühlen. Es war Zeit, die Übung zu beenden. Im nächsten Moment befanden wir uns wieder in meinem Wohnzimmer, sicher in vertrauter Umgebung.

Ich erzählte ihr, was ich gesehen hatte. »Andrea, ich war ein junger indianischer Krieger, und du warst … die Frau des Häuptlings.«

Ja, ich sagte ihr wirklich, sie sei die Frau des Häuptlings gewesen, denn in diesem Moment wollte ich nicht, daß sie mächtiger wirkte als ich. Als Antwort blickte sie mir unerschrocken in die Augen und sagte: »Nein, das stimmt nicht. Ich war die Medizinfrau.«

Carl Studna

Einweihung

Als ich Ende Zwanzig war und auf der Suche nach mir selbst einige weite Reisen unternommen hatte, besuchte ich meine Familie zu Hause. Ich konnte etwa eine Woche in der Behaglichkeit dieser so vertrauten Umgebung ausruhen.

Als ich mich am ersten Abend in mein ehemaliges Schlafzimmer zurückgezogen hatte, beobachtete ich, wie das blasser werdende Sonnenlicht sich langsam über die Wände bewegte und dachte daran, wie viele Träume mir früher an diesem sicheren Ort erschienen waren. Dann hatte ich das Bedürfnis, meine Augen zu schließen und mit der Meditation zu beginnen, so wie ich es regelmäßig bei Sonnenuntergang tat.

Während sich mein Körper in der kühlenden Dunkelheit entspannte, spürte ich, wie die tiefe Müdigkeit und die Anstrengungen der langen Reise und Suche allmählich von mir abfielen und mir aus allen Poren sickerten. Als ich tiefer und tiefer in mein Inneres eintauchte, spürte ich, wie Gedanken hin und wieder kurz aufflackerten und wieder verschwanden. Mit jedem Atemzug schmolzen die Einschränkungen, Befürchtungen, Sorgen, Ängste, Kopfschmerzen und Enttäuschungen dahin und machten Platz für den vertrauten Frieden und die Stille, in der alles von neuem beginnt.

Wenn ich heute daran zurückdenke, kann ich mich nicht mehr genau erinnern, wie das Folgende begann. Ich weiß nur noch, daß ich zu diesem Zeitpunkt schweigend meditierte. Dann hatte ich plötzlich das Gefühl, als würde ich mich durch die Luft bewegen und mit dem Kopf voraus und den Armen seitlich am Körper immer schneller fliegen.

Meine Wahrnehmung war völlig von der Sonne vor mir

gefangengenommen, die mich anzog, als sei ihre Sehnsucht auch meine. Ich empfand keine Furcht, während mein ganzes Sein mit enormer Geschwindigkeit zum Himmel emporstieg und den weiten Weg zum Mittelpunkt der Sonne zurücklegte. Mein Herz und das Herz der Sonne waren eins, während meine Sehnsucht mich zu diesem Segen hinzog: dem Sonnentor.

Instinktiv wußte ich, daß dies die Pforte zu Erkenntnis und Reinigung war. Und während ich die Sonne durchbrach, spürte ich, wie sich die Welten in alle Richtungen ausdehnten, immer weiter und weiter – Welten, die ich nie gekannt hatte –, und erneut umgab mich Frieden.

Ich stand auf der Oberfläche eines kühlen, silbernen Planeten, leer und still wie die Oberfläche des Mondes. Ich hatte das Gefühl, als sei ich genau dort, wo ich sein sollte, genau zur rechten Zeit.

Fast sofort spürte ich mehr, als ich sah, wie eine einzelne Gestalt aus großer Entfernung vom Horizont her durch das Halbdunkel auf mich zukam. Wie angewurzelt stand ich wartend da, denn ich hatte keine Ahnung, was für ein Wesen das war oder was ich sonst hätte tun sollen, denn ich hätte nirgendwo anders hingehen können.

Angestrengt starrte ich hinaus, bis ich schließlich die Umrisse eines Mannes erkannte, der immer näher kam, doch nun auch etwas ängstlich schien und wohl ebenfalls zu erkennen versuchte, wer ich war. Als ich sein Gesicht und seine Augen im sanften Zwielicht sehen konnte, stellte ich überrascht fest, daß er mein zweites *Ich* war – und ich wußte, daß er zur selben Zeit dasselbe dachte wie ich und mich erkannte, so wie ich ihn!

In diesem Augenblick des Erkennens wurde ich von Emotionen überwältigt. Mitgefühl stieg in mir auf, und unsere

Herzen verschmolzen und vereinigten sich. Ich wußte, daß ich nun vollständig war. Liebe strömte durch jeden Teil von mir, und ich konnte mich so annehmen, wie ich war.

Als mein Bewußtsein in den Raum zurückkehrte, in dem ich saß, strömten mir Freudentränen über die Wangen. Und als ich meine Augen öffnete, wußte ich, daß mit mir etwas sehr Tiefgründiges geschehen war und ich nie wieder so sein würde wie zuvor. Ich hatte mich verwandelt – nicht in einen anderen Menschen, sondern ich hatte mich selbst klarer erkannt.

Ich hatte das Gefühl, als habe etwas, was in meinem Erbgut verschlüsselt war, zu einem vorherbestimmten Zeitpunkt ein Erwachen ermöglicht, so wie sich aus einer Puppe ein Schmetterling entwickelt. Ich fühlte mich mehr denn je als Teil der menschlichen Rasse: Da ich mich nun selbst kannte, wie ich mich noch nie gekannt hatte, wußte ich auch, was Mitgefühl war. Und ich sah, daß mein Leben mich in vielfältiger Weise auf dieses Ereignis vorbereitet hatte. Nun weiß ich, daß jede Entscheidung uns der nächsten Einweihung näherbringt, die zu einem Zeitpunkt stattfindet, den niemand im voraus kennt.

Brent BecVar

Von Herz zu Herz

Ich reiste mit einem guten Freund durch Zentralkalifornien, und wir aßen in einem meiner Lieblingsrestaurants in San Luis Obispo zu Mittag. Über unserem Tisch hing ein Gemälde, auf dem Jesus dargestellt war, wie er eine Zigarette rauchte, passend betitelt als »rauchender Jesus«. Angeregt durch dieses köstlich gotteslästerliche Bild lachten wir herzlich, doch bald darauf führten wir ein intimes Gespräch über die Bedeutung, die Jesus Christus in unserem Leben hatte.

Ich erzählte meinem Freund, ich hätte keine Beziehung zu Christus, weil ich im jüdischen Glauben erzogen worden sei, und ich fragte ihn, wie es bei ihm sei. Sein Blick wurde verträumt, und er sagte lächelnd: »Das gehört zu meinen schönsten Erfahrungen.« Ich dachte einen Augenblick nach und sagte dann: »Nun ... ich wäre offen für eine Beziehung zu Christus.«

Unsere Reise endete ein paar Tage später mit einer schlimmen Nachricht. Meine Cousine und ihr Mann hatten einen entsetzlichen Autounfall gehabt. Meine Cousine, im sechsten Monat schwanger, war lebensgefährlich verletzt. Ihr Mann war bei dem Unfall getötet worden. Ich fühlte mich von Trauer überwältigt, und mein Freund bot an, über Nacht bei mir zu bleiben, aber ich mußte allein sein. Ich ging heim, zündete alle Kerzen im Haus an und betete während der ganzen Nacht für meine Cousine, ihren verstorbenen Mann und ihr ungeborenes Kind. Während ich betete, tauchten die Gesichter all meiner Lieben vor meinen Augen auf, und ich betete auch für jeden von ihnen. Dann ging ich zu Bett und schlief bald ein.

Das nächste, woran ich mich erinnere, war, daß Jesus strahlend vor mir stand. Seine Erscheinung war so wunderschön, daß mir der Atem stockte. Er hatte dunkle Augen und Haare, und nicht etwa blaue Augen und hellbraune Haare wie auf vielen Bildern.

Ohne zu zögern ging ich zu ihm hin und stellte meine Füße einen nach dem anderen auf seine, so wie sich Kinder auf die Füße der Erwachsenen stellen, um mit ihnen zu tanzen. Das brachte unsere Herzen auf gleiche Höhe. Ich drückte meinen Körper an seinen, Brust an Brust, und spürte, wie sich sein Herz in meines öffnete.

Im selben Moment durchflutete mich die überwältigendste Liebe, die ich nur als allumfassendes Licht und Glückseligkeit beschreiben kann. Durch Wellen der Ekstase konnte ich spüren, wie der Körper Jesu meinen Körper berührte, während ich meine Arme um seine Schultern gelegt hatte.

Es kam mir so vor, als hätte ich keinen eigenen Willen und keine eigene Kraft, doch ich hielt mich an ihm fest. Ich wußte nur, daß dieses Öffnen meines Herzens, dieses Verschmelzen, dieser Verlust meines Selbst angenehmer als alles war, was ich je erlebt hatte.

Jesus begann, rückwärts zu gehen, und ich, immer noch auf seinen Füßen stehend, ging mit ihm. Doch er bewegte sich von mir fort und machte mir mit seinen Augen deutlich, daß es Zeit für ihn war, weiterzuziehen, um seine Arbeit fortzusetzen. Wahrscheinlich hätte ich dankbar sein sollen, daß er überhaupt zu mir gekommen war, doch statt dessen geriet ich in Panik. Ich spürte, wie sich mein Magen verkrampfte und mir Tränen in die Augen stiegen. Ich klammerte mich fester an ihn und sagte: »Jetzt, da ich diese Liebe kennengelernt habe, kannst du mich nicht ohne sie zurücklassen!«

Mit einem ruhigen und besänftigenden Ausdruck auf dem Gesicht entfernte sich Jesus immer weiter von mir. Doch ich fühlte mich nicht beruhigt. Wie ein Kind voller Verlassenheitsängste bettelte ich, er solle bleiben. Während ich mich an ihn klammerte, verwandelten sich meine Tränen in Schluchzen, und aus dem Schluchzen wurde ein Heulen. »Geh nicht fort! Nimm mich mit. Bitte geh nicht!« Die grenzenlose Freude, die ich nur wenige Augenblicke zuvor empfunden hatte, war nun zu unaussprechlicher Qual geworden.

Und dann ... ganz plötzlich, war ich wach.

Das erste, was mir bewußt wurde, war mein Atem, und dann meine Hände, die über meinem Herzen gefaltet waren. Die Qual war vergangen. Ich hatte meinen Frieden gefunden.

Dann spürte ich, wie sich etwas regte. Es kam von einem Platz unter meinen Händen. Es war mein Herz, und es wurde von einer Energie belebt, die ich nie zuvor gekannt hatte, an die ich mich seitdem jedoch gewöhnt habe. Ich erkannte diese Energie als Liebe: mitfühlende, bedingungslose, unmißverständliche Liebe! Und sie begleitet mich nun jeden Tag, nicht nur, wenn ein Wunder oder eine Tragödie geschieht. Sie taucht nicht nur auf, wenn ich mich jemandem zugehörig fühle, und sie verschwindet nicht, wenn ich von meinen Lieben getrennt bin. Sie ist nichts, was ich mir verdienen müßte.

So bin ich zwar nicht bekehrt worden, und ich lese nicht die Bibel, aber ich weiß jetzt, daß ich in etwas eingeweiht worden bin, das man als »Christus-Bewußtsein« bezeichnet. Nach siebenunddreißig Jahren auf diesem Planeten kann ich ehrlich sagen: »Danke, Jesus.«

Meine Cousine hat den Unfall überlebt und sich körperlich erholt. Im Laufe der Zeit und durch die Liebe und Unterstützung von Familienangehörigen, Freunden, dem Rabbi und Selbsthilfegruppen lernte sie wieder zu leben und zu lieben. Sie hat ihr Kind mit ihrem Geliebten zusammen begraben. Ihre kleine Tochter wurde auf seine Brust gelegt, eingehüllt von seinen Armen – so bleiben ihre beiden Herzen auf ewig verbunden.

Madelaine Roig

Nichts ist wirklich wichtig

An jenem Abend hatte ich Streit mit meiner Frau. Ich weiß nicht mehr, worum es ging, wahrscheinlich irgendeine unwichtige Kleinigkeit wie die Frage, wer nun dran war, den Müll rauszutragen. Unsere Meinungsverschiedenheiten drehten sich immer um solche Albernheiten.

Ich ging früh zu Bett – und zwar alleine. Meine Frau blieb im Wohnzimmer und saß eisig schweigend vor dem Fernseher. Ich haßte dieses Gefühl der Trennung und Disharmonie, doch ich wußte nicht, wie ich die Ereignisse in meinem Leben, die dazu führten, verhindern sollte. Mein Magengeschwür machte sich wieder bemerkbar, und so begab ich mich vor dem Einschlafen noch ins Bad, um etwas dagegen einzunehmen. Während ich am Wohnzimmer vorbei ging, dachte ich daran, mich bei meiner Frau zu entschuldigen, aber irgend etwas ließ mich nicht nachgeben. Statt dessen begann ich, mir meine Argumente für den nächsten Morgen zurechtzulegen. Mir waren schon ein paar Dinge eingefallen, die ich heute abend hätte sagen können, aber nicht gesagt hatte …

Wieder im Bett, schlug ich auf das Kissen ein. Erschöpft, frustriert und ziemlich erregt darüber, daß wir diesen Abend wieder einmal mit Zank und Streit verschwendet hatten, rief ich stumm aus: »Warum können wir nicht einfach glücklich sein?«

Ich warf mich noch ein wenig hin und her und war dann plötzlich eingeschlafen, als hätte jemand an einem Schalter gedreht. Ich weiß noch, daß ich an der Schwelle zum Einschlafen vage dachte, dies würde der tiefste Schlaf meines Lebens werden.

Es hätte viele Stunden oder auch nur Minuten später sein können, als ich plötzlich aufwachte, weil ich das überwältigende Gefühl hatte, ich würde aus dem Bett fallen... *aufwärts*. Das ist die einzige Art, wie ich es beschreiben kann.

Atemlos, mit klopfendem Herzen, öffnete ich meine Augen – und all meine Panik schmolz dahin. Ich weiß nicht warum. Sie war einfach weg, und ich war erfüllt von einer Gewißheit, daß alles absolut in Ordnung war. Ich empfand vollständigen Frieden – sogar, als ich irgendwo in der Nähe der Decke schwebte und *auf meinen Körper hinabsah*.

Da lag ich also schlafend auf dem Bett... aber der Teil von mir, den ich als »ich« empfand, war nicht in jenem Körper. Ich war reine Gedankenkraft, reines Bewußtsein. Ich war ein Gewahrsein, nicht ein körperliches Wesen – und ich erkannte im selben Moment, daß ich das immer gewesen war.

Als ich hinabblickte, sah ich dort einen Klumpen Fleisch, der mir sehr ähnlich, und doch auf seltsame Weise so ganz anders war als ich. Ähnlich wie ein Leichnam so aussieht und doch nicht so aussieht wie der lebendige Mensch, der er einmal war. Ich empfand große Traurigkeit, als ich über meinen Körper nachdachte, der so begrenzend, so unglaublich einschränkend, gebunden und schwer war. Ich konnte mir einfach nicht vorstellen, wie irgend jemand – am wenigsten mein innerstes Selbst – im Gefängnis einer solchen Hülle existieren konnte. Eins wußte ich mit Sicherheit. *In diesem Augenblick war dort niemand gefangen!*

Als ich das erkannte, wurde ich mit einem geräuschlosen »Husch« aus dem Zimmer geschleudert – direkt rückwärts durch die Decke nach draußen gezogen. Ich raste in wahnsinnigem Tempo durch einen dunklen Tunnel. Dann »knallte« ich abrupt in einen Raum voll außerordentlicher

Wunder. Billionen winziger Teilchen tanzten hier vor mir, strahlend, schimmernd und in leuchtenden Farben pulsierend. Einige waren blau, andere rot und wieder andere grün… aber es waren keine normalen Farben, sondern die tiefsten Blautöne, die intensivsten Rottöne und das stärkste Smaragdgrün, und meine Augen füllten sich bei ihrem Anblick mit Tränen, denn ich bin eigentlich farbenblind.

Wenn ich nun sage, daß sich meine Augen mit Tränen füllten, so meine ich damit ein Gefühl, nicht die Wirklichkeit. In Wirklichkeit hatte ich weder Augen noch Hände noch Füße noch überhaupt irgendwelche Körperteile. Aber es fühlte sich so an, als hätte ich Augen. Und wenn ich nach etwas »greifen« wollte, fühlte es sich so an, als hätte ich Hände. Ich weiß das, weil ich versuchte, nach einem der schimmernden Teilchen zu greifen. Es war so, als würde man unsichtbare Hände ausstrecken oder mit seinen Gedanken nach etwas greifen.

Ich wollte diese unglaublich schimmernden Farbteilchen berühren und festhalten. Aber es ging nicht. Jedesmal, wenn ich versuchte, eins davon zu berühren, bewegte es sich weg und auf verlockende Weise aus meiner Reichweite. Ich konnte nur ehrfürchtig beobachten, wie diese zahllosen Lichtteilchen vor mir tanzten und vibrierten. Und erst in diesem Moment sah ich etwas, was mir vorher entgangen war. Sie veränderten ständig ihre Farbe und Form.

All diese »Teilchen« waren miteinander verbunden wie die Teile eines Puzzles. Und nun veränderte jedes von ihnen willentlich seine Form und Größe und Farbe. Und währenddessen taten die mit ihm verbundenen Teilchen dasselbe in einem stummen Chor ständiger Anpassung. Daraus entstand ein atemberaubendes Mosaik aus pulsierenden, schimmernden, ständig wechselnden Farben und Formen, das sich in alle Richtungen so weit erstreckte, wie ich sehen konnte.

Ich selbst fand mich buchstäblich in der Mitte all dessen. Und irgendwie wußte ich dann, was ich sah: Es war das Leben. Das Rohmaterial des Lebens selbst. Ich sah alles, was existiert, in seiner submolekularen Form. Ich sah reine Energie. Die Kraft des Universums. Die Quelle. Die Macht. Ursache und Wirkung.

»Wie einfach«, dachte ich. »So einfach und von unglaublicher Eleganz.« Und nun wollte ich mehr denn je näher herankommen. Ich bewegte mich vorwärts, doch erneut entzogen sich die Teilchen. Ich bewegte mich auf und ab, nach rechts und nach links, und mit jeder Bewegung bewegten auch sie sich. Es gelang mir nicht, näher heranzukommen.

Dann verstand ich blitzartig den Grund dafür – und er erschien mir so offensichtlich, daß ich staunte, warum ich ihn nicht schon vorher entdeckt hatte. Ich konnte an die Teilchen nicht näher herankommen, weil ich mit ihnen identisch war. Wenn ich mich bewegte, bewegten sie sich auch. Natürlich: Man kann seiner Nase nicht näher kommen, indem man seine Augen bewegt.

Dann war mir auch klar, daß ich dieses Mosaik, dieses Muster, nicht von außen betrachtete, sondern tief von innen heraus. Ich war das Muster, und das Muster war ich. Ich betrachtete den Rest von mir.

Gerade als mir diese Erkenntnis dämmerte, veränderte sich meine Umgebung. Es war so, als wüßte irgend etwas oder irgend jemand, daß ich den Zusammenhang eben verstanden hatte, und so veränderte sich das Erlebnis. Plötzlich wurde alles dunkel. Ich spürte, daß ich mich in einem Vakuum befand, in dem es außer mir nichts gab. Und dann, im nächsten Moment, fühlte ich mich... das einzige Wort, das meinem Empfinden nahekommt, ist »umarmt«. Ich fühlte mich gehalten, umarmt, eingetaucht in ein Gefühl vollkommener Akzeptanz und vollkommener Liebe.

Anfangs war da nur diese Wärme; dann wurde daraus Licht. Ich schien in einem leeren Niemandsland zu schweben, umgeben von einem eiförmigen Kokon aus dem sanftesten, wärmsten Licht. Die Empfindungen von Liebe und Akzeptanz waren überwältigend, und ich senkte meinen »Kopf« voller Ehrfurcht... und Scham. Und wieder weinte ich, diesmal nicht vor Freude, sondern vor Traurigkeit.

»Ich verdiene das nicht«, sagte ich mit meinen Gedanken. »Nein, nicht ich. Nicht mit all den dunklen Flecken auf meiner Seele. Dieses Geschenk steht einem anderen zu. Jemandem, der weitaus besser und perfekter ist als ich.« Dann hörte ich eine Stimme, die tiefste, wohlklingendste, sanfteste Stimme, die ich je gehört hatte. Eine tonlose Stimme, die ich überhaupt nicht »hörte«, sondern erlebte. Sie sagte sanft und unendlich freundlich, mit vollkommenem Mitgefühl und tiefstem Verständnis:

»Du bist mein Geliebter. Und du bist perfekt, so wie du bist. In diesem Augenblick und in dieser Gestalt, und in jedem Augenblick und in jeder Gestalt sehe ich nur das, was gut, was rein ist, was erlesen ist. Du bist mein Geliebter, und ich empfinde nur Liebe für dich. Ich werde nie irgend etwas anderes empfinden. Ich werde dich nie auf andere Weise betrachten. Du bist sicher, jetzt und für alle Zeit. Jetzt... und für alle Zeit.«

Und noch einmal weinte ich, diesmal aus Erleichterung über das tiefe Wissen. Was mir gesagt worden war, entsprach der Wahrheit. Ich wußte das. Ich wußte es in der Tiefe meines Seins, und mein Herz war zum Überfließen voll.

Erneut veränderte sich die Szene wieder in dem Moment,

in dem ich verstanden hatte. Mir wurde noch ein weiteres Erlebnis zuteil, eine weitere Wahrnehmung, bevor ich in meinen Körper zurückkehren mußte.

Ich fand mich vor einem riesigen Buch wieder, dem größten, das ich je gesehen hatte. Jede Seite war dünn wie ein Zwiebelhäutchen, und das Buch bestand aus Millionen von Seiten.

Während ich vor dem Buch stand, sprach die tonlose Stimme erneut: »Okay«, sagte sie. »In Ordnung. Du hast dich so lange schon nach Erkenntnis gesehnt, nach wirklichem Verständnis. Deine Suche war echt. Dein Verlangen war wahrhaftig und rein. Also gut. Hier ist es. Alles, was es zu wissen gibt.«

Damit öffnete sich das Buch, und seine Seiten wurden langsam umgeblättert, als würde der Atem Gottes selbst sie bewegen. Währenddessen nahm ich den Inhalt der Seiten sofort und vollständig auf. Das alles geschah in einer Nanosekunde, und in dieser Nanosekunde fand ich die Antworten auf alle Fragen, die ich je gestellt hatte – und auch auf Fragen, von denen ich nie geahnt hatte, daß es sie gibt.

Als es vorbei war, sagte ich einfach: *»Natürlich.«* Es war so, als wäre das Offensichtliche endlich auch für mich offensichtlich geworden.

Nun war meine Reise vollständig und endete so schnell, wie sie begonnen hatte. Ich befand mich wieder in meinem Schlafzimmer, zurück in meinem Körper. Ich fühlte mich unglaublich schwer. Es schien unmöglich, mich zu bewegen. Ich spürte, daß meine Frau neben mir lag. Ich hatte keine Ahnung, wie lange sie schon dort war oder wie lange ich »weg« gewesen war. Es schien bedeutungslos.

Ich dachte: »Ich sollte das aufschreiben. Wow, was für ein unglaublicher Traum!« Ich griff nach Papier und Stift, die auf dem Nachttisch neben mir lagen. Ich war schon oft aus einem Traum erwacht und hatte den Wunsch gehabt, ihn aufzuschreiben, aber ich hatte es nie getan. Diesmal würde ich nicht versagen. Es war wichtig, daß ich diesmal notierte, was ich erlebt und gelernt hatte. Und ich glaube, ich wollte beweisen… irgendwie beweisen, daß ich »dort gewesen war«.

Als ich meine Hand zum Nachttisch ausstreckte, kam mir ein Gedanke in den Sinn. Ich hatte nicht den Eindruck, daß es »mein« Gedanke war, sondern daß er von irgendwo anders herkam.

»Du brauchst das nicht aufzuschreiben. Es ist genauso überflüssig, als wolltest du aufschreiben, daß zwei und zwei gleich vier sind. Die Wahrheit braucht nicht bewiesen oder widerlegt zu werden. Du weißt einfach, daß du es weißt.«

Ich stellte fest, daß meine Hand sich nicht bewegen ließ und ich sie auch nicht bewegen wollte. Ich hatte nicht mehr das Bedürfnis oder das Verlangen, irgend etwas aufzuschreiben. Ich zog meinen Arm ins Bett zurück und ließ meinen Kopf auf das Kissen sinken.

Dann hörte ich die tonlose Stimme ein letztes Mal. Sie sagte einfach, still und ruhig:

»Nichts ist wirklich wichtig.«

Ein großer Friede überkam mich. Ich gab nicht nur die Sorge auf, daß ich irgend etwas notieren müßte, sondern überhaupt alle Sorgen. Und ich wußte, daß ich nie wieder Streit mit meiner Frau oder irgendeinem anderen Menschen haben würde. Meine Zeit der Auseinandersetzungen war vorüber. Ich brauchte mich nur noch zu erinnern. In den Momenten, in denen ich mich an das erinnerte, was ich wußte, würde es nie irgendeinen Anlaß zum Streit geben.

Am nächsten Morgen und in den folgenden Tagen und Wochen versuchte ich angestrengt herauszufinden, was das alles für mich bedeutete. Während ich unter der Dusche stand, wußte ich, daß irgend etwas anders war, aber ich hatte keine Ahnung, was. Ich fühlte mich (Junge, wie ich es hasse, dieses Wort zu benutzen) transformiert. Ich fühlte mich »eins« mit dem Wasser – und empfand eine seltsame Liebe zu ihm. Ich fühlte mich auch »eins« mit dem Duschvorhang zu meiner Linken, den Fliesen zu meiner Rechten, den Armaturen vor mir … mit allem.

Während ich dort stand, versuchte ich, mich an meinen Traum zu erinnern. Vor allem versuchte ich, mich daran zu erinnern, was ich in dem Buch gesehen hatte – und mein Bewußtsein wurde erneut von der tonlosen Stimme erfüllt. Sie sagte: »Du sollst dich nicht erinnern.«

Überraschenderweise fühlte ich mich dadurch nicht frustriert. Irgendwie verstand ich: Wenn ich all die Weisheit und die Erkenntnisse, die mir vermittelt worden waren, im Gedächtnis behalten würde, dann wäre ich nicht fähig, damit umzugehen. Mein Verstand würde »durchbrennen«. Die Schaltkreise würden explodieren, oder so ähnlich. Ich wußte das einfach und akzeptierte es.

Aber ich wußte auch, daß ich jederzeit im Leben Antworten bekommen würde, wenn ich sie brauchte. Sie waren mir nicht genommen worden, sondern blieben »gespeichert« und waren bei Bedarf abrufbar. Ich wußte auch, daß es nicht nur mir allein so ging. Ich wußte, daß jeder Mensch Zugang zu diesen Erkenntnissen und dieser Wahrheit hatte, und daß wir alle, wenn wir Antworten brauchten, nur fragen mußten.

Zwölf Jahre später hatte ich Gelegenheit, diese Theorie zu prüfen. Das Ergebnis war eine außerordentliche Serie von

Zwiegesprächen mit derselben tonlosen Stimme. Ich bezeichne diese Zwiegespräche als meinen ganz persönlichen Dialog mit Gott.

Neale Donald Walsch

7

Die andere Seite

Spiritueller Mut

Der Mystiker und Dichter William Blake sagte: »Wenn die Pforten der Wahrnehmung rein wären, würden wir alles sehen, wie es ist, grenzenlos.« Psychologischer Mut beinhaltet eine solche Reinigung der Pforten der Wahrnehmung, damit wir die Dinge so sehen können, wie sie wirklich sind, und nicht durch die verzerrende Linse der Vergangenheit blicken. Je mehr wir uns von Erwartungen reinigen, desto mehr sehen wir die Wirklichkeit, wie sie ist, und desto besser können wir kreativ darauf reagieren.

In jenen Momenten, in denen wir in unserem Leben voll präsent sind – den Augenblicken der Gnade – erleben wir Liebe, Dankbarkeit, Ehrfurcht, Freude, Sicherheit und Mitgefühl. Wir sind frei von Furcht. Wir wissen das, wenn wir in Verzückung geraten angesichts der Schönheit eines Bergpfades oder beim Blick in die Augen unseres Geliebten. Wir wissen das, wenn wir unser kleines Ich aufgeben und unser größeres Selbst im Gesang oder im Tanz finden. Wir wissen das, wenn uns das Glück überrascht und wir daran erinnert werden, daß der Zufall, wie ein altes Sprichwort sagt, nur Gottes Weg ist, anonym zu bleiben. Leider vergessen wir es meist während der übrigen Zeit. Spiritueller Mut wächst durch die Bereitschaft, sich immer wieder zu erinnern, stets das Heilige hinter dem scheinbar Profanen und sogar hinter den Schrecken des Lebens zu suchen.

Spiritueller Mut ist mehr als der Glaube daran, daß das Universum freundlich ist, und daß wir, obwohl auf dieser Erde viel dagegen spricht, letzten Endes doch sicher sind. Er ist das *innere Wissen,* daß dies so ist. Dieses Wissen setzt sich aus all unseren Erfahrungen zusammen, unseren Träumen, den Glücksfällen unseres Lebens und den Praktiken, mit denen wir uns nach innen wenden, wie beispielsweise Meditation und Gebet, sowie dem »Prickeln der Erkenntnis« und den »Aha-Erlebnissen«, wenn die Geschichte eines anderen in uns Erinnerungen weckt und Teil unseres inneren Seelenwissens wird.

Mein eigener Mut ist durch eine bemerkenswerte Serie von Ereignissen im Zusammenhang mit dem Tod meiner Mutter im März 1988 erheblich gewachsen. Obwohl sie langsam und qualvoll an einem Emphysem und einer Verengung der Herzkranzgefäße gestorben ist und sicher sehr gelitten hat, als Herz und Lungen versagten und ihr Körper wie ein Wasserballon anschwoll, hat sie nur selten geklagt. Als Frau, die ihre Gefühle im Leben nicht zeigte, mochte sie wohl auch an der Schwelle zum Tode nichts davon offenbaren. In ihren letzten Stunden war Mutters Art und Weise, unerledigte Geschäfte abzuschließen, einfach und direkt. Während wir nach einer letzten Untersuchung im Aufzug nach oben fuhren, wandte sie mir ihr Gesicht zu und sagte: »Ich habe in meinem Leben viele Fehler gemacht. Wirst du mir vergeben, Joanie?«

Ich drückte ihre Hand und antwortete schlicht und freundlich: »Ich vergebe dir, Mom. Ich habe auch viele Fehler gemacht. Wirst du mir vergeben?« Sie nickte, und wir begaben uns schweigend in ihr Zimmer. Mein Bruder war mit seinen Kindern da, mein Mann und unsere zwei Söhne ebenfalls. Andere Verwandte, Freunde und die beiden treuen Frauen, die meine Mutter während ihrer langen Krankheit gepflegt hatten, waren ebenfalls dort, alle versammelt, um ein letztes Lebewohl zu sagen.

Die Sonne ging bereits unter und warf lange Schatten auf einen kalten Märzabend. Die Krankenhausfenster gaben den Blick auf die Skyline von Boston frei, und die Lichter der Stadt erwachten langsam in der violetten Dämmerung. Es war das letzte Mal, daß wir gemeinsam einen Sonnenuntergang erlebten. Wir hielten uns bei den Händen, sie lag still und schwer auf den weißen Laken, von Kissen gestützt. Diese gewaltige Frau wirkte so verletzlich und doch so voller Frieden.

»Mom«, begann ich und blickte in bemerkenswert sanfte und unschuldige Augen, die früher oft mutwillig gefunkelt hatten und in denen oft Ärger aufgeblitzt war. »Mom, ich möchte Geschenke mit dir austauschen. Ich möchte, daß wir uns gegenseitig eine besondere Eigenschaft schenken, eine Seeleneigenschaft, die wir an der jeweils anderen bewundern.« Ich zögerte einen Moment und fragte mich, ob diese vernünftige, pragmatische Frau mich wohl für verrückt halten würde. Sie tat es eindeutig nicht. Bewegt durch ihre Verletzlichkeit und ein Gefühl gegenseitigen Vertrauens fuhr ich fort: »Ich habe immer deinen Mut bewundert. Ich erbitte ihn als Geschenk von dir.«

Sie lächelte mich an und drückte mit ihren schwindenden Kräften meine Hand. »Ich gebe dir meinen Mut«, sagte sie. »Und ich bitte dich um dein Mitgefühl.«

Dieser Moment war so voller Liebe. Sie sah mich als mitfühlend.* Ich hatte das Gefühl, gesehen, anerkannt und ge-

---

* Im amerikanischen Original lautet der Satz: »She saw me as compassionate«, und die Autorin bezieht sich darauf in Klammern mit folgender Anmerkung: (Während ich den letzten Satz schrieb, hat mein Unterbewußtsein übrigens die Buchstaben in *saw* umgedreht. Ich schrieb: »She was me as compassionate.« [»Sie war mein mitfühlendes Ich.«] Diese Verdrehung verdeutlicht das Wesentliche unserer Verbindung vielleicht mehr als alle Worte.) Anm. d. Ü.

schätzt zu werden. Ich hätte nie gedacht, daß sie mein Mitgefühl bewundern würde, oder damit gerechnet, daß sie es überhaupt wahrnahm, denn ich war in den dreiundvierzig Jahren unserer Beziehung ihr gegenüber oft eher wütend als mitfühlend gewesen. Vielleicht war sie genauso überrascht, daß ich sie als mutig empfand, aber ich tat es. Sie personifizierte die beste Art von Mut – einen unbeugsamen Willen und die Fähigkeit, gegen alle Widerstände weiterzumachen.

Im weiteren Verlauf des Abends verlor Mom immer wieder das Bewußtsein. Manchmal sprach sie davon, daß sie das Licht sah, kam wieder voll zu sich und machte noch ein paar Scherze, bevor sie in einen letzten von Morphium unterstützten Schlaf glitt. Unser Sohn Justin, mein Bruder Alan und ich verbrachten diese lange Nacht an ihrer Seite, während sie in den Wehen lag, um ihre Seele zu gebären. Wir sangen ihr Lieder vor, hielten sie, beteten für sie, saßen bei ihr und wanderten abwechselnd durch die Krankenhausflure.

Irgendwann saß ich meditierend in ihrem Zimmer, und plötzlich überkam mich eine lebhafte Vision, die mich aus meinem normalen Wachbewußtsein in ein anderes Reich versetzte. Es war ein leuchtendes Erlebnis, während dessen sich jede Zelle meines Körpers wunderbar lebendig anfühlte, und ich wußte, daß ich eine tiefere Wirklichkeit wahrnahm.

> In der Vision war ich schwanger und lag in den Wehen, um ein Baby zur Welt zu bringen. Erstaunlicherweise war ich gleichzeitig das Baby, das geboren wurde. Obwohl die Geburt oberflächlich von Schmerzen und Angst begleitet war, empfand ich tief in meinem Inneren Freude, Frieden und Transzendenz. Als werdende Mutter fühlte ich die Heiligkeit des Augenblicks, in dem ich ein Tor ins Leben

war. Als Baby empfand ich eine staunende Ehrfurcht vor dem hellen, geheimnisvollen, furchteinflößenden Licht, das ich am Ende des langen, dunklen Geburtskanals sah. Aus der gemeinsamen Perspektive von Mutter und Kind fühlte ich mich vollkommen eins mit meiner Mutter. Das Leben, das wir zusammen verbracht hatten – mit all seinen Freuden, Leiden, Ärgernissen und Sorgen – ergab einen vollkommenen Sinn. Ich nahm wahr, wie ihr Bewußtsein sich durch den dunklen Tunnel bewegte und dabei war, diese Welt zu verlassen, während sie schon über ihre prächtige Rückkehr zum Licht jubelte. Sie hatte mich in diese Welt hineingeboren, und ich hatte das Gefühl, als würde ich sie aus dieser Welt herausgebären.

Ich öffnete meine Augen und nahm einen Raum wahr, der von Licht durchdrungen war und von einer unglaublich friedlichen Kraft belebt wurde. Mein einundzwanzigjähriger Sohn Justin war ebenfalls im Zimmer. Er wandte sich mir zu und sagte voller Ehrfurcht: »Ich habe das Gefühl, als würde Großmutter die Tür zur Ewigkeit aufhalten, damit wir kurz hineinsehen können. Spürst du das auch?«

Obwohl Mutters Körper noch ein paar Stunden atmete, bis der Sauerstoffschlauch entfernt wurde, kam es mir so vor, als sei ihre Seele in der Stille der Nacht auf der anderen Seite wiedergeboren worden. Die Erinnerung an unser letztes Gespräch und die außergewöhnliche Vision blieben in mir lebendig und schufen einen neuen Bezugsrahmen, durch den mir unsere manchmal schwierige Beziehung vollständig und vollkommen erschien. Ich dachte nicht mehr an Vergebung – daß sie mir oder ich ihr vergeben hatte. Die tiefe Akzeptanz und Identifikation, die ich während jener letzten Stunden mit ihr gespürt hatte, ließen mich mit einer erweiterten Sicht unseres gemeinsamen Lebens zurück. Jene umfassendere Sichtweise, in der sogar Schmerz und Enttäuschung als Teil des Gewebes aus göttlicher Liebe einen Sinn ergaben, ist das eigentliche Herzstück des spirituellen Mutes. Als ich meine Mutter in jener Nacht bat, mir ihren Mut zu schenken, hatte ich keine Ahnung, welche Offenbarung daraus folgen würde.

In den Wochen nach ihrem Tod träumte ich mehrmals von meiner Mutter. Obwohl diese Träume sehr verschieden waren – lustig, geheimnisvoll, entzückend, schmerzlich, symbolisch, heilend – war jeder einzelne wie ein Edelstein. In einem dieser Träume erinnerte sie mich daran, daß sie oft eine Hexe gewesen war, und warnte mich davor, sie zu idealisieren. In einem anderen Traum holte ich mir den Mut ab, den sie mir geschenkt hatte und der es mir gestattete, dem Schmerz dieses Lebens und früherer Leben ins Gesicht zu sehen. Diesen Mut zu empfinden, der mir im Traum geschenkt wurde, prägte meiner Seele eine weitere Geschichte auf und sorgte dafür, daß ich das Leben unter einem veränderten Blickwinkel sehen konnte.

> Im Traum bin ich in den Bergen auf der Durchreise zu einem Workshop, den ich veranstalten will. Ich bemerke eine verborgene Tür an der Seite eines Berges und betrete einen Raum voller Menschen. Man sagt mir, dies sei ein Café, aber bald entdecke ich, daß es sich in Wirklichkeit um eine Schule für Spione handelt. Es gibt dort verschiedene alte Frauen. Sie berichten mir, wie die Schule sie gedrängt hat, bis an die Grenzen des Erträglichen zu gehen – und manchmal auch darüber hinaus. Diese Frauen strahlen Weisheit, Selbstvertrauen, Stärke, Mitgefühl und Energie aus. Ich spüre den festen Willen und das Bedürf-

nis, mich denselben Prüfungen zu unterwerfen, die sie erduldet haben. Mir dämmert, daß ich gerade in eine Schule für Mut aufgenommen worden bin.

Schließlich stehe ich vor der Abschlußprüfung. Während die Klasse durch einen Raum geht, werde ich zu einer Gruppe spielender Kinder hingezogen. Ich muß meinen Weg zur Abschlußprüfung allein finden. Ich weiß nur, daß ich nach einem Loch im Boden suchen muß. Wieder draußen komme ich an einem hohlen Baumstamm vorbei. Im Inneren erkenne ich undeutlich einen dunklen Abgrund, der mit Wasser gefüllt ist. Zu meiner eigenen Überraschung springe ich auf der Stelle hinein und überlasse mich vollständig der wäßrigen Dunkelheit. Ich lande unerwartet auf einem Floß und fahre darauf mit halsbrecherischer Geschwindigkeit durch einen dunklen unterirdischen Wasserkanal. Ich empfinde vollkommenes Selbstvertrauen und weiß tief in meinem Inneren, daß sich mein Verhältnis zur Furcht und zum Unbekannten verändert hat. Als ich schließlich in einer Landschaft von verblüffender Helligkeit und Schönheit auftauche, werde ich mit einem Gefühl von Freude und großer Klarheit wach.

Ich notierte den Traum in meinem Tagebuch und stand auf, um Kaffee zu machen. Neben der Kaffeekanne lag ein runder Aufkleber mit selbstklebender Rückseite. Er hatte einen Durchmesser von etwa 7,5 cm, mit wirbelnden weißen Buchstaben auf rotem Grund, die auf den ersten Blick das Wort Coca-Cola zu bilden scheinen. Doch dieser Eindruck täuscht. In Wirklichkeit steht dort »Courage« (»Mut«). Dieser rote Aufkleber erwartete mich neben meinem Morgenkaffee. Ich fragte meine Söhne und meinen Mann, wo er herkäme. Niemand wußte es. Neuerdings klebt er in meinem Büro über dem Computer. Ich kann ihn sehen, wenn ich dort sitze und schreibe. Oft sehe ich ihn an oder denke an ihn, wenn Furcht meine Sichtweise verengt und ich meine übergeordnete Perspektive verloren habe.

Joan Borysenko

Mutters Erscheinung

Neunzehnhundertsiebzig war ein schwieriges Jahr. Ich studierte im ersten Semester an der Universität von Denver. Ich hatte während des Grundstudiums die Universität gewechselt und mußte nun von vorn anfangen. Ich wohnte nicht auf dem Campus und hatte kein Auto. Ich paßte dort nicht hin. Ich befürchtete, einen entsetzlichen Fehler gemacht zu haben. Ich teilte meinen Eltern mit, daß ich im Hinblick auf meine Situation gemischte Gefühle hatte. Sie sagten: »Komm nach Hause!« Das hatten sie immer gesagt, wenn Schwierigkeiten auftauchten. Dann kündigten sie zu meiner großen Überraschung an, daß sie nach Denver kommen würden, um mich zu besuchen. Was mich daran schockierte, war die Tatsache, daß meine Eltern nie irgendwohin fuhren. Sie hatten ihre Kinder nie besucht und sich nur selten von ihrem geliebten Heim entfernt. Der Gedanke, daß sie New Jersey verlassen, in ein Flugzeug steigen und mich in Denver besuchen würden, war beinahe überwältigend.

Erst im nachhinein wurde mir klar, wie denkwürdig dieses Wochenende war. Wir taten, was Touristen tun: Wir aßen in Restaurants, unternahmen Besichtigungstouren und erlebten einige außergewöhnliche Momente miteinander. Ich hatte mich meinen Eltern noch nie so nahe gefühlt. Ich kam mir so vor, als sei ich etwas Besonderes, ich fühlte mich wichtig und hatte den Eindruck, daß ich jemandem etwas bedeutete. Allzu schnell ging das Wochenende vorbei.

Ich sollte meine Mutter nicht mehr lebend wiedersehen.

Im März wurde sie sehr krank, aber niemand wußte, was ihr fehlte. Sie kam zur Untersuchung ins Krankenhaus und erhielt Medikamente, die sie nicht vertrug. Als ihr schließlich das dritte Mittel verordnet wurde, lag sie bereits im Koma. In diesem Zustand blieb sie über zwei Monate und starb am 17. Mai. Alles ging sehr schnell; sie war nur fünfundfünfzig Jahre alt geworden.

Ich fuhr zur Beerdigung nach Hause und fühlte mich auf seltsame Weise ohne Verbindung zu dem ganzen Ereignis. Das völlige Fehlen einer Erklärung war entsetzlich. Meine Fragen wurden abgetan. Nach einer Weile hörte ich auf, Fragen zu stellen, die ich als »dumm« empfand. Wir beerdigten Mommy, ich ging zurück zum College, und das war's.

Monate vergingen. Ich empfand eine gewisse Leere und fühlte mich allein gelassen, aber das war Teil des Erwachsenwerdens.

Im Dezember desselben Jahres waren meine Schwester Lynn, ihr Mann Douglas, mein Verlobter Bill und ich über die Feiertage nach Hause gekommen. Es war fünf Tage vor Weihnachten. Wir saßen im Wohnzimmer und bemerkten, daß dort seit Mutters Tod nicht ein einziges Möbelstück verrückt worden war. Ihr Porträt hing über dem Kamin, und die Stühle mit Petitpoint-Stickerei und den geraden Rückenlehnen standen immer noch neben den überdimensionalen Türen. Es gab immer noch die holzverkleideten Decken, und durch die Erkerfenster hatte man einen vollen Panoramablick auf den graublauen Atlantik. Meine Schwester und ich saßen auf der mit Kissen überfüllten Couch, die Männer in Sesseln, und wir sprachen über die Vergangenheit.

Plötzlich sahen wir uns alle aufmerksam an. Irgend jemand hatte den Raum betreten, und wir alle hatten es gleichzeitig gespürt.

Meine Schwester blickte mich an und sagte: »Es ist Mommy.«

Ohne daß ich nachdachte, kamen die Worte aus meinem Mund: »Sie möchte uns sagen, daß sie uns vermißt. Es ist das erste Mal, daß wir Weihnachten nicht alle zusammen sind. Sie sagt, wir sollen keine Angst haben. Sie ist einfach glücklich, bei uns zu sein. Sie wird bei uns sein, so wie sie es immer zu Weihnachten war.« Ich wußte nicht, woher die Worte kamen. Ich hatte nicht darüber nachgedacht. Sie drückten sich einfach aus, ohne daß ich denken oder mich bemühen mußte.

Meine Schwester, mein Schwager und mein Verlobter sahen mich erstaunt an. Dann bewegte sich die Erscheinung durch das Wohnzimmer und setzte sich auf die Couch, wo Mommy immer gesessen hatte. Bill sagte: »Sie sitzt auf dem Platz deiner Mutter auf der Couch.« Wir warfen uns einen wissenden Blick zu, und Schweigen erfüllte den Raum.

Nach einigen Augenblicken brachen die Worte wieder aus meinem Mund hervor: »Wir sollen alle wissen, daß sie uns sehr liebt. Sie kann sich nicht vorstellen, um diese Jahreszeit irgendwo anders zu sein. Sie ist glücklich, daß wir zu Hause sind, mit ihr zusammen, so wie es immer war.«

Dann gab es eine lange Pause. Jeder holte tief Atem.

Douglas fragte: »Warum spricht sie durch dich?«

Ich wußte es auch nicht, also riet ich: »Wahrscheinlich weil ich die Jüngste bin, ihr Baby, deshalb hat sie vielleicht gedacht, daß sie mich leichter in Besitz nehmen kann als Bobbi oder Lynnie.«

Ich wußte nicht, wie wahr diese Worte waren. Während der nächsten zwei Wochen war Mommy ständig bei uns. Sie saß mit uns zusammen beim Abendessen, fuhr auf dem Rücksitz mit uns im Auto und saß bei uns, wenn wir Bridge spielten. Sie sprach immer nur durch mich und antwortete nur auf Fragen, die jemand von uns in Gedanken stellte. Das war ziemlich beunruhigend für mich. Ich hatte noch nie etwas Ähnliches erlebt. Im Grunde war ich mir nicht einmal sicher, ob ich an ein Leben nach dem Tod glaubte. Ich wußte nicht, wo ich aufhörte und sie begann.

Nach zwei Wochen war die Erscheinung verschwunden. Wir alle spürten die seltsame Rückkehr zur Normalität.

Mutters Gegenwart hatte uns zwei Wochen lang auf überwältigende Weise beschäftigt. Nun war ihre Abwesenheit rätselhaft. Ich fand den Mut, mit meiner Tante Mary und meinem Cousin Peter über dieses Erlebnis zu sprechen. Es schien so, daß Mommy während dieser Zeit häufig irgendwo auftauchte. Sie saß bei meinem Cousin hinten im Klassenzimmer, während er unterrichtete. Sie besuchte meine Tante Mary und meine Schwester Bobbi. Ich vermute, daß sie den Abschied von nahestehenden Menschen nachholte, den ihr das Koma verwehrt hatte.

Obwohl das Erlebnis mich beunruhigte, war ich doch froh, mich auf diese Weise von meiner Mutter verabschieden zu können. Ich konnte nun die Möglichkeit eines Lebens nach dem Tod nicht länger leugnen. Ich wußte mit jeder Faser meines Seins, daß unsere spirituelle Essenz eine unbezweifelbare Realität ist.

Chérie Carter-Scott

Für immer vereint

Schon als kleines Mädchen habe ich immer meine Augen geschlossen und dabei gedacht, daß es in meinem Inneren ein Wesen geben mußte, das irgendwie von mir getrennt war. Nicht mit meinem Körper verbunden. Jemand, der da war, der ich war, und doch völlig anders zu sein schien.

Nicht abhängig von meinem Körper. Und ich hatte mich gefragt, ob irgend jemand anders ähnliche Dinge dachte.

Dann ging ich zur Schule, und die Nonnen lehrten mich das Wort »Seele«. Aha! Das mußte es sein!

Aber es paßte nicht ganz. Eine Seele schien mir heilig zu sein und auf nebulöse Weise im Himmel herumzuschweben. Aber dieses Wesen war ich. Einzig und allein ich.

Wahrscheinlich war es deshalb einfacher für mich, einige ungewöhnliche Dinge zu akzeptieren, die sich nach dem Tod meines Sohnes Mark ereigneten. Er blieb noch lange Zeit nach seinem körperlichen Tod auf dieser Ebene der Existenz. Das von ihm getrennte Wesen, das nicht sein Körper war, blieb in der Nähe.

Mein Sohn Mark war wundervoll. Mark war ein Genie. Er las *Krieg und Frieden* im vierten Schuljahr. Aber Mark war, wurde, drogensüchtig. Ein klassisches Beispiel der Kultur der sechziger und siebziger Jahre.

Mark ist für mich der Beweis, daß wir nicht nur Körper sind. Wir sind Bewußtsein, das vorübergehend in einem Körper wohnt. Ein scheinbar individuelles Bewußtsein, das gleichwohl mit einer höheren Macht oder Gottheit in Verbindung steht.

Ich möchte Ihnen von einigen Ereignissen berichten, die nach seinem Tod geschehen sind.

Es begann damit, daß ich seine Gegenwart spürte. Ich konnte genau sagen, wann er sich im Raum befand und wann er ging. Manchmal fuhr er mit mir im Auto zur Arbeit. Manchmal nicht. Ich weiß nicht, wie ich dieses innere Wissen erklären soll, außer durch einen sechsten Sinn. Es kam mir so vor wie etwas, das wir alle erlebten, wenn wir irgendwo still alleine sitzen – und doch, obwohl wir nichts gehört haben, bemerken wir, wenn jemand ins Zimmer kommt. Wir blicken auf, und dort steht er. So etwa fing es an.

Ich sprach darüber mit einem befreundeten Psychologen, der auf die Betreuung von Trauernden spezialisiert ist. Er erklärte mir, diese Eindrücke seien ein Teil des Trauerprozesses und nicht ungewöhnlich. Er versicherte mir, ich sei völlig normal, und im Laufe der Zeit würde das alles vorübergehen. Ich solle mir keine Sorgen machen.

Doch die Ereignisse, die dann folgten, lassen sich nicht durch Trauer erklären. Mark war in der Nähe.

Einige Monate nach Marks Tod fuhr mich mein Sohn Peter zu einem großen Kongreß in der Stadt. Dort trafen sich Hunderte von Leuten, so daß die Atmosphäre sehr angeregt war. Zu der Veranstaltung gehörte auch die Vorführung eines Videos.

Ich war ganz in den Film vertieft, als ich plötzlich eine Art von Stimme vernahm, die jedoch nicht hörbar war. Es war mehr wie ein Aufblitzen von Worten in meinem Gehirn.

Die Botschaft lautete: »Reg dich nicht auf. Hör zu! Reg dich nicht auf! Er ist nicht verletzt!«

Wenige Augenblicke später tippte mir jemand auf die Schulter. Ich wurde ans Telefon gerufen. Es war Peter. Er hatte einen Autounfall gehabt, und der Wagen mußte abgeschleppt werden. Aber er war nicht verletzt.

Dann begannen die wirklichen Botschaften. Sie wurden mir nicht direkt übermittelt, sondern durch eine Frau namens Evelyn, welche die Mutter einer meiner Bekannten war.

Evelyn war eine reizende Jüdin in mittleren Jahren, die nicht allzuviel Schulbildung genossen hatte. Sie erzählte mir, sie habe schon als Kind mit der spirituellen Welt kommunizieren können. Sie hatte ständig Spielgefährten, die niemand anders sehen konnte. Und sie wußte immer Dinge, die niemand anders zu wissen schien.

Sie erzählte eine Geschichte, die sich ereignet hatte, als sie mit ihrer Mutter in einem Süßwarengeschäft gewesen war. Sie sagte zu einem Kind in diesem Laden: »Geh nicht nach draußen. Du wirst von einem Lastwagen getötet werden!« Das Kind lief hinaus und wurde sofort getötet.

Ihre Mutter bekam daraufhin große Angst. Diesem dramatischen Ereignis waren schon andere Botschaften, andere Dinge, die Evelyn wußte, vorausgegangen. Evelyn wurde zum Rabbi gebracht, der ihr sagte, sie solle in Zukunft mit niemandem über diese Dinge reden. Daran hielt sie sich lange Zeit.

Evelyn ist ein begabtes Medium. Obwohl es ihr finanziell nicht besonders gutging, ließ sie sich ihre Dienste nicht bezahlen. Sie sagte, das sei ein Mißbrauch ihrer Begabung. Sie hatte das Gefühl, sie würde ihre medialen Fähigkeiten verlieren, wenn sie Geld dafür nahm. Also habe ich ihr nie etwas bezahlt.

Sie sagte mir, sie habe nie verstanden, wieso sie mit der »anderen Seite« kommunizieren konnte, aber sie wußte, daß sie die Aufgabe hatte, anderen Menschen damit zu helfen. Manchmal unterstützte sie gemeinsam mit einigen ihrer medial veranlagten Freunde die Polizei bei der Suche nach vermißten Kindern.

Evelyn hatte mehrere eigene Kinder in dieser Welt, und ich weiß nicht wie viele spirituelle Kinder. Sie sprach am liebsten mit jungen Menschen, die auf die andere Seite hinübergegangen waren. Ich konnte nie auseinanderhalten, welche Kinder auf welche Seite gehörten. Es waren so viele Namen.

Sie mochte Mark. Er war einundzwanzig Jahre alt, als er starb, und dadurch eine natürliche Ergänzung ihrer Familie. Ich weiß nicht, wer in solchen Fällen mit wem Kontakt aufnimmt und wie sie zueinander finden. Ich kann nicht einmal glauben, daß diese Dinge wirklich geschehen sind. Und doch war es so.

Die Botschaften waren bedeutsam. Sie lauteten nicht nur: »Es geht mir gut, Mom. Mach dir keine Sorgen um mich.« Sie waren spezifisch.

Ich werde Ihnen ein paar Beispiele dafür geben.

Evelyn ist nie in meinem Haus gewesen. Wir haben immer nur miteinander telefoniert. Eines Tages rief sie mich an und sagte mir, Mark zeige ihr eine Kommode. Sie hatte drei Schubladen. Es war eine kleine Kommode. Sie wußte nicht, wo diese Kommode im Haus stand. Es befänden sich Drogen darin, und ich sollte sie wegwerfen!

Es gab eine solche Kommode in Peters Zimmer. In der mittleren Schublade fand ich einige Drogen und das entsprechende Zubehör. Mark paßte auf seinen Bruder auf.

Ein anderes Mal rief sie mich an, um mir zu sagen, daß Mark ihr ein langes Stück Papier zeigte. Es war eine Art Formular, das mein Sohn Paul für die Schule brauchte. Es schien ihr wie ein Antragsformular auszusehen. Sie sagte, ich solle dafür sorgen, daß Paul auf diesem Formular nicht das Einkommen meines Mannes angab, weil er nur sein Stiefvater war.

Paul interessierte sich für ein Stipendium des Staates Kalifornien. Ich bin sicher, daß Evelyn nichts über Stipendien wußte.

Ich rief Paul an, um ihm die Information weiterzugeben. Aber er hatte den Antrag bereits abgeschickt und das Einkommen meines Mannes war darauf angegeben. Als ich das Evelyn berichtete, blieb sie dabei, die Papiere, die sie gesehen hatte, seien nicht ausgefüllt gewesen.

Zwei Monate später stellte Paul fest, daß sein Antrag bei der Post verlorengegangen sei. Er ließ sich neue Formulare zuschicken, füllte sie entsprechend der Anweisung aus und bekam das Stipendium.

Hin und wieder beschloß ich, daß diese ganze Sache einfach verrückt war. Alles Zufälle. Schließlich wollte ich die Probe aufs Exempel machen. Ich würde selbst eine Frage stellen.

Ich bat Evelyn, Mark nach seinem mittleren Namen zu fragen. Er hatte ihn immer gemocht und benutzt.

Er antwortete auf eine Weise, die keinen Zweifel daran ließ, daß seine Botschaften echt waren. Er trug Evelyn auf, mir zu sagen, sein mittlerer Name sei der Mädchenname meiner Mutter.

Ich war verblüfft. Wie clever, seine Antwort so zu formulieren. Marks mittlerer Name war Stewart. Als ich die Frage stellte, war mir eingefallen, daß er auf seinem Grabstein stand. Obwohl Evelyn kein unaufrichtiger Mensch ist und ich nicht glaube, daß sie weiß, wo er begraben liegt, hätte sie den Namen herausfinden können. Aber es gab absolut keine Möglichkeit, wie sie die Geschichte des Namens hätte erfahren können. Sie kannte niemanden aus meiner direkten Familie. Und der Rest meiner Verwandten lebte Tausende von Meilen entfernt!

Es gab noch viele andere, weniger dramatische Botschaften. So berichtete Mark Evelyn beispielsweise, er habe Green County besucht. Marks Lieblingstante lebte in dieser Gegend im Norden des Staates New York.

Diese Botschaften von Mark trösteten uns alle. Es schien nicht so, als sei er gegangen. Ich denke, wenn wir hören, daß wir eins mit Gott werden, dann befürchten wir, auch wenn dieser Zustand angeblich reine Freude sein soll, daß wir uns in eine amorphe Masse auflösen. Mark behielt seine Identität, seine Persönlichkeit und sein Interesse an seiner Familie auch, als sein Körper gestorben war. Mark war immer noch Mark.

Wir haben jetzt lange nichts mehr von ihm gehört. Ich habe das Gefühl, daß er irgendwie auf der anderen Seite damit beschäftigt ist, weiterzulernen. Und Evelyn ist alt geworden. Ich sah sie letztes Jahr, und sie sagte mir, ihre Arbeit sei beendet, und sie müsse sich jetzt auf ihre Gesundheit konzentrieren. Aber mit ihren Kindern hat sie zahllose Schutzengel um sich – alle von ihnen!

Ich glaube, daß diese Art der Kommunikation gar nicht so selten vorkommt, wie wir vielleicht meinen. Ich war in Gruppen, wo das Thema diskutiert wurde und einige Leute verlegen über ihre Erfahrungen berichtet haben. Sie haben Angst, in einem normalen Gespräch darüber zu erzählen, denn sie sind davon überzeugt, daß sie dann als psychisch labil oder verrückt gelten würden.

Meine eigenen Erlebnisse bestätigen, daß wir ewige Wesen sind. Wir sind Bewußtsein, das sich verkörpert hat, so wie ich es schon als kleines Mädchen vermutet habe.

Wenn mein Sohn in einer anderen Dimension lebt, dann kann niemand von uns sterben. Wir brauchen nicht mehr als ein schwarzes Schaf, um zu beweisen, daß nicht alle Schafe weiß sind. Er kann nicht der einzige sein. Vielleicht fragen Sie sich, warum Sie noch nichts von einem geliebten Verstorbenen gehört haben. Ich weiß es nicht. Ich habe mir diese Frage selbst schon oft gestellt.

Meine liebe Freundin Dee starb vor einigen Jahren, und ich habe nicht das Geringste von ihr gehört, obwohl wir uns sehr nahegestanden haben. Und sie war sehr herrisch. Es kommt mir seltsam vor, daß sie nichts zu einigen meiner geschäftlichen Transaktionen zu sagen hat. Sie war meine Steuerberaterin, und ich weiß, daß sie einige meiner Entscheidungen nicht billigen würde.

Vielleicht gibt es bestimmte Kanäle, wie Rundfunkfrequenzen, auf die wir uns einstellen müssen. Vielleicht können wir diese bestimmte Frequenz nicht empfangen, oder der andere kann es nicht. Es ist nicht so, daß unsere Lieben nicht an uns denken. Möglicherweise können sie uns einfach nicht erreichen – oder es ist nicht in unserem oder ihrem wohlverstandenen Interesse, daß wir miteinander Kontakt aufnehmen.

Manchmal denke ich, daß wir deshalb von Mark gehört haben, weil er so plötzlich gestorben ist und seinen Brüdern unbedingt helfen wollte, vor allem Peter, der ebenfalls Drogenprobleme hatte. Vielleicht fühlte er sich verantwortlich und wollte nicht, daß Peter dieselben Fehler machte. Und er hat ihm tatsächlich geholfen.

Diese Ereignisse liegen nun schon Jahre zurück, aber das Erzählen der Geschichte hat meine Trauer von neuem aufsteigen lassen. Ich vermisse Mark so, als hätte ich ihn gerade erst verloren.

Aber ich habe dadurch besser verstanden, daß wir nur im Bewußtsein eins werden können – nicht auf der körperlichen Ebene. Ich weiß, daß unser Bewußtsein für immer mit seinem vereint ist. Und deshalb ist mein Bewußtsein mit Ihrem vereint und umgekehrt.

Corinne Edwards

Abschiedsgeschenke

1971 starb mein Vater im Alter von vierundvierzig Jahren plötzlich an einem Herzanfall. Ich war damals siebzehn.

Ein oder zwei Tage danach kam meine Mutter morgens ins Wohnzimmer, wo meine Großmutter, meine Schwester und ich uns kurz nach dem Aufwachen versammelt hatten. Sie hielt die Brieftasche meines Vaters in der Hand, setzte sich zu uns und sagte, er sei ihr in der Nacht erschienen. Er habe sie zum Kleiderschrank geführt, ihr seine Brieftasche gezeigt und gesagt, darin sei noch etwas Geld, das sie bisher nicht gefunden hatte. Nach dem Aufwachen habe sie nachgesehen, aber kein Geld gefunden.

Ich konnte mich erinnern, daß ich nachts Schritte in der Diele gehört hatte. Aber alle sagten, sie seien nicht dort gewesen, und außer mir hatte auch niemand etwas gehört.

Ich beobachtete, wie meine Mutter mit dem Daumen über das Foto auf Vaters Führerschein rieb. Dann ließ sie ihre Finger darunter gleiten und zog etwas Geld hervor – zusammengefaltet mit einer kleinen handschriftlichen Notiz.

Die Notiz war ein Testament, von dem sie nichts gewußt hatte, und das sie zu seiner alleinigen Erbin erklärte.

Am Abend nach Vaters Beerdigung bat meine Mutter um Hilfe, weil sie die Klappstühle zurückbringen wollte, die wir uns von unseren Nachbarn im übernächsten Haus ausgeliehen hatten. Meine Großmutter und ich gingen mit ihr. Ich weiß noch, daß wir sehr leise waren, als wir in der Dunkelheit hinübergingen. Es war schon spät, und wir wollten niemanden aufwecken. Gerade als wir das Ende des Hauses erreicht hatten, das direkt neben unserem lag, sahen wir ein strahlendes Licht, das auf der gegenüberliegenden Straßenseite über der Kirche aufstieg, die ein paar Häuser weiter unten lag. Es war das strahlendste Licht, das ich je gesehen hatte, und es war riesig – ungefähr so breit wie ein Haus und so lang wie zwei Häuser. Es hatte eine ovale Form und bewegte sich geräuschlos nach rechts oben in den Himmel. Als es hoch über uns hinwegzog, verschwand es spurlos.

Ich hatte etwas Ähnliches noch nie zuvor gesehen. Es war nicht wie die großen Scheinwerfer, mit denen man Flughäfen oder Geschäftseingänge beleuchtet, um Aufmerksamkeit zu erregen. Es hatte einen Anfang und ein Ende. Es sah auch nicht aus wie ein Meteor oder eine Sternschnuppe. Es bewegte sich aufwärts statt abwärts und zog fast bogenförmig über den Himmel. Es sah auch nicht aus wie der Kondensstreifen einer Rakete oder eines Flugzeugs. Im Laufe des Monats fragte ich bei der örtlichen Sternwarte nach, aber dort waren keine ungewöhnlichen Lichterscheinungen für jene Nacht verzeichnet.

Ich war sprachlos. Ich wußte, es war Vaters Geist, der uns zeigen wollte, daß er noch bei uns war. Es war das wunderbarste Erlebnis, das ich je hatte. Wir drei sprachen kein Wort. Schweigend stellten wir die Stühle bei unseren Nachbarn vor die Tür und gingen zurück nach Hause.

Erst sehr viel später sprachen wir über das, was wir gesehen hatten. Als wir es taten, waren wir uns einig, daß wir das Gefühl gehabt hatten, es sei Vaters Geist.

Zwanzig Jahre später erlebte ich eine schwierige Zeit, und mein Gottvertrauen begann zu schwanken. Eines Tages erwähnte ich einem Freund gegenüber die Lichterscheinung. In diesem Augenblick wurde mir klar, daß mein Vater uns auf diese Weise nicht nur hatte zeigen wollen, daß er weiterlebte. Indem er über der Kirche aufstieg, hatte er uns auch zeigen wollen, daß es Gott wirklich gibt.

Laura Goerlitz

Abschied eines Schmetterlings

Meine Schwester Denise war neunzehn, als sie am 21. Mai 1991 starb. Sie starb zu Hause in ihrem Bett an einem Herzanfall. Denise hatte bisher keine Herzprobleme gehabt. Ihr Tod war sehr tragisch und traurig und völlig unerwartet.

Mit Denise verlor ich meine Schwester, mein Kind und meine Freundin. Sie bedeutete mir alles, so wie ich ihr, denn wir verloren unsere Mutter 1980, als sie an Eierstockkrebs starb. Sie war bei ihrem Tod erst vierundvierzig Jahre alt und hinterließ eine große, trauernde Familie: meinen Vater und uns sechs Kinder. Ich war die älteste und als einzige damals schon verheiratet. Denise war neun Jahre alt, und mein jüngster Bruder John war erst fünf. Ich wurde gewissermaßen ihre Ersatzmutter, auch wenn ich nicht unter einem Dach mit ihnen lebte. Ich nahm in ihrem Leben die Aufgaben wahr, die sonst meine Mutter erfüllt hätte. Auf diesem Hintergrund werden Sie verstehen, wie viel meine Familie mir bedeutet. Besonders Denise, meine einzige Schwester, die geboren wurde, als ich sechzehn war.

Die Art und Weise, wie Nisey gestorben war, machte mir

schwer zu schaffen. Ich hatte sehr stark das Gefühl, daß sie zurückkommen würde, um sich zu verabschieden. Ich wünschte es mir. Aber zugleich hatte ich auch Angst davor. Ich bat sie, nur zu mir zu kommen, wenn ich mich im Freien aufhielt.

Etwa eine Woche nach ihrer Beerdigung arbeitete ich an einem Gedenkalbum mit Gedichten, die sie geschrieben hatte, Erinnerungen aus ihrer Schulzeit und anderen Dingen, die sie aufgehoben hatte. Ich schrieb gerade ein Gedicht für sie, um dieses Album dem Gedenken an sie zu widmen. Es war, gelinde gesagt, ein sehr gefühlsbeladener Tag für mich. Ich arbeitete immer noch an dem Album, als mein Mann von der Arbeit nach Hause kam. Er wollte im Garten grillen und ging hinaus, um den Grill anzuheizen. Als er fertig war, rief er mich und bat mich, ihm zu helfen. Ich hielt die Platte mit den Steaks für ihn, und während er das Fleisch mit der Gabel aufspießte, sah Tom mir zufällig in die Augen – und wir hörten »Lor«.

Ich sagte nichts, weil mein Mann einfach nicht an solche Dinge glaubt. Er legte das Steak auf den Grill, blickte mich dann an und sagte: »Du hast es auch gehört.«

Ich nickte und erwiderte: »Es war Denise.«

»Ganz sicher. Es war ihre Stimme.«

Nisey war ein kluges Mädchen. Sie wußte, wenn sie zu mir kommen würde, während ich allein war, und ich später meinem Mann davon erzählen würde, dann würde er darüber spotten und behaupten, daß ich mir in meiner Trauer und Verwirrung irgend etwas eingebildet hätte. Ich war wirklich froh, daß sie kam, um sich zu verabschieden, und zwar so, daß man mir glauben würde.

Ein paar Tage später stand ich vor unserer Haustür, als mich ein seltsames Gefühl überkam. Ich drehte mich um und erblickte in unserer Straße ein Auto, das genauso aussah wie das meiner Schwester: die gleiche Marke, das gleiche Modell, die gleiche Farbe und Ausstattung. Ich war ein wenig verwirrt und sprach in Gedanken mit Nisey. Ich sagte ihr, daß ich sie liebte und vermißte, und das würde auch weiterhin so bleiben, aber diese »Besuche« würden mich wirklich durchschütteln. Ich sagte ihr, sie könne mich noch ein weiteres Mal besuchen und solle mich dann eine Weile in Ruhe lassen.

Am 29. Juni wäre Denise zwanzig Jahre alt geworden, und so besuchte ich ihr Grab und brachte ihr Blumen. An diesem Tag weinte ich sehr viel. Später am Nachmittag brachte ich meine Töchter zum Haus meiner Eltern, um dort mit ihnen zu schwimmen. Ich ging am Rand des Schwimmbeckens entlang, als plötzlich aus dem Nichts ein schwarz-orangefarbener Schmetterling auftauchte. Er flog ein paarmal um mich herum, und ich blieb stehen. Der Schmetterling setzte sich dann auf meine linke Brust, genau an die Stelle über meinem Herzen. Ein Gefühl des Friedens überwältigte mich. Ich wußte, es war Nisey, die sich endgültig von mir verabschiedete und mir sagte, daß es ihr gutging. Was für ein wundervolles Geschenk machte sie mir damit an ihrem Geburtstag.

Ich bin nicht der einzige Mensch, zu dem Denise zurückkam, weil sie sich verabschieden wollte.

Eines Nachts kurz nach ihrem Tod erschien sie meiner Schwägerin Sande. Sie und mein Bruder Ed lagen schlafend im Bett, als sie plötzlich aufwachte – und Nisey in der Ecke des Schlafzimmers erblickte. Sie trug ein T-Shirt und Boxershorts (ihre Lieblingskleidung im Sommer); ihr Haar umrahmte wie gewöhnlich offen ihr Gesicht. Sie war durchsichtig, und Sande konnte die Wand hinter ihr sehen. Sie sagte kein Wort, stand nur da, und als Sande meinen Bruder wecken wollte, war sie verschwunden.

Denises Freund war an seinem Arbeitsplatz in einem Kaufhaus, als sie zu ihm kam. Jeff arbeitete allein in der Nachtschicht; außer ihm war nur noch ein Büroangestellter im Haus. Jeff erzählte mir, er habe sich in einem der Gänge befunden, als er hörte, wie Denise seinen Namen sagte. Nichts weiter, nur seinen Namen.

Eines Abends nach der Arbeit war mein Bruder Michael auf dem Friedhof. Er saß in seinem Lastwagen vor dem Grabstein und dachte gerade an Mutter und Denise. Aus dem Nichts flog ein schwarz-orangefarbener Schmetterling in seinen LKW und setzte sich auf das Armaturenbrett. Er sagte mir, er habe sofort gewußt, daß es Nisey sein mußte.

Einen Tag nach dem Geburtstag von Denise fuhren Tom und ich mit unseren Töchtern Stacy und Vicky zum Friedhof, um nachzusehen, ob die Blumen auf ihrem Grab noch genug Wasser hatten. Mein Vater kam zur gleichen Zeit an und parkte direkt vor uns; mein jüngster Bruder John war bei ihm. Es war ein extrem heißer Tag, und da wir nicht lange auf dem Friedhof bleiben wollten, beschlossen wir, den Motor laufen zu lassen, damit die Klimaanlage im Wagen weiterarbeitete und es drinnen nicht zu heiß wurde. Wir stiegen aus, schlossen sofort die Türen und gingen hinüber, um meinen Vater und John zu begrüßen.

Ich erzählte John von meinem Erlebnis mit dem Schmetterling am Tag zuvor. John sagte, er hoffe, sie würde nicht zu ihm kommen, weil er zuviel Angst davor hatte. Denn John war derjenige gewesen, der Denise gefunden hatte, als er aus der Schule nach Hause kam. Ich sagte ihm, sie würde ihm niemals Angst einjagen wollen, sondern suche nur nach einer Gelegenheit, sich von ihm zu verabschieden.

Gleich danach wandte sich John dem Auto zu und sagte: »Mir ist heiß. Ich brauche ein bißchen kühle Luft.«

Als er die Wagentür öffnete, kam ein schwarz-orangefarbener Schmetterling herausgeflogen.

Soviel ich weiß, ist Denise seitdem niemandem mehr erschienen. Ich hoffe, daß sie eines Tages zu mir zurückkehren wird, aber ich weiß, daß sie ihren Frieden gefunden hat – und daß sie sich auf ihre Weise von allen verabschiedet hat.

Dolores R. Hill

Kein Ende, sondern ein Anfang

Ich habe mich oft gefragt, warum bestimmte Ereignisse in meinem Leben stattgefunden haben, nur um die Antwort sechs Monate oder ein Jahr oder manchmal sogar fünf Jahre später klar und deutlich zu erkennen. Das war immer so, abgesehen von einer einzigen Ausnahme.

Ich hatte mich stets über die Beziehung gewundert, die meine Mutter und meine Großmutter zueinander hatten. Für mich ergab sie nie einen Sinn. Beide hatten völlig verschiedene Ansichten und stritten sich häufig. Es gab zahlreiche Phasen ihres Lebens, in denen sie tatsächlich unter einem Dach wohnten: während des Zweiten Weltkriegs, als die meisten Männer weg waren, und dann im Laufe der Jahrzehnte zu verschiedenen Gelegenheiten aus unterschiedlichen Gründen. Sie schienen diese Nähe zueinander zu brauchen, und doch war unterschwellig immer eine gewisse Disharmonie zu spüren.

Ich hatte die meiste Zeit meines Lebens in einiger Entfernung zu ihnen verbracht, war dann jedoch rein zufällig, wie ich dachte, wieder in meine frühere Heimatstadt gezogen und wohnte am Ende ganz in der Nähe meiner Mutter und Großmutter, die wieder einmal zusammenlebten. Großmutter war inzwischen um die Neunzig und nicht mehr besonders gut zu Fuß. Geistig war sie jedoch noch voll auf der Höhe, sah sich im Fernsehen jede Quiz-Show an und wußte die meisten Antworten vor den Teilnehmern.

Ich erkannte allmählich, daß Mutter und Großmutter, obwohl sie meist über irgend etwas stritten, emotional doch stark voneinander abhängig waren.

Plötzlich bekam Mutter, die Krebs gehabt hatte, einen Rückfall, und ich hielt es für erforderlich, Großmutter vor dem zu bewahren, was für uns alle wahrscheinlich ein schwieriges Jahr werden würde. Großmutter zog zu ihrer anderen Tochter, die viele hundert Meilen entfernt lebte. Obwohl sie ihre beiden Kinder gleich liebte, war sie ziemlich verzweifelt, weil sie nicht da sein konnte, um Mutter zu helfen. Ich konnte es an ihrer Stimme hören, wenn ich mit ihr telefonierte.

Dann kam die Zeit, als ich zu meiner Mutter zog und wir uns auf die Reise zu jenem Tor begaben, das man Tod nennt. Ich war zu der Überzeugung gelangt, daß der Tod kein Ende ist, sondern ein Anfang. Es war sicher gut, daß ich so stark an einen liebenden Gott glaubte und daran, daß unsere Seelen weiterlebten. Ich glaube auch, daß unser Geist manchmal müde wird und wir dann nach Hause gehen wollen, um uns eine Weile auszuruhen, bevor wir einen neuen Versuch unternehmen.

Als Mutters Zeit gekommen war, besuchte meine Tante sie noch einmal, um sich von ihr zu verabschieden. Meine

Großmutter hatte sie mit einer Pflegerin zu Hause gelassen. Kurz danach telefonierte ich eines Morgens mit Großmutter. Sie wußte, daß es für sie eine anstrengende Reise sein würde, aber sie wollte bei Mutter sein. Wir versuchten zwar, ihr zu sagen, daß es Mutter gutging, doch in ihrem Inneren wußte sie, daß das nicht stimmte.

Am Ende des Gesprächs sagte Großmutter mir, sie sei heute müde und ziemlich deprimiert und würde nun erst einmal ein Nickerchen halten; wir könnten sie später wieder anrufen. Sie ging in ihr Zimmer, schlief ein und wachte nie wieder auf.

Meine Großmutter hatte in meinem Leben viel Licht verbreitet. Ihr Tod zu diesem Zeitpunkt war für mich ein harter Schlag.

Ich beschloß, Mutter nichts davon zu sagen, weil sie so schwach war. Bald darauf fiel sie ins Koma.

In der Zwischenzeit hatte meine Tante sich darum gekümmert, daß Großmutter neben ihrem Mann in unserer Heimatstadt begraben werden konnte. Wenige Minuten, nachdem ihr Sarg angekommen war, starb meine Mutter.

In meinem Herzen wußte ich, daß Großmutter gekommen war, um Mutter abzuholen, wahrscheinlich schon einige Tage vorher. Sie war immer die Mutige gewesen. Auch sie hatte an einen liebenden Gott geglaubt und an alles, was gut ist – und sie wußte, daß Mutter Angst haben würde. Ich hatte das Gefühl, als sei Großmutters Sarg gerade rechtzeitig gekommen, um mich wissen zu lassen, daß alles in Ordnung war, und daß sie sich um alles Weitere kümmern würde.

Bald danach lernte ich eine Hellseherin kennen, die mich fragte, ob ich in den letzten Monaten irgend jemanden durch den Tod verloren hätte.

Noch bevor ich antworten konnte, sagte sie: »Zwei … es sind zwei. Sie sind zusammen, sie sind sehr glücklich, und sie streiten sich nicht.« Sie hielt inne. »Können Sie damit etwas anfangen?«

Ich antwortete: »Das kann ich ganz gewiß.«

JulieAnna

Opa Charlie

Ich habe meinen Opa Charlie nie wirklich kennengelernt. Ich war acht Jahre alt, als er seine Stimme durch Krebs verlor; ein paar Jahre später fiel er der Altersverwirrung zum Opfer und starb, bevor ich zwölf wurde. Meine Erinnerungen an ihn sind undeutliche Bruchstücke gemeinsamer Erlebnisse, doch das genügte, um eine Verbindung zu schaffen, die zu entdecken und zu verstehen mich Jahre kostete.

Meine Großeltern lebten in einem großen weißen Haus auf einem kleinen Hügel gegenüber von meinem Elternhaus in einer kleinen Stadt namens Cincinnati, Iowa. Er hatte die schöne Chloie Beer kennengelernt, sich in sie verliebt und sie geheiratet. Sie kauften das weiße Haus auf dem Hügel, zogen dort ein und verbrachten den Rest ihres Lebens dort. Fünf Kinder wurden in diesem Haus geboren, und drei Kinder starben darin. Nur meine Mutter und ihre ältere Schwester überlebten.

Nichts Wichtiges hat sich je im Haus meiner Großeltern geändert. Das weiße Eisenbett stand immer im südlichen Schlafzimmer im ersten Stock. Das Klavier stand immer an der Ostwand des Salons. In der Speisekammer waren stets dieselben Pfannen, und die Shirley-Temple-Tasse stand immer im Küchenschrank.

Den Mittelpunkt des Hauses bildete ein großes Eßzimmer. In der südwestlichen Ecke dieses Raums stand Großvaters Schreibtisch, ein riesiges dunkles Rollpult aus Eiche, das für sämtliche Enkel tabu war. Dieser Schreibtisch barg die Erinnerungen aus Opas Leben. Seine Fächer und Schubladen waren voller Hauptbücher, Postkarten, Landkarten, merkwürdiger Papiere und »Elbert-Hubbards-Alben«. Es gab Bilder und Aufkleber, Kugelschreiber und Bleistifte aus allen Teilen des Landes. Dies war Opas Ecke der Welt.

Es war eine große Ehre, in diese Welt eingeladen zu werden. Hin und wieder stand ich neben Opa, und er enthüllte mir einige der Geheimnisse seines Schreibtisches. Geheimnisse, die Erinnerungen waren, von Kohlenminen, in denen er gearbeitet hatte, von Reisen, die er unternommen hatte, und von Leuten, die er gekannt hatte. Irgendwie fügte sich das alles zu Weisheiten zusammen, die er gerne weitergab. Ich fühlte mich jedesmal ein wenig größer und ein wenig erwachsener, wenn ich eine solche Zeit mit Opa verbracht hatte.

In der Mitte des Eßzimmers stand ein runder Eichentisch, groß genug, daß zwölf Leute daran Platz fanden. Meist saßen dort meine Tante und mein Onkel, meine Eltern, meine Vettern und Cousinen, meine Brüder und Schwestern und meine Großeltern. Der Kreis von Leuten, die um diesen Tisch saßen, hatte etwas Unbegrenztes.

Nachdem Opa gestorben war, veränderte sich der Kreis, doch er blieb vollständig. Ich brauchte vierzig Jahre, um herauszufinden, warum mein Großvater an diesem Tisch immer lächelte.

Als ich zweiundzwanzig war, mußte ich wie viele junge Männer meiner Generation nach Vietnam. Ich hätte mich nicht weiter von Cincinnati, Iowa, entfernen können. Aus dem Frieden, den das südliche Iowa repräsentierte, wurde das Entsetzen des Krieges im südlichen Vietnam.

Ich verbrachte ein Jahr in Südostasien. Ich sah, wie die Menschlichkeit besudelt wurde. Ich sah Freunde sterben und tötete die Freunde anderer Leute. Und als meine Zeit vorbei war, brachte ich wie viele andere junge Männer die Schreie und das in meinem Gedächtnis gespeicherte Entsetzen zum Schweigen und kam nach Hause. Ich kehrte heim und dachte, ich würde einmal mehr im südlichen Iowa Frieden finden. Aber die Dämonen des Krieges sterben nicht so leicht wie junge Männer. Heimlich und heimtückisch dringen sie in die dunklen Winkel unseres Bewußtseins ein und verbergen sich dort jahrelang. Sie verkleiden sich als Gerüche und Bilder und Geräusche. Sie kommen im Dunkel der Nacht, rauben unserem Schlaf den Frieden und ersetzen ihn durch die schrecklichen Kriegserinnerungen. Und wenn sie erst die Nacht erobert haben, dringen sie auch in die Tage ein und verwandeln das Leben in einen langen Alptraum.

Wie viele junge Männer meiner Zeit wurde ich ein Opfer der Dämonen des Krieges. Und wie viele junge Männer kam ich zu dem Schluß, daß ich diese Dämonen nur besiegen konnte, indem ich mich selbst zerstörte. Aber der Soldat in mir hatte nicht den Mut, noch einmal zu töten. Ich mußte einen anderen Weg finden, um die Dämonen zu zerstören. Damals erkannte ich die Macht des Wortes. Indem ich meine Geschichte dieses Krieges aufschrieb, vertrieb ich die Dämonen – doch ich zahlte dafür einen entsetzlichen Preis. Ich mußte jede Erinnerung noch einmal durchleben. Ich mußte jeden Schmerz noch einmal ertragen, und manchmal mußte ich Schmerzen ins Gesicht sehen, die ich zwanzig Jahre lang verdrängt hatte.

Eines Abends, als mein Hirn sich nicht mehr an den Schmerz erinnern wollte und meine Hände sich weigerten, die Worte niederzuschreiben, ging ich nach draußen und stand in der Dunkelheit am Rande des Waldes. Es war Herbst, und es regnete leicht. Ich zündete mir eine Zigarette an, und nachdem ich das Streichholz ausgeblasen hatte und meine Augen sich an die Dunkelheit gewöhnt hatten, sah ich einen alten Mann am Waldrand stehen. Seine weißen Haare wurden von einem Wind zersaust, der gar nicht wehte, und obwohl es regnete, sah ich, daß sein weißes Hemd nicht naß war. Er blickte mich an und zugleich über mich hinweg, und er sprach mit einer Stimme, die ich kannte, ohne zu wissen, wem sie gehörte. Er gab keinen Ton von sich, aber ich verstand, was er sagte:

»Du weißt, was du zu tun hast.«

Und mit derselben tonlosen Stimme antwortete ich: »Ich weiß, Opa.«

Opa war seit über zwanzig Jahren tot, und mir war klar, daß das, was geschehen war, aller Vernunft widersprach, aber das spielte keine Rolle. Zum ersten Mal seit langer Zeit spürte ich, daß mein Leben einen Sinn hatte. In dem Schmerz, den ich über den Krieg empfand, lag eine Art Frieden – ein Paradox, das ich nicht weiter zu ergründen brauchte. Ich schrieb mein Buch, erzählte meine Geschichte und setzte mein Vertrauen in Opa.

Opa und ich haben uns in den letzten zehn Jahren mehrmals getroffen. Ich habe viel von ihm gelernt, aber ich glaube, daß er mich im letzten Winter verlassen hat. Ich denke, daß ich nun endgültig auf mich allein gestellt bin.

An einem Sonntagnachmittag im letzten Februar wollte

ich meine Eltern besuchen. Als ich die Hintertür öffnete und die Küche betrat, wußte ich, daß niemand zu Hause war. Ich wollte gerade wieder gehen, als ich eins von Opas »Elbert-Hubbards-Alben« auf dem Ofen am Hintereingang sah. Ich schlug es auf und erblickte eine Seite, an deren Rand Opa geschrieben hatte: »Manche Männer ziehen Kreise, um die Leute draußen zu halten, andere Männer ziehen Kreise, um die Leute drinnen zu halten.« Ich lächelte, schloß das Buch und ging.

Der nächste Tag war ein kalter Montagmorgen, und ich litt unter Atemnot und fühlte mich benommen. Ich hatte vor etwa zehn Jahren, nach meinem ersten Herzanfall, erfahren, daß meine Herzkranzgefäße verengt waren. Im letzten November hatte ich einen zweiten Herzanfall gehabt. Und nun, gerade vier Monate später, war da wieder dasselbe vertraute und gefürchtete Gefühl.

Ich weiß noch, daß ich ins Haus ging und mich in meinen Lehnstuhl setzte. Ich weiß noch, daß meine Frau nach Hause kam. Ich erinnere mich, daß ich sie bat, die 112 anzurufen. Und ich erinnere mich, daß ich in einen Krankenwagen geladen wurde. Irgendwann zwischen der 112 und dem Krankenwagen starb ich. Ich weiß nicht mehr, daß meine Frau meinen Namen rief, und ich erinnere mich nicht, daß sie mich auf den Boden legte. Ich weiß auch nicht, daß der Sanitäter mein Herz mit Elektroden wieder in Gang brachte.

Ich erinnere mich noch, wie ich im Krankenwagen auf dem Weg zur Notaufnahme dachte: »Du bist gerade gestorben. Es war ganz leicht.«

Während der nächsten beiden Tage hatte ich noch zweimal einen Herzstillstand. Jedesmal holten mich die magischen Elektroden zurück. Es war während jener ersten Tage, daß ich den Kreis zu sehen begann, den Kreis um mein Bett herum. Dort standen meine Frau und meine Tochter, meine Eltern, Schwestern und Brüder, meine Tanten und Onkel, meine Vettern, Cousinen und Freunde – und Opa.

Ich begann mich an das Eßzimmer im Haus meiner Großeltern zu erinnern, an den runden Eichentisch und den Kreis der Familie, die sich dort versammelte. Mir wurde klar, daß der Kreis nie gebrochen oder zerstört werden kann. Er kann nur vergessen werden.

»Ich weiß, was ich zu tun habe, Opa.«

Opa lächelte.

James David Seddon

Eine Geistergeschichte

Dies ist vor vielen Jahren geschehen. Heute bin ich Psychotherapeut und heile durch Handauflegen, aber damals arbeitete ich für eine Telemarketing-Firma und konzentrierte mich auf meine eigenen spirituellen Nachforschungen.

Durch meine Arbeit lernte ich eine interessante Frau kennen. Sie sprach über das Leben nach dem Tod und Reinkarnation, Geister, Seelen ... Einmal sprach sie über »verlorene Seelen« und erzählte mir ein wenig darüber, wie man Geister erlöst, sie aus Häusern und von anderen Orten entfernt.

Sie sprach auch viel über Intuition, und ich begann meiner eigenen Intuition zu folgen. Als ich eines Tages in meinem Wagen saß, hatte ich plötzlich das starke Gefühl, ich sollte hinausfahren und Freunde besuchen, einen alten Freund und seine Frau, die auf dem Land lebten. Es war nicht so, daß ich plötzlich das Bedürfnis hatte, sie zu sehen, sondern mich bedrängte der Gedanke, daß irgend etwas nicht in Ordnung war.

Fünfundvierzig Minuten später war ich bei ihnen. Die Frau meines Freundes öffnete mir in Tränen aufgelöst die Tür. Sie erzählte mir, sie sei gerade im Elternschlafzimmer des Hauses gewesen und habe versucht, dort zu beten. Mein Freund war bei der Arbeit. Ich konnte sehen, daß sie wirklich erschüttert war, als sie mir erzählte, was dort gerade vor meiner Ankunft passiert war.

Sie sagte, sie habe sich in dem Raum noch nie wohl gefühlt. Erst kürzlich habe sie den Weg des Gebets und der Meditation eingeschlagen – und wann immer sie dort zu beten versuche, spüre sie die Anwesenheit einer schrecklichen Erscheinung, manchmal schwächer, manchmal stärker. Gerade eben habe sie lange Zeit gebetet und voller Entsetzen gespürt, wie diese Erscheinung sehr stark geworden sei. Sie sei nach unten gegangen, und in diesem Moment sei ich angekommen.

Ich erzählte ihr, daß ich etwa eine Stunde zuvor das Gefühl gehabt hätte, irgend etwas sei nicht in Ordnung. Ich sagte, ich würde der Sache auf den Grund gehen, während sie unten in der Küche warten sollte.

Mit Schmetterlingen im Bauch ging ich nach oben. Je höher ich kam, desto stickiger und dicker wurde die Luft. Als ich das Schlafzimmer erreichte, wurde das Licht schwächer, und ich fragte mich schon, worauf ich mich eingelassen hatte. Ich öffnete die Tür.

Ich mochte meinen Augen kaum trauen. Der Raum war voller Geister. Ich hatte nie zuvor Geister gesehen, aber ich wußte sofort, um was es sich handelte, und meine Angst wuchs. Sie sahen ähnlich aus wie Gremlins, häßliche Gremlins… leuchtend, aber mit einem dunklen Schatten um Augen und Mund. Im Zimmer stand ein Bett mit vier Pfosten, und einer der Geister hockte auf einem Bettpfosten und grinste mich boshaft an. Es gab noch einen weiteren, den ich klar in einer Ecke der Decke erkennen konnte, während andere sich im Zimmer zu bewegen schienen, was ich aber nur undeutlich wahrnahm.

Als ich irgend etwas in dem kleinen Badezimmer nebenan herumwühlen hörte, dachte ich schon, ich sei verrückt geworden. Ich wollte weglaufen, aber ich riß mich zusammen. Allmählich konnte ich Formen erkennen, wo ich vorher nur Schatten wahrgenommen hatte. Es war chaotisch und verwirrend, aber ich sah sie.

Es schien so, als würden sie Dinge im Zimmer herumwerfen. Ätherische Dinge, nicht die Möbel oder Bücher, die ich dort *sehen* konnte. Sie gebärdeten sich wie wahnsinnig. Die Geister spuckten irgend etwas, das wie Speichel oder mehr noch wie klebriges Zeug wirkte.

Sie waren ekstatisch. Ich merkte, wie sie sich immer noch darüber freuten, daß sie meine Freundin in Angst und Schrecken versetzt hatten.

Ich schloß meine Augen und öffnete sie wieder. Aber sie waren immer noch da.

Dann erinnerte ich mich daran, daß meine Arbeitskollegin gesagt hatte: »Es gibt keine ›bösen‹ Geister. Einige von ihnen sind einfach verloren.« Sie sagte, sie seien lediglich beim Übergang vom Leben zum Tod an irgendeinem Ort steckengeblieben, der ihnen vertraut war, oder den sie zumindest für sicher hielten.

Ich fühlte mich nun ein wenig ruhiger und versuchte, so gelassen wie möglich zu werden. Ich wußte, daß diese Seelen oder »Geister« Furcht spüren konnten, und ich sah, wie sie das genossen. Sie rannten immer noch herum wie Caspers gemeine Brüder und amüsierten sich köstlich darüber, wie sie meine Freundin erschreckt hatten. Ich versuchte mich krampfhaft daran zu erinnern, was meine Arbeitskollegin in einem solchen Fall empfohlen hatte.

»Ihr seid nicht mehr unter den Lebenden«, erklärte ich ihnen. »Ihr seid nicht hier bei uns. Ihr seid tot. Ihr seid Geister.«

Auf diese Weise sprach ich weiter mit ihnen und spürte, wie sie allmählich ruhiger wurden. Anscheinend war die Botschaft angekommen, und sie hörten mir zu.

Ich empfand großes Mitgefühl mit ihnen allen und staunte, was über mich gekommen war. Ich bat um Hilfe – von irgend jemandem, irgend etwas – um sie dorthin zu führen, wo sie hingehörten. Und dann wußte ich, daß ich hier in diesem Raum ein Ritual zu vollziehen hatte.

Ich ging nach unten und fand eine Dose mit Tafelsalz. Ich sagte meiner Freundin, was ich gesehen hatte, und daß sie nicht verrückt sei. Ich erklärte ihr, was ich tun wollte. Dann rief ich im Büro an. Glücklicherweise erreichte ich meine Arbeitskollegin dort.

Als das Telefonat beendet war, wußte ich nicht, ob ich einer Eingebung folgte oder verrückt war, aber ich ging wieder nach oben. Die Geister waren immer noch dort.

Ich streute Salz in den Raum, überall an den Fußleisten entlang, und sprach dabei das Gebet, das ich gerade von meiner Kollegin gelernt hatte. Ich streute erneut Salz auf das Podest, das irgend jemand im Zimmer eingebaut hatte, und ich streute Salz an die Tür.

Dann war ich froh, diese Tür hinter mir schließen zu können, und ging nach unten.

Ich sagte meiner Freundin, sie solle das Salz dort vierundzwanzig Stunden lassen, es dann absaugen und den Staubsaugerbeutel irgendwo hinbringen, wo niemand wohnte. Es konnte sogar die Müllhalde sein. Ich saß da und versuchte mich wieder zu sammeln, während meine Freundin mir erzählte, sie habe die ganze Zeit, als ich oben war, inbrünstig gebetet.

Zwei Tage später rief sie mich an. Sie hatte getan, was ich ihr gesagt hatte, und der Raum wirkte nun ruhiger. Sie hatte darin geschlafen, und als sie aufwachte, schien die Sonne ins Zimmer, und sie hatte dort gerade zum ersten Mal gebetet. Die Erscheinungen waren nicht mehr da, der Raum wirkte warm und hell.

»Er ist voller Liebe«, sagte sie.

Rick Wright

Übergänge: Mysterien des Geistes

Mutter hatte nur noch etwa einen Tag zu leben. Alle Familienmitglieder spürten das.

Wir alle waren da: meine beiden Brüder, ihre Frauen, ihre Söhne, meine Töchter. Abwechselnd lasen wir Mutter aus der Bibel vor. Konnte sie uns hören? Wir waren nicht sicher, aber wir hatten das Gefühl, es würde ihr helfen, ihren vom Krebs gequälten Körper zu verlassen. Wir beschworen das Christus-Bewußtsein, und allein darin lag zweifellos eine enorme Kraft. Wir waren so tief mit ihr verbunden. Sie wurde von so vielen Menschen geliebt – wegen ihrer Großzügigkeit, der Geschichten, die sie erzählte, für ihre Weisheit, ihr Mitgefühl und ihren Mut. Was konnten wir tun, um sie am Leben zu erhalten? Wir wollten sie bei uns haben – für alle Zeit. Und doch wußten wir, daß wir sie gehen lassen mußten.

Nach dem Abendessen ging die Sonne gerade über der Bucht in dieser wunderschönen Stadt am Strand von Jersey unter. Wir hatten das Bedürfnis, wieder in das Zimmer zu gehen, das wir für sie neben der Küche hergerichtet hatten.

Woher wußten wir, daß ihre Zeit gekommen war? Wir müssen es an ihrem mühsamen Atmen gehört haben. Der Atem – er vermittelt uns so viele Botschaften. Atem ist Leben. Als mein Vater vier Monate zuvor gestorben war, hatte meine Mutter davon gesprochen, daß sie den Tod in seiner Kehle rasseln gehört hatte. Wir alle hörten ihn nun in ihrer Kehle und schauderten.

Und dann geschah es. Sie hörte auf zu atmen.

Was sich danach ereignete, versetzte mich in Staunen und Ehrfurcht. Ich spürte, wie mein Vater direkt über ihrem Bett erschien, und der ganze Raum wurde von einem milden, sanften blauen Licht durchflutet. Ich war von Ekstase ergriffen und empfand eine wundersame Glückseligkeit von zarter Tiefe.

Wann hatte ich so etwas schon einmal erlebt? Bei der Geburt meiner Töchter.

Der Übergang vom Geist zur Materie (die Geburt meiner Töchter) und der Übergang von der Materie zum Geist (der Tod meiner Mutter): Beides brachte eine tiefe Freude hervor, die einem Tränen in die Augen treibt, und ein offenes Herz voller Glückseligkeit.

Ich blieb während der nächsten Stunden bei ihr im Zimmer, betete still und dachte über das Mysterium nach. Dann wickelten meine Brüder sie in ein Laken, und sie wurde in den Totenwagen gelegt.

Ich ging am Strand entlang und blickte in den Himmel. Und siehe da, die Wolken hatten die Form eines riesigen Engels! »Du brauchst den Tod nie zu fürchten«, war die Botschaft, die ich vernahm. Sogar im Tod gab Mutter mir noch etwas.

Ich verehre das Mysterium des Übergangs. Es ist immer voller Segen und Gnade.

Mary Amrita Weed

Er wacht über mich

»Sein Auge wacht über dem Sperling«, heißt es in einem Kirchenlied. Und auf wundersame Weise wachte das Auge des Sperlings über mich.

Ich hatte nicht vorgehabt, nach St. Augustine zu fahren, aber als ich am Wochenende vor dem 1. Mai samstagsmorgens beim Kaffee saß, hatte ich das Gefühl, ich sollte hinfahren und das Grab meines Mannes besuchen.

Camacho war die Liebe meines Lebens gewesen. Ich lernte ihn kennen, als ich sechsundvierzig war, und folgte ihm in ein neues Leben, obwohl es bedeutete, daß ich meine finanzielle Sicherheit aufgeben mußte. Ich habe meine Entscheidung nie bereut. Was ich auch an materiellem Wohlstand zurückließ, er und ich haben es gemeinsam wieder aufgebaut. Jeden Augenblick meiner achtzehn Jahre mit ihm wußte ich, daß ich geliebt wurde. Aber nun war er seit viereinhalb Jahren tot.

Irgend etwas sagte mir, ich solle nach St. Augustine fahren, obwohl mein Auto sich in einem so schlechten Zustand befand, daß mein Sohn entsetzt war, als ich ihm sagte, daß ich fahren würde. Ungeachtet seiner Proteste machte ich mich am nächsten Morgen auf den Weg.

Ich war noch nicht lange auf dem Friedhof, als zu meiner

Überraschung einer von Camachos ehemaligen Angestellten kam.

»Jose, was machst du hier?« fragte ich.

»Ich komme oft her, sehe nach dem Grab und erweise ihm meinen Respekt.«

Während wir auf einer Bank am Grab saßen und Erinnerungen über unseren geliebten Camacho austauschten, bemerkte ich, wie ein Spatz um unsere Füße herumhüpfte. Ich dachte, er sei vielleicht verletzt, weil er nicht einmal wegflog, als wir unsere Beine bewegten. Kurz darauf pickte der Spatz in meine kleine Zehe. »Meine Güte, was machst du denn?« rief ich.

Der Spatz sprang auf meinen Fuß und begann an der goldenen Fußkette zu ziehen, die einmal Camachos Armband gewesen war. Es war ein Geschenk von Camacho, und mein Name war darauf mit Diamanten geschrieben. Der Spatz zog immer wieder daran und sprang dann auf mein Knie. Nachdem er dort eine Weile gesessen hatte, flog er auf meinen Kopf und kam anschließend in meinen Nacken herunter, wo er mich ein paarmal pickte. Camacho hatte gerne mein Haar hochgehoben und mich dort geküßt. Schließlich hockte sich der Spatz kurze Zeit auf meine Schulter und hüpfte dann meinen ganzen Körper herab.

Danach flog er kurz zu Jose und von dort zu einem Baum. Während ich diesen kleinen Sperling beobachtete, überkam mich eine absolute Sicherheit, daß er Camacho sein mußte... aber ich war mir keineswegs sicher, was ich von der Sache halten sollte. Ich war mehr schockiert als alles andere.

Der Spatz flog vom Baum wieder zurück auf die Bank. Dort saßen wir noch etwa eine halbe Stunde.

Am nächsten Morgen ging ich zurück zum Friedhof. Diesmal war ich auf den Spatz vorbereitet, aber er war nicht dort. Doch das bedeutete keineswegs, daß er nicht immer noch auf mich aufpaßte.

Als ich wegfahren wollte, wurde der Motor meines Wagens zu heiß, direkt nachdem ich den Friedhof verlassen hatte. Ich hielt an der nächsten Tankstelle, mußte jedoch feststellen, daß sie die Reparatur nicht durchführen konnten. Es war der 1. Mai. Ich mußte über Nacht bleiben. Am nächsten Tag, einem Dienstag, reparierte der Mechaniker den Wagen nur provisorisch, weil er keinen passenden Schlauch hatte. Er riet mir dringend, das Auto zu Hause gleich in die Werkstatt zu bringen, und obwohl ich knapp bei Kasse war, folgte ich seinem Rat. Die Reparatur kostete 220 Dollar.

An ebendiesem Dienstag bekam ich mit der Post einen Scheck über 240 Dollar: Ein Möbelstück, das ich in Kommission gegeben hatte, war verkauft worden. Ich verstand das nicht. Vor meiner Abfahrt am Sonntag hatte ich noch im Laden angerufen, und man hatte mir gesagt, es sei noch nicht verkauft.

Ich wußte, daß mußte der Spatz gewesen sein. Ich wußte, es war Camacho, der über mich wachte.

Marilyn Camacho

»Try to Remember«

Es war fast Mitte August, und meine Großmutter, die ich bei ihrem Vornamen Lily nannte, starb an Krebs. Ich hatte sie zuletzt im Juli gesehen, als ich sie mit meiner Mutter, meinem Bruder und meinem Sohn in ihrem Haus in Arizona besucht hatte.

Während unseres Besuchs hatte sie nachmittags oft drei Stunden geschlafen. Das paßte überhaupt nicht zu Lily, die immer ein Mensch gewesen war, den man regelrecht anbinden mußte, damit sie sich wenigstens zum Abendessen hinsetzte. Tatsächlich hatte ich sie als kleines Mädchen mit ihren Schürzenbändern am Stuhl festgebunden. Jedesmal tat sie so, als hätte sie es nicht bemerkt, lachte dann und sagte: »Warte, ich krieg dich schon, du kleines Biest.«

Aber bei diesem letzten Besuch war nicht mehr viel von der verspielten Frau mit den funkelnden blauen Augen und dem strohblonden Haar übrig.

Obwohl sie sich so verändert hatte, war es mir nicht in den Sinn gekommen, daß ihr Krebs, der vor etwas mehr als einem Jahr operativ entfernt worden war, vieleicht wieder ausgebrochen sein könnte. Ich wollte einfach glauben, daß meine Lily ewig leben würde. Aber als ich sie am Ende dieses Besuchs zum Abschied küßte, fragte ich mich doch, ob es vielleicht zum letzten Mal sein würde. Erst als meine Mutter nach Hause zurückkam, um sich mehr Kleidung zu holen, erfuhr ich, daß der Krebs wieder ausgebrochen war und sich in einem fortgeschrittenen Stadium befand.

Am Wochenende vor ihrem Tod beschloß mein Vater, seine Schwiegermutter Lily zu besuchen. Wir wußten nun, daß sie im Sterben lag. Ich hätte mit meinem Vater fahren können, aber dabei gab es vieles zu bedenken. Mein zweijähriger Sohn Joey hätte nicht bei meiner Großmutter im Haus bleiben können. Wir waren alle viel zu sehr mit unserer Trauer beschäftigt, um zu ertragen, daß ein kleines Kind überall herumtobte. Ich hätte Joey bei meiner Tante lassen können, die etwa eine Stunde Fahrt von meiner Großmutter entfernt wohnte, oder er hätte über Nacht bei unserer Nachbarin bleiben können. Doch beide Möglichkeiten gefielen mir nicht, weil mein Sohn noch nie von irgend jemandem außer meinen Eltern und mir versorgt worden war.

Am Ende beschloß ich, mit Joey zu Hause zu bleiben, weil ich das Gefühl hatte, Lily würde genau das von mir erwarten. Sie hatte Kinder stets an die erste Stelle gesetzt.

Am Abend bevor mein Vater losfuhr, schrieb ich Lily einen Brief, dankte ihr für ihre bedingungslose Liebe und dafür, daß sie stets an mich geglaubt hatte. Ich bat meine Mutter, ihr diesen Brief vorzulesen. Dennoch war ich mir immer noch unsicher, ob ich die richtige Entscheidung getroffen hatte. Ich wünschte mir ein Zeichen zur Bestätigung, obwohl ich nie daran dachte, daß ich es tatsächlich bekommen würde.

Es war Sonntag. Mein Vater war wieder auf dem Heimweg, während meine Mutter bei Lily blieb. Nur Joey und ich befanden uns im Haus. Es war ein windstiller, heißer Tag in San Diego, ein Tag, der ungewöhnlich ruhig und friedlich schien. Ich wollte Joey gerade zu seinem Mittagsschlaf hinlegen, als ich hörte, wie aus dem Zimmer meiner Eltern Musik erklang.

Vorsichtig ging ich hinein. Auf dem Kleiderschrank meiner Mutter stand eine Spieluhr, die mein Onkel ihr geschenkt hatte. Als ich zwei oder drei Jahre alt war, hatte meine Großmutter sie mir zum Spielen gegeben, und ich hatte den Kopf der Figur darauf abgebrochen. Nun drehte sie sich langsam um ihre verbogene Achse. Verblüfft setzte ich mich auf das Bett meiner Eltern, während die Musik weiter erklang. Es war das Lied: »Try to Remember« (Versuch dich zu erinnern).

Nachdem ich Joey ins Bett gebracht hatte, rief ich aufgeregt meine Mutter an, um ihr zu erzählen, was geschehen war. Ich sagte ihr, es sei völlig windstill, und niemand sei im Zimmer gewesen.

Sie erzählte mir, die Spieluhr habe seit über zehn Jahren nicht mehr funktioniert.

Lily starb zwei Stunden, nachdem ich mein Zeichen erhalten hatte. Ich weiß, daß ihr Geist immer noch bei uns ist, so wie er an diesem Tag bei mir war.

Jenna L. Adamo

Wenn alles andere versagt

Alles schien schiefzugehen. Wir stellten fest, daß wir Ratten auf dem Dachboden hatten. Dann breiteten sich Mehlwürmer in allen trockenen Nahrungsmitteln in unserer Speisekammer aus. Bald darauf waren die Toiletten verstopft, die Waschmaschine ging kaputt, und schließlich starb ein Opossum unter dem Haus und gab einen entsetzlichen Gestank ab.

Wir bestellten den Klempner, doch er konnte bei keinem einzigen der Probleme feststellen, was die Ursache war. Wir bestellten den Kammerjäger – doch kaum war er fertig, fing alles wieder von vorn an.

Während so eins zum anderen kam, kratzten wir uns erstaunt am Kopf und fragten uns, was hier eigentlich los war. Nach Wochen der Aufregung begannen wir, nach anderen Ursachen zu suchen.

In einem Gespräch mit meiner Schwester sagte ich: »Das erinnert mich an den Film *Poltergeist.* Es scheint einfach keine vernünftige Erklärung zu geben.« Sie erzählte das ihrer Freundin Anne, die sofort ausrief: »Cortland, den solltet ihr anrufen. Er hilft den Leuten in solchen Situationen.« Meine Schwester rief ihn an und vereinbarte einen Termin für einen Hausbesuch.

Als Cortland ankam, fühlten wir uns unbestreitbar etwas unwohl. Wir wußten nicht, wie wir uns verhalten sollten, und benahmen uns ein wenig wie befangene Schulkinder. Ich erklärte ihm die Situation.

Dann ging er von einem Zimmer zum anderen und sagte in jedem: »Dieser Raum ist sauber.« Nachdem er überall im Erdgeschoß gewesen war, begaben wir uns nach oben. Auch hier ging er von einem Zimmer ins andere und sagte weiterhin: »Dieser Raum ist sauber.«

Schließlich betraten wir das Elternschlafzimmer, und Cortland platzte heraus: »Das ist der Raum!« Er blickte sich um. »Hier ist vor zwanzig Jahren jemand gestorben. Er sitzt hier in der Falle. Er ist nicht wütend... er will nur auf sich aufmerksam machen, damit ihm jemand hilft, in die andere Welt zu gelangen. Er tut einfach nur alles, um sich bemerkbar zu machen, ohne Sie gleich zu Tode zu erschrecken.«

Ich fragte, wie wir dieser Person helfen könnten. Er sagte, er würde die Worte sprechen, um dieser Wesenheit in die andere Welt hinüberzuhelfen, und wir müßten das Haus mit Salbei ausräuchern. Er ging mit einem brennenden Salbeizweig von Zimmer zu Zimmer und reinigte das gesamte Haus. Als wir fertig waren, gab Cortland uns mehr Salbei und sagte uns, wir sollten in drei Tagen noch einmal damit räuchern. Unsere Probleme würden dann beseitigt sein.

Wir boten ihm Geld an, aber er wollte es nicht nehmen. Er sagte, er biete diesen Dienst an, und er dürfe dafür kein Geld nehmen.

Die seltsamen Ereignisse hörten auf, als seien sie mit einem Schalter abgestellt worden. Der Gestank verschwand, die Toiletten liefen wieder ab, die Waschmaschine funktionierte, und die Mehlwürmer waren ebenfalls weg.

Nicht lange danach traf ich zufällig die Frau, die uns das Haus verkauft hatte. Ich fragte sie, ob sie von irgend jemandem wisse, der dort gestorben sei. »Ja«, antwortete sie. »Vor zwanzig Jahren ist der Sheriff dort gestorben, während er im Elternschlafzimmer schlief.«

Chérie Carter-Scott

Jemand auf der anderen Seite

Mein Vater lag im Sterben.

Ich konnte das nicht akzeptieren. Die Ärzte mußten sich irren.

Aber hier lag er, sterbend.

»Keine Apparate«, hatte er dem Arzt gesagt. »Laßt mich einfach in Frieden gehen.«

Ich war in Aufruhr. Dad, wie kannst du das sagen? Du darfst nicht sterben!

Aber dann blickte ich hinab auf diesen Mann, der einst so groß, so gutaussehend und so gesund gewesen war. Welches Recht hatte ich, ihn zu bitten, er solle weiterleben?

Ich nahm seine Hand. »Ich liebe dich, Dad«, preßte ich unter Tränen hervor. Und mit dem Rest von Kraft, der ihm geblieben war, drückte er meine Hand und flüsterte etwas.

»Was sagst du, Dad?« Ich beugte mich tiefer zu ihm herunter.

»Bitte laß mich gehen.«

»Was?«

»...«

»Muß ich loslassen, damit du sterben kannst, Dad?«

»Ja.«

»Müssen wir alle loslassen?«

Er hauchte kaum hörbar: »Ja.«

»Sogar Mom?«

Seine Augen blickten gequält: »Bitte«, keuchte er, »zwingt sie nicht. Sie soll es aus eigenem Antrieb tun.«

O Gott, betete ich, *bitte gib uns die Kraft, das Richtige zu tun.* Dad schloß die Augen, und ich drückte wieder seine Hand. Er versuchte, meine ebenfalls zu drücken, hatte aber nicht mehr die Kraft dazu. Ich beugte mich herab und küßte ihn auf die Stirn. Er reagierte nicht.

Meine Familie kam vom Abendessen zurück. Während meine Mutter zu meinem Vater ins Zimmer ging, teilte ich meinem Bruder und meinen Schwestern mit, worum er mich gebeten hatte. Kathleen sagte uns, er habe sie ebenfalls darum gebeten. Wir waren uns einig, daß wir zu seinem Besten loslassen mußten – aber was war mit Mom? Sie glaubte weiterhin fest daran, daß er wieder gesund werden würde. Wie konnten wir ihr helfen zu erkennen, daß er sie zu sehr liebte, um ohne ihren Segen zu gehen?

An jenem Abend brachen die Worte plump aus uns heraus. Mutter sah uns ungläubig an.

»Wie könnt ihr ihn aufgeben? Wie könnt ihr von mir verlangen, daß ich loslasse?« flehte sie. »Wie könnt ihr so grausam sein?«

Ich versuchte, sie zu umarmen, aber sie ließ niemanden von uns an sich heran. Unser aller Augen standen voller Tränen, die nicht fließen konnten. Wie versteinert verließen wir schweigend das Krankenhaus.

Während Dad am nächsten Tag immer wieder vorübergehend ins Koma fiel, verabschiedeten wir uns alle von ihm. Alle außer Mom.

Als es Abend wurde, bat sie uns, sie mit ihm allein zu lassen. Ich küßte Dad zum Abschied. Meine Schwestern und ich fuhren nach Hause. Mark blieb im Krankenhaus.

Als sie mit ihm allein im Zimmer war, nahm Mom Dad in ihre Arme. Und mit all ihrer unglaublichen Liebe zu ihm ließ sie ihn gehen.

Meine Mutter und mein Bruder waren gerade zu Hause angekommen, als ich die Anwesenheit meines Vaters im Haus spürte. Das Telefon klingelte, und das Krankenhaus teilte uns mit, daß er gestorben war.

Anfangs schloß ich meine Augen nur voller Schmerz, doch dann mit wachsender Neugier. Ich konnte immer noch spüren, daß Dad hier war.

Ich sagte niemandem etwas davon, ging jedoch in einen anderen Raum. Ich setzte mich hin und begann zu meditieren. Sofort erschien sein Gesicht vor mir. Er sah wieder gesund aus.

»Bist du glücklich, Dad?« fragte ich, und sein strahlendes Lächeln sagte mir, daß er es war.

»Ich liebe dich, Dad. Um deinetwillen bin ich froh, daß du jetzt keine Schmerzen mehr hast… aber ich werde dich wirklich vermissen!« Ich begann zu schluchzen. Dann kam mir ein Gedanke, der mir Sorgen machte. »Dad, bist du wirklich hier, oder bilde ich mir das nur ein, damit ich unter deinem Verlust nicht so leide?« Er versicherte mir, daß er da war, aber ich dachte immer noch, es könnte reine Einbildung sein.

»Okay, aber… tu mir bitte einen Gefallen, ja?« Ich handelte mit ihm. »Wenn es bei Mom soweit ist.... wirst du mir dann zehn Tage vorher Bescheid sagen, damit ich die Familie und mich darauf vorbereiten kann?« Während er zustimmend nickte, verschwand das Bild meines Vaters.

Neunzehn Jahre später wachte ich eines Nachts unvermittelt auf. Neben meinem Bett, eingehüllt von blauem Licht, standen mein Vater und die Eltern meiner Mutter.

Ich schloß und öffnete meine Augen mehrfach, aber sie waren immer noch dort. Schließlich stammelte ich etwas, und mein Vater sprach:

»Du mußt deiner Mutter sagen, daß sie jetzt loslassen darf.«

»Klammert sie sich wegen uns Kindern ans Leben, Dad?«

»Ja. Sag ihr, daß sie jetzt loslassen darf.«

Und dann waren sie verschwunden.

Ich begann zu weinen. Meine Mutter war neunundsiebzig Jahre alt und litt an der Parkinson-Krankheit, die ihren Körper so weit verwüstet hatte, daß sie den Tod als Erlösung zu empfinden schien. Aber klammerte sie sich wirklich nur noch wegen uns vier Kindern ans Leben?

Wie zum Trotz kaufte ich ihr am nächsten Tag ein Weihnachtsgeschenk. Als ich nach Hause kam, rief ich meinen Bruder an, um ihm zu sagen, was ich gekauft hatte, und er meinte, ich solle es zurückbringen. »Der Arzt aus dem Pflegeheim hat heute angerufen«, sage er ruhig. »Es wird nicht mehr lange dauern.«

Ich dachte an meine nächtlichen Besucher. Ich erzählte meinem Bruder von ihnen, und wir waren beide der Meinung, es sei nun Zeit, Mom zu sagen, sie dürfe loslassen.

Ich verabschiedete mich am Weihnachtstag von ihr. Ich richtete ihr Grüße von ihren Töchtern aus und sagte ihr, auch sie wollten sie wissen lassen, daß wir sie liebten, aber sie dürfe uns nun verlassen. Ich versprach, daß Mark sie im Laufe der Woche besuchen würde.

Sie starb an dem Abend, an dem Mark sich von ihr verabschiedete. Es waren genau zehn Tage seit dem nächtlichen Besuch meines Vaters und meiner Großeltern vergangen. Ich bin mir sicher, daß sie bei ihr waren, als sie hinüberging.

Die Menschen, die wir lieben, sind im Geiste immer bei uns, und wenn unsere Zeit gekommen ist, sterben wir nicht allein. Immer erwartet uns jemand auf der anderen Seite.

Micki East

Parfum im Himmel

Meine Nichte Melissa Ann starb am 11. Juni 1995 im zarten Alter von zwölf Jahren. Fünf Jahre lang hatte sie heldenhaft gegen eine Krebserkrankung gekämpft, die Kinder befällt und als Rhabdomyosarkom bezeichnet wird. Melissa war während ihres kurzen Lebens auf dieser Erde, mit einem Wort gesagt, eine Heilige, und wir liebten sie und ihren Heldenmut aus tiefstem Herzen. Natürlich war ihr Tod ein entsetzlicher Schlag für unsere Familie. Ihre Eltern und ihr kleiner Bruder litten unbeschreiblich. Wir konnten uns nicht vorstellen, warum ein so junger, wunderbarer Mensch eine so schwere Krankheit ertragen mußte. Wir beteten ständig für sie und baten Gott, uns durch ein Zeichen wissen zu lassen, daß sie nun ihren Frieden und ihr Glück gefunden hatte.

Es gehörte zu meinen regelmäßigen Übungen, für alle Freunde und Verwandten zu beten, die im Laufe der Jahre gestorben waren. Eines Abends zündete ich neben meinem

Bett eine Kerze an und bat all diese Lieben, zu mir zu kommen und mir ein Zeichen zu geben, daß Melissa bei ihnen und glücklich war.

Melissa stand vor mir. Irgendwie wußte ich, wie man es bei einer echten Vision weiß, daß dies wirklich Melissa war. Neben ihr stand mein Zwillingsbruder, der 1989 gestorben war.

Überwältigt vor Freude umarmte ich Melissa und rief: »Sie ist es, es ist Melissa! Seht ihr sie? Sie ist es wirklich!« Ich vergaß meinen Bruder und hielt Melissa fest, ein warmes angenehmes Gefühl schoß durch meinen Körper, wie ich es noch nie zuvor oder je wieder danach erlebt habe. Ich kann es nicht genau beschreiben, aber mich erfüllte eine Welle von Liebe, Wärme und Glück.

»Melissa«, schrie ich fast. »Weißt du eigentlich, wie sehr dich alle vermissen? Weißt du, wie sehr deine Eltern dich vermissen? Weißt du, wie sehr dein Bruder dich vermißt?«

Melissa sah mich auf dieselbe wissende Weise an, wie sie immer jemanden angesehen hatte, der etwas Selbstverständliches erklärte, weil er dachte, sie sei ja nur ein Kind, das die Welt noch nicht versteht. »Ich weiß«, sagte sie, »aber es ist einfach nicht genug Zeit, um jeden zu besuchen, der mich ruft. Alle rufen ständig nach mir! Und außerdem bin ich jede Nacht bei ihnen.«

»Geht es dir gut?« fragte ich. »Bist du glücklich?«

Ihr Engelsgesicht strahlte, und sie sagte: »O ja. Ich kann nur leider mein Lieblingsparfum hier nicht bekommen.«

»Parfum?« Ich weiß noch, wie unsinnig mir das vorkam. Sie war im Himmel, und dort sollte sie wohl jedes Parfum bekommen können, das ihr gefiel. Doch ich sagte nur: »Und welches Parfum möchtest du haben?«

Ohne zu zögern erwiderte sie: »Cody, Ex-.« Irgendwie

konnte ich den Rest des Wortes nicht verstehen. Es klang wie »Extravaganza« oder so ähnlich, aber es ergab keinen Sinn für mich.

In diesem Moment erschien ein anderes kleines Mädchen. Sie wirkte jünger, und die beiden schienen enge Spielgefährtinnen zu sein. Sie begannen, sich zu entfernen, und ich folgte ihnen.

Sie gingen zu einem Haus, das ich noch nie zuvor gesehen hatte, stiegen die Stufen zur Eingangstür hinauf und gingen hinein. Ich wartete auf dem Gehweg vor dem Haus, ohne zu wissen, was ich tun oder sagen sollte, in der Hoffnung, Melissa wiederzusehen. Bald darauf kamen die zwei aus dem Haus, stiegen die Treppe hinunter und gingen über den Gehweg fort. Ich rief: »Warte, Melissa, warte!« Doch sie verschwanden und ließen an der Stelle, wo sie gestanden hatten, nur zwei kleine, silberne Pfützen zurück, die dann ebenfalls sehr schnell verschwanden.

Ich wachte auf und fühlte mich zunächst verwirrt und traurig. »Welch ein seltsamer Traum,« dachte ich. Dann packte es mich, mächtig und aus tiefster Seele. Das war kein Traum. Das war wirklich geschehen. Ich wußte einfach mit einer unaussprechlichen Gewißheit, daß dies eine Erscheinung gewesen war, und kein Traum. Ich hatte wirklich mit Melissa gesprochen.

Ich begann hemmungslos zu schluchzen. Das war zu viel für mich. Ihre Worte ließen mich zittern. »Es ist einfach nicht genug Zeit!«

Es war ein Uhr morgens, aber ich rief trotzdem ihre Eltern an. Sie gingen nicht ans Telefon, doch ich erzählte die Geschichte unter hysterischem Schluchzen dem Anrufbeantworter.

Um sieben Uhr morgens klingelte das Telefon. Es war Melissas Mutter. Ich erzählte ihr alles noch einmal und fragte sie: »Mochte Melissa Parfum? Hatte sie ein Lieblingsparfum?«

»Ja, sie hatte eins«, erfuhr ich, aber ihre Mutter konnte sich nicht an den Namen erinnern. Sie berichtete, Melissa habe einen Plüschhund geschenkt bekommen, um dessen Hals eine Flasche Parfum gebunden war. Sie würde in Melissas Zimmer danach suchen und mich dann zurückrufen. Dann erzählte sie mir, daß ein anderes Kind in der Nachbarschaft, ein Mädchen namens Chelsea, das jünger als Melissa war, gestorben sei. Sie dachte, dieses Kind hätte das andere Mädchen aus meinem Traum sein können.

Die Beschreibung der Stufen, die zu dem Haus führten, in das sie gegangen waren, weckte bei Melissas Vater Interesse. Aus irgendeinem Grund klang dieser Teil des Traums für ihn wahr und ließ ihn glauben, daß es kein bloßer Traum gewesen war. Ich erzählte ihm, diese Stufen hätten mich verwirrt, weil ich kein Haus in ihrer Nachbarschaft kannte, zu dessen Eingangstür solche Stufen führten. Er ließ sich nicht weiter darüber aus, und wir verabschiedeten uns mit dem Versprechen, daß sie wieder anrufen würden, wenn sie das Parfum gefunden hätten.

Ein paar Stunden später riefen sie zurück, und in ihren verzerrten Stimmen konnte ich die Tränen hören. Sie hatten das Parfum in dem Kästchen gefunden, in dem Melissa ihr Make-up und ihren Schmuck aufbewahrt hatte. Es war eine Flasche Cody »Ex'cla ma' tion«, die der Stoffhund um den Hals getragen hatte.

Es gab keine Möglichkeit, wie ich von dem Hund oder der Flasche Parfum hätte wissen können, und das überzeugte mich, daß Melissa tatsächlich in der Nacht zuvor mit mir gesprochen hatte. Ich vermutete, Melissa wußte, daß ich keine Ahnung von dem Parfum hatte (und tatsächlich war mir die Marke »Ex'cla ma' tion« bis dahin unbekannt) und sie wollte mir auf diese Weise ein Zeichen geben, damit ihre Eltern und ihr Bruder wußten, daß sie mich wirklich besucht hatte und daß es ihr gutging.

Ein paar Monate später besuchte ich Melissas Eltern. Ich wollte mich schon wieder auf den Heimweg machen, als mein Bruder sagte: »Ich möchte dich zu Chelseas Haus bringen und sehen, ob du es erkennst.«

Wir fuhren los. Ich folgte meinem Bruder in meinem Wagen, weil ich anschließend noch Melissas Grab besuchen und dann gleich nach Hause fahren wollte. Ich war verwirrt, als Melissas Eltern etwa zwei Meilen aus ihrer eigenen Wohngegend herausfuhren. Als wir in eine Straße einbogen, in der ich noch nie gewesen war, sah ich das Haus, in das die beiden Kinder in meinem Traum hineingegangen waren.

Sie hielten nicht vor diesem Haus, sondern vor dem nächsten. Ich stieg aus dem Auto, ging zu ihnen hinüber und zeigte zögernd auf das Haus, vor dem sie angehalten hatten. »Ist das Chelseas Haus?«

»Nein«, sagten sie und zeigten auf das Haus, das ich sofort erkannt hatte. Da wußte ich, daß Melissa wirklich bei mir gewesen war und mir eine Botschaft für ihre Familie überbracht hatte, und ich begann wieder hemmungslos zu weinen. Ich wußte, daß es ihr gutging, daß sie glücklich war, und daß sie mit ihrer kleinen Freundin im Himmel war. Mich überkam ein tiefer Frieden, und ich staunte über das Geschenk, das ich erhalten hatte.

Frank A. Alamia

»*Night Shift*«

Ich war mit meiner Freundin Sandy zusammen, als im Radio das Lied »The Night Shift« (Nachtschicht) gesendet wurde, das die Commodores einigen berühmten verstorbenen Sängern gewidmet hatten. Wir empfanden es beide als sehr schön und sehr traurig.

Drei Tage später rief mich meine Mutter morgens an, um mir zu sagen, daß meine Schwester Judi nachts im Schlaf gestorben war. Eine Stunde danach rief Sandy von der Arbeit aus an und fragte sofort: »Was ist passiert?«

Immer noch weinend erzählte ich ihr von Judi, und daß ich zu ihrer Beerdigung nach Virginia fahren würde. Ich wollte schon auflegen, als mir einfiel, daß Sandy gar nicht hatte wissen können, daß etwas passiert war. Ich fragte sie, wieso sie angerufen hatte. Sie hatte gerade »The Night Shift« im Radio gehört und sofort gewußt, »daß etwas mit Allan nicht stimmte«.

Aufgewachsen als Soldatenbälger, die alle drei Jahre umziehen mußten, weil Vater immer wieder versetzt wurde, waren meine Schwester und ich als Kinder die engsten Freunde gewesen. Später lebten wir uns auseinander, besonders nachdem ihre Trinkerei so schlimm geworden war, daß ich es nur schwer ertragen konnte, mit ihr zusammen zu sein. Weil ihr Mann bei seinem Tod der Army angehört hatte, stand ihr ein militärisches Begräbnis auf dem Arlington-Nationalfriedhof zu. Während der Trauerfeier las ich ein Gedicht vor, das sie als Schülerin geschrieben hatte. Ich hoffte, es würde dazu beitragen, ihr kurzes, schmerzliches Leben zu erklären, denn es beschrieb einen Menschen, der sich schon damals nach dem himmlischen Frieden sehnte.

Nachdem die Ehrengarde ihren Salut abgefeuert hatte und die Feier beendet war, wurde sie neben ihrem Mann beerdigt. Ich wartete, bis alle gegangen waren und sagte dann laut: »Judi, wenn es dir irgendwie möglich ist, dann laß mich bitte wissen, daß es dir gutgeht.« Als ich auf die Blumen auf ihrem Grab hinunterblickte, sah ich dort eine einzelne rote Rose herausragen – und beschloß, daß mir dieses Zeichen ausreichen müsse, auch wenn ich mir weiterhin mehr Gewißheit wünschte. Ich mußte unbedigt wissen, daß meine kleine Schwester endlich ihren Frieden gefunden hatte.

Ich ging zurück zum Parkplatz, stieg in mein Auto – es war das einzige, das noch dort stand – und saß einfach eine Weile still da. Schließlich startete ich den Motor und schaltete das Radio ein, um mich abzulenken. Es blieb stumm. Ich wollte am Knopf für die Senderwahl drehen, aber bevor ich ihn berühren konnte, erklang »The Night Shift«.

Allan Thomas

Was für eine wunderbare Welt

David war ein enger Freund von mir, der im Alter von sechsundzwanzig Jahren an AIDS starb. Obwohl er ständig auf Vorurteile, Diskriminierung und Haß traf, war er ein bemerkenswert positiver Mensch. Er war außerdem der freundlichste und mitfühlendste Mann, der mir je begegnet ist. Als ich erfuhr, daß er im Alter von nur zweiundzwanzig Jahren HIV-positiv war, fühlte ich mich am Boden zerstört.

Doch David lebte sein Leben weiter, arbeitete, ging aufs College und lernte für seine Prüfungen. Als herauskam, daß er HIV-positiv war, verlor er seinen Job und damit auch seine Krankenversicherung. Wegen der hohen Behandlungskosten fürchtete David, seine Eltern würden ohne einen Pfennig zurückbleiben, und deshalb suchte er unermüdlich nach einem Arbeitsplatz, der ihm auch eine Krankenversicherung verschaffen würde – selbst auf die Gefahr hin, dadurch seinen College-Abschluß nicht zu schaffen. Schließlich fand er doch noch einen Job an der Universität, durch den er krankenversichert war, und der es ihm gleichzeitig erlaubte, sein Studium fortzusetzen.

Im Laufe der Zeit wurde er jedoch so krank, daß er weder arbeiten noch das College beenden konnte. Er zog wieder ins Haus seiner Eltern, die in einer kleinen Stadt auf der Florida-Halbinsel lebten. Nachdem ihm die Ärzte im Krankenhaus nur Angst eingejagt und einige Vertreter der Amtskirche ihn ohne das geringste Mitgefühl behandelt hatten, beschloß er, OASIS zu gründen: die »Okaloosa AIDS Support and Information Services«. Davids Traum wurde Wirklichkeit und schenkt bis heute den Bedürftigen Liebe und Unterstützung.

Ich kann kaum mit Worten ausdrücken, wieviel Freude und Lachen dieser junge Mann in das Leben der Menschen brachte, mit denen er in Berührung kam. Er war (und ist) eine wundervolle Seele.

Als er starb, flog ich zu seiner Trauerfeier.

Er hatte sich gewünscht, daß alle Trauergäste farbenfrohe Kleidung tragen sollten. Niemand sollte in Schwarz erscheinen. Und er wollte keine Orgelmusik beim Abschied, weil er sie zu düster fand. Statt dessen sollte ein Band mit seinen Lieblingsliedern abgespielt werden. Das war David.

Wenn ich an diese Trauerfeier denke, dann kann ich mich nur an ein einziges Lied erinnern – es hat sich so lebhaft in mein Gedächtnis eingegraben, als sei es das einzige, das gespielt wurde – es war »What a Wonderful World« (Was für eine wunderbare Welt) von Louis Armstrong.

Nachdem ich wieder zu Hause war, fühlte ich mich eine Weile zutiefst deprimiert. Vier Wochen vergingen, und ich war immer noch nicht fähig, mich dem Leben wieder zu stellen. Dann, eines Abends, veränderte sich alles.

Ich lag fest schlafend in meinem Bett, als ich plötzlich hörte, wie mein Name gerufen wurde. Ich träumte keineswegs, auch wenn mein materieller Körper nicht wach war. In welchen merkwürdigen, wundersamen Bewußtseinszustand war ich geraten?

Ich konnte nicht glauben, was ich sah. Er war es, es war David, und oh, wie wunderschön er aussah! Seine Augen funkelten wie Sterne an einem klaren Sommerhimmel, und sein Lächeln strömte in einer vollkommen natürlichen Verbindung durch meine Seele. Er sah strahlend aus, während er neben meinem Bett kniete. Er war vollkommen transparent, und seine Gegenwart hüllte den Raum mit einer warmen, liebevoll glühenden Energie ein.

David streckte mir seine Hand entgegen und wartete geduldig darauf, daß ich meine hineinlegte. Ich mußte kämpfen, um die Grenzen meines materiellen Körpers zu überwinden. Schließlich geschah es, und ich konnte mich aus meiner Schale befreien. Die Berührung unserer Hände war das Wunderbarste, das ich je erlebt habe. Ich spürte das Verschmelzen schwingender, liebevoller Energien. Der Rest meiner Seele folgte, während ich David anstarrte und buchstäblich fühlte, wie sein Lächeln mich mit Wärme, bedingungsloser Liebe und der tröstlichen Gewißheit erfüllte, daß er immer noch bei uns und sehr glücklich war.

Ehe ich mich's versah, waren David und ich auf einer großartigen Reise und flogen mit unglaublicher Geschwindigkeit dahin. Ein Kaleidoskop von Farben umgab mich, funkelnder Staub reflektierte das Strahlen der Lichter in allen Regenbogenfarben. Oh, welch eine wunderbare Welt!

Während unserer Reise sah ich immer noch Davids Lächeln, denn es strahlte so hell wie jeder Stern am Himmel. Wir verständigten uns eher durch unsere Seelen als durch Worte.

Wir begaben uns in einen langen, dunklen Tunnel. Am Ende des Tunnels leuchtete ein helles Licht. Ein wenig ängstlich hielt ich an. David »sagte« mir, ich solle mitkommen.

Ich glaube inzwischen, daß er mir einfach nur noch mehr zeigen wollte. Doch aus Angst ging ich nicht mit ihm. Ich ließ seine Hand los, und er lächelte mich weiterhin strahlend an, während ich von einer ungeheuren Kraft, wie ich sie noch nie gefühlt hatte, zurückgezogen wurde. Plötzlich befand ich mich wieder in meinem Körper, war wach und voller Staunen.

Danach kam es mir so vor, als sei eine große Last von mir genommen worden. Mein Leben wurde wieder normal – so normal, wie es nach dieser Erfahrung sein konnte – ich ging meinen Weg, meine Depression war vorüber, und ich wußte, daß es dort draußen mehr gibt, als wir zu ergründen vermögen.

Einige Monate vergingen, und ich war mit meinem Verlobten, meiner Schwester und meinem Schwager in New Orleans. Wir aßen im »Court of the Two Sisters«, Davids und meinem Lieblingsrestaurant. Hier waren wir immer gewesen, wenn David zu seiner experimentellen AIDS-Behandlung von Tallahassee nach New Orleans gekommen war.

Während Greg, Jo Ann, Chuck und ich aßen, erklang aus der Stereoanlage ein vertrautes Lied. Louis Armstrong sang

»What a Wonderful World« – und in diesem Moment wußte ich, daß wir nicht allein waren.

Ich spürte, daß dieselbe Erscheinung wie damals tief in mein Inneres eindrang und den Raum dort mit Licht und Liebe erfüllte. David war bei uns, um das Leben zu feiern.

In den folgenden Jahren habe ich seine Anwesenheit noch bei verschiedenen Gelegenheiten gespürt, und ich bin froh über die Liebe und Führung, die er mir zukommen läßt. Obwohl ich ihn sehr vermisse, habe ich ihn freigegeben: frei um zu lernen, was er in seiner Welt zu lernen hat, so wie ich lerne, was ich in meiner Welt zu lernen habe. Doch wenn ich es am wenigsten erwarte, erinnert er mich weiterhin daran… wie wunderbar die Welt ist.

Maryann Candito Wilkin

Esthers Lied

Wir waren gewarnt worden: Das regelmäßige Studium der Kabbala – des alten jüdischen Mystizismus – konnte und würde Wunder geschehen lassen. Das galt auch für mich als Schülerin des örtlichen Kabbala-Zentrums. Mein Wunder ereignete sich an einem Freitagabend.

Ich muß vorausschicken, daß ich zwar jüdischer Herkunft bin, meine Beziehung zu meiner eigenen Religion jedoch bei weitem nicht so intensiv ist wie meine Verbindung zu den mystischen Lehren fremder Kulturen. Meine Einführung in das Judentum beschränkte sich auf zwei Jahre Gähnen in der Sonntagsschule, den alljährlichen Schluck Wein beim Passahmahl und in jedem Winter die verbale Jagd nach Geld, die als »Hanukkah gelt« bekannt ist.

Bei diesen Gelegenheiten waren fast stets die Eltern meiner Mutter anwesend, die sich in erster Linie als Juden und erst in zweiter Linie als Europäer empfanden. Die allwöchentlichen Besuche von Oma Esther und Opa Benny schufen eine Art jüdischen Hintergrund, gesättigt mit Wärme und Wohlbehagen und jiddischer Musik. Ihretwegen spielte ich auf dem Klavier immer ein paar Lieder aus *Fiddler on the Roof*. Oma Esther saß dann mit gewinnendem Lächeln auf dem Sofa, wiegte sich hin und her und summte die Melodien in ihrer hohen, lieblichen Stimme mit.

Als ich alt genug war, um selbst zu denken, als Jugendliche, wandte ich mich den Traditionen des Ostens zu. Den Schriften von Krishnamurti, dem Kundalini-Yoga, der Makrobiotik – alles, was seinen Ursprung jenseits der westlichen Welt hatte und exotisch wirkte, weckte mein Interesse. Das Gebet in der Synagoge gehörte für mich nicht in diese Gegenkultur. Es sollte Jahre dauern, bevor ich entdeckte, was sich in meinem Hinterhof verbarg.

Doch dieser Weg der spirituellen Studien führte mich schließlich zum Kabbala-Zentrum. Die ersten zarten Hinweise stammten aus einem Buch mit dem Titel *The Jew in the Lotus*, das mir meine Schwester empfohlen hatte. Diese wahre Geschichte von einigen Rabbis im Dialog mit dem Dalai Lama weckte meine Neugier im Hinblick auf die jüdische Spiritualität. Ich belegte einen Kabbala-Einführungskurs und war sofort gepackt.

Anscheinend enthielt die Kabbala eine Lebensphilosophie, die einen perfekten Sinn ergab. Was hier angeboten wurde, war das »Warum«, das hinter dem steckt, was wir als Religion bezeichnen, sowie eine alte, aber praktische Form von Spiritualität, die eine echte Lebenshilfe bot. Die Kabbala nahm sogar für sich in Anspruch, die wahren Geheimnisse des ewigen Lebens zu erschließen. Indem sie die mystischen Kräfte der Torah (des jüdischen alten Testamentes) entschlüsselte, enthielt die Kabbala alle Informationen, die man benötigte, um Vergangenheit, Gegenwart und Zukunft zu verstehen. Die fundamentalen Glaubenssätze schienen ziemlich einfach: Liebe deinen Nächsten; höre auf zu reagieren (lerne Beschränkung); alles ist Energie, folglich ist auch alles, was wir wirklich wollen, Energie.

Die schönste Zeit im Einführungskurs begann für mich, als Shaul, mein Lehrer, den Unterricht mit der Feststellung eröffnete: »Glaubt nicht alles, was ich euch sage.« In Verbindung mit den subtileren körperlichen und metaphysischen Empfindungen, die ich an mir selbst wahrnahm, schien das zu passen. Ich fühlte mich wie zu Hause.

Als sich meine »mystische Erfahrung« ereignete, hatte ich etwa drei Monate Unterricht hinter mir. Immer noch eine Novizin in den Lehren der Kabbala, nahm ich an meinem zweiten Sabbat-Gottesdienst im Kabbala-Zentrum teil. Anders als bei den Gottesdiensten meiner Kindheit in einer konservativen Synagoge ging es hier lebhaft, beherzt, fast evangelikal zu – eine Version des Judentums, die eher an die Baptisten des Südens erinnerte. Diese Gottesdienste in der orthodoxen Tradition waren vielleicht der exotischste Ausdruck von Spiritualität, den ich je erlebt habe.

Als blutige Anfängerin, die zudem des Hebräischen nicht mächtig war, wurde ich während der Gottesdienste von einigen der weiter fortgeschrittenen Studenten »angeleitet«. Sie führten mich durch die Gebetsbücher, sagten mir, wann ich mich verbeugen, den Kopf neigen, nach oben oder nach unten blicken mußte, und vor allem, wann ich mir hebräische Textpassagen ansehen mußte, die eine tiefgründige, fast heilige Wirkung auf den Leser haben sollten. Zwischen den gesprochenen Gebeten gab es einige hübsche Lieder mit Texten, deren phonetische Aussprache in unseren Büchern vermerkt war. Ich hielt mich daran, so gut ich konnte.

Da ich recht musikalisch bin, fand ich es ganz natürlich, daß ich mich zur Melodie der Gebete hingezogen fühlte. Ich begann einfach parallel zu dem hebräischen Text »la, la la« zu singen. In einer höheren Tonlage als üblich fing ich an, mich mit der Musik wohl zu fühlen.

Fast sofort hörte ich einen verblüffenden und doch vertrauten Klang aus meiner Kehle kommen. Es war eindeutig nicht meine eigene Stimme. Jedesmal, wenn ich meinen Mund zu einem weiteren »la, la la« öffnete, hörte ich die Stimme meiner Großmutter. Nicht eine Imitation meiner Großmutter, sondern wirklich *ihre Stimme*.

Ich begann eine Passage, hörte Oma Esther, und mein Hals war so zugeschnürt, daß ich nicht weitermachen konnte. Dann fing ich wieder mit einem »la« an und fühlte erneut den Kloß in meinem Hals. Noch ein »la, la, la«, und ich war den Tränen nahe – immer wieder, bis ich Angst hatte, die Kontrolle zu verlieren und hemmungslos im Tempel zu heulen.

Mich erfüllte etwas, das nicht ganz Trauer und nicht ganz Furcht war, etwas, das mich so tief berührte, daß ich es nicht benennen konnte. Es kam mir so vor, als würde ich gerade die Unsterblichkeit direkt erleben. Oma Esther war lebendig, es ging ihr gut, und sie feierte ihre Liebe zum jüdischen Glauben durch mich.

Was dann folgte, war der perfekte Abschluß meines zweiten Sabbat im Zentrum. Wir verließen die Gebetszone und gingen zu einem großen, ausladenden Tisch, an dem das Sabbatmahl serviert werden sollte. Ich hatte einen Augenblick, um mich wieder zu fassen, und empfand einen leisen Zweifel in bezug auf das, was mir gerade geschehen war. Vielleicht bildete ich mir ja nur etwas ein und machte aus einer Mücke einen Elefanten.

Weitere Gebete wurden gesprochen, Lieder gesungen, und das Brot wurde gebrochen. Gewärmt von der reichen Tradition des Sabbat-Gottesdienstes feierten wir mit Gelächter und Gesprächen bis tief in die Nacht. Während ich in dem Fest völlig aufging, erblickte ich auf der anderen Seite des Tisches mir gegenüber eine zierliche ältere Frau, die mich mit strahlenden Augen anlächelte. Sie redete mit einem unergründlichen Akzent und verwickelte mich sofort in ein liebevolles Gespräch über ihre vielen Enkel. Ich stellte mich vor und fragte sie nach ihrem Namen. Sie beugte sich näher zu mir herüber und sagte: »Mein Name ist Esther.«

Kim Weiss

Phantastische Alpträume

Behutsam, aber zögernd, überbrachte mein Vater die Neuigkeit: Es war nicht Arthritis, welche die Hände meiner Mutter verkrüppelt hatte, sondern die Lou-Gehrig-Krankheit. Und nun löste sie auch noch eine der Alzheimer-Krankheit ähnliche Demenz aus.

Ich hatte nie einen Gedanken daran verschwendet, daß meine Muttter, robust und energiegeladen, wie sie neunundsechzig Jahre lang gewesen war, so vollends ausgezehrt sein könnte. Mit seinen achtundsechzig Jahren war mein Vater stets derjenige gewesen, der seit einem Vierteljahrhundert immer wieder mit allen möglichen Widrigkeiten zu kämpfen gehabt hatte, Mutter stets an seiner Seite. Meine Eltern hatten nie zugelassen, daß das Undenkbare sich in unser Bewußtsein schlich, und so glaubten meine Schwester und ich gerne, daß unsere Eltern uns nie wirklich verlassen würden.

Nun war die Sicherheit mit einem Atemzug dahin. Ich saß an meinem Arbeitsplatz, versuchte Vaters Stärke zu begreifen und spürte, wie meine Lebenskraft mich verließ. Verzweifelt klammerte ich mich an die Vergangenheit und an eine Zukunft, die es nicht mehr gab. Plötzlich starben meine Eltern zur gleichen Zeit, zweitausend Meilen entfernt, und ich hatte nicht die geringste Ahnung, wie ich damit umgehen sollte. Meine einzige Hoffnung bestand darin, daß die Liebe uns irgendwie helfen würde, das alles zu überstehen.

Ich stamme aus einer Familie von Träumern. Die Mutter meines Vaters gab viel auf Träume, und wir sprachen oft darüber. So war ich nicht überrascht, als Großmutter mir zwei Wochen nach ihrem Tod in einem Traum erschien und lächelnd sagte, sie mache sich keine Sorgen um mich, ich würde schon irgendwie zurechtkommen. Dieser Glaube daran, daß ich zurechtkommen würde, hat mir seither durch die schlimmsten Zeiten geholfen.

Die Schwester meines Vaters hatte ebenfalls kurz nach Großmutters Tod vor zehn Jahren einen Traum. Großmutter stand strahlend in einem Gang. Sie trug ein fließendes, weißes Kleid aus feiner Gaze mit einer langen Schleppe, an deren Ende ein wunderschöner Rotkardinal saß. Sam wußte in diesem Moment, daß es ihrer Mutter gutging, und der Kardinal wurde für sie zu einem Symbol von tiefer spiritueller Bedeutung.

Und, oh, wie oft hatten meine Muter und ich über unsere

Träume gesprochen, an die wir uns in allen Einzelheiten erinnern konnten. Sie sagte immer: »Unsere Liebe wird niemals enden.« Als sie kränker wurde – ihr Körper verkrümmt, ihre Sprache verwaschen und ihre Hände gelähmt – wiederholte sie es jede Nacht, wenn ich sie zu Bett brachte. »Komm in meinen Träumen zu mir, Mommy«, sagte ich. Und ich konnte nur hoffen, daß sie mich irgendwie finden würde.

Doch meine Träume wurden mir zur Qual. Manchmal beobachtete ich Wellen, die sich am Strand brachen und auf ihrem Höhepunkt zu Formen gefroren, welche den aus Holz geschnitzten Frauen glichen, die am Bug alter Holzschiffe standen. Ich starrte auf diese gefrorenen Figuren, die mich unverwandt ansahen, kalt wie Eis, mit höhnischer Hoffnungslosigkeit. Und ich erwachte dann schreiend, völlig erschöpft, und ich verspürte eine klaustrophobische Enge.

Meine Schwester und ich wurden in der orthodoxen jüdischen Tradition erzogen. Keine von uns hielt später daran fest, doch wir waren beide davon beeinflußt. Als Kind fand ich Sicherheit in der alten Synagoge, wo die Rituale und Lieder mir Frieden schenkten. Nun gab es in meinem Leben keine Grundlage mehr für einen solchen Glauben – doch meine Gewißheit, daß eine tiefe Bedeutung darin liegt, wenn man Eltern auf diese Weise verliert, daß diese Erfahrung etwas beinhaltet, das jenseits unserer Sinneswahrnehmungen liegt, war unerschütterlich. Ich beobachtete, wie meine Mutter ihren Verstand und ihren Körper verlor – alles außer ihrem Glauben. Schlimmer noch, ich mußte zusehen, wie mein Vater seinen Körper und seinen Geist verlor. Ein Gott, der zuließ, daß die Liebe seines Lebens so schwer leiden mußte, ergab für ihn keinen Sinn, war wider alle Vernunft und zerrüttete seinen Glauben.

Für mich war der Glaube alles, was mir blieb.

Ich träume, daß ich in eine riesige Synagoge mit vielen Räumen schwebe. Ich begebe mich in ein Klassenzimmer, und meine Mutter ist dort, vollkommen gesund, und strahlt mich schelmisch durch ihre längst vergessenen, mit Rheinkieseln besetzte Brille aus den sechziger Jahren an. Es wird kein Wort gesprochen, aber ich soll wissen, daß es ihr gutgehen wird, daß es ihr jetzt schon gutgeht. Dann fahren wir über eine Schnellstraße tief in die Plains. Ich sehe Felder mit hohem Gras, das in der Brise wogt, die aus dem Trichter eines Tornados aufkommt. Ich sage meiner Mutter, sie soll am Straßenrand halten, aber sie kann keinen Anweisungen folgen. Schließlich kriechen wir in einen Graben, aber als wir uns hinlegen wollen, heult der Wind auf, und sie rennt wie eine Verrückte ins offene Feld – und ich kann sie nicht retten. Ich kann meine Mutter nicht retten.

Nachdem ich zum vierten Mal in sieben Monaten bei meinen Eltern gewesen war, hatte mein Vater eine heftige Reaktion auf eine versehentliche Überdosis Morphin und eine unverträgliche Medikamentenkombination. Man rechnete damit, daß er die nächsten vierundzwanzig Stunden nicht überleben würde. Ich war gerade nach Kalifornien zurückgekehrt, völlig erschöpft und verzweifelt, und beschloß, gemeinsam mit meinem Mann zu Hause abzuwarten. Immer noch bemüht, mein Gleichgewicht wiederzufinden, ging ich zu Bett. Alles, was mir in den letzten zwanzig Jahren geholfen hatte, hatte nun seine Magie verloren.

In dieser Nacht bin ich bei meinem Vater im Krankenhaus. Ich sehe, daß er *Hamlet* liest. Ich frage ihn, ob das eine Bedeutung hat, und er antwortet:

»Der Sieg gräbt tief.«

»Du hast gewiß eine Menge gegraben«, sage ich. »Jetzt bin ich dran.«

»Du siehst aus wie ein kleines Mädchen, das da steht und zum Abschied winkt.«

»Das bin ich auch.«

Später in der Nacht, eigentlich die ganze Nacht lang, bin ich bei ihm. Er liegt jetzt nackt auf einer Art Platte in einem sterilen Raum und sagt mir, er müsse gehen, allein. Ich weiß das und danke ihm für mein Leben. Er sagt mir, daß alles, was geschehen ist, vollkommen war, daß das ganze Leben vollkommen ist und es keinen Grund zur Sorge gibt.

Dann hört er einfach auf zu sein, und ich bin gefangen in seiner Explosion von Licht. Auch ich verschwinde, aber ich bleibe bei Bewußtsein, während ich mit einer wahnsinnigen Geschwindigkeit durch ein unvorstellbar helles Licht zurückschieße. Ein Gedanke erscheint: »Aber was ist mit Mutter?«

Und plötzlich sind mein Vater und ich zurück.

Am nächsten Morgen, einem Sonntag, klingelte das Telefon. Es war Dad.

»Hast du heute Calvin und Hobbes gesehen?« Mein Mann und ich sahen uns ungläubig an. Wir sprachen über die Sonntags-Comics! Dad ging es gut, obwohl er zugab, daß er ziemlich durcheinander war. »Ich hätte es fast geschafft«, sagte er mit seiner schleppenden Morphium-Stimme, die einen völligen Gegensatz zu seinem klaren Verstand bildete. »Das sind phantastische Alpträume!«

Und so ging es weiter, immer weiter abwärts. Im August brachten wir meine Eltern in einem Pflegeheim unter, weil wir die fünfzehntausend Dollar im Monat für eine häusliche Krankenpflege rund um die Uhr nicht mehr bezahlen konnten.

Eines Nachts träumte ich, daß sie auf der Veranda vor ihrem Haus sitzen. Es herrscht Zwielicht, und die Luft ist klar und angenehm. Dad raucht eine gute Zigarre, seine Lieblingsmarke, und lächelt mich an, während die aromatischen Rauchwolken langsam in die Bäume ziehen. Er klopft die Asche ab, läßt sie zu Boden fallen, sieht mich mit einem mutwilligen, aber intensiven Lächeln an und sagt entschieden: »Wir hatten wunderbare Zeiten.«

Am nächsten Tag, Erntedank, starb mein Vater unter qualvollen Schmerzen.

In der Silvesternacht träumte ich, daß die Menschen in die Trauerhalle strömten. Irgend jemand hält eine Lobrede, aber ich kann nichts davon verstehen, weil sich einige Gäste laut unterhalten. Als ich zu ihnen hingehen will, um sie zu bitten, ruhig zu sein, sehe ich meinen Vater oben auf Mutters Sarg sitzen, jugendlich und dynamisch, voller Entzücken lachend.

Am nächsten Morgen starb Mom friedlich im Schlaf. Sie wog noch fünfundvierzig Pfund und war völlig gelähmt. Wir alle wußten, daß die beiden in kurzem Abstand hintereinander sterben würden.

Im folgenden Juni veranstaltete ich eine Feier zur Enthüllung des Grabsteins. Aus einer Laune heraus kehrte ich ein letztes Mal ins Haus meiner Eltern zurück, wo ich viele schöne Sommerurlaube mit meinem Mann verbracht hatte. Ich hörte ein ungewohntes Geräusch draußen auf der Veranda. Als ich hinausging um nachzusehen, begrüßten mich zwei Rotkardinale, ein Männchen und ein Weibchen, die nachdrücklich auf mich einzirpten. Dies waren in meiner Kindheit die Lieblingsvögel meiner Eltern gewesen, aber in den fünfzehn Jahren, die sie hier in diesem Haus gelebt hatten, hatte ich nie einen gesehen.

Doch nun waren sie da, als wollten sie mir sagen, ich sei nicht allein. Ich ging hinaus, und das Weibchen flog fort. Aber das Männchen blieb noch drei Stunden im Baum oben, während ich auf der Bank saß, wo mein Vater seine Zigarren geraucht und die Blätter beobachtet hatte, durch die das goldene Kansas-Licht fiel, wenn sie von einer sanften Brise bewegt wurden. Einen Monat später hatte ich diesen Traum:

Ich sitze mit meinen Eltern an einem Tisch, und mein Vater wiederholt ständig einen Satz. Schließlich verstehe ich ihn: »Der Rotkardinal läßt sich nur im Winter blicken.« Ich springe auf und rufe: »Also wart ihr es tatsächlich, damals im Haus!«

Und während sie sich lachend in ihren Stühlen zurücklehnen, »Ja, ja« rufen und die Arme öffnen, laufe ich zu ihnen, und wir umarmen uns, bis ich aufwache.

Beth Witrogen MacLoed

Eine neue Art, auf Wiedersehen zu sagen

Es war genau heute, da ich dies schreibe, vor einem Jahr, daß ich den Anruf bekam. Ich hatte ähnliche Anrufe schon mehrmals zuvor erhalten. Der erste kam, als festgestellt wurde, daß meine Mutter Brustkrebs hatte. Später bei der Herzoperation, dann bei der Darmoperation. Dann bei ihrem Lungenkollaps. Seit fast zwei Jahren kamen immer wieder diese Anrufe. Und jedesmal stieg ich ins Auto oder in ein Flugzeug und machte mich auf den Weg.

Aus irgendeinem Grund hatte ich nie Angst. Tagsüber war ich im Krankenhaus bei meiner Mutter. Abends fuhr ich zum

Haus meiner Eltern, kochte das Abendessen für meinen Vater und leistete ihm Gesellschaft – dann am nächsten Morgen wieder ins Krankenhaus, einfach um dort zu sitzen, zu lesen und dazusein.

Mom und ich sprachen miteinander, manchmal lachten wir sogar. Wie damals, als die Schwester die Bettpfanne nicht brachte. Ich bemühte mich nach Kräften, meiner Mutter von der Trage herunterzuhelfen, aber für den Weg bis zur Toilette waren wir beide zu schwach. Mutter passierte mitten auf dem Gang ein Unglück. Für einen so würdevollen Menschen ist das schwer zu ertragen – und meine Mutter war die Würde in Person. Ich fand es unerträglich, daß sie sich für etwas schämte, das nicht ihre Schuld gewesen war. Da kam mir die Idee: Wir würden die Trage einfach ein paar Meter den Gang hinunterschieben. Als die Schwester kam und die Bescherung sah, taten wir so, als hätten wir keine Ahnung. Wie das die Schwester zum Rotieren brachte, war eine Million Dollar wert, und wir lachten die ganze nächste Stunde darüber.

Es war nicht leicht, in einem Krankenhaus zu lachen, aber wenn man sich umschaute, konnte man eine Menge guter Witze sehen. Kranke Witze, aber wir mochten beide schwarzen Humor.

Als diesmal das Telefon klingelte, brach die Stimme meines Vaters mir fast das Herz.

»Komm nach Kentucky. Ich brauche dich.«

Ich wanderte mit dem schnurlosen Telefon durch mein Haus, während Dad mir schilderte, was in den letzten Wochen passiert war. Mom war erschöpft, weil sie unter heftigen Magenschmerzen und Schlaflosigkeit litt. Er wußte nicht, was er tun sollte.

Ich legte auf und starrte auf die Bücherregale im Wohnzimmer. Sie waren vollgepackt mit Familienfotos. Mein Blick fiel auf ein großes Schwarz-Weiß-Porträt meiner Mutter im Brautkleid. Damals war sie dreiundzwanzig. Welliges hellbraunes Haar umrahmte ihr Gesicht und fiel ihr im Stil der vierziger Jahre über die Schultern. Sie war eine echte Schönheit. So jung, und doch von so königlicher Haltung. Vielleicht hatte das damit zu tun, daß sie ständig bewundert wurde.

Wie mochte es sich wohl angefühlt haben, so hübsch zu sein. Und dann schneiden die Ärzte Stücke aus einem heraus, und die Jahre fordern ihren Tribut, bis man nur noch eine alte Frau ist, gebrechlich und krank. Was mochte sie dabei empfunden haben? Meine Mutter hatte sieben Geburten und vier größere Operationen überstanden. Sie hatte so viele Narben, daß sie sich selbst als »Frankenstein« bezeichnete. Einmal sagte sie zu mir: »Wenn ihr mich loswerden wollt, müßt ihr mich mit einem Bus überfahren.«

Der Himmel war grau, und es regnete leicht, als ich abends landete. Ich fuhr kurz ins Krankenhaus, nur um meiner Mutter zu sagen, daß ich da war, und ihr eine gute Nacht zu wünschen. Mutter war noch wach, als ich ins Zimmer kam, aber nicht sehr gesprächig.

»Hallo, Mom«, sagte ich und küßte sie zart auf die Wange. »Wie geht es dir?«

»Laß uns eine Regel vereinbaren: Du stellst diese Frage nicht, und ich beantworte sie nicht. Okay?«

»Okay.«

Ich saß bei meiner Mutter am Bett und hielt einfach eine Weile ihre Hand. Ihr Gesicht blieb fast bewegungslos in einem Ausdruck, der mir wie Konzentration vorkam.

Schließlich sagte Mom: »Geh jetzt zu deinem Vater. Ich brauche ein wenig Ruhe.« Ich verließ sie.

In den folgenden Tagen fanden die Freunde meiner Eltern heraus, daß meine Mutter im Krankenhaus lag, und kamen mit vorgekochten Mahlzeiten für uns und Blumen. Es gab keine Antworten auf ihre Fragen. Niemand wußte genau, was Mutter fehlte – und falls die Ärzte es doch wußten, so sagten sie uns nichts.

Nach einer Woche erklärte Mom, sie wolle nach Hause.

»Ich liege im Sterben, und ich möchte zu Hause sterben.«

Ich fuhr mit ihr im Krankenwagen heim. Nachmittgs um fünf Uhr lag sie in ihrem Bett. Als die Glocken der Kirche nebenan sechs Uhr läuteten, tat meine Mutter ihren letzten Seufzer und war still.

Sie war zweiundsiebzig, aber sie sah aus wie neunzig. So klein und grau. Ich küßte ihre Stirn und streichelte ihre Wange. Ihr Haar roch immer noch so, wie es in meiner Kindheit gerochen hatte.

Drei Wochen später erschien mir meine Mutter in einem Traum. Anfangs war dieser Traum verschwommen und unklar, aber er fühlte sich irgendwie vertraut an. Während ich umherging, sah ich plötzlich meine Mutter vor mir. Sie erschien mir als anmutiges Wesen von himmlischer Leichtigkeit, wie sie mit dreiundzwanzig gewesen war, mit langen, seidigen, gewellten Haaren und heiteren saphirblauen Augen. Ich sah diesen Engel an und war mir sofort sicher, daß es meine Mutter war.

In der Gegenwart dieses wunderbaren Geschöpfes empfand ich eine Ruhe, wie ich sie noch nie zuvor gekannt hatte, ein Gefühl von scheinbar grenzenloser Erleichterung. Es war Freude. Und in dieser Freude gab es weder Schmerz noch

Furcht, noch Sorgen. Ich fühlte, daß ich für immer in dieser Leichtigkeit schwimmen konnte.

Als ich mich in diese Seinsweise entspannte, sah ich meine Mutter um mich herumschweben. Sie war noch hübscher als auf dem Foto. Sie war von auserlesener Vollkommenheit, vollendet in ihrem Frieden.

Meine Mutter sprach nicht. Sie zeigte sich mir nur.

Während ich zwischen Wachen und Träumen schwebte, füllten Tränen meine Augen und fielen auf das Kissen. Ich war überwältigt von der Freude, meine Mutter auf diese Weise zu sehen. Und ich war überwältigt von der Freude, zu wissen, daß auch ich eines Tages so sein werde.

Kristina Paradis

Über die Autoren

Michael Ackerman ist ganzheitlicher Chiropraktiker und betreibt eine Privatpraxis in La Jolla, Kalifornien. Er hat sich zusätzlich darauf spezialisiert, die emotionalen und psychologischen Wurzeln von Krankheiten zu beseitigen. Tel.: 00 16 19-6 92-72 47.

Jenna L. Adamo ist alleinerziehende Mutter und Schriftstellerin. Sie wohnt in Virginia Beach, Virginia, und hofft, ihrem Sohn dieselbe bedingungslose Liebe schenken zu können, die sie von ihrer Großmutter empfangen hat. Tel.: 00 17 57-4 31-14 00; Fax: 00 17 57-6 70-4 472.

Frank A. Alamia ist Manager im Gesundheitswesen und ausgebildeter Krankenpfleger. Zur Zeit arbeitet er für den Navy Surgeon General im Bureau of Medicine and Surgery in Washington, D.C., als Leiter des Navy's Health Care Risk Management Program. Er wohnt mit seinen beiden Kindern Dan und Anisa in Washington, D.C.
E-mail: Benfrankly@aol.com.

Linda C. Anderson ist eine spirituelle Abenteurerin und ordinierte Eckankar-Geistliche. Als international bekannte Referentin und Autorin, ausgezeichnet mit nationalen Preisen für ihre Schauspiele, schreibt und referiert sie über außergewöhnliche spirituelle Erfahrungen gewöhnlicher Menschen. Ihr Buch *35 Golden Keys to Who You Are & Why*

Your're Here erweckt Spiritualität für heutige Wahrheitssucher zum Leben. Mehr über dieses Buch erfahren Sie bei Eckankar, P.O. Box 27300, Minneapolis, MN 55427, Tel.: 00 18 00-5 68-34 63, oder auf der Eckankar-Webseite http://www.eckankar.org.

Carol Willette Bachofner ist eine preisgekrönte Dichterin, die in Kalifornien lebt. Sie veranstaltet Poetik-Workshops, und ihre Gedichte finden sich in vielen Anthologien. Carol ist mit Bill verheiratet, hat sechs Kinder und fünf Enkel. Kontakt: 7781 SVL Box, Victorville, CA 92392.

Karena Delite Bailey ist eine Video-Produzentin und Heilerin, die uns mit ihren Filmen verdeutlichen will, daß jeder von uns ein Wunder ist. Sie ist überzeugt, daß das Leben sogar in seinen dunkelsten Momenten ein ununterbrochener Strom wunderbarer Ereignisse ist. Kontakt: P.O. Box 195435, Plantation, FL 33318.

Heide Banks ist Autorin und Expertin für die heilende Kraft persönlicher Beziehungen und der Lebensenergie. Ihre Arbeit wurde im US-Fernsehen bereits verschiedentlich vorgestellt. Heide lebt in Santa Monica, Kalifornien, und betreibt dort auch eine private Beratungspraxis für Geschäftsleute und private Klienten.

Brent BecVar war als Psychotherapeut tätig, hat in der Verwaltung des Gesundheitswesens und in der Universitätsverwaltung gearbeitet und ist Magister der pädagogischen Psychologie. Seit 1991 arbeitet er für Deepak Chopra sowohl in Massachusetts als auch in Kalifornien als Organisator und Pädagoge. Seit 1970 ist er außerdem geprüfter

Yogalehrer und wurde von Deepak Chopra als Lehrer für Urklang-Meditation und die Prinzipien und Techniken des Ayurveda ausgebildet. Er lebt zur Zeit in Los Angeles, Kalifornien.

Rama Berch hat das Yoga-Programm für das Gesundheitszentrum von Deepak Chopra entwickelt und betreut es. Sie ist außerdem Gründerin und Direktorin der Master Yoga Academy in La Jolla. Als Yogalehrerin seit 1976 versteht sie außergewöhnlich gut, wie Körper und Geist wirken und zusammenwirken. Sie reist viel durch die USA und Kanada, wo sie Fortgeschrittenenkurse für Yogalehrer und Yoga-Seminare für Laien veranstaltet. Ihre Form der Yoga-Heilung nennt sich Svaroopa Yoga™.

Marc Boney lehrt und praktiziert Jyotish, die Astrologie des alten Indien. Er wohnt in Südkalifornien. Tel.: 00 16 19-9 44-73 23.

Victoria Bullis ist Wahrsagerin und veranstaltet seit 15 Jahren Selbsterfahrungsseminare. Sie produziert Audio-Meditationskassetten und ist regelmäßig Gast in zahlreichen amerikanischen Rundfunksendungen. Sie tritt auch häufig im Fernsehen auf. Zur Zeit ist sie gerade dabei, ihr erstes Buch zu vollenden. Tel.: 00 14 15-9 78-84 47.

Nick Bunick ist ein bekannter Geschäftsmann in der nordwestlichen Pazifikregion. Aus neun verschiedenen Quellen erfuhr er im Laufe von zwanzig Jahren, daß er vor zweitausend Jahren als Apostel Paulus gelebt hat. Er hat lange gezögert, darüber zu sprechen, weil er öffentlichen Spott und negative Auswirkungen auf sein berufliches und privates

Leben fürchtete. Seit dem 14. Januar 1995 sind ihm häufig Engel erschienen, die ihn gedrängt haben, seine außergewöhnliche Geschichte in seinem Bestseller *The Messengers* zu berichten.

Chaz Burton wurde nach vielen Jahren als Geschäftsmann kürzlich Mittelschullehrer. Er arbeitet daran, ein erdzentriertes, transformatives Programm für Jugendliche zu entwickeln. Kontakt: 22 Senisa Way, Irvine, CA 92715.

Andrea Cagan hat als Herausgeberin mit Talenten wie Diana Ross, Marianne Williamson, Lynda Obst, Grace Slick und vielen anderen zusammengearbeitet. Zur Zeit lebt sie mit ihrem Mann Greville in Los Angeles, wo sie an ihrem ersten Roman arbeitet. Tel.: 00 12 13-6 54-38 77.

Dennis Calhoun lebt mit seiner Frau, zwei Katzen und zwei irischen Wolfshunden in Tulsa, Oklahoma. Er arbeitet als Sicherheitsingenieur und ist ein Eckankar-Geistlicher.

Chérie Carter-Scott ist eine international bekannte Referentin, Autorin, Beraterin und Lehrerin. Zu ihren Veröffentlichungen gehören u.a.: *Negaholiker am Werk: Mit schwierigen Kollegen, Vorgesetzten und Geschäftspartnern gut fertig werden; Negaholiker: Das Rettungsbuch für alle Schwarzseher und notorischen Pessimisten; Negaholiker: Der Hang zum Negativen. Wege aus der Selbstblockade.* Zusammen mit Jack Hanfield und Mark Victor Hansen hat sie außerdem *Chicken Soup for the Global Soul* geschrieben. Seit 1974 arbeitet sie mit Einzelpersonen und Organisationen in der ganzen Welt. Kontakt: 145 Canon Drive, Santa Barbara, CA 93105; Tel.: 00 18 00-3 21-NEGA oder 00 18

05-5 63-07 89, DW, 27; E-mail: Cherie@the_mms.com oder www.the–mms.com.

Lisa Chan lebt mit ihrem Mann, dem Drehbuchautor und Produzenten Edward Kovach, in Los Angeles, wo sie Reflexzonentherapie, spirituelle Kunst und Energieheilung lehrt und praktiziert. Sie produziert auch Videos über alternatives Heilen und hat gerade ihren ersten Roman unter dem Titel *The Healing Channel* geschrieben: Kontakt: 745 E. Valley Blvd., # 823, San Gabriel, CA 91776, Tel.: 00 12 13-8 91-39 80.

Deborah Chenault schreibt Belletristik und arbeitet als freie Autorin für verschiedene literarische Zeitschriften, Zeitungen und Magazine. Zur Zeit beschäftigt sie sich mit einer Sammlung von Essays über die Mythologie und die Märchenwelt des Gartens. Kontakt: 219 N. Walnut Street, Cynthiana, KY 41031; Fax: 00 15 02-8 68-51 00.

David G. Cooper hat auf seiner spirituellen Suche seit 1991 viele Reisen durch Südostasien, Australien und Brasilien unternommen und dort gelebt. Seine zu Herzen gehenden wahren Lebensabenteuer hat er in Form von Geschichten, Fotos, Fernsehauftritten, Workshops und öffentlichen Auftritten mitgeteilt. Außerdem leitet David spirituelle Reisen zu heiligen Orten auf Bali und in Südostasien. Kontakt: P.O. Box 1632, Naples, FL 33939.

Verlaine Crawford, Autorin von *Ending the Battle Within*, ist eine international bekannte Referentin und veranstaltet Workshops in den USA, Europa und Asien. Seit über fünfundzwanzig Jahren bemüht sie sich um spirituelles Wachstum. Sie lebt in einer schönen Gegend in den kalifornischen Bergen. Kontakt: P.O. Box 3038, Idyllwild, CA 92549; Tel.: 00 19 09-6 59-35 94.

Jyoti Dar ist die Enkelin von Mme. Vijaya Laxshmi Pandit, der Schwester des früheren indischen Premierministers Jawaharlal Nehru, die als erste Frau Präsidentin der Vereinten Nationen war. Dar hat in vielen Teilen der Welt gelebt und spricht fließend Englisch, Französisch, Schwedisch und Hindi. Sie hat Beiträge für Reise- und Ernährungsmagazine geschrieben und arbeitet zur Zeit an einem Roman, in dem es um Ost-West-Fragen geht.

Nancy Cooke de Herrera ist die Autorin von *Die Weisen – Meine Begegnungen mit den Meistern Indiens.* Als Mutter von vier Kindern in Beverly Hills schien sie nicht unbedingt prädestiniert für die Transzendentale Meditation, die sich während der sechziger Jahre als spirituelle Übung von Ost nach West verbreitete. Doch aufgrund einer persönlichen Tragödie begann sie ihre Weisheitssuche in Indien. Fasziniert von den Menschen dort und ihrem spirituellen Erbe kehrt sie jedes Jahr dorthin zurück. Fax: 00 13 10-2 74-74 63.

John F. Demartini hat die Concourse of Wisdom School of Philosophy gegründet und ist Autor des Buches *Count Your Blessings,* in dem er seine zwingende Botschaft verkündet, daß Dankbarkeit und Liebe heilen können. Er reist sehr viel, um in seinen Seminaren den Mitarbeitern von 500 Unternehmen und vielen Privatleuten, die auf der Suche nach persönlicher Erfüllung sind, zu vermitteln, wie sie ihr Glück finden können. Tel.: 00 17 13-8 50-12 34.

Kathi Diamant ist freie Autorin, Schauspielerin und Produzentin und Gastgeberin einer amerikanischen Fernseh-Talkshow, die mit dem Emmy ausgezeichnet wurde. Sie lebt mit ihrem Mann, Byron LaDue, ihrem Hund Jett und zwei Wellensittichen, Kim und Nan, in San Diego, Kalifornien. Sie arbeitet intensiv am dritten Entwurf ihres Buches über Franz Kafka und Dora Diamant. E-mail: scribe@connectnet.com.

Marcelene Dyer ist Mutter von sieben Kindern und mit Wayne Dyer verheiratet, mit dem zusammen sie das Buch *A Promise is a Promise* veröffentlicht hat. Sie arbeitet an einem Buch über einen spirituellen Umgang mit Schwangerschaft, Geburt und Säuglingspflege.

Micky East ist Beraterin, Schriftstellerin, Lehrerin und Referentin. Ihre Lebensfreude hat ihren Ursprung darin, daß sie Kindern als Anwältin dient und ihnen hilft, ihre angeborenen Begabungen zu entdecken und auszudrücken. Sie ist Koordinatorin des Mental Health Service in einem Schulprogramm für emotional gestörte Kinder.

Corinne Edwards ist Gastgeberin der beliebten amerikanischen Fernsehserie *Corinne Edwards Interviews* sowie Autorin der Bücher *Love Waits on Welcome... and other miracles, Low Pain Threshold* und *A Woman Without a Man.* Kontakt über »Corinne Edwards Interviews«, 1 East Delaware Place, Suite 24B, Chicago, IL 60611; Tel.: 00 13 12-6 42-74 53 oder 00 13 12-6 42-74 93; E-mail: miraclecor@aol.com.

Arielle Ford, die Autorin/Herausgeberin dieses Buches, ist Präsidentin ihrer eigenen, sehr erfolgreichen PR-Firma, der

Ford-Gruppe. Zu ihren Klienten gehörten Deepak Chopra, Wayne Dyer, Marianne Williamson, Louise Hay, Jack Canfield, Mark Victor Hansen, Joan Borysenko und Neale Donald Walsch. Sie lebt mit ihren beiden Engeln in Katzengestalt, J. B. und Montana, in La Jolla, Kalifornien.

Deborah Ford ist Autorin, Trainerin, Beraterin, Lehrerin und Fakultätsmitglied im Chopra-Gesundheitszentrum in La Jolla, Kalifornien. Sie hat ihr Studium an der JFK University mit einem Diplom in Psychologie mit dem Schwerpunkt auf Bewußtseinsforschung abgeschlossen und hat das Buch *Die dunkle Seite der Lichtjäger: Kreativität und positive Energie durch die Arbeit am eigenen Schatten* veröffentlicht. Fax: 00 16 19-4 54-33 19.

Robert Gass, Begründer der *Opening the Heart* Workshops, wirkt häufig als Referent und Lehrer bei Konferenzen, in Zentren für persönliches Wachstum und an Universitäten. Er arbeitet mit Führungskräften aus großen Unternehmen, Regierungen, Verbänden und Aktivistengruppen. Als Musikproduzent hat er zwanzig Alben mit seiner bekannten Gruppe *On Wings of Song* herausgebracht. Gegenwärtig arbeitet er mit Führungskräften, die ihre Spiritualität in ihr Leben und ihre Arbeit integrieren wollen.

Frances Heussenstamm ist Künstlerin, Schriftstellerin, klinische Psychologin und Beraterin sowie ehemalige Professorin für Kunst und Erziehung an der Columbia and California State University, Los Angeles. Ihr Buch *Blame It on Freud: A Guide to the Language of Psychology* ist 1993 erschienen. Ihre Gemälde vom »Territorium hinter ihren Augen« befinden sich in Sammlungen in Australien und in den USA. Sie lebt mittlerweile halb im Ruhestand, veranstaltet monatliche Treffen für eine Frauengruppe, betreut einige Klienten und malt. Kontakt: 219 Broadway, Suite 136, Laguna Beach, CA 92651.

Dolores R. Hill lebt mit ihrem Mann und ihren zwei Töchtern in Berlin, New Jersey. Sie hat während der letzten zwölf Jahre ein Zentrum für häusliche Krankenpflege betrieben, engagiert sich ehrenamtlich bei kirchlichen Aktivitäten, singt und bastelt gerne. Kontakt: 46 Dunham Loop, Berlin, NJ 08009.

Bruce Stephen Holms ist Autor, Filmproduzent, Radio- und Fernsehproduzent und hat über 1000 Lieder geschrieben. Seit 1989 wird sein *Timeless Voyager Radio* in über 50 Staaten und mehr als 150 Städten in den USA ausgestrahlt. Kontakt: TVR, P.O. Box 6678, Santa Barbara, CA 93160; E-mail: bsh@west.net.

Dina Tevas Ingram ist eine mit dem Emmy ausgezeichnete Schriftstellerin und Produzentin, Autorin von *Answered Prayers*, einer Sammlung inspirierender wahrer Geschichten von bekannten und unbekannten Menschen, die in ihrem Leben die wunderbare heilende Kraft des Gebets erfahren haben. Sie schreibt auch regelmäßige Kolumnen über außergewöhnliche Gebetserfahrungen und interviewt bekannte Persönlichkeiten für die Zeitschrift *Body Mind Spirit*.

JulieAnna ist die Autorin des Buchs *A Practical Way to find Peace*. Durch ihre Schriften und persönlichen Kontakte ist sie zu einer stillen Anwältin für eine friedliche, liebevolle und der Gemeinschaft verpflichtete Welt geworden. Gerne vermittelt sie die modernen Ideen alter Weisheitslehren an Menschen, die anders leben wollen. Kontakt: Julieanna Productions, 7007 Mission Gorge Road, Suite 200, San Diego, CA 92120.

Patrice Karst ist Autorin des Buches *God Made Easy*, das auch als Hörbuch, gelesen von Ellen Burstyn, vorliegt. Sie lebt mit ihrem Sohn Elijah in der Nähe des Meeres, wo sie schreibt, Vorträge hält und weiterhin versucht, Gott näherzukommen. Kontakt: P.O. Box 103, Pacific Palisades, CA 90272.

Ara Ketenjian, ein Mann mit vielen Berufen, der unter anderem Autor, Arzt, Wissenschaftler und Sänger ist und auch Vorlesungen hält, widmet sich der Leidenschaft seines Lebens – der persönlichen Erleuchtung –, indem er untersucht, wie der menschliche Verstand funktioniert. Er gibt seine Erfahrungen und sein Wissen gerne weiter, um anderen den Weg zur spirituellen Erleuchtung zu erleichtern. Kontakt: 2349 Rue Adriane, La Jolla, CA 92037.

Dharma Singh Khalsa und **Kirti Kaur Khalsa** leben in Tucson, Arizona. Sie sind seit über zehn Jahren amerikanische Sikhs. Dr. Khalsa hat zwei Bücher veröffentlicht, *Brain Longevity* und *Feeling Great/The Pain is Gone*.

Sri Harold Klemp ist das spirituelle Oberhaupt von Eckankar, der Religion von Gottes Licht und Klang. Als innerer und äußerer spiritueller Meister unterrichtet er die Eckankar-Schüler durch Träume, spirituelle Führung, Schriften und Reden. Seine Mission als Pionier der »Alltagsspiritualität« besteht darin, den Menschen dabei zu helfen, daß sie in diesem Leben zu Gott zurückfinden. Er ist ein international bekannter Referent und Autor von über dreißig Büchern. Kontakt: Eckankar, P.O. Box 27300, Minneapolis, MN 55427; Tel.: 00 18 00-5 68-34 63; oder besuchen Sie die Eckankar-Webseite unter http://www.eckankar.org.

Michael Peter Langevin ist Mitbegründer und Mitherausgeber des *Magical Blend Magazine*. Er hat auch Beiträge für *A Magical Universe* und *Solstice Shift* geschrieben. Er lebt mit seiner Frau und seinen zwei Kindern auf einer Farm in Chico, Kalifornien. Kontakt: P.O. Box 600, Chico, CA 95927; E-mail: magicalblend.com oder über die Webseite: http://magicalblend.com.

Alexandra Light und **S. A. Forest** sind Privatlehrer der Metaphysik, Autoren und Berater für Streßmanagement in Seattle.

Becki Linderman ist die Autorin des Buches *Complicated Child? Simple Options*. Sie berichtet darin über den Weg, den sie mit einem Kind gegangen ist, das schwere emotionale Probleme hatte. Das Buch enthält auch Beiträge anderer Familien über die Erfolge ihrer Kinder. Kontakt: P.O. Box 835, Darby, MT 59829.

Diana Loomans ist eine international bekannte Referentin, Journalistin und Bestseller-Autorin von acht Büchern, u.a. *Full Esteem Ahead, The Lovables in the Kingdom of Self-Esteem* und *The Laughing Classroom*. Sie hat über 1200 Programme für Wirtschaftsunternehmen und Universitäten geliefert und ist ein häufiger Gast im Fernsehen und im Radio. Ihre Geschichten und Gedichte werden in zahlreichen Anthologien vorgestellt und sind auch in einigen Ausgaben der Buchreihe *Hühnersuppe für die Seele* abgedruckt. Kontakt: Global Learning, P.O. Box 1203, Solana Beach, CA 92075.

Julia Loomans ist Studentin, Schriftstellerin, Schauspielerin und Koautorin der Bestseller-Bücher *Full Esteem Ahead: 100 Ways to Teach Values and Build Self-Esteem in All Ages* und *Positively Mother Goose.* Sie ist ein häufiger Gast im amerikanischen Fernsehen und Radio, und ihre Kurzgeschichten und Gedichte sind in zahlreichen Büchern und Veröffentlichungen erschienen. Kontakt: Global Learning, P.O. Box 1203, Solana Beach, CA 92075.

Judy Martin ist eine mit dem Emmy ausgezeichnete Fernsehreporterin, der es durch Judy Martin & Associates gelungen ist, ihre Liebe zu Büchern, Medien und Menschen und ihre diesbezüglichen Kenntnisse in einer vielseitigen Karriere zu kombinieren, in der sie Autoren fördert und vorstellt, die sich der Heilung widmen. Sie hat viele Artikel über Spiritualität und Arbeitsethik geschrieben und vollendet gerade das Buch *In Search of the Father*, dem auch ihre hier abgedruckte Geschichte entnommen ist. Tel.: 00 15 61-8 45-84 11 im Palm Beach Center for Living in North Palm Beach, wo sie ehrenamtlich die Öffentlichkeitsarbeit leitet.

Beth Witrogen McLoed ist die preisgekrönte Autorin der für den Pulitzer-Preis nominierten Serie »The Caregivers«, (*San Francisco Examiner*, April 1995). Sie leitet einen wöchentlichen Chat auf AOL, berät in Fragen der Pflege und des Alters und arbeitet zur Zeit an einem Buch. Kontakt:

4418 Deermeadow Way, Antioch, CA 94509; E-mail: bethcare@aol.com.

Rachel Naples ist die Autorin des demnächst erscheinenden Romans *Flying Lessons*, einer beschwingten weiblichen Selbstentdeckungsreise, sowie des Drehbuchs und Buchs *The Door*, einer magischen Zeitreise. Rachel führt ihre vielen mystischen Erfahrungen darauf zurück, daß sie durch ihre Arbeit als Schauspielerin, Massage- und Energietherapeutin und nun auch als Autorin ihre kreativen Kanäle geöffnet hat. Sie lebt mit ihrem Mann, Scott deMoulin, in Los Angeles. Sie haben ein Kind, Taz, ein wunderschönes, weißes, engelhaftes Wesen mit vier Beinen.

Judith Orloff ist Psychiaterin und medial veranlagt, Autorin des Buches *Second Sight*. Sie ist Assistenzprofessorin für klinische Psychiatrie am UCLA und hat eine private psychiatrische Praxis in Los Angeles. Sie hält überall in den USA Vorträge über die Integration von Spiritualität, medialen Fähigkeiten und traditioneller Medizin. Kontakt: 2080 Century Park East, Suite 1811, Los Angeles, CA 90067.

Kristina Paradis ist freie Autorin und Redakteurin. Sie lebt und arbeitet in Naples, Florida. Sie ist für regionale Zeitungen tätig und hat auch Beiträge für ein Buch über die Gegend geschrieben. Vor kurzem hat sie ihr erstes Drehbuch vollendet und arbeitet jetzt an einem Science-fiction-Roman. Sie hat an der Universität von Louisville ihr Studium in kreativem Schreiben mit dem Magister abgeschlossen.

Eric Scott Pearl, ein Chiropraktiker aus Los Angeles, stellte im August 1993 fest, daß er mit einer ungewöhnlichen Gabe gesegnet war. Nachdem er zwölf Jahre lang traditionelle Chiropraktik betrieben hatte, wurde er plötzlich ein Heiler ganz anderer Art. Als international bekannter Heiler, Autor und Referent ist er ein häufiger Gast bei Radio- und Fernseh-Talkshows. Seine Heilungen hat er bisher in drei Büchern dokumentiert. Kontakt: 8615 Santa Moncia Blvr., West Hollywood, CA 90069; Tel.: 00 12 13-6 58-84 00.

Thomas Pecora ist intuitiver Astrologe und lebt in Chicago. Er moderiert auch sein eigenes Radioprogramm, das in Chicago und über das Internet empfangen werden kann. Kontakt und Radioprogramm über seine Webseite http://www.thomaspecora.com.

Freddie Ravel, Keyboarder und Komponist, hat mit den Größten der spirituellen und musikalischen Welt zusammengearbeitet, beispielsweise Deepak Chopra, Tony Bennett, Quincy Jones, Sergio Mendes, Earth, Wind & Fire und Madonna. Sein neuestes Album *Sol to Soul* hat die Spitzen der US-Charts erreicht und wurde von College-Sendern, führenden lateinamerikanischen Sendern und »Smooth«-Jazz-Wellen ausgestrahlt. Tel.: 00 18 18-3 86-58 66; Webseite: http://www.revelation.com.

Charles Lewis Richards ist ein Psychologe, der sich auf eine Therapieform spezialisiert hat, bei der die Menschen ohne Hypnose in frühere Leben zurückgeführt werden. Er lebt in Del Mar, CA. Tel.: 00 16 19-7 55-51 85.

Madelaine Roig ist Künstlerin, Autorin, Lehrerin und Psychotherapeutin in Los Angeles. Sie lehrt kreative Kunst als Ausdruck des Göttlichen und berät Einzelpersonen, Gruppen und Unternehmen im Hinblick auf ein mystisches Leben in der materiellen Welt. Kontakt: 650 Haverford Ave., Pacific Palisades, CA 90272; Tel.: 00 13 10-2 88-64 01.

Harry W. Schwartz ist Gastgeber einer Fernsehshow, in der berühmte Persönlichkeiten kochen: *Chef Harry & Friends*, und er ist selbst regelmäßig im Fernsehen zu Gast. Er schreibt Features für verschiedene Publikationen, hat drei Kochbücher verfaßt und ist gerade dabei, eine Serie über Gerichte und Kochzutaten herauszubringen. Kontakt: 23852 Pacific Coast Highway, Suite 917, Malibu, CA 90265.

Stephan A. Schwartz ist Autor von zwei Büchern: *The Alexandria Project* und *The Secret Vaults of Time*. Er hat außerdem Beiträge für andere Bücher, technische Artikel und Fernsehdokumentationen verfaßt. Seit über zwanzig Jahren widmet er sich der wissenschaftlichen Erforschung des menschlichen Bewußtseins. Zur Zeit recherchiert er für ein neues Buch unter dem Titel *Mysterious America*.

James Seddon, Dichter und Autor des Buches *Morning Glories Among the Peas* lebt mit seiner Frau im südlichen Iowa. Kontakt: 708 W. Washington St., Centerville, IA 52544.

Les Sinclair ist ehemaliger Fernsehproduzent, Vizepräsident der Brain Tainment Resources, einer Gesellschaft für kognitive Diagnostik, Yogi und geprüfter Lehrer im »The New Warrior Network«. Seine persönliche Mission beschreibt er so: »Ich will eine sichere und mitfühlende Welt schaffen, indem ich mich selbst und andere heile.« E-mail: les@brain.com.

Linda Tisch Sivertsen ist Autorin und Biographin berühmter Persönlichkeiten. Sie lebt zur Zeit mit ihrem Mann Mark und ihrem sechsjährigen Sohn hoch in den Bergen im Südwesten. Luke, dem Kater, über den sie in ihrer Geschichte schreibt, gefiel sein neues Waldrevier sehr gut. Er ist kürzlich im Alter von neun Jahren gestorben. Als seine Familie erfuhr, daß seine Geschichte veröffentlicht werden sollte, weinten sie vor Freude darüber, daß sein kleines Leben auch weiterhin andere berühren würde.

Jerry Snider ist Mitherausgeber des *Magical Blend Magazine*. Seine Veröffentlichungen sind in zahlreichen Büchern und Publikationen im In- und Ausland erschienen.

Carl Studna hat die Legenden der Musikbranche fotografiert. Seine Bilder sind auf der ganzen Welt bekannt und schmücken CD-Hüllen und Magazine. Zur Zeit arbeitet er an verschiedenen Fotobänden, bei denen es ihm primär darum geht, die Heiligkeit des Lebensweges zu enthüllen.

Daniel Tardent ist ein Australier, der zur Zeit mit seiner Frau Josse in Kalifornien lebt, wo er als Marketing-Manager in der Telekommunikationsbranche in Silicon Valley arbeitet. Er ist seit 12 Jahren Eckankar-Mitglied und hat durch sein Studium der Eckankar-Lehren zu mehr Liebe, Weisheit und spiritueller Freiheit als je zuvor gefunden. E-mail: taffy.c@worldnet.att.net.

Allan Thomas wohnt in Santa Monica, Kalifornien, wo er als Masseur arbeitet, tanzt, singt, Prosa und Gedichte schreibt und heilige Geometrie in menschliche Bewegungen channelt.

Allen verfolgt auf der Suche nach dem Göttlichen seinen eigenen Kundalini-Weg. E-mail: handyman@wla.com.

Carol Tisch wuchs in der Gegend um San Francisco auf und hat an der University of California, Berkeley, ihre Ausbildung als Sozialarbeiterin abgeschlossen. Sie ist professionelle vedische Astrologin und Reiki-Therapeutin und schreibt an ihrem ersten Roman. Kontakt: 1276 S. Cloverdale Ave.; Los Angeles, CA 90010; Tel.: 00 12 13-8 96-81 11.

Doreen Virtue ist Geistheilerin in der vierten Generation und psychologische Beraterin. Sie ist Autorin der Bücher *The Lightworker's Way* und *Angel Therapy*. Informationen über diese Bücher sowie ihre Audiokassette *Chakra Balancing* und den Terminplan für ihre Workshops erhalten Sie über Hay House, Tel.: 00 18 00-6 54-51 26 oder die Webseite: http://www.hayhouse.com.

Mary Amrita Weed widmet sich als Gesundheitserzieherin der Aufgabe, den Menschen dabei zu helfen, daß sie in ihrem Leben zu einem vollkommenen Selbstausdruck durch die Integration von Verstand, Körper und Geist finden. Sie unterrichtet den Hoffman Quadrinity Process in San Anselmo, Kalifornien, ist Teilhaberin bei Mannatech, Inc., und wirkt als persönliche Beraterin. Sie ist in Palo Alto, Kalifornien, zu erreichen. Tel.: 00 14 15-8 58-26 02.

Ellen Lieberman Weil ist eine international bekannte Hellseherin und Psychotherapeutin. Sie verfügt über zwanzig Jahre Erfahrung in der Verbindung von praktischen Problemlösungen und emotionaler Heilung mit medialem/intuitivem Wissen. Bei ihren telefonischen und persönlichen Beratungen geht es um persönliche und berufliche Probleme, Beziehungsschwierigkeiten sowie spirituelle/metaphysische Fragen. Kontakt: Aspen Consulting Associates, 4337 County Road # 113, Carbondale, CO 81623; Tel.: 00 19 70-9 45-30 78; Fax: 00 19 70-9 28-81 85; E-mail: gunther@rof.net.

Kim Weiss teilt ihre Zeit zwischen Musik, Yoga, ihrer Öffentlichkeitsarbeit und ihrem Kabbala-Studium auf. Sie hat viele Bücher vorgestellt, in denen es um persönliches Wachstum und Spiritualität geht, und mit Jack Canfield, Mark Victor Hansen, Thomas Moore, John Bradshaw, Stuart Wilde und vielen anderen zusammengearbeitet. Zur Zeit arbeitet sie an einem Projekt mit Rabbi Berg vom Kabbala-Studienzentrum. Sie wohnt in Südflorida und ist für den Verlag Health Communications, Inc. tätig.

Marcia Wieder hält weltweit Vorträge über die Erfüllung von Träumen, »Dream Teams« und visionäres Planen. Sie ist Autorin der Bücher *Making Your Dreams Come True, Life Is but a Dream* und *Doing Less and Having More.* Tel.: 00 18 00-8 69-98 81.

Rick Wright ist ein sehr angesehener Lehrer, Heiler und Berater für private Klienten und Verbände. Ausgebildet in östlichen und westlichen Heilweisen und Wegen der persönlichen Transformation betreibt er eine international erfolgreiche Praxis in Los Angeles, Kalifornien. Tel.: 00 18 00-3 11-52 46.

Maryann Candito Wilkin ist Geschäftsführerin des Chopra-Gesundheitszentrums in La Mesa, Kalifornien. Seit ihrem

»Kontakt« mit David widmet sie ihr Leben der Aufgabe, anderen zu helfen, ihren Weg zu finden. Kontakt: Chopra Center for Well Being, 8270 La Mesa Blvd., La Mesa, CA 91941; Tel.: 00 16 19-6 67-93 55.

Tom Youngholm ist Autor des visionären Romans *The Celestial Bar: A Spiritual Journey* und dessen Fortsetzung *In the Shadow of the Sphere* (Arbeitstitel). Er ist ein international bekannter Referent und veranstaltet Workshops über die Notwendigkeit einer Balance von P.E.I.S.: der physischen, emotionalen, intellektuellen und spirituellen Aspekte unseres Lebens. Kontakt: Creative Information Concepts, P.O. Box 1504, Lemon Grove, CA 91946; Tel.: 00 16 19-6 98-9462; E-mail: CreativeIC@aol.com.; Webseite: http://www.celestialbar.com.

Danksagung

Zuerst und vor allem möchte ich Gott für mein erstaunliches Leben danken, und dafür, daß er mich in einer so wunderbaren und magischen Zeit auf diesen Planeten geschickt hat. Ich fühle mich wahrhaft gesegnet, mein Leben mit einigen der größten Denker und Lehrer dieser Welt verbringen zu dürfen. Mystische Abenteuer an jeder Straßenecke.

Meine tiefste Anerkennung gilt Jack Canfield und Mark Victor Hansen für ihre Inspiration und dafür, daß sie mir den Weg bereitet haben. Ohne ihre Ermutigung gäbe es dieses Buch nicht.

Meine Liebe und mein Dank gilt folgenden Personen:

Ling Lucas, meinem schönen und hingebungsvollen Agenten, und Ed Vesneske, meinem begabten Herausgeber.

Der gesamten Chopra-Familie, Deepak, Rita, Mallika und Gautama für ihre Liebe, ihr Vertrauen und ihre Freundschaft.

Danielle Perez, meiner Fürsprecherin bei Dutton, weil sie meine Vision »erfaßt« hat.

Brent BecVar, Marcia Ross, Divina Infusino, Clardy Malugen, Nancy DeHerrera, Kimberly Rubin, Stephen Block, Carolyn Rangel, Tina Constable, Patty Eddy, Bruno Esparza, Pearl Fisk, Heide Banks, Jocelyn Eberstein, Janet Mills, Jeremiah Sullivan, David Simon, Randy Thomas – meinen Freunden und Weggefährten, die mein Leben so viel leichter machen.

Neale Donald Walsch für seine Liebe und hochgeschätzte

Unterstützung. Marianne Williamson, weil sie mich gesehen hat, sogar als ich mich selbst nicht sehen konnte.

Debbie Ford, der besten Schwester der Welt, Michael Ford, meinem magischen Bruder, und meinen Eltern, Howard und Sheila Fuerst, weil sie mich auf diesem Weg weiterhin in vollem Tempo begleiten.

Ohne die ständige Unterstützung meiner (ehemaligen und jetzigen) Mitarbeiterinnen und Mitarbeiter bei der Ford-Gruppe hätte ich nie die Zeit gefunden, diese Aufgabe zu bewältigen. Meine tiefste Anerkennung gilt Peg Booth, Laura Clark, Shelley Miller, Linda Gomez, Gus Garcia, Shelley Seddon und Jennifer Hill.

Und schließlich danke ich aus tiefstem Herzen allen mutigen und großzügigen Seelen in diesem Buch, die ihre persönlichen mystischen Geschichten mit mir geteilt haben. Ihr alle seid strahlende Lichter.

Arielle Ford

Wenn Sie persönlich ein mystisches Erlebnis hatten, das Sie in einer zukünftigen Ausgabe dieses Buches veröffentlicht sehen möchten, schicken Sie Ihre Geschichte bitte an

Arielle Ford
P.O. Box 8084
La Jolla, CA 92038

oder faxen Sie das Manuskript an 00 16 19-4 54-33 19.

Bitte vergessen Sie nicht Ihren Namen, Ihre Adresse und Telefonnummer.

Quellennachweis

Anderson, Linda C., »Der mächtige Schutz von HU« *(»The Powerful Protection of HU«)* aus *35 Golden Keys to Who You Are & Why You're Here* von Linda C. Anderson. Nachdruck mit Genehmigung von ECKANKAR, P.O. Box 27300, Minneapolis, MN 55427. Copyright © 1997 Eckankar.

Borysenko, Joan: »Spiritueller Mut« *(»Spiritual Courage«)*, Nachdruck mit Genehmigung von Warner Books, Inc., New York, New York, U.S.A. aus *Fire in the Soul* von Joan Borysenko. Copyright © 1993, Joan Borysenko, alle Rechte vorbehalten.

Brown, Christen: »Erkennen, ohne zu sehen« *(»Blind Faith«)* aus *Star Quality* von Christen Brown. Copyright © 1996 Christen Brown. Nachdruck mit Genehmigung von Ballantine Books, a Division of Random House Inc. and Ed Victor Ltd.

Calhoun, Dennis: »Gott, wen soll ich heiraten?« *(»God, Who Should I Marry?«)* aus *Eckankar Journal* (1995). Nachdruck mit Genehmigung von ECKANKAR, P.O. Box 27300, Minneapolis, MN 55427. Copyright © 1995 Eckankar.

de Herrera, Nancy Cooke: »Ein Versprechen wird gehalten« *(»A Promise Kept«)* aus *Beyond Gurus* (dtsch.: *Die Weisen –*

meine Begegnungen mit den Meistern Indiens.) von Nancy Cooke de Herrera. Copyright © 1992 Nancy Cooke de Herrera. Nachdruck mit Genehmigung der Autorin.

Edwards, Corinne: »Für immer vereint« *(»Joined Forever«)* aus *Love Waits on Welcome … and Other Miracles* von Corinne Edwards. Copyright © 1995 Corinne Edwards. Nachdruck mit Genehmigung der Autorin.

Klemp, Sir Harold: »Sid, das Pferd« *(»Sid the Horse«)* aus *The Eternal Dreamer, Mahanta Transcripts, Book 7* von Harold Klemp. Nachdruck mit Genehmigung von ECKANKAR, P.O. Box 27300, Minneapolis, MN 55427. Copyright © 1992 Eckankar.

MacLaine, Shirley, »Eine Geburtstagsmeditation« *(»A Birthday Meditation«)* aus *Dancing in the Light* (dtsch.: *Tanz im Licht*, München: Goldmann, 1986) von Shirley MacLaine. Copyright © 1985 Shirley MacLaine. Nachdruck mit Genehmigung von Bantam Books, a Division of Bantam Doubleday Dell Publishing Group Inc. und International Creative Management, Inc.

Orloff, Judith, »Die Anfänge der Weisheit« *(»The Beginnings of Wisdom«)* und »Die Klagemauer« *(»The Wailing Wall«)*. Nachdruck mit Genehmigung von Warner Books, Inc., New York, New York, U.S.A. Aus *Second Sight* von Judith Orloff. Copyright © Judith Orloff, M.D. Alle Rechte vorbehalten.

Tardent, Daniel: »Ich kenne meine Frau aus einem früheren Leben« *(»I Knew My Wife in a Past Life«)* aus *Eckankar*